數┃┃┃險

U0060317

 透視家族傳承

正子攝影
檢驗報告

目 錄

推薦序
保障滿分的理財規劃

　　王仁川先生在金融保險市場上深耕多年，能在一片業務紅海中殺出重圍，一切都源自服務的熱忱、專業的經紀人精神。設身處地為客戶著想，從風險高度/理財成分/稅務精密度/傳承移轉分配概念…不同角度檢驗，緊密結合相關背景因素，考量到客戶傳承的資金結構，致力於幫客戶規劃真的合乎最高效益的保險組合，打造出投資報酬率的奇蹟。大家在努力打拼的時候，目標都是更有品質的生活、給家人更優渥的環境，但天有不測風雲，我們又如何確保自己的旦夕禍福？在這樣的風險下，要怎麼樣才能確保財富傳承延續？

　　比爾蓋茨曾坦言：「到目前為止，我沒有發現有哪一種方法比購買人壽保險更能有效地解決企業的醫療財務問題！把所有的風險轉嫁給保險公司，這是二十一世紀家庭投資理財的最佳方式，同時也是送給自己和家人最切實際的禮物。」就連人人稱羨的富豪，都如此重視風險管理，並深刻體認人壽保險的重要性。相信不論是如何的家庭，人壽保險都會是最腳踏實地的保障，也是最實際禮物！

　　《創造現金～資產與保險檢驗報告》這本書，在保險實務上結合資訊科技，濃縮了仁川多年保險與稅務知識精華，採用統一標準替保險做檢驗，提出完整檢驗報告，替客戶帶來保障滿分的理財規劃，適用於企業主，也適用於保險從業人員。其中重要內容以「具體數據」，加上圖形視覺化傳達，讓讀者們閱讀時更易於吸收消化，檢驗報告有效提供～資產移轉傳承與財稅規劃的重要參考資訊，帶來善用壽險的美好契機。

　　但保險商品琳瑯滿目，要如何達到良好的配置，著實是一門大學問，畢竟魔鬼藏在細節裡…怎麼買？怎麼配置？要買多少？需要注意哪些？相信很多人有所疑惑，別擔心，王仁川先生都已經去蕪存菁，將這些知識都濃縮在這本書裡，相信這本書將是您的最佳攻略！

錠嵂保險經紀人股份有限公司
董事長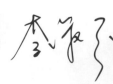

擁有一個安全簡單有效的資產規劃

　　你已做了資產規劃嗎？或者你正要規劃嗎？或者你想要學資產規劃嗎？若是你是三者其中之一，那你非看這本書不可！

　　因有許多人做了資產規劃，最後卻沒任何效益，有些人做了資產規劃，卻非常複雜又不安全？如何擁有一個安全、簡單、有效的資產規劃，是本書的核心重點，你非看不可！

　　本書作者仁川，二十多年來致力於協助客戶資產規劃，成效卓著，實務經驗非常豐富，資產與保險檢驗報告並將龐大複雜的資料，化繁為簡、深入淺出，將它以圖表視覺化，更是本書的特色。讓讀者一目了然，輕鬆了解其規劃前後效益之差異，本書之出版，是仁川又一巨作，也將是市場一大福音！

錠嵂保險經紀人股份有限公司
七M資深總監　　陳鴻儒

顛覆你的智慧與未來決策

消費者購買過痕跡就可等於數據，如果沒有細細比較，我們會把保險保單一切的內容視為理所當然，也難以發現有不合理之處。

王仁川先生這本書我在閱讀時，剛好遇到了一個全球絕對難忘的疫情年（COVID-19），隨時引動家人朋友的消去、自身生命安全與事業的不穩定，用一句鄉民會說的話：2020年的願望是好好活著。這麼簡單且樸實無華的需求，成了2019年底最懷念也渴望的事情。

本人從事設計與資訊科技產業經營以及金融投資已有數十年，對保險這塊一直都很感興趣，讓我在任何環境交戰時都不必擔心後備糧草，但同時也感到陌生跟恐懼，尤其是遇上危機與健康狀況時，手中的保單只有在要使用時，才會細細檢視，不過可能來不急，檢視完後，精算起來都是投入的成本高保障低似乎有點雞肋，等同高風險投報，後來發現是數據不夠多，分析起來有著大誤判的結果。

這是一本充滿魔法內容的智者之書，充滿了保險真正的專業領域所能帶給你活用的知識與智慧，並非只有一張紙，我太晚遇見仁川先生而感到很扼腕，為何不是在小時候成長的階段就能學習並教會我活用書中的案例，更可妥善的調度手中的保單價值與配置內容，當然書中的這些內容不是要告訴我們過去與現在會怎樣會遇到什麼事情，會發生什麼危機，而是像此次疫情突襲世界而事先準備的「超前部署」或是「超越」現況的部署並隔離（近乎完善的保護）起來，絕非一種「預測」告知或無意義的恐慌。

書中將以數據分析出不同的保護保單與客戶個人，以及家人組合所欠缺的屬性以及想關注的需求，完整的呈現「過去、現在、未來」一份關鍵數據檢驗報告，可以說是一本Futurebook，很酷也很新穎，這將幫助不少人的魔法防禦書，我也衷心的希望越來越多人能理解內容並解鎖來應用、分享。

康閎科技股份有限公司
執行長　蕭博元

人生圓滿的思維

「家庭的人和、圓滿」一直是川哥這麼多年的目標及使命。

起初聽到時，一時無法理解，但透過他經驗的分事，保險檢驗分析與資產達到極緻化，利用他早期的專長（電腦資訊專家）分析資產的價值性，同時找出不足、重複的地方，進行校正及補強，好比：「天秤兩邊（理財稅務與傳承精神）相對呼應，更充滿溫馨及凝聚力」。

一本好書能帶給我們知識及成長，如果我們能閱讀到好書而有任何的啓發，因此轉念找尋到新的方法，那這樣的書就應該要推薦給大家。

這本書讓我印象最深刻的是，醫生通常根據檢驗數據來開處方籤或辨別哪裡生病，財管師根據每年市場波動及個人需求分析調整投資方向及屬性，但「保險」往往被忽略並忘記它的重要性。

理財不僅理投資、財產守成，尚有保障更爲重要，如此才能確保財富配置，在任何時間點皆保持在最大值的狀態。若能充分運用理財所增加之財富，確保家族和諧與力量凝聚，達到圓滿傳承的意境，是人生圓滿非常有意義的思維。

我很榮幸閱讀這本書並且啓發很多思維，誠摯地推薦這本好書給你，值得你我都珍藏。

遠智證券台中分公司
業務副總 李盈穎

推薦序

藏富 長富

　　「財富自由」是每個人的夢想—可以追求自己理想的生活而無後顧之憂，但現實卻往往與理想背道而馳，多數人窮盡一生努力工作，退休後也不見得能過上理想的生活，根本緣由即在於疏於學習理財技能以及對於金錢存在偏見與錯誤觀念，無意中養成遠離金錢的習慣，就會陷入惡性循環中，淪為金錢的奴隸。唯有了解其原理運作，才能從金錢中獲得自由，如同為了維持身體健康而定期運動，我們也需要每天能創富及維富的生活方式，才有可能達到真正的「財富自由」。

　　本書作者結合財富管理之理論基礎、豐富的保險實務經驗，有系統、有組織地闡明如何以保險進行理財規劃，不僅適合金融從業人員透過本書涵養理財知識及鍛鍊實作能力；一般民眾對理財有興趣及企圖心者，亦可透過本書充實財富管理知識、增進理財技能，學會如何「藏富」，也能學習如何達到人生真正的「長富」！

博群國際商務法律事務所
所長　邱奕賢

推薦序

保險的數位轉型

我們一般在思考策略的時候，往往憑藉者過往經驗、直覺及自信，常常忽略數字精算後，對決策的意義。好比我們開著飛機，需要儀表板來掌握所有飛行參數，若我們在做決策時只憑藉者幾種概略算的數據，往往產生盲點，因為我們沒有受過訓練，需要知道在做什麼決策的時候，我們還額外需要的數據庫。

在大數據的時代，我們能夠輕而易舉的取得數據並進行分析已不在是難事，透過川哥在本書傳達工具、技巧及分析方法，將使讀者未來在做決策的品質提升。也透過本書的知識傳遞，我們將能夠把財富傳承進行實踐。

川哥是一位對數據分析是很有敏銳度及熱誠的專家。川哥從客戶的需求角度思考，讓財富傳承、企業交接順暢是他的使命。用數字看保險，給你數位轉型的新視野。

得睿會計師事務所
所長 陳智鴻

自序

家族傳承和諧融洽 成員力量凝聚

自古以來保險銷售的前輩歷屆名人，皆將傳統解決客戶所擔心的問題，與處理的心法，用感性地語言或文字詮釋分享，他們無私將保險所有的好處，與解決問題的要訣，以出版方式傳遞，書中使用生活化的語言表達。本人閱讀確實也蒙受這些啟發。閱讀後唯獨一個遺憾！書中所描述的優點沒有任何圖表。

本書嘗試以數位轉型的心情，將歷屆前輩名人所述，保險所能解決的擔心、害怕，以精準統計圖表方式呈現，讓客戶具體看見，傳統保險所有的好處。期待輔佐傳統保險銷售人員，替客戶解決所擔心的問題，同時提供具體數據做佐證文件，讓客戶們得到最低保費，最充足的保險內容。

這個數據透明化，讓自己、客戶互相清楚目前所解決的問題，做到什麼程度。現況所解決的程度如何？只是皮毛而已，還是仍須逐步補強。特別是現在金融保險從業人員涵蓋很廣～銀行、證卷、郵局、保險公司和保險經紀人公司等等領域。每個人的專業及素養不同，如何客觀的分辨！誰所提供的解決方案最好。

針對客戶所擔心的問題，除了業務口頭感性的描述之外，配合本書提供解決方案之統計圖表，輔佐金融保險銷售人員精準說明，讓客戶充分了解，所提供之解決方案，確實達到了最佳效益，同時印證所提供的整體保險配置，與口頭的描述完全表裡一致。以上若缺少了統計數據參考，很難看得清楚解決方案之達成率，究竟是10%或是90%。往往落差甚遠。很難分辨誰所提供解決方案最好，

目前正值中小企業的經營世代交替季節，趁著數位轉型的脈動，並引用香港首富李嘉誠保險名言：我為什麼那麼重視保險？「真正的財富，是我給我的子孫買了充足的保險」。他的名言：特別指出保險，是保護一個人的賺錢能力，保險是一種賺錢能力的管理工具。

他的意思說：利用未來要給國稅局的錢，現在預先小額支票存放在保險公司。未來保險公司自動開出鉅額支票給我，足以支應給國稅局。

如果有一個依循的架構，按照圖示固定步驟順序，進行基礎的統計數據分析，不僅縮減實際的落差，很容易執行預見未來的沙盤推演，尋找出解決問題的優化方針，或是評估分辨出身邊不同金融保險銷售人員，所提供之解決方案優劣，客觀了解！究竟是誰的整體效益最好。如此不但替客戶的資產與財富傳承配置作嚴密把關，更確保保險的配置品質，整體財務效益大大提升。

「數字看保險」透視家族傳承→按照圖示基本步驟順序進行，先蒐集客戶整體資產基本資料，能夠依照客戶背景，找出理財風險因素，評估出風險程度，了解所需保險「備援金庫水位」。同時考慮現在稅法…反避稅法、法規變動與未來經濟、資產失控、婚姻破裂等，全方位照顧客戶需求和人際關係。

正子攝影掃描→資料蒐集完畢，再以客觀的角度分類作統計資料庫，形成現況各式分析圖表，以便解讀目前所處的狀況，充分了解是否達到資產保全的效果，同時了解資產保全所需要的「備援水庫」究竟有多大。

緊接著！依據所需風險程度，進行資產保全的漏洞補強，研擬各種排除損失的沙盤推演，找出最佳建議方案，以上圖示三個步驟尋求優化的概念，一一檢驗嚴密把關，尋找出優化之數據作為客觀決策參考，往往其成效絕對超過你十年的努力奮鬥結果，切身效益真的非常大，這一點對您非常重要。

從李嘉誠語錄中：保險是現在開一張小額支票，存在保險公司，還是未來開一張巨額支票，給稅務局？言下之意：平時儲存預留給稅務局，類似超高樓層建築物的地下(備援水庫)安全結構，保險具有強大的防災功能。

借用李嘉誠重視保險的觀念～將保險無形的概念，用有形的圖形完整呈現。套入書上以沙盤推演，尋求充足的保險備援水庫→範例發現所增加的現金空間相當龐大，足以拿來調解消除家族紛爭，對於資產保全和家族和諧氛圍與家族力量的凝聚，產生具體貢獻。

期待！保險以數位轉型概念，培養出更多保險菁英人員，熟悉數字看保險之統計分析製作。輔佐保險菁英將保險功能發揮達到財富最大效益，除了照顧客戶動機需求、讓家族傳承和諧融洽、成員力量凝聚，這是本書「數字看保險」透視家族傳承所努力的目標。

作者　王仁山

前 言

迎接CRS反避税──
全球財富透明化年代

全球共同經濟發展組織OECD發起，全球反避稅財富訊息自動交換CRS，全球的財富透明化已經成為必然趨勢，家族財富傳承如何應對呢？建立優化具體有效之財富防禦力，迎接全球財富透明化時代，是本書的主要內容。

20年前曾送出的資產保全proposal結論是邏輯推演臆測，當時針對資產的成長率結合稅率，臆測推演如何預留未來稅源之後，可以再產生8,800萬的整體理財效益。客戶相信了這個企畫案，成交迄今存入保費已經屆滿20年了。後來將保險金融+資訊科技兩種專業結合在一起，試圖檢驗財富傳承之保單效益。

因為現在隨著科技進步自己也與時俱進提升使用電腦，也委請軟體公司設計程式，請求客戶將當年所有保單提供給我做→成果印證測試，是否如當初送出的proposal企畫書，所推估結論一樣，20年後可以如預期產生8,800萬的整體效益嗎？對於「印證」結果究竟如何？不但自己很好奇！客戶也好奇！我猜想客戶一定很想知道…當初決策是否正確！是否受騙！或是成果偏差！大家都很期待知道，驗證結果究竟是什麼？

B2 全家_保險投資理財_效益比較

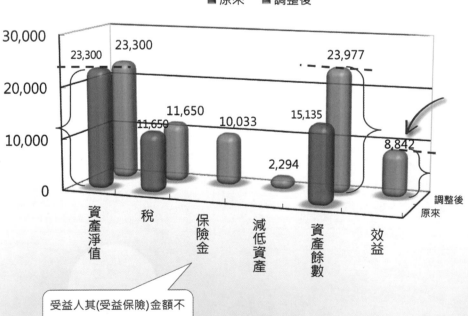

受益人其(受益保險)金額不得作為被保險人之遺產

當電腦統計結果出現37,200萬答案時，我們都嚇一跳，怎麼可能相差這麼多呢？會不會弄錯，此結果與當初臆測差距太大了，說明了原來邏輯推估是完全不準！而且差距很大！很大！經過再次仔細校對之後確認了37,200萬正確無誤。心中暗自慶幸！還好結果～並沒有減少，差距是增加出來，若是減少了這麼大差距該怎麼辦，這一生職業生涯信譽可能就此破產了，我真的是嚇一大跳！

非常驚訝的是37,200萬與8,800萬，兩者數據竟然差距這麼大！自己是全職保險金融理財人員，保險理財配置領域專職浸泡了20幾年時間，而且其間投入許多時間、金錢接受國內各種不同領域的名師，傳授各種專業實務經驗和理財建言。學習：律師、會計師、代書、稅務專家、保險公司專家、勞動法令專家、心靈成長專家…等等不同專業知識。長時間學習之後仍然出現這種結果。

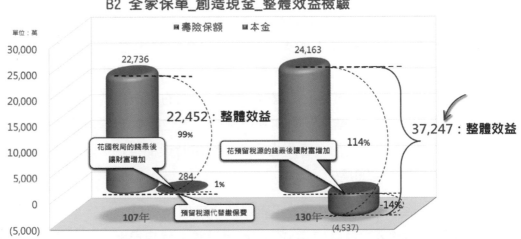

B2 全家保單_創造現金_整體效益檢驗

若不是這次透過電腦工程師的程式，助理人員將所有資料完整輸入做詳細的統計分析，根本無法發現邏輯推演與實務詳細的統計資料，兩者竟然有這麼大的落差。赫然發現這個電腦程式的統計分析，像似魔鏡一樣照出保險的原形（核心功能），透過電腦的分析掃描，一切真相畢露無餘。

保險配置，效益究竟如何？似乎採用工程師所設計的程式，可以得到最直接的答案，更是減少邏輯推演與實務統計，兩者落差的最佳解決方法。這個程式的優點，確保每份保險規劃所產生的品質優良，可預先控制在保險企劃人員的沙盤

推演當中，而且所產生的效益是控制在合理的標準差之內，如此才符合現代科技品質控管的水準。

很高興！這次效益印證的經驗，找到了問題的癥結點。內心經常自許自己成為一位高素質的保險管家，爾後若再提供給客戶的保險財務資產保全規劃，應該同時提供邏輯推演與實務優化沙盤推演的詳細資料，兩者統計分析資料的詳細比對，如此的過程就能夠完全避免巨大落差的產生。這個過程好像是透過實驗室的EMI正子掃描，然後再由醫師根據所有的數據，寫下診察結果而簽名的全身健驗報告。

這個巨幅落差的發現！打破自己過去20幾年的所有工作經驗，回顧過去所有的學習經歷，參加過許多專業名師（譬如：律師、會計師、國稅局、證券公司、土地代書、顧問公司）的理財規劃師培訓課程，歷年累積所有的同學們。他們過去會不會也有類似這種問題，歷年所提供給客戶的保險規畫，其實仍隱藏著效益巨幅落差的問題，而不自知！如果當初沒有自行提議，要「印證最初所提供的proposal」任誰也不會發現這件事。整個事件算是一種姻緣巧合，客戶願意提供過去所有保單完整資料，再加上工程師已設計完成的系統程式，配合助理人員逐筆輸入才能產出「真相」結果。否則我們應該永遠也不會知道真相，大概只能停留在當初臆測值8,800萬記憶，客戶也只能停留當時模糊推估，任誰也無法真正了解精準的內容竟是37,200萬。

原本～我心中認為「專家」的定義是敏銳度與精準度很高，才稱得上專業人員。此刻竟然出現8,800萬與37,200萬的巨大落差，我自己都深覺得慚愧！不好意思！雖然客戶沒有表現出責怪意思，反而感謝～能夠提供這麼好的售後服務太棒了！給他這麼清晰完整的資料彙整，這份檢驗報告客戶形容視同他們家的「傳家寶典」。

這次出書以感恩的心！再次提筆表達，對所有支持我的客戶們獻上感謝！感恩！自己將過去不夠精準（慚愧）的經歷公開，感恩～包容並給我機會～將感恩化做前進的力量，期望透過書本分享能夠幫助更多人，了解保險所產生保單在稅務、資產保全、及財產傳承的效益，提供這些精準效益內容，對於家族財富傳承的安排，一定可以引起很大和諧、凝聚家族力量的作用。

　　隨著財富透明化時代來臨，家族財富傳承移轉配置結合大環境背景更顯得重要，本書將保險理財+資訊科技兩種結合，產生保險配置具體資產保全效益評估～檢驗資產與財富管理整體配置概念，從整體配置數據分析，詳細檢驗背景～（風險高度、理財成分、稅務精密度）等相關因素，而產生的檢驗結果，專門提供給高資產客戶，作爲傳承移轉重要決策參考數據。理財配置更需要嚴謹的檢驗數據，一切講求更精準有效率。

　　本書保單檢驗報告先將家庭Family，企業Business和個人Individual，確定了傳承可能發生的風險因子和潛在的損失因素。進而對資產與財富進行風險管理配置，同時依照企業主個人生活背景，經濟條件需求的不同，結合當下所有法令的規定作緊密連結，輸入整體保單內容實際數字作完整統計，整體計算其效益結果如何！過程使用「明確數字」圖形呈現是本書訴求重點。

　　依據現況資產配置的屬性定位，預估資產未來高度趨勢，提供整體財富風險資產保全之重要參考依據。將所有保單依年份時間輸入，整理出綜合資金流量表，可以隨意看任意年度，保單投入、產出、本金比重…等等圖表。依據各種數字再分析計算出，相關的整體效益，過程同時比對（保險泰斗，班、費德文）正確財務規劃的訴求意境，是否能夠吻合他文字裡的意境標準，是否建立了最佳之財富備援金庫。

　　保險配置是家族財富傳承～完整財務規劃的重要項目。整體報告提供具體有效之財富檢視內容，作爲財務計劃決策參考。完成企業主心中所想要的～滿足開心享有財富、快樂分配財富，使得家族傳承之願望（子孫和諧融洽、成員凝聚團結）。本書資產保全（保險理財檢驗報告）內容對企業主財富之傳承移轉。家庭、事業無縫接軌～財富有溫度傳承皆可產生正面影響，完成家族全方位傳承～並且將企業主開天闢地的精神流傳下去，造福社會繁榮興盛。

　　最大願望透過網路和出版媒體，向四面八方散播傳承knowhow（數字看保險_透視家族傳承檢驗報告）。期待凝聚、激發更多不同能量的人一起來推動，投入提供完整「明確數字、圖形」協助高資產客戶家族財富傳承，提供完整又精準之資產保全資訊，使每個家族傳承氛圍都能夠達到溫馨和諧，企業成員力量凝聚的結果。完成自己的座右銘「揭露眞相，點亮生命」人生無憾的目標。

Preface

Facing global anti-tax avoidance, CRS & The age of global wealth transparency.

Since CRS, a standard for global anti-tax avoidance, was initiated by OECD in 2014, global wealth transparency has been an inevitable trend. How do we respond to family wealth inheritance? How do we optimize specific and effective wealth defense and meet the era of global wealth transparency? These two issues are the main parts of this book.

The conclusion of the asset preservation proposal I made twenty years ago for a client of mine was to speculate and estimate, after combing asset growth rate and tax rate, how to reserve money for taxes and then create an overall money management benefit of NT$88,000,000. My client accepted this proposal and kept depositing insurance for twenty years in a row. Recently when I integrated insurance finance with IT and inspected the benefit of wealth inheritance for her insurance policies, I found myself quite surprised at the benefit produced. I would love to share the amazing experience.

With the advancement of science and technology, I have been keeping abreast of the times by

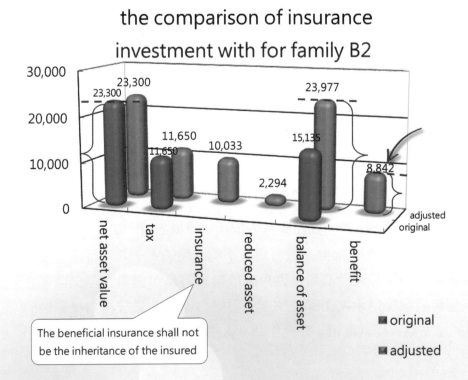

the comparison of insurance investment with for family B2

improving my computer skills. Also, I entrusted a software company to design programs. Then I asked my client for all the insurance policies that year with a view to testing the result to see if that proposal could produce the expected overall benefit of NT$88,000,000 as we had speculated and estimated in the beginning. Not only I but also my client was curious about the result. My client must have been eager to know whether her original decision was correct or not. She must have been wondering if she was deceived. As for me, I wanted to know if there was any deviation occurring. We both looked forward to knowing the result of the verification. Then we were both shocked the moment the answer came out—NT$372,000,000! How could there be so much difference? Could there be any mistake?

The gap produced was so big from my original speculation, which was totally inaccurate! But after

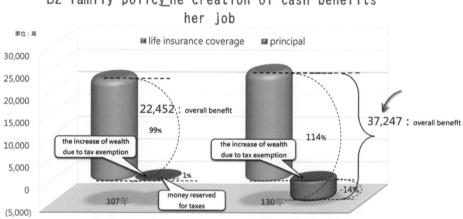

B2 family policy he creation of cash benefits her job

being proofread carefully again, the number 372,000,000 was both accurate and correct. My heart did rejoice then! How fortunate it was that the final number did not decrease. Instead, it increased, and so much! If it decreased, the credibility of my life career would have been destroyed thoroughly. The result shocked me so much!

I am quite surprised that the gap is so big — between NT$372,000,000 and NT$88,000,000! As a full-time practitioner of insurance finance and financial planning, I have engaged myself in the field of insurance financing allocation for twenty years. During this period of time, I have invested a lot of time and money learning from professional renowned teachers in different fields in Taiwan, who imparted a variety of practical experience and gave advice on money management.They were lawyers,accountants ,insurance company directors, labor law experts, spiritual growth experts ,etc. Nevertheless, such a result as this occurred unexpectedly.

If it were not for the computer engineer's program and if the assistant did not enter all the data into the computer for detailed statistical analysis, it would be impossible to find that there is such a big gap between logical deduction and the statistical data. I am also shocked to find that the statistical analysis of the computer program, like a magic mirror,reflects the core function of insurance. The hidden truth is therefore revealed by computer analysis

What is the benefit of insurance allocation? It seems that this question can be answered by the engineer's computer program, which is also the best solution to reducing the gap between logical deduction and practical statistics. The advantage of this program is to ensure the quality created by each insurance plan. And the quality can be controlled by the sand table deduction conducted by the insurance planner. In addition,the benefit produced is within a reasonable standard deviation to meet the standard of modern technology quality control.

I am very happy that,through the experience of benefit verification,the crux of the problems is found. I have been promising myself to be a high-quality insurance steward and to provide my clients with both insurance financial asset preservation and the detail of logical deduction and practical optimization.Then through detailed comparison of statistical analysis of the two, a big gap can be avoided in advance. This process is like PET in the laboratory, based on which the doctor writes down the result of a physical check-up report and then signs his or her name.

Nothing like the huge gap has ever happened in my work experience in the past two decades. Looking back upon all my learning journey, I have taken training courses for financial planners. I have learned a lot from well-known professionals such as lawyers,accountants, land administration agents and so on. I have also learned from people working at taxation bureaus, securities companies and consultant companies. On the journey of learning, I have met a lot of classmates. Now I am wondering if they have encountered the same problem as I. It is likely that they are not aware of the big gap that exists in the insurance plan they provide for their clients.

If I did not make this proposal and had it vertified in the beginning, nobody would have found the surprising result. The whole occurrence was a coincidence. The client was willing to provide full information of all her insurance policies. The computer engineers had completed the system programs. And my assistants entered the data one by one to produce the result—the truth. If not, we would never be able to know the truth. We might have stopped with the estimented number—NT$88,000,000, and the real number—NT$372,000,000 would have been missed!

Originally, my definition of "expert" includes acuity and accuracy, and both of them are how an expert is qualified for his or her job.

Now here is the huge gap between NT$88,000,000 and NT$372,000,000, which makes me feel kind of ashamed and embarrassed. My client did not blame me at all; instead, she thanked me for providing her with such great after-sale service. She values a lot the clear and complete information consolidation and views this inspection report as a heirloom of her family.

This book is published out of gratitude. Again, I express my thanks to all my clients who support me all the time. How grateful I am! Hopefully I can help more people through this book to understand the accurate benefit created by insurance, which can therefore be a great contribution to harmonious and cohesive family wealth inheritance.

With the advent of the age of wealth transparency, it is more important for the inheritance and allocation of family wealth to keep up with the times. This book integrates insurance and money management with IT to produce specific evaluation of asset preservation—inspect the overall allocation of asset and wealth management and examine closely the backgrounds (risk, money management, tax precision) based on the overall allocation and data analysis. Then I provide all these inspected results for my high-net-worth clients as reference data for their wealth inheritance and transfer. Financial allocation requires more rigorous inspection data. Therefore accuracy and effectiveness are what matter.

In this book, the inspection report of the insurance policy is used first to confirm the possible risk and loss factors for families, businesses and individuals. Next, the report is used to make risk management allocations for asset and wealth. Meanwhile, it integrates the current laws and regulations. Then the actual numbers in the insurance policy are entered into the computer to produce complete statistics for the calculation of the overall benefits. In the process, the use of clear statistics graphic is the key point that this book features.

According to the property and positioning of asset allocation, this book can estimate the future trend of assets, and provide important reference for the preservation of overall wealth and assets. All the insurance policies are entered into the computer according to year and time and then provide a synthesized chart of money flow for the client to check at any time. Related overall benefits are calculated and analyzed in the light of various figures and in the process the financial plans are checked simultaneously for us to know if they meet the standards stated in the text and if the best wealth defense has been built. (Creative Selling,1987,Ben Feldman)

Insurance allocation is an important item for family wealth inheritance and complete financial plans. The overall report provides specific and effective wealth review as a reference for financial planning. My wish is to accomplish what business owners need and help them allocate and accumulate wealth happily. In this book, asset preservation—the insurance financial inspection report—has a positive impact on business owners' wealth inheritance and the seamless integration of family and career. It is also aimed to complete family inheritance and pass on the pioneering spirit of business owners and promote the prosperity of society.

My biggest wish is to spread and pass on knowhow through the Internet and publishing media. I wish to work with and inspire more and more people with different talents to promote and provide complete clear figures and charts for the purpose of helping high-net-worth clients with their family wealth inheritance.

In addition, we can also provide them with integral and accurate asset preservation information. All these efforts are made due to my motto—reveal the truth and light up life. Then hopefully the goal that no regrets are left in life is reached.

稅務專家與時俱進的建議：

隨著全球推動財富透明化趨勢，會計師財務專家們對於高端財富族群提供一個安全、合法的方向架構，如下圖所示：盡量充分使用稅法優惠之免稅與扣除額空間，因為所得稅率目前最高40%，而且每年報稅都會發生一次，發生頻率是最高，財務配置方向若可以從免稅所得增加著手，其整體免稅效益最高。

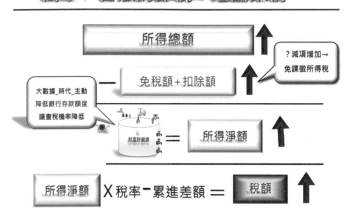

其次再從免稅扣除額著手，最低稅負每一個申報戶（適格）保險有3,300萬，免稅額度可以善加應用，雖然遺產稅、贈與稅繳稅發生頻率不是最高，課稅比率最高也只有20%而已。因為傳承過戶繳稅需要大量現金，當傳承移轉需要急用現金時，保險也是直接有效的方式，經常被會計師們推薦使用保險來預留稅源配置，算是一種備援金庫設置。否則存款戶銀行的額度高，國稅局查稅機率也高，間接方式讓銀行戶頭存款額度不要太高，也是一種降低（避免）查稅機率的理財方式。

除了會計師財務專家們，通常理財專員於理財建議時，經常會拿出財經研究單位，或是自己蒐集研究之配置建議。例如：（基金投資）分散風險於全球市場不同的比重，理財配置類似資訊提供給客戶，做理財安排的重要參考資訊。

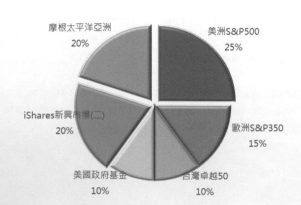

(基金投資)分散風險於全球市場

投顧公司專家們也都有提供，其他基金、股市投資如何配置，達到分散風險又可以獲利之參考資訊，提供客戶做理財配置之指引，特別於理財整體配置上也有專家學者主張，財產四分法（股票、不動產、現金、保險）這樣的配置才能達到最大化。

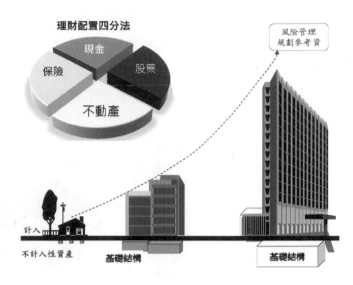

如今壽險公會統計資料顯示，台灣新保費收入節節上升，目前市場上在銀行理財所佔銷售比重越來越高，多年來也皆超出壽險公司的業務人員。

銀行銷售保險這麼龐大的佔有率，若此時也提供整體配置之效益探討，提出整體效益對結果影響之檢驗報告資訊，如所有工業產品必須提供生產履歷及材料品質檢驗報告，必定對大家理財品質有很大貢獻。

目前整個理財金融市場只有各種趨勢概念分析報告，完全沒有品質效益檢驗報告的概念，而其他行業各種品質效益檢驗報告，檢驗設備卻大行其道，唯獨在金融業並沒有品質檢驗儀器服務提供給消費者。

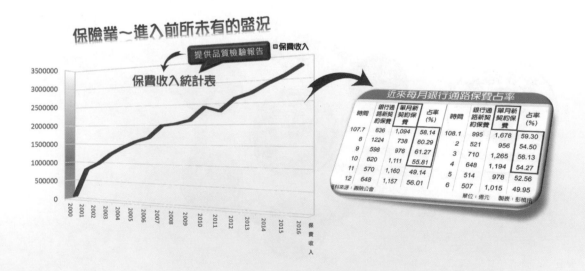

　　金融業如果可以像其他行業如～醫院、電子、機械、運動器材、自行車…等等幾乎所有產業，各個產業檢驗室皆配置有精密的檢驗儀器，每天替所經手之商品做品質檢驗報告，嚴密把關以確保每天所經手的產品品質優良。因此也贏得國際大廠信賴與訂單，同時確保在廣大市場上取得競爭優勢。

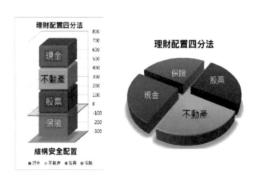

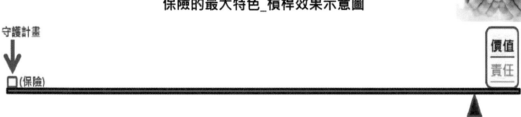

保險的最大特色_槓桿效果示意圖

　　正值二次大戰後嬰兒潮的人退休年齡，這批中小企業創業家，正逢家族財富傳承時機，此刻金融業保險整體效益之「數字看保險」品質檢驗報告，對客戶而言就像天降甘露，草木皆被。

　　本書形容「數字看保險」正子攝影掃描品質檢驗報告，內容豐盛提供財務大臣們關於傳承所需要知道的重要資訊。像是中小企業創業家，所需要之家族財富傳承檢驗報告，精密的資產分析檢驗內容。

台灣(家族)企業～二代接班概況

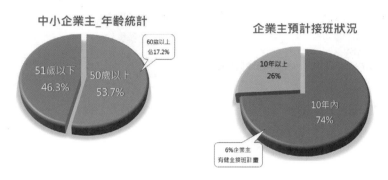

資料參照：2019年中小企業白皮書，台灣董事學會

台灣(家族)企業_統計概況

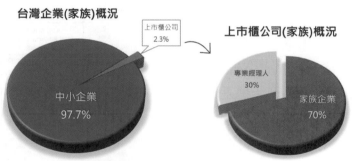

資料參照：2019年中小企業白皮書，台灣董事學會

　　未來市場上～會有人想要看看，數字看保險的正子攝影掃描家族傳承品質檢驗報告嗎？中小企業家會將（數字看保險）保險整體效益之檢驗報告，視爲家族傳家寶典嗎？

　　個人樂觀猜測…投入保險理財的族群中，應該會有一部分的人，出於好奇心！很有興趣想要深入了解中小企業主，現況（整體理財效益）品質究竟如何呢？想要了解，配置保險資產眞的有創造現金效益嗎？好奇心！想要看看。

　　另外還有許多以及初進金融保險公司或是銀行、證券業，於金融理財領域服務的新鮮人，本科系學校應屆畢業生，會希望多學習了解一些相關資訊。甚至也想多

學習一些技能,探討如何製作這樣的檢驗報告,深入這方面知識,培養品質檢驗技能以增加自己進入職場,提升未來職場競爭力,和服務客戶贏得信賴之優勢。

二代傳承～財富移轉_常用的模式

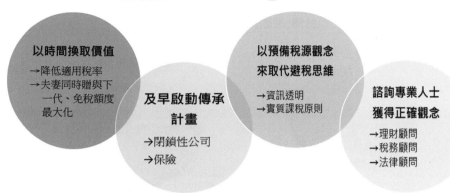

以時間換取價值
→降低適用稅率
→夫妻同時贈與下一代、免稅額度最大化

及早啟動傳承計畫
→閉鎖性公司
→保險

以預備稅源觀念來取代避稅思維
→資訊透明
→實質課稅原則

諮詢專業人士獲得正確觀念
→理財顧問
→稅務顧問
→法律顧問

家族傳承保險的配置,需要「數字看保險」檢驗報告嗎?

檢驗儀器盛行的時代背景,醫療,電子、機械、運動器材、自行車…等等各個產業的檢驗室。皆配置有昂貴精密檢驗儀器,每天替所經手之商品做品質檢驗報告,嚴密把關以確保每天所生產的商品品質優良。也因此贏得客戶群的信賴與訂單,同時確保在廣大市場上取得競爭優勢。

請問!若是其中一個公司因為疫情影響,為了是節省成本,撤掉所有檢驗程序與人力配置,將會對其公司的業務產生甚麼樣影響呢?如果沒有精密檢驗儀器替產品作嚴密把關,想必產品在物競天擇的原則之下,公司競爭優勢自然喪失,對公司整體將產生不堪設想的後果。

2018年保發中心統計資料,保單新繳

表7、保險業保費收入統計表

單位:百萬元

年 Year	保險業總計 Total Premium Income of Insurance Industry	保費 收入 成長率 Growth Rate %
2002	990,720	20.86
2003	1,242,121	25.38
2004	1,423,958	14.64
2005	1,576,252	10.70
2006	1,677,807	6.44
2007	1,987,680	18.47
2008	2,026,584	1.96
2009	2,108,418	4.04
2010	2,418,654	14.71
2011	2,311,204	-4.44
2012	2,598,831	12.44
2013	2,708,436	4.22
2014	2,903,350	7.20
2015	3,062,796	
2016	3,279,320	
2017	3,576,945	9.08
2018	3,677,170	2.80

有檢驗報告嗎?

資料來源:財團法人保險事業發展中心

近來每月銀行通路保費占率

時間	銀行通路新契約保費	單月新契約保費	占率 (%)	時間	銀行通路新契約保費	單月新契約保費	占率 (%)
107.7	636	1,094	58.14	108.1	995	1,678	59.30
8	1224	738	60.29	2	521	956	54.50
9	598	976	61.27	3	710	1,265	56.13
10	620	1,111	55.81	4	648	1,194	54.27
11	570	1,160	49.14	5	514	978	52.56
12	648	1,157	56.01	6	507	1,015	49.95

資料來源:壽險公會　　　　　　　　　　　　單位:億元　製表:彭靖婷

款保費收入 3兆6千7百億，每年這麼大的保費收入，請問曾經有任何一位客戶，向保險從業人員請求提供保單整體理財效益（創造現金）檢驗報告嗎？爲什麼沒有呢？各醫療系統及其他各個產業皆需要提供完整檢驗報告，替產品作嚴密把關。唯獨對金融業的保險客戶們完全不要求、也不介意檢驗報告，爲什麼呢？中小企業家族傳承～創造現金效益之數字→需要數字看保險之檢驗報告嗎？

有道是：數據是硬道理～早期遺產稅率最50%背景時，前述案例替客戶提供邏輯推測的理財效益評估分析，優化配置可以增加8,800萬結果提供具體數據。

保單滿期時，拿眞實保單資料實際透過電腦程式，重新統計分析比對資產推測圖所示，將未來要付給國稅局稅務作爲預留稅源的預算，預先分期存入保險備援水庫的帳號，如同在檢驗超高樓層建築於地下室儲備足夠的消防水庫存量。

如附圖呈現的結果 (企業主～全家→備援水庫示意圖)，長期存入小額支票累計5,305萬代替預留稅源，如今已經預留了活用備援水庫6,018萬，期間累計也領回生存金975萬，壽險總保額22,981萬鉅額急用現金，印證兩者統計

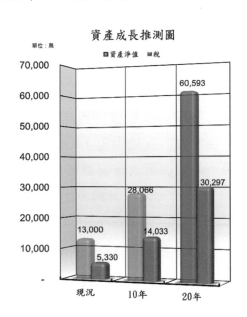

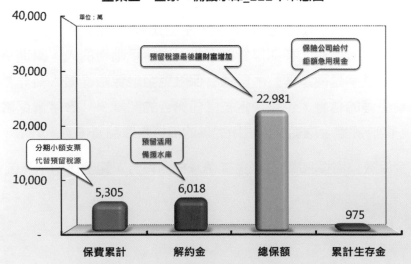

數字差距甚遠，非常震驚！早期所有邏輯推演評估，與實際保單資料透過電腦統計所提供給客戶的效益數字，兩者竟然潛藏如此巨大誤差。

如果這樣情形存在的話，不僅僅是我本人會有這種巨幅誤差問題，應該早期所有保險理財從業人員，所提供的預留稅源理財保險規劃，應該都潛藏有相同問題。這個巨幅誤差卻是客戶們很重要的權益，應該透過數字看保險最新的統計模式，盡快讓所有客戶知道這樣的訊息，讓所有客戶掌握正確的(備援金庫)理財數據。

趕緊通知所有資產規劃的客戶們說明這種巨幅誤差問題，同時也提供這項精確正子檢驗服務，讓大家手上都擁有(備援金庫)正確資料。再度提供保單正子檢驗服務，依據電腦程式重新做整理，以便提供正確(儲備金庫)的更新數據～給客戶們充當傳家寶典。

整理更多家族的資料後，內心產生更大的震撼與驚訝，天啊！發現有這麼多種類型的誤差現象，而這種巨幅誤差問題竟然隱藏這麼多年，而完全沒有人發現，保險從業人員或是客戶完全沒有人知道，太神奇了～心情好像在21世紀發現了， 18世紀的黃金寶藏。喜悅、驚喜、震撼心情形！電腦統計保險整體效益檢驗報告，正確(備援金庫)數據對家族傳承，透視財富配置真的太重要了。

以下挑選出2種保險備援水庫類型簡略介紹，數字看保險的統計模式之差異，讓大家快速從圖形比對結果，大致了解其間大幅差異之問題。案例1、案例2兩個示意圖簡單比對效益，說明所累積之本金存入保費金額，及所產生的整體效益的差距，兩者整體效益差距比對，一樣潛藏落差非常懸殊的問題。

這些案例中有人使用比較少的本金，產生比較大的成果，此訊息對客戶群而言～有很大的參考價值，特別是針對家族財富傳承動機的人，幫助更是直接有效。俗話說：「數字是硬道理」。數據看保險對金融保險從業人員非常重要，關係著整個職業生涯的信譽，也是決定被信任與否的關鍵。「數字看保險」檢驗報告數據客觀，同時評鑑金融從業人員所提供的備援水庫品質優劣、好壞。

「數字看保險」備援水庫_透視家族傳承檢測報告，範例比對示意圖如下。

案例1「保單備援水庫」→資產保全效益檢測報告，圖示，

範例1_企業主～全家→備援水庫_111年示意圖

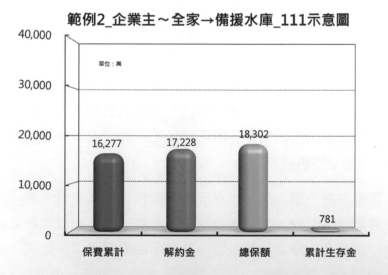

單位：萬

	保費累計	解約金	總保額	累計生存金
111	168,233,257	122,622,661	260,771,488	46,331,680

案例2「保單備援水庫」→資產保全效益檢測報告

範例2_企業主～全家→備援水庫_111示意圖

單位：萬

	保費累計	解約金	總保額	累計生存金
111	162,771,340	172,278,199	183,020,300	7,805,700

保險創造現金效益「數字看保險」檢驗報告，具體提供客觀數據檢驗結果，了解整體創造現金效益，它攸關客戶群權益甚巨～金融保險從業人員，在社會上地位是否被尊重，被客戶充分的信賴，運用本書檢驗概念與檢驗流程充分替客戶，做深入理務效益分析，必得客戶讚賞與肯定。

從上述案例「數字看保險」電腦統計得知，保單的整體效益稍有疏忽，所減少的效益其落差不祇是千萬，甚至是上億的龐大金額，此等差距非常令人震驚。

也許有人會認為，目前每張保單皆已經有財政部核准文號！為什麼還需要「數字看保險」的保險整體效益檢驗報告，詳細校對是否結合資產與財富背景因素，好像是畫蛇添足多此一舉。在此特別說明一下，保險商品類似醫療業的各種藥品，整體效益檢驗形同護士替患者做看診前的準備工作→必須先量血壓、或是抽血液做檢察、超音波、X光攝影等，透過檢驗室所提供之檢察報告，醫師參考數據內容才採取適當的醫療對策。

金融保險從業人員角色像是醫師→整體保險檢驗數據類似檢驗室所提供之內容，會顯示問題點異常位置，再根據紅色異常數據替保戶找出問題的解決方法。準確解決傳承資產保全或預留稅源的問題，確保家族傳承、個人或是企業經營，財富配置在任何風險狀態之下，財富維持在最大值狀態。

「數字看保險」整體所做的效益檢驗，並非定位於單一商品的品質檢驗。如同整個醫療生態中，有許多不同角色成員，雖然GMP藥廠生產藥品已經有主管單位核准文號了，整體醫療體系除了藥廠之外，還需要有醫療檢驗儀器的廠商，與各種不同專業人員，譬如：醫師、護士、藥師、放射檢驗師等等。醫師的專業只負責替病患開刀、開立藥方，尚有許多前置準備工作的設備與專業人員，各司不同職責同時在線上替患者提供服務。

因此保險公司提供每一個商品，雖然已經有金管局核准文號。傳承資產保全或預留稅源的財富配置規劃時，尚需要搭配電腦廠商的統計程式，與前置準備的專業人員，提供完整資產配置之背景數據給金融保險專業人員。如同：護士、放射檢驗師透過各種精密設備，提供身高、體重、脈搏、尿液、血液、X光攝影機器、電腦斷層正子攝影等等，各種檢測數據報告。才能透過保險準確解決傳承資產保全或預留稅源的問題。

「數字看保險」檢驗室提供完整數據給保險專業醫師，參考數字內容判斷病情，容易快速又準確替患者找出病因，並能對症下藥開立處方簽，解決不同財務損失的問題。也不致造成上述案例，保險商品雖然已經有財政部核准文號，兩者企業主投入相近的成本，整體效益卻造成28,447萬巨幅落差。

如果能夠於每個保險資產規劃前，加入前置準備工作→審慎的透過電腦統計分析，取得現況各種正確檢驗數據，保險專業醫師再參考所有數據內容，與當事者討論～如何解決傳承資產保全或預留稅源的問題？並預先透過電腦的統計分析，進行不同的優化沙盤推演討論，前置期就預先透視未來的整體效益，最後才做決策→選擇最佳的優化方案。如此就可以避免上述案例比對的遺憾。

在歐美國家保險從業人員的社會地位，通常被視同會計師、律師專業形象被尊崇，而在台灣保險銷售人員，社會地位並不是普遍被尊重。保險公司為了迎合國人習性→商品設計比較偏重儲蓄商品。而早期從業人員，涉入專業整體風險理財配置，人數比率其實也非常稀少。因此普遍都被誤解，保險只是儲蓄與醫療險功能，忽略整體理財配置於風險管理的重要。這點造成了保險從業人員專業形象被普遍低估。

保險資產規劃於金融整體財富上，屬於財富的基礎結構部分，比較像超高樓層的地下室和消防備援水庫定位，「數字看保險」整體所做的效益的檢測，主要觀察此基礎結構對整體所產生的效益，是否解決切身家族傳承4個核心資產保全的問題，真正達到對症下藥成果。俗話說：只要對症下藥，所有的藥品都是好藥。家族資產傳承只要保險的基礎結構穩固，配置的保險商品達到整體最高效益，任何的保險都可以幫助家族氛圍和諧、成員力量凝聚。

「數字看保險」透視家族傳承所做的效益檢驗，主要訴求在釐清眼前切身資產保全問題，分辨財富不同風險之現金流量，是否具備解決傳承問題的能量。透過電腦的統計分析，扭轉過去社會賣保險靠人際關係，決定保險是否成交，普遍忽略了保險焦點在整體理財配置的本質，更忽略了保險在整體理財配置中，所產生的巨大效益與安全結構的重要性。「數字看保險」整體所做的沙盤推演→尋求最佳優化效益，可以輕易找到整體理財配置的最大效益。因此買保險並不只是人情交換的禮物，而是替你產生大筆財富的理財配置工具。

保險理財工具～最特殊的特色，只需要運用原本資產，做不同比例配置的概念而已。所產生的效益非常巨大，幾乎是用本身資源達到放大資產功能。與其他投資理財工具的特色很大不同，投資工具的特色講求本金多大其獲利有多高，相對的風險就會有多大，兩項理財工具差之毫釐、失之千里絕對不可混爲一談，才能夠充分發揮各自的理財特色。

再次比對「數字看保險」→整體效益檢測報告

再次呼籲整體背景因素結合整體配置效益檢測報告的重要，雖然案例二現況整體配置效益並不佳，嘗試深入（資源循環運用）尋求優化沙盤推演，是否可以找到在沒有經濟壓力底下重新配置的空間。挑戰類似案例一創造高效益的成績？以下優化沙盤推演探討整體效益。提供你更深刻了解！理財配置→比對效益檢驗報告做爲理財配置參考。

沙盤推演→加入兩種不同的配置構想，探討資源循環運用，以下配置圖具體說明爲何產生很大的差距，「數字看保險」透視家族傳承檢驗報告做決策參考，實質上有很大的價值。

1.「數字看保險」檢驗…調整前整體效益（現況）示意圖

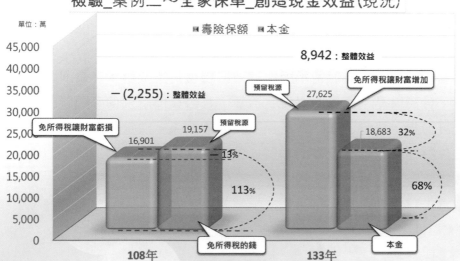

檢驗_案例二～全家保單_創造現金效益(現況)

現況～的整體效益（創造現金）

108年：整體效益－（2,255）萬

133年：整體效益8,942萬

純保費累計(儲蓄VS保障)→比重分配圖

保障險 7%

儲蓄險 93%

2.「數字看保險」沙盤推演…優化後整體效益（資源循環應用）示意圖

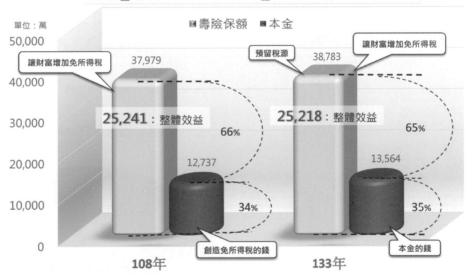

檢驗_案例二～全家保單_創造現金效益(優化)

單位：萬

壽險保額　本金

讓財富增加免所得稅

預留稅源　讓財富增加免所得稅

37,979　38,783

25,241：整體效益　66%

25,218：整體效益　65%

12,737　13,564

創造免所得稅的錢　34%

本金的錢　35%

108年　133年

循環應用～沙盤推演_優化後（創造現金）整體效益

108年：整體效益25,241萬

133年：整體效益25,218萬

累計_儲蓄VS保障→比重分布圖

保障險 14%

儲蓄險 86%

3.「數字看保險」沙盤推演…BEST優化後檢驗整體效益（慷慨專案）示意圖

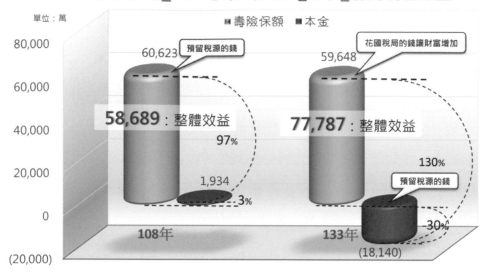

沙盤推演_BEST專案~案例二_全家_創造現金效益

單位：萬

壽險保額 ■本金

沙盤推演_BEST～優化後（創造現金）整體效益…（慷慨專案）

108年：整體效益58,689

133年：整體效益77,787

純保費累計_(儲蓄VS保障)→分布圖

保障險 13%

儲蓄險 87%

客戶群！有需要，保險效益檢驗報告嗎？

整體效益～優化示意圖
單位：萬

以上3種不同優化的理財配置，所產生整體效益的差距很大，沙盤推演效益比較表提供更好的優化資訊，協助金融保險從業人員提供多元的財務配置給客戶，金融保險從業人員不得不慎重處理。

整體效益～優化比較表		
	108年	133年
現況	-2,255	8,942
循環運用	25,241	25,218
BEST運用	58,589	77,787

第 1 章

資產配置的理財概念

第一節

理財配置基礎信念～不必花錢可以變多

第1項 | 理財守護→生命價值、收入、財產傳承～存有無常的風險

　　宇宙萬物共同的現象→2,300年來於所有宗教的經典都有記載，在佛教經典中記載有一段琅琅上口的口訣，稱作三法印（諸行無常、諸法無我、寂靜涅槃）。主要說明世上萬物只要搭配了時間因素，都存有無常變幻的風險，做財務長期規劃時也需要備具這樣的概念。

理財觀念→揭露生命真相_示意圖

　　生命價值、收入、財產傳承必須隨時做好面對的準備，如果你有如此安排，老天爺會獎賞你這個行動。令你在不必花錢的狀態下，讓你的財富在任何時間點都是處於最大值的狀態。

　　宇宙賦予給我們最寶貴的東西，往往我們是不必口袋掏錢買的，譬如：陽光、空氣水，這些都是維繫生存很寶貴的物質。我們只需理解這些存在並遵循滋養生命的道理。財務配置上依然存在上天賦予的道理，只要將手上資產劃分四種歸類（不動產、股票、現金、保險），當四種資產達到最佳的比例時，這種均衡的現象會形成。

　　不必花錢而且讓你的財富在任何時間點，都是處於最大值的狀態。我們金融專業人員進行財務規劃，必須遵循這個宇宙的道理，了解風險無時無刻存在，並

做好面對的準備。只要你植入這個信念，你所做的每一個計劃，必定可以在沒有經濟壓力之下，讓財富配置隨時處於可以變多的狀態。

第2項│理財安全結構～享受財富、配置財富的樂趣

　　透過有系統的安全結構，一步一步完成終身的財富計劃，例如：孩子的教育基金、中年的創業金、退休時的養老金、及全家環遊世界的享樂生活…最後透過移轉、遺囑及信託，傳承分配財富給下一代，同時延續企業主開天闢地精神，家族氛圍和諧融洽、企業人員力量凝聚，使其發揮財富越來越多的樂趣，長久造福國家社會。將以下五點因素納入安全結構範圍。

1. 完整守護住賺錢的人和所賺到的錢，準確地把愛照顧所愛的人。
2. 把愛留給最愛的人，子女們不受婚姻因素，而資產蒙受瓜分影響。
3. 家族氛圍和諧成員力量凝聚～將生命開天闢地的精神流傳。
4. 設置充足的緊急儲備金庫、給自己或最愛的人留下活用救命財。
5. 充分運用最大化配置，享受財富分配越來越多的樂趣。

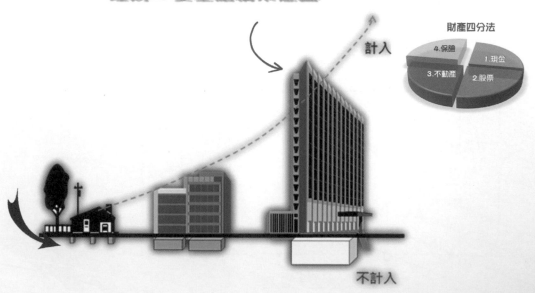

理財～安全結構示意圖

第3項｜理財配置最大化的概念

　　許多人對保險有一些誤解，認為保險的報酬率不高，比不上投資事業、股票的投資效益！其實顧客們應該注重的是，財產四分法蘊含著廣義而完整最大化的理財配置，而不是一個狹隘的回報率而已！

　　金錢的配置方式不同，創造出來的功能及價值也不一樣，它們都很好各具特色機能，無法拿來比較的！理財配置唯有平衡配置才能得到最好結果。

　　▲什麼是股票～1萬→2萬　　　　▲什麼是保險～1萬→10萬

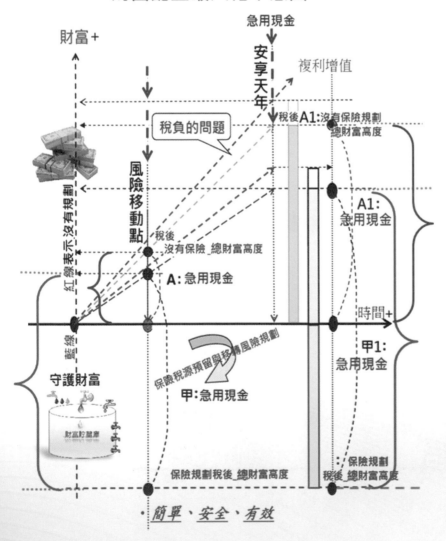

財富配置最大化示意圖

第4項│理財與生活實務背景結合

假如你有機會看到20年後，你的錢貶值了，那真是太幸運了！大多數人，根本不知道，甚至沒有機會，可以知道20年後會發生什麼事，20年以後的事情太長、太久、太遠了。

理財與生活結合，切身優點如下：

1. 實務以非常優惠折扣價創造更多的現金，
2. 用國稅局的錢，創造急用現金解決資產移轉的稅務問題。
3. 只須理財配置完全不必花到自己的錢，而且任何一個時間點結算都是最大值。
4. 完全使用別人的錢配置，不但會變得更多，讓自己高興而且他會感謝你。
5. 儲備理財隱藏金庫，不必擔心上下游經營不善風險，自己生活品質免受連帶影響。

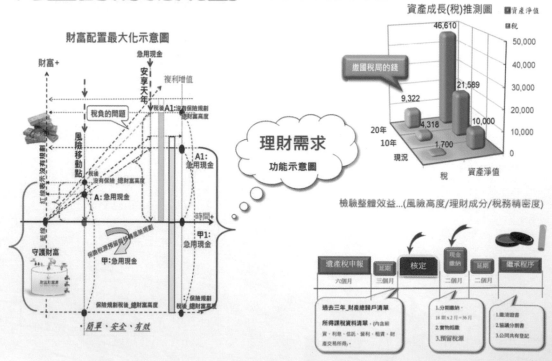

第二節

過去前輩的主要觀念與步驟

金融保險在人類歷史上已經數百年了，許多寶貴保險知識透過國際百萬圓桌（MDRT）大會每年的分享，以及各國傑出菁英出版書籍將珍貴知識流通分享，自己才有機會收到前輩們恩澤，受到他們與時間賽跑的知識啓發引導，令我對保險理財建立了正確觀念，今日也才能夠在金融保險理財領域立足22年。

傑出前輩們以簡單扼要的文字敘述，將親身案例以條列互動方式清楚說明，各種時機背景不同，所做不一樣的切身因應內容，詳細匯集整理成冊，再於各種重要專業公開舞台上分享，其成交案件主要觀念和執行步驟，提供各國保險菁英從業人員做理財配置參考，這種學習像是世界磨刀大會，每一年都會激發培養出許多年輕菁英，資深傑出菁英們也不斷地激發出無限的潛能，歷年來一直創造出更多打破紀錄的佳績。

這裡特別選擇幾個影響我很深的觀念分享給大家，提供更豐富資料給讀者作的參考，期待激發讀者靈感，與時俱進產生更多理財配置，達到最佳化的創意想法。

20年後拿回來的錢已經不值錢了。假如你有機會看到20年後，你的錢貶值了，那眞是太幸運了！因爲大多數人，根本不知道，甚至沒有機會，可以知道20年後會發生什麼事，20年以後的事情太長、太久、太遠了，我們先處理眼前的風險好不好？萬一！20天後身體貶值健康不佳，我們應該如何解決這個與時間賽跑問題呢？

第1項│保險是生活必需品～財務的新鮮空氣概念

保險是無形的商品，看不見？

你的意思是說看不見的東西你不要是嗎？那麼請你馬上停止呼吸，因為，空氣也是看不見的啊，看不見的東西往往是最珍貴的，無形勝有形，對，還不對！

比方說，愛也是看不見的，無形的保險規劃就是愛及責任的展現，風險發生時，它和空氣一樣重要，您說是嗎？

保險是～財務完整的概念

假如～你知道，你會病逝你會——————————→買保險

你知道，你會長命百歲你會——————————→投資

你知道，你的現金週轉會有問題，你平常就會做———→儲蓄

請問，對你來說：空氣～比較重要？水～比較重要？食物～比較重要呢？
一個健康的身體需要：空氣、水、食物

生活元素→譬喻：保險＝空氣

請問，對你來說：

發生死亡、殘廢、重病時，可以即時、立刻、馬上，提供您一大筆的急用現金

生活元素→譬喻：儲蓄＝水

對你來說：水
到處都有、垂手可得，感受不到重要性～
也體會不到缺乏或沒有的痛苦，

生活元素→譬喻：投資＝食物

對你來說：投資理財規劃做得好
現在吃得飽、將來吃得好

請問～您在財務上，有新鮮的空氣嗎？

第2項｜有錢人的角度～購買保險

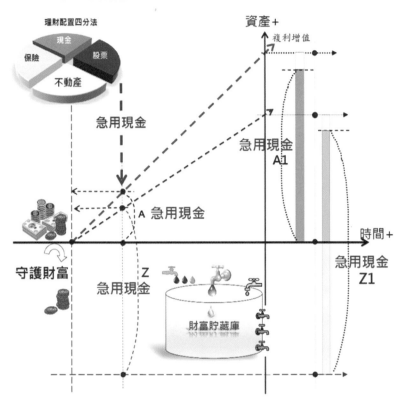

財務安全規劃

※任由時間點之游動，檢討累積財富兼顧資產守護效果

保障他們的生命價值

什麼是生命價值？

你的生命價值＝你所享有的時間，

你的生命價值＝你獨有的賺錢能力。

你將來價值多少？就是如果失去您，你的家人將會損失多少？

如果你的年收入1000萬，那麼～在未來的10年裡，你至少會享有1億元的收入，這就是你的生命價值。

萬一生命突然結束，家人的財產損失，至少是一億以上，不是嗎？

您會爲昂貴的汽車投保嗎？您會爲一張椅子投保嗎？只有便宜的東西才不需要投保。

您，年薪千萬，對您而言，最重要的資產是什麼？就是你賺錢的頭腦和時間，只有人壽保險能夠保障您的生命價值，與時間賽跑使您不至於損失上億元的收入。

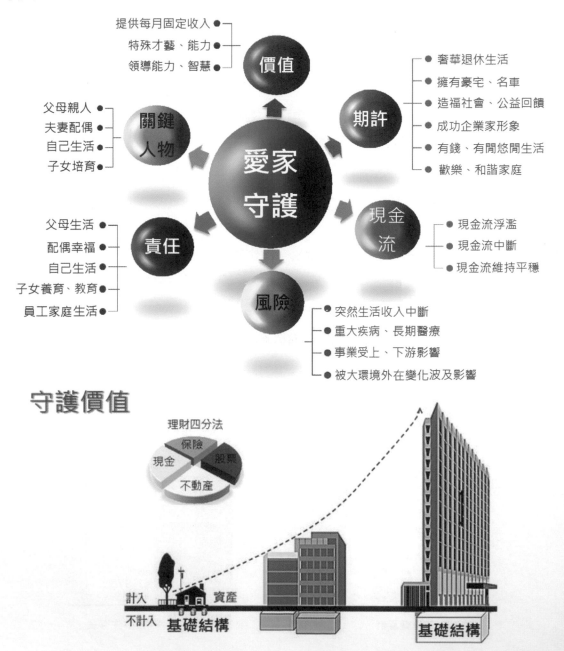

守護價值

增加他們的現金財產

如何與時間賽跑，立刻增加你的現金資產呢？

假設你有1000萬的定存，年利息3%。

把銀行付你的3%的利息，投資在1000萬的壽險保障上，用3%的利息，增加一倍的現金資產，風險發生時，家人拿到的是2000萬，你未來的錢，只會增加，不會減少。而且還完全免稅？省下20%的稅金！

從範例→備援水庫示意圖上查看，確實增加了不只一倍，而是4倍以上之整體效益。

從拙著之範例→保單備援水庫示意圖上查看，總投入保費累計5,305萬，除以20年，等於小額支票每年265萬保費。換算保險公司22,981萬鉅額支票，除以265萬等於百分之1.15的比重。符合上述用3%的利息，足以增加N倍的現金資產。

本金5,305萬減累計生存金975萬，保費累計只剩4,330萬，比對解約金6,018萬(可活用現金)，本金完全存在而且孳息增加1,688萬。示意圖清楚顯示→保單備援水庫，僅是運用銀行帳戶移動位置的作法，增加保費累計4倍之整體效益。

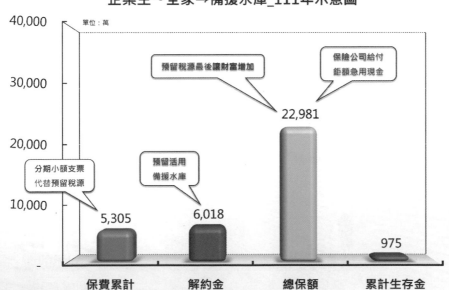

企業主～全家→備援水庫_111年示意圖

保證你的孩子會很開心，看到孩子開心，你也會很開心。

我有很多錢，沒必要買保險的曲解。

我相信你真的很有錢，也認同你根本不需要買保險。

如果這張白紙代表你所有的錢，你知道嗎，有一大部份不是你的錢，為什麼？你的錢多到你自己也不知道有多少，大部份生的時候肯定用不著，死的時候也絕對帶不走。生時用不著，死時帶不走的錢，怎麼能算是你的錢呢？

這筆錢你將來，會留下來給誰？會留下來給你的孩子，對嗎？ 所以這筆錢不是你的錢，是你孩子的錢！

假如切出一個小方塊，對你來說有沒有影響？絕對沒有影響，對嗎？ 你切出來的，是不是你的錢？不是你的錢→是你孩子的錢！

如果今天切出這個小方塊，將來會留下更大的方塊給你的孩子，我保證你的孩子會很開心，看到孩子開心，你也會很開心，對不對！

這叫做：利用孩子的錢，投資在你自己身上，同時可以為孩子創造更多財富，何樂而不為？現在，讓我來為你安排幾個簡單體檢，看看有沒有機會，讓大家都開心好嗎！

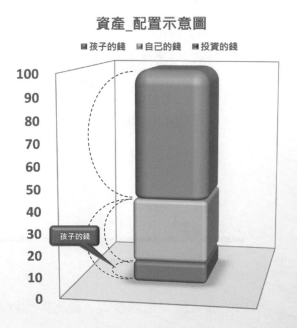

第3項│做好～保險理財配置步驟

許多人對保險有一些誤解，認為保險的報酬率不高，比不上投資事業、股票的投資效益！這種情形就像是運用股票投資的邏輯思維，套用於債券投資舞台上。猶記得學習理財規劃CFP的債券投資課程，授課債券講師提醒！債券投資以「億」做計價單位，而股市投資以「萬」做計價單位。兩者投資思維邏輯全然不同。如果以債券投資想法去操作股市，必死無疑！相反的，若以股市投資的邏輯進入債券操作，也不會存活空間，各個領域邏輯概念全然不同。

相同的道理若以股票投資的邏輯，操作保險理財配置，很難獲得精彩亮眼的結果。坊間流通一句話：「聰明人很難買到好的保險」。這句話指的正是，所套用的邏輯錯誤所產生的結果，並非聰明人真的配置不到好的保險，只要所套用的邏輯正確，任何人都可以得到好的保險，而且是最輕鬆和最小壓力下，保證獲利的理財方式，讓理財配置達到最大化的效果。

讓我們一起來看看…到底人壽保險能為我們個人及家庭，帶來什麼意義及好處！

這裡以建築物安全結構譬喻→基礎、牆壁、屋頂。

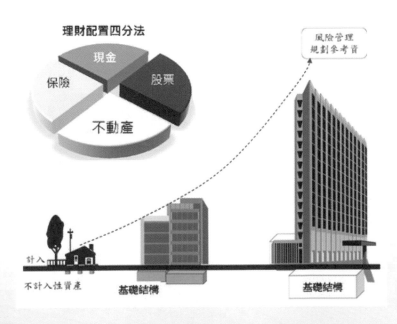

你的收入就是你的基礎，最重要的就是把基礎打好、做好。

下列狀況會失去收入： 疾病、意外、死亡，花少許的錢就可以把地基打好。然後～牆壁，你的**財產**也就是牆壁，開始建立你的牆壁。你有多少良性的負債（小孩）或是尚未償付的貸款，就應該買多少的保障。你的收入就是你的基礎，**生命價值**就是你的屋頂。

買保險→就是建立生命價值的呈現，你值多少錢～就該買多少保障。理財安全結構。

風險是什麼～我們與時間賽跑…

還沒發生的時候，好像很遙遠…發生了，又無力解決。

如同賓士車的竊盜險：

（發生）→風險

（會有）→損失

（不願）→承擔、彌補

（需要）→方法＝保險

賺錢能力，對你來說：

（發生）→風險

（有）　→損失

（自行）→承擔、彌補

（需要）→方法＝保險

如果我已經有買意外險了：根據統計，意外的死亡率是8%買保險，就像穿衣服一樣，只買意外險，就好像穿一條內褲，只保障身體的8%。請問你敢穿一條內褲滿街跑嗎？

所以，只買意外險一定不夠的，穿衣服要得體，買保險要完整足額，你說是吧！

第三節

法令背景因素→蒐集相關的稅法規定資料

第1項 | 遺產稅

遺產稅第1條：凡經常居住中華民國境內之中華民國國民死亡時遺有財產者，應就其在中 華民國境內境外全部遺產，依本法規定，課徵遺產稅。 經常居住中華民國境外之中華民國國民，及非中華民國國民，死亡時在中華民國境內遺有財產者，應就其在中華民國境內之遺產，依本法規定，課 徵遺產稅。

遺產稅第13條：按被繼承人死亡時，依本法規定計算之遺產總額，減除第十七條、第十七條之一規定之各項扣除額及第十八條規定之免稅額後之課稅遺產淨額，依下列稅率課徵之：

一、五千萬元以下者，課徵百分之十。

二、超過五千萬元至一億元者，課徵五百萬元，加超過五千萬元部分之百分之十五。

三、超過一億元者，課徵一千二百五十萬元，加超過一億元部分之百分之二十。

遺產稅第18條：被繼承人如爲經常居住中華民國境內之中華民國國民，自遺產總額中減除免稅額一千二百萬元；其爲軍警公敎人員因執行職務死亡者，加倍計算。被繼承人如爲經常居住中華民國境外之中華民國國民，或非中華民國國民，其減除免稅額比照前項規定辦理。

遺產稅第23條：被繼承人死亡遺有財產者，納稅義務人應於被繼承人死亡之日起六個月內 ，向戶籍所在地主管稽徵機關依本法規定辦理遺產稅申報。

遺產過戶→法定流程示意圖：

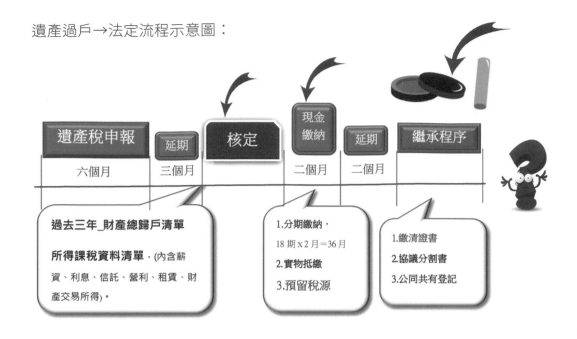

保單條款_終身壽險_

第13條【保險事故的通知與保險金的申請時間】

要保人或受益人應於知悉本公司應負保險責任之事故後十日內通知本公司，並於通知後儘速檢具所需文件向本公司申請給付保險金。本公司應於收齊前項文件後十五日內給付之。但因可歸責於本公司之事由致未在前述約定期限內為給付者，應按年利一分加計利息給付。

保險金→給付示意圖：

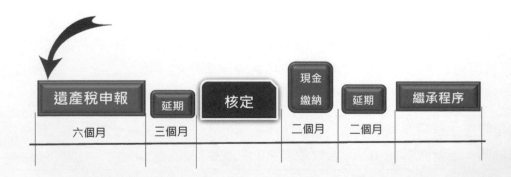

第2項 | 民法

遺產繼承人

第1138條	遺產繼承人,除配偶外,依下列順序定之:
	一、直系血親卑親屬。
	二、父母。
	三、兄弟姊妹。
	四、祖父母。

第1141條	同一順序之繼承人有數人時,**按人數平均繼承**。但法律另有
	規定者,不在此限

特留分

第1223條	繼承人之特留分,依左列各款之規定:
	一、直系血親**卑親屬之特留分,爲其應繼分二分之一。**
	二、父母之特留分,爲其應繼分二分之一。
	三、配偶之特留分,爲其應繼分二分之一。
	四、兄弟姊妹之特留分,爲其應繼分三分之一。
	五、祖父母之特留分,爲其應繼分三分之一

第3項 | 反避稅條款

【§66-8】個人或營利事業與國內外其他個人或營利事業、教育、文化、公益、慈善機關或團體相互間,如有藉股權之移轉或其他虛偽之安排,不當爲他人或自己規避或減少納稅義務者,稽徵機關爲正確計算相關納稅義務人之應納稅額,得報經財政部核准,依查得資料,按實際應分配或應獲配之股利、盈餘或可扣抵稅額予以調整。

> 所稱藉股權之移轉或其他虛偽之安排,不當爲他人或自己規避或減少納稅義務之範圍參照。(財政部98/07/07台財稅字第09800297860號)

營利事業_反避稅CFC重點：

【§43-3】為避免營利事業藉於低稅負地區（如租稅天堂）設立CFC保留盈餘不分配，以遞延課稅或規避稅負，明定營利事業及其關係人直接或間接持有設立於低稅負國家（地區）關係企業股份或資本額合計達50％以上，或對該關係企業具有重大影響力者，該營利事業股東應就該關係企業當年度盈餘，按持股比率及持有期間計算，認列投資收益課稅。但於當地有從事實質營運活動或當年度盈餘低於一定標準者，排除適用。

營利事業反避稅→CFC稅法變動示意圖

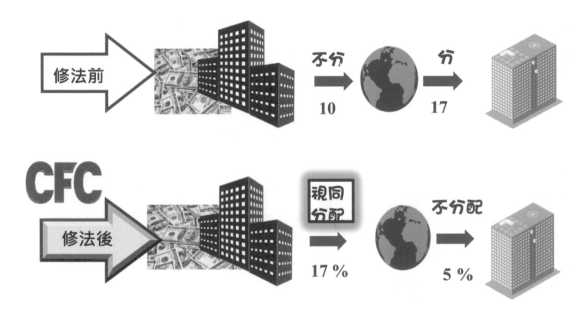

個人_反避稅CFC重點：

【§12-1】個人及其關係人直接或間接持有在中華民國境外低稅負國家或地區之關係企業股份或資本額合計達百分之五十以上或對該關係企業具有重大影響力，且該個人或其與配偶及二親等以內親屬合計持有該關係企業股份或資本額百分之十以上者，該個人應將該關係企業當年度盈餘，依持有股份或資本額之比率計算海外營利所得，與第十二條第一項第一款規定之所得合計，計入個人之基本所得額；嗣關係企業實際分配股利或盈餘時，該已計入個人基本所得額之海外營利所得免再重複計入課稅，並定明其已繳納之國外稅額扣抵規定。

個人受控外國公司（CFC）制度

認定要件	符合兩要件：
	第一：
	1. 個人是否直接、間接擁有持有 50% 以上股份、資本額或具有重大影響力的境外關係企業。
	2. 且該關係企業位於公司稅負低於 11.9% 的租稅天堂，如維京群島、薩摩亞、開曼、香港、新加坡等
	第二：
	個人、配偶及二等親加計持有 CFC 的股份、資本額，超過 10%
豁免條款	個人 CFC 比照企業 CFC，「有實際營運活動」或持有的所有 CFC 總計年度盈餘低於 700 萬元
上路前提	1. 須等兩岸租稅協議通過
	2. CRS 共同申報審查準則訂定情形
	3. 相關子法規的訂定
	4. 具有一定的宣導輔導期
影響	一旦若入課稅範圍，只要個人持有的 CFC 實際獲配海外投資收益，即使未分配，仍得視為股東當年度海外所得

資料來源：財政部

反避稅_境外租稅天堂營利事業→PEM稅法變動重點：

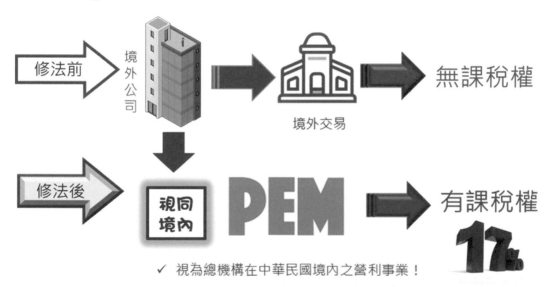

修法前 　境外公司 　境外交易 　無課稅權

修法後 　視同境內 PEM 　有課稅權 17%

✓ 視為總機構在中華民國境內之營利事業！

　　【§43-4】為防杜PEM在我國境內之營利事業藉於租稅天堂登記設立境外公司，轉換居住者身分，規避應申報繳納之我國營利事業所得稅，所得稅法第43條之4明定依外國法律設立之境外公司，其PEM在我國境內者，應視為總機構在我國境內之營利事業，依所得稅法及其他相關法律規定課徵營利事業所得稅及辦理扣繳與填發憑單相關作業。

境外租稅天堂→PEM稅法兩岸稅法變動→境外交易課稅示意圖：

☀	★
1. 反避稅條款(CFC、PEM)。 2. 金融機構執行共同申報及盡職審查作業辦法。 3. 國際金融業務分行管理辦法。 4. 營利事業所得稅不合常規移轉訂價查核準則。 5. 洗錢防制法。	1. 非居民金融帳戶涉稅資訊盡職調查管理辦法。 2. 金融機構大額交易和可疑交易報告管理辦法。 3. 銀聯卡海外提現新增年度總額限制 4. 6號公告。 5. 42號公告 6. 金稅三期物聯網查稅。

第4項│大陸反避稅條款

2009年4月30日公布了財稅[2009]59號文，陸企業因重組造成股權變化，大陸稅務局有權核定股權轉讓時的「公允價格」~卽擬轉賣該資產「市值」課徵所得稅，卽使雙方約定以淨資產做平價交易（無任何溢價），最後仍有可能被大陸稅務局按淨資產和註冊資本額間的差距課徵企業所得稅；適用年度則追溯至2008年1月1日起生效。

大陸稅法變動→境外交易課稅示意圖：

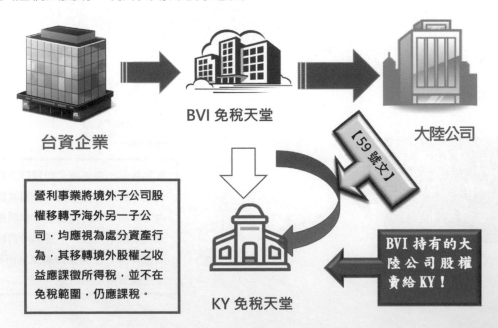

台資企業

BVI 免稅天堂

【59號文】

大陸公司

營利事業將境外子公司股權移轉予海外另一子公司，均應視為處分資產行為，其移轉境外股權之收益應課徵所得稅，並不在免稅範圍，仍應課稅。

KY 免稅天堂

BVI 持有的大陸公司股權賣給KY！

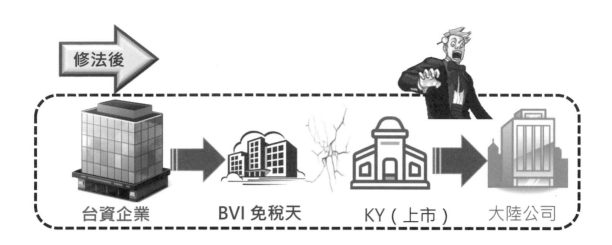

2009年12月10日公布了財稅[2009]698號文，境外投資方（實際控制方）通過濫用組織形式等安排間接轉讓中國居民企業股權，且不具有合理的商業目的，規避企業所得稅納稅義務者，根據實質重予形式的原則否定境外中間控股公司的存在；適用年度則追溯至2008年1月1日起生效。

大陸稅法變動→境外交易課稅示意圖：

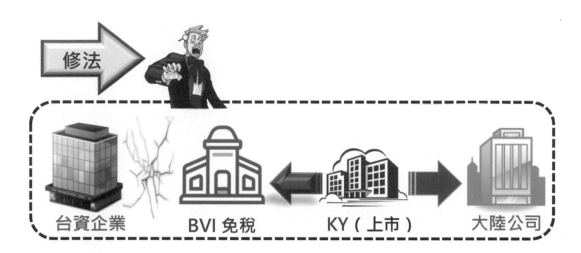

<table>
<tr><td>台資企業</td><td>BVI 免稅</td><td>KY（上市）</td><td>大陸公司</td></tr>
</table>

　　2009年10月27日公布了財稅 [2009] 601號文，審查必須以「實質重於形式」的方式進行，明確提出受益所有人的概念，以最終受益人作為判斷是否能適用租稅協定的主要因素：香港設控股公司（沒有實際營運的空殼）未來可能無法適用5%的匯出稅率，應考慮於香港公司配置員工、租設辦公室、實際經營並繳稅，並於香港召開董事會等因應。

第5項│最低稅負稅基內容

　　【§12】個人之基本所得額，為依所得稅法規定計算之綜合所得淨額，加計下列各款金額後之合計數：

一、未計入綜合所得總額之非中華民國來源所得、依香港澳門關係條例第二十八條第一項規定免納所得稅之所得。但一申報戶全年之本款所得合計數未達新臺幣一百萬元者，免予計入。

二、本條例施行後所訂立受益人與要保人非屬同一人之人壽保險及年金保險，受益人受領之保險給付。但死亡給付每一申報戶全年合計數在新臺幣三千萬元以下部分，免予計入。

· 2014年起～最低稅負全戶保險給付3,000萬元的扣除額，也一併調高為3,330萬元。未達3,330萬元的保險給付，可免課徵最低稅負。

· 103年度個人的基本所得額在670萬元以下者，免依本條例規定繳納所得稅。

第 *2* 章

總體資產整理
財產四分法→背景因素

第一節

整體彙整統計→資產總歸戶資料（財產四分法）

在此探討一個完整背景因素結合的案例，做爲家庭，企業和個人規畫資產傳承移轉的參考樣本，過程逐一尋找可能發生的風險因素以及規避的方法。以下家族暫時稱作『藏富家族』，一家四口，夫妻一起創業養育二位子女，子女皆有送到國外求學深造，現在子女都留在公司裡幫忙，也都結婚生子各自有快樂、幸福的家庭生活。

藏富家族成員依長輩順序以中文先生、太太、長女、長子稱之。藏富家族夫妻一起經營傳統事業，創業有成內外銷市場迄今30幾年，企業主平時爲人和藹可親、氣質文質彬彬，待人謙卑有禮，處事非常講究信譽，先生一生專注於事業與照顧家庭，因爲個性謙卑生活非常的低調樸實，空閒之餘樂趣除了陪伴家人親近大自然四處旅遊，之外並無其他不良嗜好。

藏富家族總體資產配置約略彙整統計之後，資產採用財產四分法的安全結構邏輯分析，並逐一探討分析資產傳承、移轉、分配等風險因素及規避的方法。目前先就切身關係總資產整理淨值約997,142,180，年收入概況約1,200萬以上，良性負債的部分土地投資也有4,500萬貸款，固定房租收入每年約有200萬。整體資產配置表如下：

全家資產→個人名下持有分配表

單位：元

姓名	土地／房屋	公司股票	銀行OBU	房租收入	債務	小計
藏富_先生	442,832,482	104,424,375	68,835,710			616,092,567
藏富_太太	50,379,120	103,989,274	2,344,320	2,000,000	- 45,000,000	113,712,714
藏富_長女	9,000,000	22,190,180	0			31,190,180
藏富_長子	36,000,000	200,146,719	0			236,146,719
total	538,211,602	430,750,548	71,180,030			997,142,180

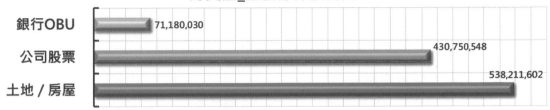

總資產_整體分佈狀況圖

銀行OBU	71,180,030
公司股票	430,750,548
土地／房屋	538,211,602

　　財產配置的分析模式採用財產四分法，從資產總歸戶資料所彙整的統計顯示，全家總資產_整體分佈狀況。多數資產配置於不動產佔整體52%（土地／房屋）538,211,602，其次公司股票430,750,548佔整體41%，兩項資產合計佔整體總資產93%。

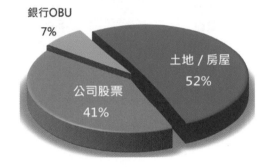

總資產_類型_分佈狀況圖

銀行OBU 7%
土地／房屋 52%
公司股票 41%

　　整體配置不動產投資大於公司股票，此時心裡納悶地再度向企業主確認，家族本質是經營傳統產業還是經營不動產公司，這兩者全然不同領域的產業性質，風險控管報酬率也都不同，以市場投資分類而言，對照風險屬性對照表，全都屬於中高獲利之投資配置，這種集中火力組合，算是大筆進財的配置型態。

　　過去印象中～所認識的企業主本身個性，內向、低調，生活純樸，感覺只專注於事業與照顧家庭，分析出現結果與過去印象好像有一點距離感。經過確認後才知道，公司草創初期夫妻並肩滿腔熱血一起開創，因為兩人學歷不高而且白手起家。當時在年輕時候並沒有具備經營事業知識與經驗，太太強烈的責任感使然一切「積極做中學」，平時除了家庭照顧與公司張羅事務之外，還刻意擠出時間聘請外語家教學習美語，拓展外銷業務市場，也到職業訓練補習班，學習會計與財務、各種與切身經營或是人事管理相關的所有專業知識，非常令人佩服這種學習精神。

　　學習過程中結識了幾位一起學習的老闆娘，大家處境相同惺惺相惜而成為好朋友，定期聚會彼此分享交流，公司管理經驗與家庭照顧的心得，並且非常積極自組了一個老闆娘群族。因為定期聚會話題偶而分享不動產投資經驗，所以一起

邀約在不動產投資上嚐試，長年彼此交流下來一直有很好成績，好朋友們一起投資機緣之下，長久也培養了不動產投資敏銳度，造就了目前不動產投資配置占整體資產52%強。

投資工具的不同特質對照表

	投資金額	平均報酬	風險性	變現性
共同基金	小	中高	中	高
定期存款	小	低	低	中
股票	不一定	高	高	高
債券	大	低	低	中
跟會	小	中高	中	中
房地產	大	中	中	低
黃金	小	低	低	中
外匯	中	中	中	高
期貨	大	高	高	高

雖然投資分散配置於不同標的物，不動產、股票兩項資產合計佔整體總資產93%。投資有一定的風險存在，這種配置組合對照投資工具屬性表，屬於中高風險

(單本)銀行複利對照表　　　　　　　　單位：萬

本金	1,000				
	非常保守	保守	穩健	積極	靈活配置
年利率	3%	6%	10%	15%	25%
1	10,300	10,600	11,000	11,500	12,500
2	10,609	11,236	12,100	13,225	15,625
3	10,927	11,910	13,310	15,209	19,531
4	11,255	12,625	14,641	17,490	24,414
5	11,593	13,382	16,105	20,114	30,518
6	11,941	14,185	17,716	23,131	38,147
7	12,299	15,036	19,487	26,600	47,684
8	12,668	15,938	21,436	30,590	59,605
9	13,048	16,895	23,579	35,179	74,506
10	13,439	17,908	25,937	40,456	93,132
11	13,842	18,983	28,531	46,524	116,415
12	14,258	20,122	31,384	53,503	145,519
13	14,685	21,329	34,523	61,528	181,899
14	15,126	22,609	37,975	70,757	227,374
15	15,580	23,966	41,772	81,371	284,217
16	16,047	25,404	45,950	93,576	355,271
17	16,528	26,928	50,545	107,613	444,089
18	17,024	28,543	55,599	123,755	555,112
19	17,535	30,256	61,159	142,318	693,889
20	18,061	32,071	67,275	163,665	867,362

也中高獲利類型配置。因爲30年的豐富投資致勝經驗。已經習慣且擅長掌握此組合之投資秘訣。好友們一起投資經驗累積，平時有任何風吹草動馬上互通訊息，隨時敏銳精準掌握進退時機，如今投資不動產對藏富家族而言算是低風險組合，也是長期投資賺錢致勝工具。

　　總歸戶統計資料已經很清楚顯示，長期以來大部分資產都配置於積極成長類型，雖然明知此配置有一定的風險，因爲累積30年豐富的投資經驗，任何風吹草動皆能敏銳精準掌握進退時機，早已經習慣這種集中火力大筆進財的組合配置。

　　總歸戶家庭成員整體資產分佈情形如（總資產_分佈狀況圖表）。藏富_先生 61,107萬佔整體62%，藏富_太太 10,871萬佔11%，兩人合計佔整體 73%，整體資產大部分配置仍掌握在夫妻二人名下。兩位子女配置分布，藏富_長女名下3,119萬佔約3%比重，藏富_長子 23,614萬佔24%。從分配比重上可知父母心中想法，早已經逐步將公司資產移轉給第二代藏富_長子，似乎未來囑意長子他要承擔企業接班的重責大任。

整體總資產_分佈狀況圖

藏富_太太 11%
藏富_先生 62%
藏富_長子 24%
藏富_長女 3%

整體總資產分配表　　　　　　　　　　　　　　單位：萬

成員	金額
藏富_先生	61,609
藏富_太太	11,371
藏富_長女	3,119
藏富_長子	23,615

藏富_太太年齡56歲，除了與先生一樣具有樸實謙卑特質之外還多了一份熱忱的心，宗教信仰非常的謙誠，若以宗教信仰來形容他們夫妻，像似千手千眼的觀世音菩薩再世，只要有她們夫妻所在之處，任何的困難都會被他的智慧與慈悲能量化解，同時經常帶給身邊人們充滿著盼望，兩人身上隨時散發著溫馨、光明的力量。

平時太太全力以赴的協助先生管理公司的人事與財務，同時照顧孩子一女一男生活起居、上下學接送安排，兼顧家庭料理和教育子女的任務。使得子女們個個品學兼優，也都出國留學接受很好培育，現在也都學成歸國留在公司一起分擔經營責任，協助公司成長經營並發揚光大。

目前的整體總資產配置類型已經分佈確定，未來獲利大約也可以已經確定，接著能夠大膽預測未來財富高度，看看未來會是什麼發展規模，同時評估大環境風險會衍生什麼稅務問題，以及推測子女的可能期待，和未來家族融洽相處的要件，作為該如何優化整體財富參考指標，達到圓滿～看到孩子開心，你也會很開心～除了保障他們的生命價值→增加他們的現金財產，又有融洽家族親情關係。

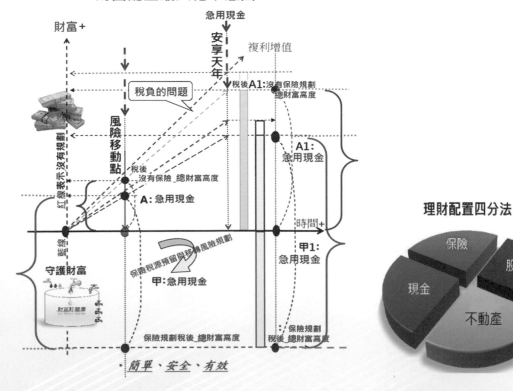

財富配置最大化示意圖

理財配置四分法

第1項 | 不動產配置～資產分佈情形

因為30幾年長期投資不動產的經驗，已經累積相當豐碩成績，現況不動產已經占整體總資產52%分量。雖然統計資料顯示不動產屬於積極類型資產，其中會帶有一定的風險。但是對於他們（藏富全家）而言，長期的經驗能夠熟悉風險的關鍵並且充分拿捏掌控，長期經驗而言算是低風險組合，早已經習慣這種理財配置模式。

整體土地／房屋545,211,602，家庭每個人名下在不動產之分佈配置情形如下，藏富_先生佔82%，藏富_太太名下佔9%，合計整體配置91%，不動產主要掌握在夫妻二人名下。長女似乎特別低僅有2%，超乎法定權益邏輯常理現象，此能量不平衡現象→可能造成家族紛爭源頭，埋下家族傳承共同凝聚力量的地雷。極可能破壞了想要～享受分配財富的樂趣。

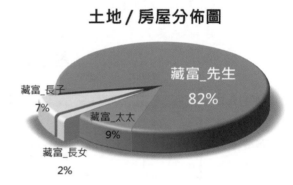

土地／房屋分佈圖

藏富_先生 82%
藏富_長子 7%
藏富_太太 9%
藏富_長女 2%

土地/房屋(不動產)分佈圖　　單位：萬

藏富_先生	44,283
藏富_太太	5,038
藏富_長女	900
藏富_長子	3,600

第2項｜銀行帳戶配置～資產分佈情形

銀行OBU_71,180,030現金財富全部掌握在夫妻兩人手上。銀行OBU現金配置僅佔整體7%而已。這些僅是國內OBU帳戶的數字，兩岸三地在香港、大陸的資金尚不包括在此，這裡的配置金額主要在靈活調度上使用，隨時可以出擊的備援金庫。

銀行OBU分佈圖

藏富_先生 97%
藏富_太太 3%
藏富_長女 0%
藏富_長子 0%

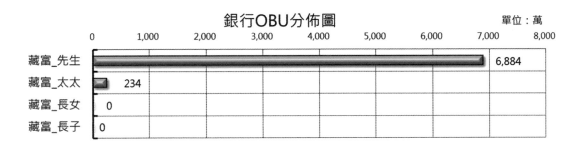

銀行OBU分佈圖　　　　單位：萬

	金額
藏富_先生	6,884
藏富_太太	234
藏富_長女	0
藏富_長子	0

第3項｜股票（事業）配置～資產分佈情形

因為事業經營是核心主體，又專注於本業的性格精神，因而本業累積30幾年長期的投資成果430,750,548，現況公司股票佔整體總資產41%。本業也已經累積豐富的專業致勝關鍵優勢。雖然統計資料顯示公司股票資產屬於積極類型，其中會帶有一定的風險。但是對於他們（藏富全家）而言，長期經營的經驗能夠熟悉風險的拿捏並且充分掌控，也習慣這種事業經營投資專業技術及產品行銷的理財配置模式，對他們經驗而言也算是低風險組合。

配置於家庭每個人名下之公司股票_分佈情形如下，藏富_先生佔24%，藏富_太太佔24%，兩人合計48%。藏富_長女佔5%比重，藏富_長子名下佔47%的比重。如此整體配置可知父母規劃，已經逐步將公司股票移轉分配給第二代藏富_長子，未來確定他要承擔企業接班的重責大任。

長女名下僅有5%，似乎特別低超乎法定權益常理，此能量不平衡邏輯現象，

已經埋下不定期引爆的地雷→可能滋生家族紛爭源頭，埋下家族傳承造成凝聚力量嚴重破壞的地雷。務必留意防範於未然，避免破壞了家族傳承長長久久的精神意義。唯有建立越來越凝聚的精神文化才是傳承核心準則。

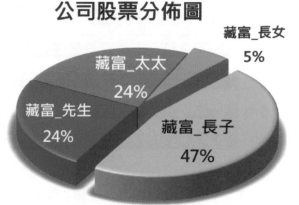

公司股票分佈圖

藏富_長女 5%

藏富_太太 24%

藏富_先生 24%

藏富_長子 47%

公司股票_分佈圖　　　　單位：萬

藏富_先生	10,442	
藏富_太太	10,399	
藏富_長女	2,219	
藏富_長子	20,015	

第4項 │ 保險配置～資產分佈情形

　　保險俗稱爲「隱財配置」平安時好像看不出甚麼作用，當緊急重要時刻，馬上可以產生湧出大筆急用現金，解決重要經濟問題。也有人稱保險是「急用現金」的金庫。藏富家族配置於家庭每個人名下之保險_分佈情形如下所示，藏富_先生佔36%，藏富_太太_佔26%，兩人合計48%。藏富_長女佔19%比重，藏富_長子名下佔19%的比重。

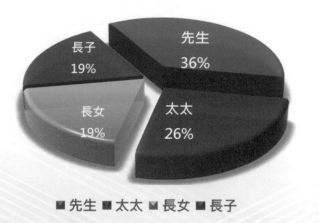

藏富家族108～壽險保額配置總表

長子 19%

先生 36%

長女 19%

太太 26%

■先生 ■太太 ■長女 ■長子

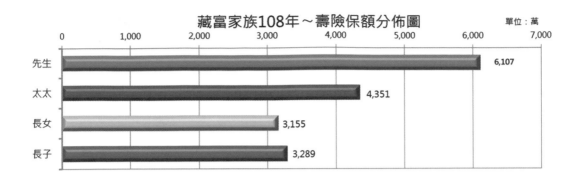

藏富家族108年～壽險保額分佈圖　　單位：萬

這個配置兩位子女合乎法定權益邏輯，達到常理能量平衡現象，也依家庭重要程度安排比重大小比重。請問如此配置是否結合了每個人的資產規模大小及法令背景因素呢！是否同時評估大環境風險會衍生什麼稅務問題？以及推測子女的可能期待，和未來家族融洽相處能量平衡的要件，作為保險規畫指引參考指標，使得結局達到圓滿～看到孩子開心，你也會很開心～除了保障他們的生命價值→增加他們的現金財產，又有融洽家族親情關係。

後續家族傳承數字看保險正子攝影檢驗報告，詳細探討這裡額度是否與背景的風險損失結合！若是與背景結合之後，好處效益又是什麼！

第二節

家長倆人重點～資產配置→財產四分法

　　全家整體總配置採用財產四分法快速彙整歸納之後，再來探討家族資產傳承、移轉、分配等重要議題，切身關係密切的部分，首先重點就是夫妻兩人名下的配置概況。傳承數字看保險檢視時，相同以時間點前後移動方式探討，推測預見未來財富高度評估，再從未來角度預先對人、對事兩方面全盤檢視，探討所有背景因素究竟會產生甚麼風險損失影響與變化，以便提早因應做準備，使得優化調整能夠對整體資產風險對症下藥，產生簡潔有力的資產配置優化效果。

　　家族財富傳承的首要重點是父母名下的資產，如何做配置？所以首先將兩位核心人員明下財富，依照四分法整理統計分析，逐一探討現況相關的風險及解決方式。現況父母名下資產結合相關背景因素，風險因素有哪些？

　　背景因素如下～①資產四分法配置情形，②國內外大環境法令與利率變動因素，③企業長遠發展經營因素，④家族成員個人發展因素，⑤父母個人期待願景因素。

　　風險因素如下～①哪一種四分法配置架構。②家庭成員配置的比重能量平衡。③價值守護結合④符合法、理做配置嗎。⑤預估未來成長與損失風險並提出解決方案。

　　比對財產四分法的邏輯，夫妻倆人名下資產（整體總資產_分佈狀況示意圖）如附圖所示。資產分佈～銀行OBU_僅佔整體資產9%而已，現金71,180,030經濟大權全部掌握在夫妻手上。夫妻二人名下土地／房屋493,211,602佔整體64%，公司股票208,413,649佔整體27%比重，配置於中、高獲利的不動產+股票合計91%，此配置組合專注於積極成長類型，整體資產屬於集中火力→大筆進財類型之組合。

藏富_夫妻_總資產_分佈圖						單位：元
姓名	土地／房屋	公司股票	銀行OBU	房租收入	債務	小計
藏富_先生	442,832,482	104,424,375	68,835,710	-	-	616,092,567
藏富_太太	50,379,120	103,989,274	2,344,320	2,000,000	- 45,000,000	113,712,714
total	493,211,602	208,413,649	71,180,030	-	-	729,805,281

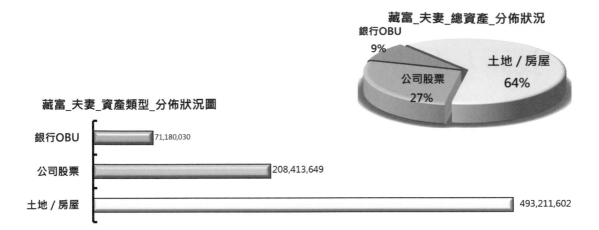

藏富_夫妻_總資產_分佈狀況

銀行OBU 9%
公司股票 27%
土地 / 房屋 64%

藏富_夫妻_資產類型_分佈狀況圖

銀行OBU	71,180,030
公司股票	208,413,649
土地 / 房屋	493,211,602

再詳細依照夫妻兩人名下資產的配置比重探討，藏富先生_佔84%強，是家族整體資產主力，如此重要的人如果產生風險，必定對整體經濟產生很大的影響！怎麼排除風險所產生的損失呢？非常重要！在2次大戰嬰兒潮，西元1946～1964年之間出生的人，年資也已邁入勞保退休年齡，家族的傳承及財富移轉也迫在眼前，合理應該已經進入移轉分配階段，及早安排以免影響企業經營永續發展。

兩人名下的總資產729,805,281，藏富_先生：616,092,567佔84%，藏富_太太_名下：113,712,714佔16%。藏富_先生是家中最重要的人比重最高。整體資產偏重在先生身上，在理財規畫上是第一焦點人物。配置優劣情況攸關整體資產理財效率的高低，具有核心影響力，下一節我們得針對藏富_先生的資產規模及四分法的配置內容進行探討，從整體資產配置屬性評估，再度確認風險因素、背景因素和預見未來財富高度。

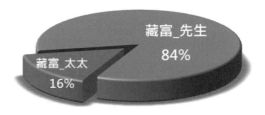

藏富_夫妻_總資產_分佈圖

藏富_先生 84%
藏富_太太 16%

藏富_夫妻_總資產_分佈圖

藏富_太太	113,712,714
藏富_先生	616,092,567

夫妻倆人財產四分法（不動產、股票、銀行現金、保險）的配置情形如下：

第1項｜不動產配置～資產分佈情形

　　夫妻兩人名下不動產配置，30幾年長期不動產投資持續獲利，屬於會穩定增值抗通貨膨脹的資產，藏富_先生名下佔90%，顯示主力仍然放在先生名下。基於企業經營厚植實力因素，未來可能產生過戶移轉之成本出現～如增值稅、贈與稅、遺產稅。所以相對配套的備援金庫整體預留狀態，唯有充裕的備援金庫預留準備，才能避免長期持有不動產增值後，造成下一代過戶移轉臨時，籌湊大筆現金應急的困難，或是分配移轉彼此差距過大，消除所造成不平衡的紛爭事件。

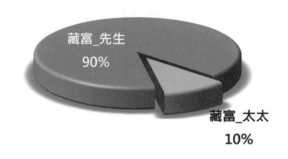

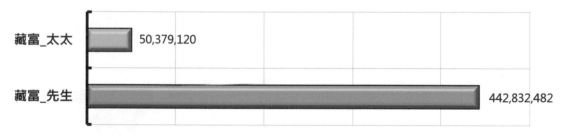

藏富_夫妻_土地 / 房屋_分佈圖

藏富_太太　50,379,120

藏富_先生　442,832,482

第2項｜現金銀行帳戶配置～資產分佈情形

　　基於企業經營因素，境外OBU銀行帳戶必須配置在負責人名下，所以藏富_先生佔97%強，68,835,710、藏富_太太只佔3%而已。

　　大陸工廠投資雖然獨資因為獨立運作之需要，這部分的資進未列入這次分析範圍。

藏富_夫妻_銀行OBU_分佈狀況圖

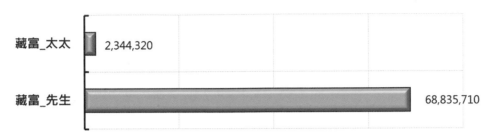

藏富_太太	2,344,320
藏富_先生	68,835,710

但是必須留意於稅法上，大陸資產與現今都是國內稅法計算的範圍，配合國內CRS反避稅營利事業CFC法人與PEM條款修法，特別於2020/07/01香港國安法通過後，企業在香港OBU銀行帳戶資金，未來企業OBU境外所得的稅可能會大幅增加。

第3項 │ 股票（事業）配置～資產分佈情形

　　藏富家族基礎上以控股公司型態安排會計帳管理，目前夫妻兩人之公司股票各佔50%比重。現在公司股票之票面雖然50%似乎不高，潛在風險有二點；①移轉以未來市值計算，就是身故前6個月前公司的財表核定，並非以發行時票面價值計算。②未來基於企業經營管理的因素，將會配置多數股票於接班人名下，所造成能量不平衡現象，必須配套合理安排達到平衡狀態，預先安排消除爭執，才能凝聚家族所有人員和諧的力量，才能傳承長長久久，家族力量越來越強大。

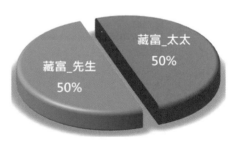

藏富_夫妻_公司股票_分佈狀況圖

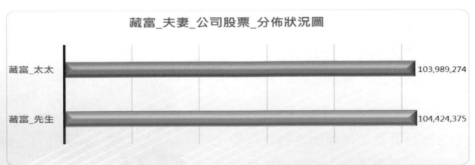

藏富_太太	103,989,274
藏富_先生	104,424,375

第4項 | 保險配置～資產分佈情形

保險「隱財配置」要充分發揮安全結構的功能，必須結合整體資產的背景因素，當風險出現時，馬上可以產生大筆急用現金，啓動彌補機能直接解決重大經濟損失問題，完整達到理財安全結構的功能。也有另一種稱謂→保險是「急用現金」的金庫。

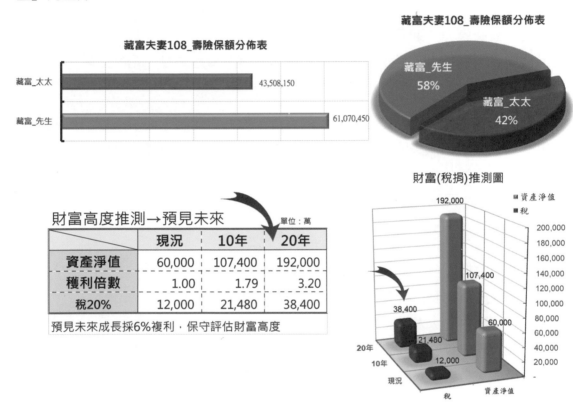

現況藏富家族配置於夫妻兩人名下之保險分佈情形如下圖所示，藏富_先生佔58%，藏富_太太佔42%，大約6：4配置，與前述兩人不動產投資、現金、股票等各項資產配置背景比對，似乎沒有互相匹配，完全不合安全結構的理財概念，也沒有理財最大化配置～創造現金～的安排。可以預期當風險來臨時，必定造成重大經濟損失，同時也埋下企業經營（力量分散）的不定時地雷。務必調整套入安全結構理財概念優化，導入財富配置最大化的配置。避免重大經濟損失產生。

第三節

家長個人關鍵～資產配置_財產四分法

CRS全球反避稅財富訊息自動交換，各國大數據整合與AI智慧自動化交叉之下，富豪OBU境外隱形資產全面曝光，家族財富傳承如何應對呢？建立優化具體有效之財富防禦力，迎接全球財富透明化時代，因此是否充分掌握各種風險因素更顯得重要，例如：反避稅法、法規變動、經濟、資產失控、婚姻破裂…等風險所產生的損失。

家族財富傳承的焦點是父母名下的資產，如何做配置？必須先確認可能發生的風險因子和潛在損失因素，再將整理兩位核心人員名下資產依照四分法統計歸納後，逐一探討分析現況相關的風險及損失解決方法。檢視現況名下資產尚未結合相關背景因素究竟有哪些？

背景因素如下：

1. 企業在個人名下之配置以及未來發展長遠經營因素，
2. 家族成員在個人名下之配置以及未來發展因素，
3. 結合國內外，大環境法令利率變動因素，
4. 參照過去資產四分法配置情形。
5. 結合父母與個人，所期待願景因素。

損失之風險因素如下：

1. 家庭成員配置的比重能量平衡嗎？
2. 與核心人員之價值守護，完整結合嗎？
3. 目前屬於哪一種，四分法配置架構呢。
4. 一切移轉同時依照法、理，兩方面基礎做配置嗎？
5. 預估未來成長與損失風險，同時提出解決方案嗎？

核對目前整體家族傳承配置規劃，是否結合本身名下資產背景，產生的投報率情形預先作財富高度評估，融入以人性為本思維基礎做有溫度家族傳承安排，充分滿足家人需求和感受，同時滿足家長對於家族未來傳承的想法與自我期待。

如此才能夠在未來財富優化配置過程中，權衡能量平衡狀態～保持雙方都有利的平衡點，抓住重點採用對症下藥方式，不但消除損失因素，更積極產生厚植經濟實力結果，使得數字看保險優化達到畫龍點睛神奇效果。以下逐一探討。

　　夫妻兩人名下總資產的配置探討，藏富_先生比重佔84%強，在理財規畫上是第一焦點人物，是家族整體資產主力重點。先生如此重要的人如果風險產生，必定對整體經濟產生很大的影響！怎麼守護先生佔84%比重之價值，又怎麼排除風險所產生的損失呢？

藏富_夫妻_總資產(含壽險保額)_分佈圖							單位：元
姓名	土地／房屋	公司股票	銀行OBU	房租收入	債務	保險	小計
藏富_先生	442,832,482	104,424,375	68,835,710			61,070,450	677,163,017
藏富_太太	50,379,120	103,989,274	2,344,320	2,000,000	- 45,000,000	43,508,150	157,220,864
total	493,211,602	208,413,649	71,180,030		- 45,000,000	104,578,600	834,383,881

　　藏富_先生守護配置優劣情況，攸關整體資產理財效率的高低，具有決定性影響，我們針對先生的資產規模及四分法的配置內容進行詳細探討，從評估整體資產配置屬性，再確認各種背景因素所包含的風險，也探討未來財富高度預見所帶來的風險種類，並且在現有資源當中預先配置安排，擬訂應變措施消除可能產生的損失。

　　藏富_先生的整體資產分佈佔整體總資產64%，依照財產四分法整理分析，65%房產、16%股票，再對照以下複利時間對照表，對照報酬率表至少位在10%穩健與15%積極之間，總資產獲利趨勢大致可以確定，接著大膽預測未來財富高度，探討未來究竟會是什麼規模，同時評估會衍生什麼風險問題，以及如何應變安排整體財富優化配置，讓優化對應措施達到心中所期待的美好意境～看到孩子開心，自己也會很開心～又保障所有人的生命價值～厚植整體資產產生最大化增加現金財產之結果。

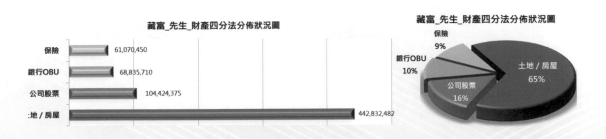

(單本)銀行複利對照表

單位：萬

本金	1,000				
	非常保守	保守	穩健	積極	靈活配置
年利率	3%	6%	10%	15%	25%
1	10,300	10,600	11,000	11,500	12,500
2	10,609	11,236	12,100	13,225	15,625
3	10,927	11,910	13,310	15,209	19,531
4	11,255	12,625	14,641	17,490	24,414
5	11,593	13,382	16,105	20,114	30,518
6	11,941	14,185	17,716	23,131	38,147
7	12,299	15,036	19,487	26,600	47,684
8	12,668	15,938	21,436	30,590	59,605
9	13,048	16,895	23,579	35,179	74,506
10	13,439	17,908	25,937	40,456	93,132
11	13,842	18,983	28,531	46,524	116,415
12	14,258	20,122	31,384	53,503	145,519
13	14,685	21,329	34,523	61,528	181,899
14	15,126	22,609	37,975	70,757	227,374
15	15,580	23,966	41,772	81,371	284,217
16	16,047	25,404	45,950	93,576	355,271
17	16,528	26,928	50,545	107,613	444,089
18	17,024	28,543	55,599	123,755	555,112
19	17,535	30,256	61,159	142,318	693,889
20	18,061	32,071	67,275	163,665	867,362

　　藏富_先生之財產四分法如下配置，名下的（顯性資產）總額：616,092,567，大部分配置分別專注於中、高獲利，屬於大筆進財積極成長類型。套入表格中資產數字，如下分配的項目，不動產442,832,482、事業104,424,375、銀行68,835,710，名下的保險總額61,070,450（隱性資產），合計名下的資產總額：677,163,017。依據現有財富數據，參照複利表對應的年度指數，推測未來財富高度。

　　雖然藏富_先生名下之財產分佈屬於中、高獲利，大筆進財類型之組合，本評估20年財富高度預見未來名下的配置20年期間成長空間概況，整體評估表採保守態度6%複利對照，再來探討家族資產傳承、移轉、分配等切身關係密切的重要議題。

　　傳承數字看保險檢視時，採取以時間點前後移動方式推演～探討每個時間點，推測預見未來財富高度評估，探討所有背景因素究竟會產生甚麼風險損失影響與效益落差變化，再從未來角度預先針對人、事兩方面做全盤檢驗，以便提早擬訂各種對應消除損失的措施，預做因應配置使得優化調整能夠對症下藥產生簡潔有力的資產配置優化效果。

　　依照不同性質資產統計，分別探討夫妻兩人名下資產的成長幅度，詳細了解潛在損失風險因素。進而比照自己家族財富有溫度傳承的構想，配置吻合家族精神的傳承安排，使得損失風險有效減少，家族財富傳承過程融洽、充滿和諧與歡樂氛圍、結果厚植家族經濟實力，最終結果讓家族開天闢地的精神，一代接一代得以長久傳承延續。

預估未來資產規模～對照表

單位：萬

項目	類型	1 非常保守	2 保守	3 穩健	4 積極	5 靈活配置
本金	us$	1,000	1,000	1,000	1,000	1,000
期間	年	20	20	20	20	20
獲利率	%	3%	6%	10%	15%	25%
	倍	1.81	3.21	6.73	16.3	86.74
20年小計	us$	1,810	3,210	6,730	16,300	86,740
	倍	1.81	3.21	6.73	16.3	86.74
保險配置	%	3%	3%	3%	3%	3%
	us$	30	30	30	30	30

備註：
1. 6%利率早期創業投資最保守獲利率。
2. 回顧早期投資當時創業時之資本額，迄今結算當今所有資產總額，約略比對上表獲利率之倍數，大約落在哪一個等級呢？
3. 保險配置比率設定3%預算，與整體資產風險配置結合，後續探討產生的效益究竟如何。
4. 採取資產配置四分法配置概念進行評估。

第1項│不動產配置～成長幅度探討

　　不動產投資其特性就是金額很大，報酬率（中等）大約在10%左右，探討時間因素所帶來的成長幅度，探討20~30年後都會持續發展或是通貨膨脹導致的成長幅度，於家族傳承財富移轉時將同步給將家族帶來甚麼影響？所衍生的損失將會是什麼？再從損失風險中尋求解決之道。

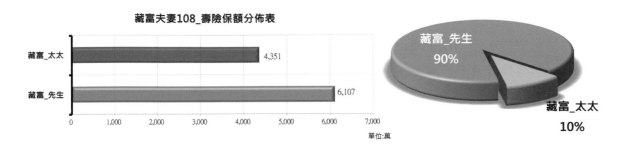

　　先生名下不動產4.42億，預估20年複利（中等報酬率）10%增值大約6.72倍，大約有29.7億的資產總額，若採用（保守報酬率）以6%增值評估約3.2倍計算，總計約有14.14億資產的成長空間。評估未來財富大約落在14億～29億兩者之間，取其中間值不動產的財富空間21億做預設值，起碼會有預留稅源與家族紛爭兩個潛在的損失風險存在。

　　解決之道務必設置足以應對之備援金庫，此備援金庫的基本大小規模至少必須等於排除稅源問題4.2億，也相當於至少採用預留稅源的額度做備援金庫的基本規模。換句形容詞：利用國稅局的錢為自己配置備援金庫。才能排除損失風險，讓不動產財富傳承移轉完整保留給下一代。

投資工具的不同特質對照表

	投資金額	平均報酬	風險性	變現性
共同基金	小	中高	中	高
定期存款	小	低	低	中
股票	不一定	高	高	高
債券	大	低	低	中
跟會	小	中高	中	中
房地產	大	中	中	低
黃金	小	低	低	中
外匯	中	中	中	高
期貨	大	高	高	高

第2項 | 銀行帳戶配置~成長幅度探討

　　銀行及OBU帳戶其特性就是風險性低，投入金額不必很大，可是非常講求靈活調度的機動性，報酬率（低）大約在銀行與外幣定存1~2%左右，探討時間因素所帶來的影響，雖然20~30年後仍然都持續以輔佐不動產與事業股票的成長爲主，本身只講求安全而不講求報酬率。大約維持在目前佔整體7%左右之比重。因爲事業經營調度之需要，主要仍放在先生名下比較方便。

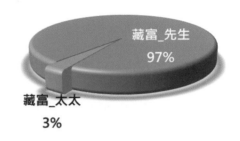

藏富_夫妻_銀行OBU_分佈狀況圖

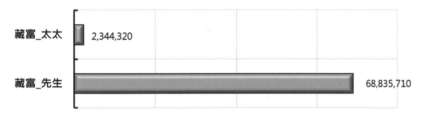

第3項 | 股票（事業）配置～成長幅度探討

　　先生名下事業1.04億，預估20年複利（高等報酬率）15%增值大約16.3倍，大約有16.9億的資產總額，若採用（穩健報酬率）以10%增值評估約6.72倍計算，總計約有6.99億資產的成長空間。評估未來財富大約落在17億～7億兩者之間，取其中間值事業的財富空間12億做預設值，相同起碼會有預留稅源與家族紛爭兩個潛在的損失風險存在。

夫妻_公司股票分佈圖

藏富_先生_財產四分法分佈狀況圖

解決之道一樣務必設置足以應對之備援金庫，此備援金庫的基本大小規模至少必須等於排除稅源問題2.4億，相當於至少採用預留稅源的額度設置備援金庫。換句話說：利用國稅局的錢為自己事業資產配置預留稅源的備援金庫。才能排除損失風險，讓事業財富傳承完整移轉給下一代。

第4項 | 保險配置～消除損失風險之探討

先生名下已經保險配置0.61億，目前評估預算需要的額度6.16億的20%做備援金庫，等於財富傳承應該至少配置1.2億做預留稅源備援金庫。另外消彌家族紛爭兩人落差20%也需要準備同等預算1.2億做準備。當下理想的消除損失備援金庫空間合計約2.4億。對照已經配置的部分（0.61E：比對2.4E），設置消除損失備援金庫之達成率僅約25%而已。

雖然已經做了保險卻因為沒有檢驗報告稽核比對，25%達成率僅只有心理感覺安慰而已，仍然無濟於事尚無法充分發揮保險理財真正的效益。

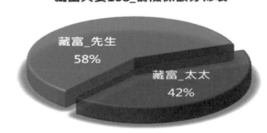

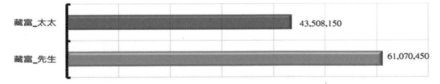

探討未來20年資產複利增值（中、高等報酬率），大約不動產的複利增值空間21億計算，事業的財富複利增值空間12億，兩者合計約有33億資產的成長空間。評估未來財富損失風險大約落在6.6億。對照已經配置的部分（0.61E：比對

6.6E），消除未來損失風險之設置達成率僅約9%而已。雖然做了保險配置卻因為沒有檢驗報告稽核成果比對，提供警示預先提醒！導致現況僅有9%之達成率，純粹只能達到心理感覺安慰而已完全無濟於事，也完全無法發揮出保險理財幾點重要功能～例如：①守護最重要的人達到資產保全效果，②整體安全結構之配置具有抗損失風險，③同時令總資產於任何時間點都達到最大值等，創造現金真正核心的效益。

以上都是用錢可以計算的部分，特別需要提醒注意的是「比錢更珍貴的部份」，用錢也買不到的家族傳承寶貴資產，如何配置～讓家族開天闢地精神與團結凝聚力量延續，刻意令這種和諧融洽氛圍和歡樂相處的人際關係長久留存。而這些傳承寶貴資產即使用再多的錢也買不到，只要擁有這些真正的寶藏搭配企業系統的營運，只要加上時間因素再多的錢都有機會可以創造出來。因此刻意有溫度、和諧融洽氛圍的才是傳承安排無比珍貴的核心寶藏。

現況先生名下保險配置0.61億而且大部分已經繳費期滿，往後也沒有太大增幅空間，而未來所需要配置的財富損失風險大約落在6.6億，如果！能夠適當隨時間逐步調配理財比重，設置備援金庫空間約6.6億。應該就有足夠資源可以刻意配置～讓家族開天闢地精神與團結凝聚力量延續，刻意營造令家族和諧融洽氛圍，足夠資源可以隨時塑造歡樂氣氛，維持良好的相處人際關係，讓事業與家族力量凝聚長久留存。消除所有的損失風險因素。

長時間逐步提存編列配置約6.6億備援金庫空間，只是強迫儲蓄觀念轉變而已，完全不必花錢就可以得到。當下正值1946~1964年出生的成功企業家，面臨世代交替的黃金時刻，企業及財富的移轉傳承過程中，如果對保險的功能及理財配置四分法有正確認識，輕鬆就可以獲得用錢也買不到的傳承寶藏，若焦點錯誤只放在財富數字的分配上，可能錯失傳承真正的寶藏→錯失用錢也買不到的寶藏～讓家族開天闢地精神與團結凝聚力量延續，維持和諧融洽氛圍和歡樂相處的人際關係長久留存。

再次重申有溫度溫馨傳承這件事才是傳承真正重要的寶藏，只要刻意的塑造有溫馨傳承這項珍貴寶藏再搭配企業系統的健全營運，加上時間因素再多的財富都有機會可以創造出來。因此有溫度溫馨傳承、平時和諧融洽氛圍的精心安排，才是傳承無比重要的寶藏。也是保險發揮無比價值所在之處。

企業經營資金調度維持經濟活絡很重要，有時候關於保險的預算編列經常被習慣性忽略，以下我們以先生名下資產6.16億，來進一步探討編列保險資金來源預算編列是否導致會影響事業經營問題，或是影響開天闢地的精神，讓整體創造持續性收入的構想受阻礙呢！

財富流動示意圖→代表藏富_先生的資產配置方式，從未來資產對照表以保守推估，已經可以約略預見未來20年財富高度3.2倍，藏富_先生名下6.16億總額╳粗估3.2倍—19.7億，確定未來20年的財富，所累積的錢畢生無法使用完。只會呈現出財富流動示意圖的狀態。若編列最底層永遠用不到的部分40%，換成30%+傳承10%兩者合計也是40%，如此運用完全不影響事業的正常運轉，也不會影響持續性的收入，卻可以厚植傳承經濟實力，獲得傳承用錢也買不到的寶藏～讓家族開天闢地精神與團結凝聚力量延續，維持和諧融洽氛圍和歡樂相處的人際關係長久留存。

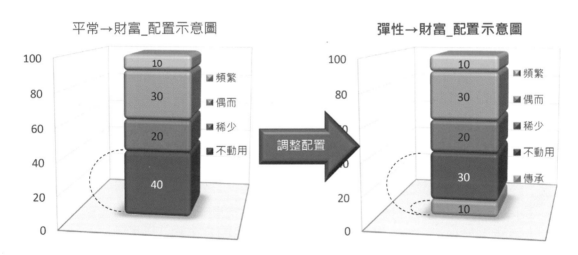

這種財富示意圖譬喻：就像一張大白紙全部代表你所有的錢，這些錢多到…大部份生存的時候肯定用不著，死的時候也絕對帶不走。留下一大部份的錢，生時用不著，死時帶不走的錢，這時可以好好享受，好好的開心移轉分配使財富變大、變得超乎～物質價值的樂趣。

生時用不著，死時帶不走的錢，怎麼能算是你的錢呢？這筆錢你將來會留下來給誰？會留下來給你的孩子，對嗎？所以這筆錢不是你的錢，是你孩子的錢！

假如切出一個小方塊，對你來說有沒有影響？絕對沒有影響，對嗎？你切出來的，不是你的錢→是你孩子的錢！如果今天切出這個小方塊，將來會留下更大

的方塊給你的孩子，我保證你的孩子會很開心，看到孩子開心，你也會很開心，對不對！

這種財富傳承移轉分配，基本上就是：利用孩子的錢，投資在你自己身上，同時可以為孩子創造更多財富，甚至獲得用錢也買不到的寶藏～讓家族開天闢地精神與團結凝聚力量延續，維持和諧融洽氛圍和歡樂相處的人際關係長久傳承下去。何樂而不為？

優化成果示意圖：如下所示三種優化型態可供選擇，你只需切出一小塊進行沙盤推演，可以馬上看見核心資產各種形態增長，增添賺錢變化的樂趣，我保證你看到也會很開心。

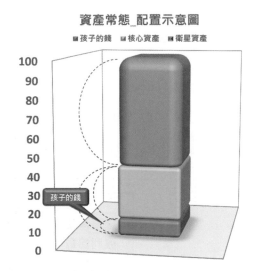

資產常態_配置示意圖

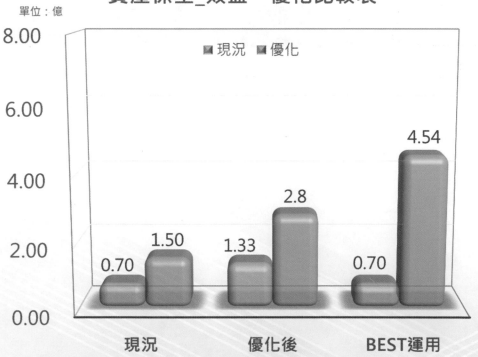

　　結論：隨著背景法令與資產分配和家庭成員因素，配合時間永續或是生命無常找出各種損失風險因素，讓檢驗報告以全面性各種數據化的方式比對，進一步優化顯現使理財配置達到更高水準意境，使生命進入圓滿平衡效果。超乎賺錢與繳稅而已，此等級財富高度的人，通常會思考比錢更重要的事，讓生命成爲家族精神楷模、更要成爲貢獻社會的典範，厚植實力令所及一切事蹟流傳，影響下一代成爲綿延不絕的力量，將此生命意義不只是貢獻成果，更讓凝聚力量、融洽快樂精神傳承下去，超越身體有限的生命長度。

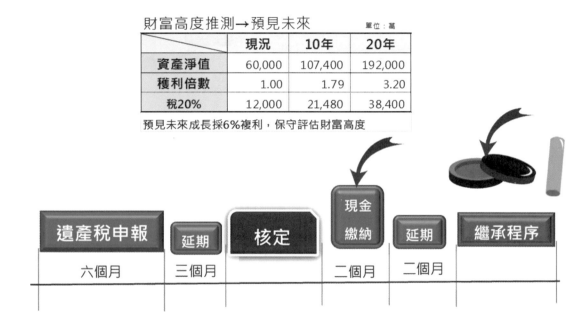

財富高度推測→預見未來　　單位：萬

	現況	10年	20年
資產淨值	60,000	107,400	192,000
穫利倍數	1.00	1.79	3.20
稅20%	12,000	21,480	38,400

預見未來成長採6%複利，保守評估財富高度

遺產稅申報 — 六個月　延期 — 三個月　核定　現金繳納 — 二個月　延期 — 二個月　繼承程序

過戶→法定流程示意圖：

推測內容與移轉實務連結；　　財富(稅捐)推測圖

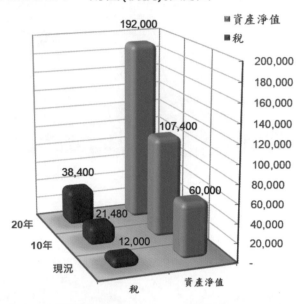

(單本)銀行複利對照表　　　　　　　　　　單位：萬

本金	1,000				
	非常保守	保守	穩健	積極	靈活配置
年利率	3%	6%	10%	15%	25%
1	10,300	10,600	11,000	11,500	12,500
2	10,609	11,236	12,100	13,225	15,625
3	10,927	11,910	13,310	15,209	19,531
4	11,255	12,625	14,641	17,490	24,414
5	11,593	13,382	16,105	20,114	30,518
6	11,941	14,185	17,716	23,131	38,147
7	12,299	15,036	19,487	26,600	47,684
8	12,668	15,938	21,436	30,590	59,605
9	13,048	16,895	23,579	35,179	74,506
10	13,439	17,908	25,937	40,456	93,132
11	13,842	18,983	28,531	46,524	116,415
12	14,258	20,122	31,384	53,503	145,519
13	14,685	21,329	34,523	61,528	181,899
14	15,126	22,609	37,975	70,757	227,374
15	15,580	23,966	41,772	81,371	284,217
16	16,047	25,404	45,950	93,576	355,271
17	16,528	26,928	50,545	107,613	444,089
18	17,024	28,543	55,599	123,755	555,112
19	17,535	30,256	61,159	142,318	693,889
20	18,061	32,071	67,275	163,665	867,362

第 3 章

保險理財配置（現況）
→深度檢驗

第3項、藏富_長女名下整體~

第4項、藏富_長子名下整體~

從資產總歸戶統計資料得知藏富_先生佔整體資產62%比重，名下6.7億高度資產，20%馬上有1.32億的遺產稅需求，很明顯未來還會隨著時間資產持續增加，而且依照過去的理財方式會往上增加至2.1億～3.8億，使用夫妻二分之一財產請求權，延後策略也會有50%的額度，在全球政府聯

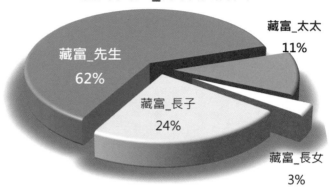

整體總資產_分佈狀況圖

- 藏富_先生 62%
- 藏富_太太 11%
- 藏富_長子 24%
- 藏富_長女 3%

手防洗錢（反恐）背景下，使得全球稅務機構非常容易取得，各國財富稅務資訊交換，甚至過去免稅天堂國家如：開曼群島、新加坡等國家全都已加入CRS國際法，稅務資訊交換國總計有100多個國家參加，因此全球各大會計師、外商承辦外匯銀行如花旗、兆豐等舉辦各種大型講座（私人VIP講座）活動疾呼，合法預留稅源是理財最基本對策。而遺產稅繳納是國家建設主要來源。

除了預留稅源之外，究竟有沒有更好的理財方式呢？達到更完整、更多好處的配置，將現況所有的需要，以及內心想要全都涵蓋其中，並非只是解決單一稅務問題而已，尚有比節稅或是預留稅源更重要的事情。整體效益檢驗報告協助每個人釐清現況，並可以藉此找到最適合自己的理財配置，全面性解決所有問題，正是本書探討理財配置主要目的。

傳承過戶→法定流程示意圖

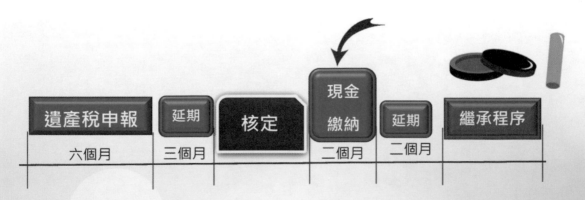

遺產稅申報	延期	核定	現金繳納	延期	繼承程序
六個月	三個月		二個月	二個月	

探討實際支付1.32億的遺產稅預留急用，現金流動性資產究竟會不會造成家人困擾、或是影響畢生辛苦努力的成果，而造成賤賣資產的損失呢？除此之外另外幾個比稅務更重要傳承議題及繼承潛藏問題，一併拿上檯面討論，期待獲得完備的優化方案。附上示意圖發現

藏富_夫妻_總資產_分佈圖						單位：元
姓名	土地／房屋	公司股票	銀行OBU	房租收入	債務	小計
藏富_先生	442,832,482	104,424,375	68,835,710			616,092,567
藏富_太太	50,379,120	103,989,274	2,344,320	2,000,000	- 45,000,000	113,712,714
total	493,211,602	208,413,649	71,180,030			729,805,281

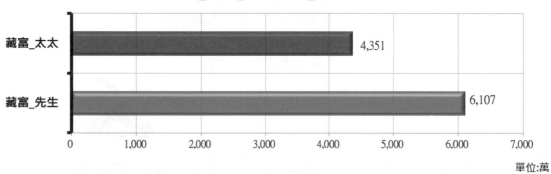

藏富_夫妻_保險資產_分佈表

檢驗→馬上有1.32億的遺產稅需求，而藏富_先生名下銀行帳戶0.68億，若未完稅帳戶會被凍結無法應用，保險急用現金資產0.61億額度，可以即時應用約佔50%而已。財富移轉若是採用1/2夫妻請求權處理，足以解決目前稅源問題。銀行帳戶凍結問題也即時解除，公司資金運作不會被卡住，也不致造成急用現金運作而賤賣資產的損失。

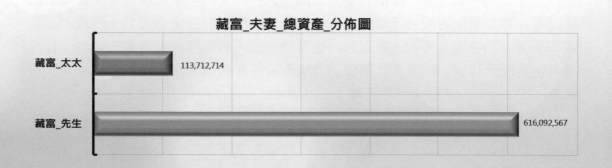

藏富_夫妻_總資產_分佈圖

因此策略運用也勢必造成藏富_太太財產大幅增加，稅源問題只是稍作延後而已。接著查看藏富_太太名下保險急用現金資產0.43億額度，是否足以解決（3.08億+1.57億=總計4.65億）稅源問題，目前稅率20%換算，需要約0.93億稅源（急用現金）預備，扣除保險分佈圖太太名下0.43億，尚有0.5億的缺口急需要做空間補強規畫。

接著探討直系血親卑親屬之權利。依據民法第1141條均分、1223條繼承人。父母整體資產分佈圖統計約7.3億，二位子女其中藏富_長女名下0.31億佔3%比重，藏富_長子名下2.36億佔24%的比重。

目前子女彼此之間3%比重與24%兩人相差19%（約2億），目前配置明白顯示父母移轉財富的內心想法，未來可以預期長子真正接班時，將會產生更大懸殊差距，是否注意到了如何移轉，分配能夠維持兩人能量平衡的運作呢？以解決直系血親卑親屬關係之權利，未來如何消弭問題於無形，使每個能量運作維持平衡。達到世代關係融洽，使溫馨傳承成為流傳鄉里之佳話。

每個人生命所潛藏的能量不同，藏富_長女、長子兩人心中所渴望的理想自然也不一樣，每人所適合發揮的舞台空間更是不同，該怎麼資產財富分配→最能讓孩資的能量得到協助激勵，潛力才能充分展現呢？

又該如何移轉財富，最能滿足父母內心的期待。此刻是否預備好～更寬廣心境面對，該怎麼配置而圓滿解決這個問題，消弭所有潛在能量因素，不致引起能量不平衡的紛爭呢？傳承→最理想的是協助每個人的能量找到合適的舞台，使其潛力得到充分發揮，同時彼此關係一直維繫著溫馨融洽氛圍，而最重要是把父母畢生（生生不息）的精神一直流傳下去。這個目標遠比節稅更為重要。

究竟有沒有什麼特殊配置方式？使公司財富運作不會有壓力、最好又不必動用到自己的錢、又可以令財富變大、重點可以生生不息的持續變多最好。搭配保險理財配置是否可以解決這個能量不平衡的問題。

第一節

整體~現況→保單配置檢驗項目如下內容

針對現況整體效益，做浮動評估檢驗，大致區分二個方向著手：①模擬檢驗儀器的→機能破壞試驗，切實了解品質強度究竟如何。②模擬→類似縮小比例的3D建築模型，客觀檢視整體景觀、環境、機能背景因素的結合，是否能夠達到最好的水準。

以下細分13個檢視點逐一比對，讓比對數值呈現各種客觀效益。使理財排除人為遺漏或疏失因素，而達到最大化效果。

第1項 │ 整體~現況→保單配置總明細表

第三次整體匯整_原保單(明細)總表

姓名／投保年齡	投保日期	要保人	繳別	繳費月份	金 額	投保公司	產品名稱	終身	儲蓄	定期	意外	醫療	住院	定額	日額	手術	實支	失能	重大	防癌	年繳保費
先生	100/11/16	1			2,046,528	fubon	10富利高升		950												$ 2,046,528
40/6/1	100/11/16	1			530,152	遠雄	15雄安心終身	500					3,000		s150	###	100			###	$ 530,152
	100/11/16	1			3,300	友聯	金旺				300	3	###								$ 3,300
	99/12/15	1	59	12	1,431,000	富邦	6新豐富養老保險		900												滿期
	101/06/29	1	61	6	6,308,190	富邦	6美利贏家外幣	31(US)													滿期
					total $ 2,579,980			500	###	0	300	3	###	3,000		###	100			###	
太太	97/08/01	1	47	8	291,322	國泰	10新鍾情終身	200			200			2000	###				100	###	滿期
50/11/1	89/1/30	1			39,200	南山	20新康祥B型	200											100		$ 39,200
	100/11/16	1			2,092,613	fubon	10富利高升		950												$ 2,092,613
	100/11/16	1			376,348	遠雄	15雄安心終身	500					3,000		s150	###	100			###	$ 376,348
	100/11/16	1			3,300	友聯	金旺				300	3	###								$ 3,300
	99/12/15	1	50	12	464,698	富邦	6新豐富養老保		293												滿期
	101.11.26	1	52	11	4,460,820	南山	6添利久久外幣	42.7(US)													滿期
																					$ -
					total $ 2,511,461			900	###	0	500	3	###	5000	###		###	100	100	###	
長女	101/06/30	1			180,000	遠雄	20雄安心終身	500									100				$ 180,000
72/3/1	101/06/30	1			116,153	遠雄	20終身醫療壽險	40					3,000		s150	###			200	###	$ 116,153
	101/06/30	1			334,669	fubon	20富世代終身	1000			100		###				###	128			$ 334,669
	101/06/30	1			3,300	友聯	金旺				300	3	###								$ 3,300
	101/06/26	1	29	6	1,497,540	南山	6鴻利618增額還本		110												滿期
	101/06/27	1	29	6	1,560,840	富邦	6美利贏家外幣增額	7(US)													滿期
					total $ 634,122			1540	110		400	3	###	3,000			###	228	200	###	
長子	101/06/30	1			176,500	遠雄	20雄安心終身	500									100				$ 176,500
73/5/1	101/06/30	1			113,098	遠雄	20終身醫療壽險	40					3,000		s150	###			200	###	$ 113,098
	101/06/30	1			328,669	fubon	20富世代終身	1000			100		###				###	128			$ 328,669
	101/06/30	1			3,300	友聯	金旺				300	3	###								$ 3,300
	101/06/30	1	28	6	1,497,540	南山	6鴻利618增額還本		110												滿期
	101/06/29	1	28	6	1,006,560	富邦	6富利高升終身	270													滿期
					total $ 621,567			1540	380	0	400	3	###	3,000			###	228	200	###	
說明	1.需求生活費 萬 資產保全						2.現況：											總計			$ 6,347,130
	貸款險 薪資險																				
	教育費																				

整體(保障額度)配置表		108年度
姓名	保障	年繳
先生	61,070,450	2,579,980
太太	43,508,150	2,511,461
長女	31,546,050	634,122
長子	32,886,730	621,567
total	169,011,380	6,347,130

保費比重分佈圖

長女 10%
長子 10%
太太 39%
先生 41%

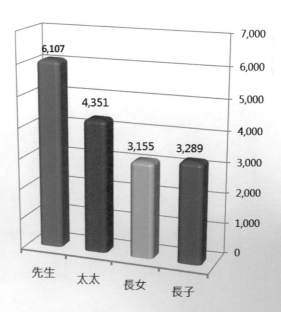

整體(保障額度)配置表

先生 6,107
太太 4,351
長女 3,155
長子 3,289

108年現況__純保費累計→(儲蓄VS保障)歸納表			
項目	儲蓄險	保障險	小計
先生	65,039,940	3,780,000	68,819,940
太太	48,380,208	5,386,500	53,766,708
長女	18,350,280	4,126,400	22,476,680
長子	15,153,480	4,554,540	19,708,020
total	146,923,908	17,847,440	164,771,348

PS.儲蓄險指有滿期金可領的保險

藏富家族_純保費累計(儲蓄VS保障)→比例圖

保障險 11%　儲蓄險 89%

總明細表顯示每個人在不同顏色區域皆有一些配置，顯示整體安排做了全方位的保險配置，許多家庭都是做這樣的保險配置模式。比照理財風險管理觀念逐項深入探討，清楚了解每個人所配置的內容，是否都足以承擔風險所帶來的損失？以下使用達成率、顏色管理兩種圖表，表示每個人名下所做保險理財配置是否符合，每人整體背景所承擔風險的損失程度？如此才不致產生（輪胎保險）彌補效益無濟於事的窘境。

保單檢查〈顏色管理〉表→現況				version A
姓名 6大保障	1 先生	2 太太	3 長女	4 長子
1　壽　險	6107	4351	3155	3289
2　意外險	300	500	400	400
3　重大疾病險	0	100	200	200
4　防癌險	2400	4400	6000	6000
5　醫療險	5000	9000	6000	6000
6　失能險	100	100	228	228

藍 表示已規劃完整
紅 代表急需補強--調整討論　　黃 表示警界線--未來需作調整

保單顏色管理表，很容易從顏色不同視覺就可以輕易分辨出來，六項整體機能理財、醫療配置是否完整，檢查若是風險造成損失，所獲得彌補強度是否足夠、此表格完整地守護著每部分的（檢驗彌補強度）品質。藍色代表規劃完整→80分以上品質，黃色代表警界區→60~80分之間及格，還需要加強空間，紅色代表急需補強調整→60分以下不及格。

醫療配置：通常住院醫療每日10,000元以上的照顧等級，才能享受個人病房和健保不足需自費用藥等妥善完整照顧，自己與寶貝兒子之實支實付最高額度59萬，也都有達到藍色安全等級的完整照顧。

目前整體顯示紅色佔一半的空間代表急需補強。藍色約佔三分之一代表局部品質很好，其餘黃色代表警界區只有少數幾格，逐項詳細完整內容之檢驗標準另外於下一章節，個人配置檢驗分析再詳細說明。這裡僅作整體輪廓示意呈現。以下13種保險功能檢驗總表，更詳細表示整體細部逐項內容，使整體配置發揮財富多元防禦力，贏得人生的理財配置樂趣。

第2項｜整體～現況→保費存入統計總流量表

藏富家族成員～保費存入總表					
保費總支出表		先生	太太	長女	長子
民國	全家保費	保費	保費	保費	保費
95	39,200	0	39,200	0	0
96	232,600	0	232,600	0	0
97	232,600	0	232,600	0	0
98	232,600	0	232,600	0	0
99	2,128,298	1,431,000	697,298	0	0
100	8,516,518	3,918,200	3,085,698	0	1,512,620
101	24,378,728		518	3,574,180	3,031,640
102	24,378,728		518	3,574,180	3,031,640
103	24,378,728		518	3,574,180	3,031,640
104	24,378,728		518	3,574,180	3,031,640
105	22,483,030		820	3,574,180	3,031,640
106	21,283,070		6,420	3,574,180	2,025,080
107	5,936,660	2,487,200	2,427,600	515,800	506,060
108	5,936,660	2,487,200	2,427,600	515,800	506,060
109	5,897,460	2,487,200	2,388,400	515,800	506,060
110	1,738,360	420,000	296,500	515,800	506,060
111	1,738,360	420,000	296,500	515,800	506,060
112	1,738,360	420,000	296,500	515,800	506,060
113	1,738,360	420,000	296,500	515,800	506,060
114	1,738,360	420,000	296,500	515,800	506,060
115	1,021,860	0	0	515,800	506,060
116	1,021,860	0	0	515,800	506,060
117	1,021,860	0	0	515,800	506,060
118	1,021,860	0	0	515,800	506,060
119	1,021,860	0	0	515,800	506,060
120	515,800	0	0	515,800	0
121	0	0	0	0	0
122	0	0	0	0	0
123	0	0	0	0	0
124	0	0	0	0	0
125	0	0	0	0	0
126	0	0	0	0	0
127	0	0	0	0	0
128	0	0	0	0	0
129	0	0	0	0	0
130	0	0	0	0	0
131	0	0	0	0	0
132	0	0	0	0	0
133	0	0	0	0	0

大數據時代_主動
降低銀行存款額度
讓查稅機率降低

　　過去根據國稅局的查稅公布案例，讓國內稅務專家們得到一個結論，也一致建議不要存太多現金在銀行帳戶，各銀行現金存款大戶是國稅局查稅（電腦篩選優先選擇）的主要對象，因為追查這群人效率最高，因此隨著大數據時代來臨時→主動降低銀行存款額度，讓查稅機率降低，也最容易免除國稅局上門查稅。

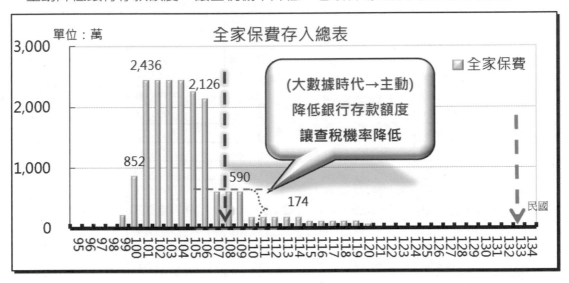

　　配合時代背景法令轉變，理財稅務專家們紛紛建議移轉帳戶，將部分現金存放於保險公司帳戶，從民國100年開始企業家們，也陸續將境外BVI免稅天堂的錢，轉存到保險公司隱藏金庫。

　　保費存入流量總表，代表每年主動降低銀行存款額度，BVI資金移轉進入保險帳戶的示意狀況。此帳戶高所得群族可以合法免稅之優惠，享受每年省下所得稅30%～40%（累進稅率）。又為自己建立一個長期安全穩定的現金流，和預防風險的理財緊急備援金庫。

　　檢視108年保費存入總流量表顯示，家中最重要的兩人佔整體保費存入配置83%，（先生、太太）各自名下保費存入整體配置約41%，先生名下存入248萬保費存入（隱藏金庫），太太名下存入242萬保費（隱藏金庫）。二位子女保費存入佔整體共計17%，長女名下佔9%比重，長子名下佔8%的比重。

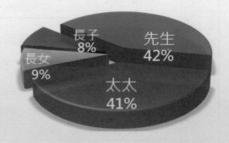

藏富家族108～保費存入配置

第3項｜整體~現況→保費累計資金流量統計總表

藏富家族成員～保費累計(資金流量)總表

保費總累計		先生	太太	長女	長子
民國	全家累計	累計保費	累計保費	累計保費	累計保費
98	972,200	0	972,200	0	0
99	3,100,498	1,431,000	1,669,498	0	0
100	11,617,016	5,349,200	4,755,196	1,512,620	0
101	35,995,744	15,575,590	12,301,714	3,574,180	4,544,260
102	60,374,472	(遮蔽)	…8,232	7,575,900	7,148,360
103	84,753,200	(遮蔽)	…4,750	10,722,540	10,607,540
104	109,131,928	(遮蔽)	…1,268	13,639,180	14,296,720
105	131,614,958	(遮蔽)	…3,088	17,870,900	16,670,820
106	152,898,028	(遮蔽)	…1,508	18,695,900	21,445,080
107	158,834,688	66,332,740	51,339,108	21,960,880	19,201,960
108	**164,771,348**	68,819,940	53,766,708	19,708,020	22,476,680
109	170,668,808	71,307,140	56,155,108	22,992,480	20,214,080
110	172,407,168	71,727,140	56,451,608	20,720,140	23,508,280
111	174,145,528	72,147,140	56,748,108	24,024,080	21,226,200
112	175,883,888	72,567,140	57,044,608	21,732,260	24,539,880
113	177,622,248	72,987,140	57,341,108	25,055,680	22,238,320
114	179,360,608	73,407,140	57,637,608	22,744,380	25,571,480
115	180,382,468	73,407,140	57,637,608	26,087,280	23,250,440
116	181,404,328	73,407,140	57,637,608	23,756,500	26,603,080
117	182,426,188	73,407,140	57,637,608	27,118,880	24,262,560
118	183,448,048	73,407,140	57,637,608	24,768,620	27,634,680
119	184,469,908	73,407,140	57,637,608	28,150,480	25,274,680
120	184,985,708	73,407,140	57,637,608	25,274,680	28,666,280
121	184,985,708	73,407,140	57,637,608	28,666,280	25,274,680
122	184,985,708	73,407,140	57,637,608	25,274,680	28,666,280
123	184,985,708	73,407,140	57,637,608	28,666,280	25,274,680
124	184,985,708	73,407,140	57,637,608	25,274,680	28,666,280
125	184,985,708	73,407,140	57,637,608	28,666,280	25,274,680
126	184,985,708	(遮蔽)	57,637,608	25,274,680	28,666,280
127	184,985,70?	(遮蔽)	…7,608	28,666,280	25,274,680
128	184,985,70?	(遮蔽)	…7,608	25,274,680	28,666,280
129	184,985,70?	(遮蔽)	…7,608	28,666,280	25,274,680
130	184,985,70?	(遮蔽)	…7,608	25,274,680	28,666,280
131	184,985,708	(遮蔽)	57,637,608	28,666,280	25,274,680
132	184,985,708	73,407,140	57,637,608	25,274,680	28,666,280
133	**184,985,708**	73,407,140	57,637,608	28,666,280	25,274,680

（圖中標註框）大數據時代→主動降低銀行存款額度讓查稅機率降低

保費累計流量總表清楚顯示，從100年已經開始主動將境外BVI免稅天堂的錢，轉存到國內這個保險帳戶位置。為自己建立一個長期安全穩定的現金流，高所得者在此可以享受每年免所得稅20%～40%，（所得稅累進稅率）合法免稅之優惠。和預防風險的理財緊急備援金庫。

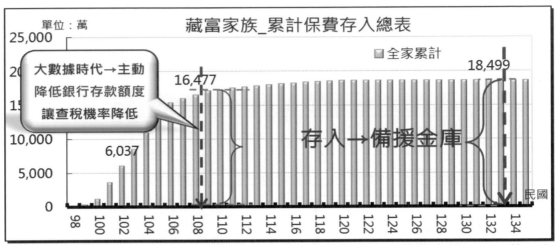

整體存放總額1.85億，保費累計總表至 108年，共存入的錢合計16,464萬，主動降低銀行存款額度的任務已完成約90%。轉入國內這個保險帳戶（隱藏金庫），除了有分散風險效果和降低國稅局上門查稅機率。惟有真正夠大的基礎（金庫）才能夠支撐如超高大樓建築（背景）的安全。

檢驗分析現況這個保險隱藏金庫。108年最重要的（先生、太太）兩人合計，佔整體配置74%，先生名下累計存入6,881萬（隱藏金庫）佔整體配置42%，太太名下5,376萬（隱藏金庫）。二位子女累計存入佔整體25%，長女名下佔12%比重，長子名下佔14%的比重。

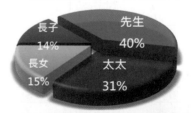

未來133年共累計18,486萬，最重要的（先生、太太）兩人合計佔整體配置71%，先生名下累計保費存入7,340萬（隱藏金庫）佔整體配置40%，太太名下5,376萬保費（隱藏金庫）。二位子女，長女名下佔15%比重，長子名下佔14%的比重。二位子女合計佔整體29%。

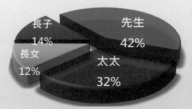

第4項│整體~現況→壽險總保額資金流量統計總表

　　每個人的壽險總保額最能具體反映，直接守護賺錢能力與開創能力，將此價值風險所產生的經濟影響一一釐清，這個過程非常重要！非常關鍵。因此估算每一個人的賺錢能力，詳細評估整體環境背景，所有連帶產生的損失內容逐一清點清楚，即可將產生的所有經濟損失、各種傷害降至最低做預先準備。讓整個理財的焦點會更豁達寬廣，也容易看見比節稅更重要的事情，而不被侷限於某個區域，如此才可發揮理財最高效益。

藏富家族成員～壽險保額(資金流量)總表				
全家壽險總保額	先生	太太	長女	長子
民國　壽險合計	壽險保額	壽險保額	壽險保額	壽險保額
100　38,587,805	10,048,550	12,102,455	0	16,436,800
101　84,634,119	19,945,540	27,541,129	18,060,870	19,086,580
102　102,512,054	29,870,380	30,183,574	20,721,740	21,736,360
103　120,504,227		33,226,727	23,313,310	24,385,870
104　138,158,290	35,897,300	25,904,880	27,035,650	
105　142,817,380		36,026,350	28,496,450	29,815,030
106　157,645,190		38,045,100	31,087,990	31,874,410
107　163,191,690	58,208,640	41,352,600	31,258,250	32,372,200
108　169,011,380	**61,070,450**	**43,508,150**	**31,546,050**	**32,886,730**
109　176,729,770	63,982,460	47,492,550	31,841,260	33,413,500
110　178,882,080	64,791,560	47,984,650	32,144,090	33,961,780
111　183,020,300	65,628,560	50,409,650	32,455,020	34,527,070
112　184,626,970	66,034,250	50,924,550	32,558,470	35,109,700
113　188,645,620	66,517,920	53,756,650	32,662,640	35,708,410
114　190,396,590	67,009,270	54,295,300	32,767,290	36,324,730
115　194,880,380	67,508,280	57,536,400	32,872,600	36,963,100
116　196,715,160	68,014,990	58,098,800	32,978,390	37,622,980
117　201,662,630	68,528,450	61,748,900	33,084,870	38,300,410
118　203,582,800	69,048,680	62,337,900	33,191,830	39,004,390
119　208,998,980	69,575,660	66,397,950	33,299,450	39,725,920
120　211,004,050	70,108,500	67,013,550	33,408,000	40,474,000
121　216,896,230	70,648,130	71,486,400	33,517,030	41,244,670
122　218,985,700	71,191,740	72,129,550	33,626,750	42,037,660
123　225,351,060	71,741,230	77,015,200	33,737,160	42,857,470
124　227,535,150	72,294,720	77,687,800	33,848,260	43,704,370
125　234,377,400	72,851,280	82,987,200	33,960,290	44,578,630
126　236,655,090	73,410,950	83,691,150	34,073,010	45,479,980
127　243,976,240	73,974,660	89,406,200	34,186,420	46,408,960
128　246,349,770		90,141,500	34,300,730	47,369,800
129　254,150,200		96,274,100	34,415,760	48,358,270
130　256,621,200		97,043,600	34,531,720	49,379,140
131　264,908,860		103,593,750	34,648,580	50,436,640
132　267,481,960	76,790,590	104,398,400	34,766,160	51,526,810
133　276,250,960	**77,347,930**	**111,368,950**	**34,884,430**	**52,649,650**

免稅扣除額
→減項增加

免稅扣除額
→減項增加

　　壽險於保險法明訂15日內給付現金，也於稅法最低稅負法清楚記載，每一申報戶享有3,300萬扣除額，不計入遺產總額的免稅優惠。壽險配置增加了扣除額，相對降低資產總額，10%～20%遺產稅（累進稅率）合法免稅之優惠。同時為自己建立一個長期安全穩定的現金流，和預防風險的理財緊急備援金庫。

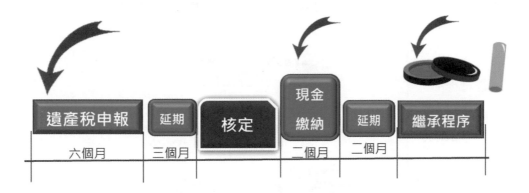

遺產稅申報	延期	核定	現金繳納	延期	繼承程序
六個月	三個月		二個月	二個月	

　　壽險保額流量總表於108年，家中最重要（先生、太太）兩人合計佔整體配置約62%，各自名下壽險保額，先生名下擁有6,107萬壽險金庫，佔壽險整體36%比重，太太名下擁有4,350萬壽險金庫，比對現有先生名下資產擁有6.6億檯面上資產額度，馬上有1.32億的遺產稅需求。尚不足以對應稅務單純的需求。

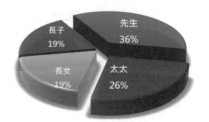

藏富家族108～壽險保額配置總表

先生 36%
太太 26%
長女 19%
長子 19%

■先生 ■太太 ■長女 ■長子

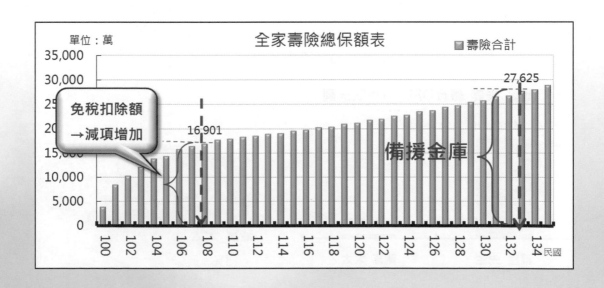

全家壽險總保額表

單位：萬
■壽險合計

免稅扣除額
→減項增加

16,901

備援金庫

27,625

35,000
30,000
25,000
20,000
15,000
10,000
5,000
0

100 102 104 106 108 110 112 114 116 118 120 122 124 126 128 130 132 134 民國

　　詳細察看累計保費與保額分配表，發現先生名下的累計保費超出保額額度，代表蓄儲功能大於保障，比對國稅局查核免稅標準，此配置型態完全符合國稅局查核實質課稅條件。0.6億加上6億資產（現況）合計6.6億，全部納入20%遺產稅預留，馬上有1.32億的遺產稅預留需求。

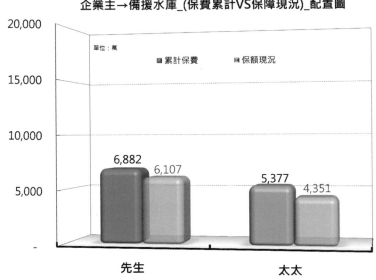

企業主→備援水庫_(保費累計VS保障現況)_配置圖

　　資產背景比對先生名下僅有6,107萬壽險，出現急用現金週轉與資產保全是否足夠的問題？

　　通常實務銀行的流動資金，平時用於經營與投資調度用途，而風險發生時這部分現金稅法規定必須受暫時凍結，一直到繳完了遺產稅(俗稱完稅)後限制才會解凍，所以屆時實質流動現金只有先生名下壽險6,107萬可以應急活用，而此額度不足以辦理移轉過戶手續。勢必造成資金不足窘境。

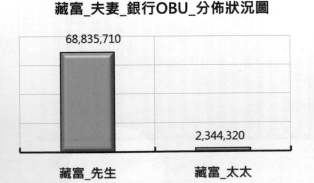

藏富_夫妻_銀行OBU_分佈狀況圖

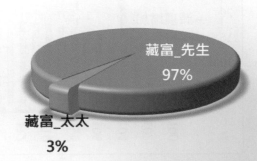

　　詳細估算現況整體流動現金是否足以支應稅源，檢驗資金調度是否充裕，於辦理資產移轉過戶時，不必擔心是否被急用稅金卡住。影響子女陷入籌措現金困境。同時也關注繼承人法定權益分配，確知繼承人滿意必定樂意拿出印章蓋章，順利完成繼承登記。如果繼承人不滿意，造成資產移轉受阻礙，而延誤完稅時間可能產生滯納金逕行罰款。

　　繼承人若不滿意法定權益分配，甚至造成子女惡言相向對簿公堂，最嚴重遭國稅局強制執行，送法院拍賣連補帶罰繳款，因而迫使賤賣家產、股票導致努力成果嚴重受損。最糟糕狀況公眾媒體傳播報導，連帶家族名譽受損。

　　先作檢驗才能預防準備，未來免於陷入籌措急用現金危機，從上述估算的遺產稅預留需求1.32億，比對現況可以應急流動現金（壽險）6,107萬，需要補強缺口尚需約0.7億。也可以變通使用1/2夫妻共同財產請求權，移轉一半到太太名下使不足缺口暫時舒緩，解決緊急流動現金需求問題。而此問題只是移轉到太太身上，未來仍須預作圓滿面對的準備。

　　以上只是預留稅源探討而已，另有關於「人」方面是更重要的問題，需要圓滿的納入分配考量範圍。

　　每個人所代表的生命能量不一樣，子女兩人心中所期待、渴望的理想自然也不同，每人所適合發揮的舞台空間更是不一樣，該怎麼分配先生名下61,609萬（總資產59%）→最能滿足父母內心的願望與期待。又該如何移轉分配，最能讓孩子的能量得到激發，潛力才能充分展現呢？

　　此刻是否有預備好～以能量導引啟發潛力的思維邏輯，處理「人」的心境問題，而達成圓滿傳承結果呢？「以人為本」引導至更寬廣、激發能量潛力發揮，去面對不同能量的心境需求呢。「以人為本」最理想的解決方法，協助每個人的

能量找到合適的舞台,搭配整體財富移轉配置,使其潛力得到充分發揮,同時強調看重家族彼此真實的關係,一直維繫著溫馨融洽氛圍,而將父母畢生開天闢地的精神(生生不息)一直留傳下去。這個目標應該比節稅更為重要。

辦理財富傳承移轉過戶手續,同時考慮二位子女的法定權益配置,令所有繼承人滿意法定權益分配,屆時必能確定繼承人樂意拿出印章蓋章,完全不必擔心繼承登記是否順利,事前圓滿分配消弭潛在問題於無形,智慧(能量生生不息)一直留傳下去。滿足父母心中意願與兼顧二位子女法定權益期待,而圓滿消弭所有潛在因素,避免引起能量不平衡的紛爭。

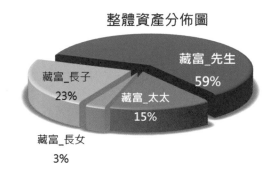

整體資產分佈圖

藏富_先生 59%
藏富_長子 23%
藏富_太太 15%
藏富_長女 3%

二位子女藏富壽險金庫合計佔整體38%,長女名下擁有3,154萬壽險金庫,佔19%比重,長子名下擁有3,288萬壽險金庫,佔19%的比重。雖壽險部分吻合了法定權益配置,但是整體資產配置上兩者比重懸殊差距(23%比3%),長女名下擁有3,199萬,長子名下擁有23,615萬資產,現況相差了2億財富,極可能造成能量不平衡的紛爭,未來差距若是持續擴大,勢必將能量不平衡的壓力加大。

務必將財富轉移重點放在「人」的身上,專注在引領不同「人」生命能量,於各自「能量」擅長之舞台上,發揮生生不息創造才華,令其「能量」綻放美麗光芒完成特殊使命,對社會、國家、家族產生貢獻的美名。相信!焦點放在協助「人」生命能量綻放,才能全方位具體解決所有「人」的問題,使藏富家族開天闢地的精神,生生不息完整留傳下去。

現況子女名下各擁有約3,000萬壽險隱形金庫,不足以守護他們像是神奇印鈔機一般,創造源源不絕現金的功能,以整體資產10億價值而言,法定權益配置各自約5億價值,現況於風險時→3,000萬壽險完全未具有守護「能量」完整功能,簡直像似玩具車「輪胎保險」功能而已只能看不能用,務必趕快補強避免損失無法彌補的窘境。

理財管理必須存有諸事無常想法,與風險管理結合,當風險來臨時→帶走最

重要的人賺錢能力，帶走引領公司成長的開創能力，兼顧這種「寶貴金庫」損失如何防範與彌補替代呢？

　　未來發展僅針對父母做模擬推演，了解整體理財配置浮動檢驗，是否於任何時間點皆達到最佳化（理財最大效果），並探討檢驗種種可能面臨之影響因素，若過程發現不足之處再採取適當補強措施建議，整體以安全結構為理財基礎觀念，採取簡單、安全、有效方式預先因應，務使配置比例壓力最小，輕鬆達到最佳化效果。子女檢驗留於後續優化建議時，再詳細探討並做模擬推演，同時也了解其最大化整體效益如何妥善配置？

　　未來於133年家中最重要的兩人壽險合計佔整體配置68%，（先生、太太）各自名下壽險金，先生名下擁有7,734萬壽險隱形金庫，太太名下擁有11,136萬壽險隱形金庫，比對財富高度推測表（資產淨值）20年欄位，未來先生名下資產淨值19.2億（檯面上資產淨值）。換算資產移轉時預留稅源，需要流動現金3.84億，比對名下準備已有7,734萬壽險，尚需預作準備3億流動現金支應，不足部分若被卡住而產生周轉不靈，可能影響繼承登記是否順利，若滯納金被罰款或是其他因素，造成賤賣家產而導致損失，讓子女連帶受影響而蒙受損失。

藏富家族133～壽險保額配置總表

先生 28%
太太 40%
長女 13%
長子 19%

■先生　■太太　■長女　■長子

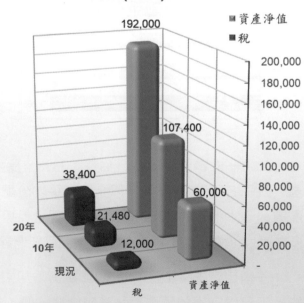

財富(稅捐)推測圖

■資產淨值
■稅

192,000
107,400
38,400
60,000
21,480
12,000

20年
10年
現況
稅
資產淨值

　　未來先生名下擁有19.2億檯面上資產淨值，「以人為本」最理想的解決方法，協助每個人的能量找到合適的舞台，搭配整體財富移轉配置，使其潛力得到充分發揮，同時彼此關係一直維繫著溫馨融洽氛圍，再將父母畢生開天闢地的精神（生生不息）一直留傳下去。

　　財富傳承移轉過戶過程，同時考慮二位子女的法定權益配置，令所有繼承人滿意法定權益分配，屆時必能確定繼承人樂意拿出印章蓋章，完全不必擔心繼承登記是否順利，事前圓滿分配可以消弭潛問題於無形，智慧（能量～生生不息）一直留傳下去。滿足父母心中意願與兼顧二位子女法定權益期待，而圓滿解決所有潛在因素，避免引起能量不平衡的紛爭。

　　二位於整體資產配置上現況兩者23%比3%懸殊差距，（長女名下擁有3,199萬，長子名下擁有23,615萬壽險）現況20%距離相差了2億財富，未來3.2倍估算差距達6.4億，極可能造成更大能量不平衡的紛爭，未來問題若未雨綢繆圓滿分配可以消弭潛問題於無形，智慧（能量～生生不息）得以一直留傳下去。更滿足父母心中意願與未來家族的期待，此刻兼顧二位子女法定權益期待，而圓滿解決所有破壞和諧的潛在因素，消除能量不平衡的紛爭。比節稅更為重要。

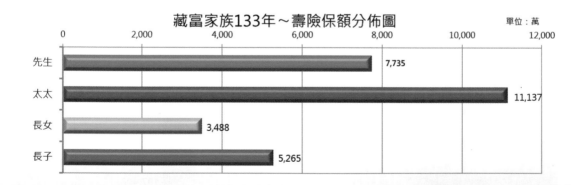

　　二位子女壽險金庫合計佔整體38%，長女名下有3,154萬壽險金庫，佔19%比重，長子名下有3,288萬壽險金庫，平均分配各佔19%的比重。雖吻合了法定權益配置，基本上各約3,200萬壽險隱形現金備援金庫，似乎已經達到了，「不是我活多久就照顧你多久，而是你活多久我就能照顧你多久」的境界。

　　仔細比對未來風險時→3,200萬壽險却未具有守護「以人為本～能量」完整功能，不足以守護他們像是神奇印鈔機一般，創造源源不絕現金的能量。若再以未

來整體資產32億背景價值而言，法定權益配置各自約15億價值，未來15億價值只配上3,200守護功能。目前守護效果約佔3%比重而已，只像是拿著一台火柴盒小汽車一般，只能夠欣賞而已！完全無法於實際生活中使用，務必趕快補強執行（能量～生生不息）預見未來完整守護→厚植實力，方能將父母畢生開天闢地的精神，一直留傳下去。

　　現況保險內容僅做到防範每人生活免於困境，只是整體理財當中一小部分的功能而已。一切「以人為本」滿足父母內心真正想法，除了愛心的表達之外，融洽的人際關係更重要，而最根本最重要的是家族和諧融洽、企業人員力量凝聚→將父母畢生開天闢地的精神，（能量～生生不息）世世代代一直留傳下去。徹底圓滿完成所有人的期待～

第5項 | 整體~現況→生存金累計流量統計總表

　　生存金流量總表很容易從領回合計欄位得知每年穩定的現金流量，藉此能夠清晰看見自己的構想是否達成，例如：自己退休金的安排，或是其他人每年生活的照顧金額預留配置。藉此除了明確知道進度，也能夠判斷是否真的足夠，或是僅是象徵性的意思而幾並未具實際功能。

藏富家族成員～生存金資金流量表

民國	保單生存金總表 累計生存金	領回合計	先生 領回(生存金)	太太 領回(生存金)	長女 領回(生存金)	長子 領回(生存金)
101		0	0	0	0	0
102	348,300	348,300	279,000	0	69,300	0
103	696,600		279,000	0	69,300	0
104	1,044,900		279,000	0	69,300	0
105	13,323,200		9,279,000	2,930,000	69,300	0
106	14,217,800		558,000	0	336,600	0
107	15,112,400	894,600	558,000	0	336,600	0
108	16,007,000	894,600	558,000	0	336,600	0
109	16,901,600	894,600	558,000	0	336,600	0
110	17,796,200	894,600	558,000	0	336,600	0
111	19,735,700	1,939,500	1,395,000	0	544,500	0
112	21,675,200	1,939,500	1,395,000	0	544,500	0
113	23,614,700	1,939,500	1,395,000	0	544,500	0
114	25,554,200	1,939,500	1,395,000	0	544,500	0
115	27,493,700	1,939,500	1,395,000	0	544,500	0
116	29,433,200	1,939,500	1,395,000	0	544,500	0
117	31,372,700	1,939,500	1,395,000	0	544,500	0
118	33,312,200	1,939,500	1,395,000	0	544,500	0
119	35,251,700	1,939,500	1,395,000	0	544,500	0
120	37,191,200	1,939,500	1,395,000	0	544,500	0
121	39,130,700	1,939,500	1,395,000	0	544,500	0
122	41,070,200	1,939,500	1,395,000	0	544,500	0
123	43,009,700	1,939,500	1,395,000	0	544,500	0
124	44,949,200	1,939,500	1,395,000	0	544,500	0
125	46,888,700	1,939,500	1,395,000	0	544,500	0
126	48,828,200	1,939,500	1,395,000	0	544,500	0
127	50,767,700	1,939,500	1,395,000	0	544,500	0
128	52,707,200	1,939,500	1,395,000	0	544,500	0
129	54,646,700	1,939,500	1,395,000	0	544,500	0
130	56,586,200	1,939,500	1,395,000	0	544,500	0
131	58,525,700	1,939,500	1,395,000	0	544,500	0
132	60,465,200	1,939,500	1,395,000	0	544,500	0
133	62,404,700	1,939,500	1,395,000	0	544,500	0
134	64,344,200	1,939,500	1,395,000	0	544,500	0

生存金 免所得稅

生存金增加 免所得稅

從累計欄位輕易得知108年累計免稅1,600萬，一直到133年累計6,240萬。往後還有好幾千萬免稅空間，而且是穩定現金流功能，如同財富蓄水庫一般具有安全、穩定救援功能。許多企業家通常都備有這樣的蓄水金庫，以保險生存金作為調節財富的功能。逐年累計生存金所得，目前稅法規定此部分屬於免稅範圍，不知道未來時空背景不一樣，會部會也修法動到這個區域呢！未來無法知道，從客觀立場來看應該不會修法動這部分的權益。目前整體儲蓄配置佔整體保費89%，保障之整體保費分配只佔11%。

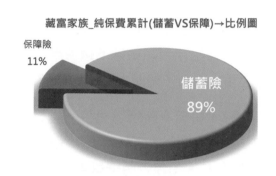

藏富家族_純保費累計(儲蓄VS保障)→比例圖

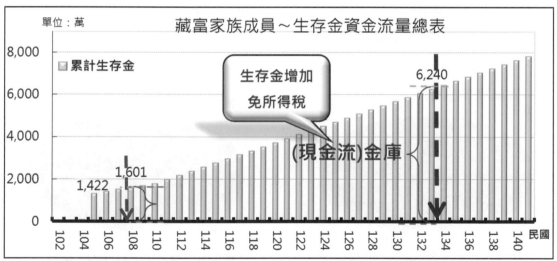

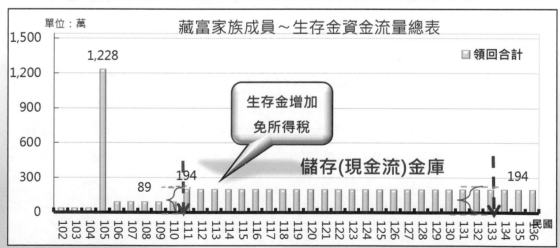

　　從領回合計欄位顯示108年，目前每年穩定現金收入109萬，於111年之後增加至每年193萬，若是全部都歸一個人生活使用，退休金功能已經具備現金流穩定情形。若是歸各自要保人使用保障其生活品質，長女名下每年54萬對基本生活實質照顧作用，長子名下每年0萬對基本生活無法實質照顧。

　　從上面配置圖發現一個很奇怪的現象，為什麼掌管財務重臣太太名下本人沒有配置任何生存金呢？她不適使用風險的概念嗎，或是她不需要退休金生活品質照顧之蓄水金庫，理財上真的需要補充這一點小小疏漏。

　　生存金每年享有所得免稅，這對於高資產高所得者而言，其所得累進稅率一般約在30%～40%，其每年省下稅率之差距非常可觀。而目前銀行定期存款利率也不過1%左右。生存金所得每年免稅之外，理財保險尚須具備有許多其他功能如：預留稅源、財富移轉、傳承分配、於任何時間點結算，理財最大化配置效果，創造大量即用現金等諸多功能。

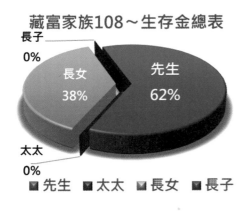

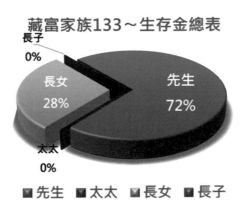

　　後續個人配置檢驗章節詳細逐一探討，其他各項功能是否具備，於本案例整體檢驗報告可以清楚得知，三方（家庭Family，企業Business 和個人Individual）同時滿意，各種功能是否同時一一兼顧，除此並給予建設性（優化空間）建議若將現有資源循環應用，可能的改善空間效益評估，提供給保戶做整體理財配置決策之參考。

第6項│整體~現況→保單價值資金流量統計總表

境外BVI資金移轉進入→保單價值（資金流量）總表，108年1.47億代表保單金庫的緊急備援（金庫）總額度，金庫往後持續增加至133年，累計2.59億代表可實質彈性運用的空間，而且所增加的空間仍是免所得稅，保單價值也是調節整體財富很好的儲藏金庫。錢轉存到這個保險帳戶位置還有以下各種好處。

藏富家族成員~保單價值(資金流量)總表

保單價值總表		先生	太太	長女	長子
民國	合計保價金	保價金	保價金	保價金	保價金
100	5,585,927	2,871,350	2,223,807	0	490,770
101	19,915,664	8,964,320	6,753,894	1,893,900	2,303,550
102	38,900,728	〔保價金增加 免所得稅〕	...,048,478	4,532,200	4,709,130
103	59,924,341		...613,611	7,606,470	7,189,360
104	83,623,900		...96,400	11,048,390	9,790,390
105	95,213,250		...460,070	14,921,760	13,981,010
106	132,658,250	...575,450	45,902,720	19,539,870	18,640,210
107	140,944,450	51,669,280	49,464,680	20,270,090	19,540,400
108	149,370,840	54,852,200	53,146,030	20,902,760	20,469,850
109	162,429,420	60,162,460	59,067,410	21,555,950	21,643,600
110	167,947,641	61,729,310	61,126,491	〔資產充分彈性、控制權、影響力〕...,360	
111	172,278,199	62,524,260	63,148,849	...,947,220	23,657,870
112	176,722,077	63,352,750	65,212,197	23,451,670	24,705,460
113	181,299,829	64,207,420	67,345,689	23,967,350	25,779,370
114	186,018,510	65,092,770	69,551,810	24,493,300	26,880,630
115	190,350,397	65,627,280	71,677,587	25,031,350	28,014,180
116	194,680,607	66,168,490	73,749,817	25,581,780	29,180,520
117	199,175,830	66,714,450	75,940,740	26,144,450	30,376,190
118	203,725,830	67,265,680	78,130,460	26,720,000	31,609,690
119	208,390,166	67,822,660	80,385,256	27,308,690	32,873,560
120	212,895,290	68,383,500	82,823,140	27,911,010	33,777,640
121	217,000,469	68,949,630	85,221,139	28,122,390	34,707,310
122	221,211,102	69,518,740	87,695,722	28,336,340	35,660,300
123	225,521,978	70,092,230	90,235,998	28,552,640	36,641,110
124	230,004,076	70,689,220	92,854,346	28,791,140	37,669,370
125	234,650,268	71,265,280	95,664,538	29,013,320	38,707,130
126	239,304,752	71,843,450	98,453,252	29,236,570	39,771,480
127	244,074,061	〔保價金增加 免所得稅〕	...1,321,051	29,463,390	40,865,460
128	248,955,420		...4,270,390	29,690,990	41,990,300
129	254,002,728		...7,314,118	29,941,770	43,164,270
130	259,241,668		...0,556,288	30,174,000	44,350,140
131	264,518,690	...736,890	113,803,150	30,407,010	45,571,640
132	269,914,232	75,309,590	117,136,992	30,641,840	46,825,810
133	275,428,125	75,877,930	120,563,305	30,876,240	48,110,650
134	281,125,558	76,441,910	124,097,308	31,133,410	49,452,930

　　每年保價金，保險公司會依照按當時所約定預定利率持續增值，保戶可以固定享受每年穩定增值合法免稅之優惠。最高30%～40%（所得稅累進稅率）。此理財配置替家族建立一個長期安全穩定的現金流增值系統，和預留對抗風險的理財備援金庫。我們通常形容這區域的錢是救命財（金庫）。不必擔心事業經營，上下游發生風險，而受連帶影響導致自己和家人陷入困境。

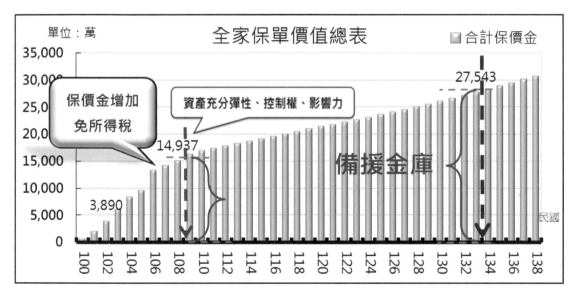

　　108年家中最重要（先生、太太）兩人合計佔整體配置約72%，先生名下擁有5,485萬備援彈性金庫，太太名下擁有5,314萬，兩人大約1.1億彈性現金（隱形）備援金庫，可以不必擔心事業經營，上下游發生倒閉風險，而導致自己生活受連帶影響而陷入困境。二位子女名下擁有約2,000萬備援隱形金庫，長女名下擁有2,090萬備援金庫14%比重，長子名下擁有2,046萬備援金庫，佔14%的比重。二位子女保價金合計佔整體28%，足以照顧他們基本生活，對抗風險時免於困境。

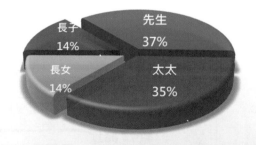

藏富家族108～保單價值配置

　　未來133年家中最重要的（先生、太太）兩人合計佔整體配置72%，各自名下保價金先生名下擁有7,587萬備援隱形金庫，太太名下擁有12,056萬備援隱形金

庫，兩人大約1.95億備援現金隱形金庫，可以不必擔心事業經營上下游遇上倒閉風險，而導致家人生活品質連帶受影響。二位子女保價金，長女名下3,087萬備援金庫，長子名下4,811萬備援隱形金庫也足以照顧他們基本生活。

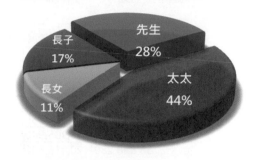

藏富家族133～保單價值配置

先生 28%
太太 44%
長女 11%
長子 17%

■先生 ■太太 ■長女 ■長子

　　二位子女名下各擁有隱形現金備援金庫，生活長期照顧功能已經提升達到，「不是我活多久就照顧你多久，而是你活多久我就能照顧你多久」的境界。充分防範家族每人生活免於風險時陷入困境。對於實現內心想要長長久久～準確照顧所愛的人目的已經達到了，但是對整體理財配置全方位功能而言，這只是完成一小部分的功能而已。若以現狀資源做循環運用，仍有很大空間可以改善優化。

第7項｜整體~現況→保價金（增加）流量統計總表

藏富家族 ～保單_現況→(保價金增加)流量表

民國	累計增加	孳息合計	先生 增加保價金	太太 增加保價金	長女 增加保價金	長子 增加保價金
99	1,706,000	1,203,800	1,063,800	140,000	0	0
100	4,348,300	2,642,300	1,807,550	834,750	0	0
101	18,965,650	14,617,350	6,092,970	4,073,300	2,638,300	1,812,780
102	37,871,590	18,905,940	,779,490	3,074,270	2,405,580
103	58,688,280	20,816,690	,990,560	3,441,920	2,480,230
104	82,182,600	23,494,320	46,100	3,873,370	2,601,030
105	97,446,690	15,264,090	493,670	4,618,110	4,190,620
106	131,003,800	33,557,110	5,040	15,442,650	730,220	4,659,200
107	139,192,450	8,188,650	3,093,830	3,561,960	632,670	900,190
108	**147,639,360**	**8,446,910**	**3,182,920**	**3,681,350**	**653,190**	**929,450**
109	160,943,280	13,303,920	5,310,260	5,921,380	898,530	1,173,750
110	166,055,711	5,112,431	1,566,850	2,059,081	492,740	993,760
111	170,397,979	4,342,268	794,950	2,022,358	504,450	1,020,510
112	174,853,087	4,455,108	828,490	2,063,348	515,680	1,047,590
113	179,441,109	4,588,022	854,670	2,133,492	525,950	1,073,910
114	184,171,890	4,730,781	885,350	2,206,121	538,050	1,101,260
115	188,516,157	4,344,267	534,510	2,125,777	550,430	1,133,550
116	192,858,607	4,342,450	541,210	2,072,230	562,670	1,166,340
117	197,366,710	4,508,102	545	2	575,550	1,195,670
118	201,929,850	4,563,140	551	0	588,690	1,233,500
119	206,607,816	4,677,966	556,9	2,254,796	602,320	1,263,870
120	210,722,000	4,114,184	560,840	2,437,884	211,380	904,080
121	214,829,749	4,107,749	566,130	2,397,999	213,950	929,670
122	219,042,732	4,212,983	569,110	2,474,583	216,300	952,990
123	223,375,808	4,333,076	573,490	2,540,276	238,500	980,810
124	227,841,586	4,465,779	596,990	2,618,349	222,180	1,028,260
125	232,488,848	4,647,261	576,060	2,810,191	223,250	1,037,760
126	237,146,902	4,658,055	578,170	2,788,715	226,820	1,064,350
127	241,916,991	4	580,710	2,867,799	227,600	1,093,980
128	246,821,530	579,580	2,949,339	250,780	1,124,840
129	251,850,288	578,830	3,043,728	232,230	1,173,970
130	257,090,008	578,670	3,242,170	233,010	1,185,870
131	262,368,850	8,842	575,650	3,246,862	234,830	1,221,500
132	267,763,962	5,395,113	572,700	3,333,843	234,400	1,254,170
133	**273,300,625**	**5,536,663**	**568,340**	**3,426,313**	**257,170**	**1,284,840**
134	278,998,058	5,697,433	563,980	3,534,003	257,170	1,342,280

（表中標示：保價金增加 免所得稅／免稅所得／保價金增加 免稅所得）

　　除了生存金免所得稅之外，隱藏增加的保價金也是，增加的保價金累計總表得知，108年累計免稅所得1.49億，往後保價金還可增加至2.8億免稅空間，而且是穩定現金流量功能，如同流水源源不絕流入蓄財金庫，金庫具有簡單、安全、穩定救援功能。許多企業家通常都會依照背景規模不同，設置備有這樣大小不同的蓄水金庫，以保險保價金作為調節財富水庫的功能。

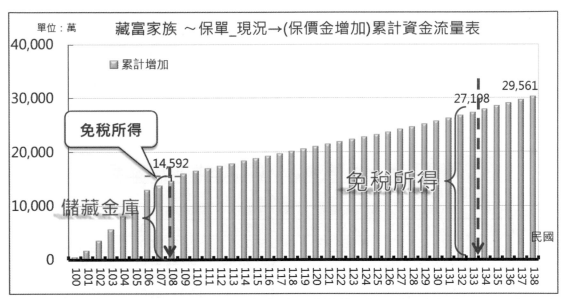

以上保價金增加的功能，是全球反避稅防洗錢（反恐）國際背景下，各國政府稅務機構財富稅務資訊交換國，包括過去BVI免稅天堂國家如：維京群島、薩摩亞、開曼、新加坡、香港等國家，總計有100多個國家參加，因此全球各大會計師事務所，各大承辦OBU之銀行特別是外商銀行：如花旗、兆豐銀行和各大保險公司等，聯合邀請會計師、稅務理財專家舉辦VIP講座疾呼，各路經驗豐富稅務專家們，一致推薦的理財配置結果。

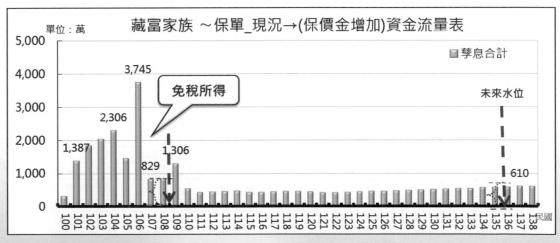

保價金增加總表孳息欄位得知，101年累計至108年爲止全家免稅所得超過1.4億，往後還在以每年免稅所得約450萬累積持續增加，查總表累計資金流量圖表（增加欄位）知悉，累計至133年家免稅所得會超過2.73億。這裡保價金增加與免稅天堂同樣享受免稅。

（保價金增加）整體累計統計分析表如下。108年免稅所得先生名下累計5,485萬_37%比重，太太名下5,314萬_36%比重，兩人（先生、太太）合計佔整體73%比重，二位子女（保價金增加）免稅所得，長女名下1,966萬佔13%比重，長子名下1,997萬佔14%比重，兩人合計佔整體配置27%比重。108年總累計免稅所得1.47億。

藏富家族 ～保單_現況→(保價金增加)流量表

保價金總表		先生	太太	長女	長子
民國	孳息總計	累計保價金	累計保價金	累計保價金	累計保價金
100	4,348,300	2,871,350	1,476,950	0	0
101	18,965,650	8,964,320	5,550,250	2,638,300	1,812,780
102	37,871,590		1,329,740	5,712,570	4,218,360
103	58,688,280		1,320,300	9,154,490	6,698,590
104	82,182,600		1,966,400	13,027,860	9,299,620
105	97,446,690		1,460,070	17,645,970	13,490,240
106	131,003,800		45,902,72		149,440
107	139,192,450	1,669,280	49,464,680	008,860	19,049,630
108	147,639,360	54,852,200	53,146,030	19,662,050	19,979,080
109	160,945,280	60,162,460	59,067,410	20,560,580	21,152,830
110	166,055,711	61,729,310	61,126,491	21,053,320	22,146,590
111	170,397,979	62,524,260	63,148,849	21,557,770	23,167,100
112	174,853,087	63,352,750	65,212,197	22,073,450	24,214,690
113	179,441,109	64,207,420	67,345,689	22,599,400	25,288,600
114	184,171,890	65,092,770	69,551,810	23,137,450	26,389,860
115	188,516,157	65,627,280	71,677,587	23,687,880	27,523,410
116	192,858,607	66,168,490	73,749,817	24,250,550	28,689,750
117	197,366,710		0,740	24,826,100	29,885,420
118	201,929,850		0,460	25,414,790	31,118,920
119	206,607,816		5,256	26,017,110	32,382,790
120	210,722,000		3,140	26,228,490	33,286,870
121	214,829,749	68 630	85,221,139	26,442,440	34,216,540
122	219,042,732	518,740	87,695,722	26,658,740	35,169,530
123	223,375,808	70,092,230	90,235,998	26,897,240	36,150,340
124	227,841,586	70,689,220	92,854,346	27,119,420	37,178,600
125	232,488,848	71,265,280	95,664,538	27,342,670	38,216,360
126	237,146,902	71,843,450	98,453,252	27,569,490	39,280,710
127	241,916,991	72,424,160	101,321,051	27,797,090	40,374,690
128	246,821,530	73,003,740	104,270,390	28,047,870	41,499,530
129	251,850,288	73,582,570	107,314,118	28,280,100	42,673,500
130	257,090,008	74,161,240	110,556,288	28,513,110	43,859,370
131	262,368,850	74,736,890	113,803,150	28,747,940	45,080,870
132	267,763,962	75,309,590	117,136,992	28,982,340	46,335,040
133	273,300,625	75,877,930	120,563,305	29,239,510	47,619,880
134	278,998,058	76,441,910	124,097,308	29,496,680	48,962,160

保價金增加 免所得稅

資產充分彈性、控制權、影響力

保價金增加 免所得稅

133年免稅所得先生名下累計7,587萬28%比重，太太名下12,056萬44%比重，兩人（先生、太太）合計佔整體72%比重，二位子女免稅所得，長女名下2,923萬，長子名下4,761萬，兩人合計佔整體配置28%比重。108年總累計免稅所得2.73億。

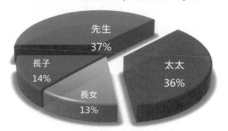

藏富108～總體累計(保價金增加)配置

■先生 ■太太 ■長女 ■長子

檢驗保險（保價金增加）整體累計發現～八年前許多經驗豐富會計師以及稅務專家，很早就知道這麼大的好處，當時他們一致推薦BVI帳戶資金移轉進入→保險（保單價值、生存金）帳戶，竟然隱藏著1.47億這麼大的好處，還同時享受合法免所得稅效益。而且會持續增值2.73億，常態享受著合法龐大效益。

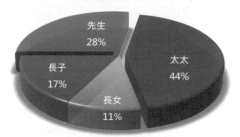

藏富133年～總體累計(保價金增加)配置

■先生 ■太太 ■長女 ■長子

第8項│整體~現況→累計（免所得稅）流量統計總表

　　整體免所得稅利益由（生存金加上增加的保價金）兩項所組成，浮動查詢108年累計達1.64億，時間往後移動還會持續增加（133年）累計3.41億，其間都是穩定合法現金流量性質，視同儲藏金庫固定孳息，整體具有財富安全、穩定功能。市場上許多企業家們通常都儲備有這樣的彈性金庫，以保單作為整體財富調節儲備空間，當作緊急備援的金庫功能。

藏富家族 ~保單_現況→總體(免稅所得)累計流量表

現有資源表		孳息合計	生存金合計		平均孳息
民國	累計免稅	免稅合計	增加保價金	生存金	7,537,699
100	4,348,300	2,642,300	2,642,300		
101	18,965,650	14,617,350	14,617,350	0	
102	38,219,890	19,254,240	18,905,940	348,300	
103	59,384,880	21,164,990	20,816,690	348,300	
104	83,227,500	23,842,620	23,494,320	348,300	
105	110,769,89_	15,264,090	15,264,090	12,278,300	
106	145,419,60_	33,557,110	33,557,110	1,092,600	
107	154,700,850	9,281,250	8,188,650	1,092,600	
108	164,240,360	9,539,510	8,446,910	1,092,600	
109	178,636,880	14,396,520	13,303,920	1,092,600	
110	184,841,911	6,205,031	5,112,431	1,092,600	
111	191,321,679	6,479,768	4,342,26_		
112	197,914,287	6,592,608	4,455,10_		
113	204,639,809	6,725,522	4,588,02_		
114	211,508,090	6,868,281	4,730,78_		
115	217,989,857	6,481,767	4,344,267	2,137,500	
116	224,469,807	6,479,950	4,342,450	2,137,500	
117	231,115,410	6,645,602	4,508,102	2,137,500	
118	237,816,050	6,700,640	4,563,140	2,137,500	
119	244,631,516	6,815,466	4,677,966	2,137,500	
120	250,883,200	6,251,684	4,114,184	2,137,500	
121	257,128,449	6,245,249	4,107,749	2,137,500	
122	263,478,932	6,350,483	4,212,983	2,137,500	
123	269,949,508	6,470,576	4,333,076	2,137,500	
124	276,552,786	6,603,279	4,465,779	2,137,500	
125	283,337,548	6,784,761	4,647,261	2,137,500	
126	290,133,102	6,795,555	4,658,055	2,137,500	
127	297,040,691	6,907,589	4,770,089	2,137,500	
128	304,082,730	7,042,039	4,904,539	2,137,500	
129	311,248,988	7,166,258	5,028,758	2,137,500	
130	318,626,208		5,239,720	2,137,500	
131	326,042,550		5,278,842	2,137,500	
132	333,575,162	7,532,613	5,395,113	2,137,500	
133	341,249,325	7,674,163	5,536,663	2,137,500	
134	349,084,258	7,834,933	5,697,433	2,137,500	

（圖中標註：免稅所得、保價金增加 免課徵所得稅、生存金 免所得稅、免稅所得）

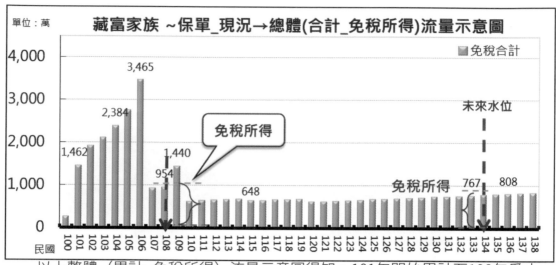

以上整體（累計_免稅所得）流量示意圖得知，101年開始累計至108年為止，全家免稅所得超過1.64億，往後還在持續以每年免稅所得數百萬幅度持續增加，累計至133年全家免稅所得會超過3.41億。這裡整體合法又與OBU免稅天堂同樣享受免稅的備援金庫。對於高資產高所得者而言每年省下之數字金額非常可觀，其所得累進稅率一般約落在30%～40%。若是錢存銀行以目前銀行定期存款利率也不過1%左右。

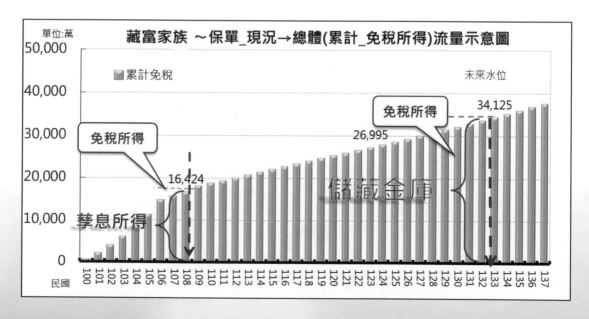

　　108年的免稅所得953萬，（保價金增加）佔整體配置90%，生存金佔整體配置10%，133年免稅所得767萬，（保價金增加）佔整體配置74%，生存金佔整體

配置26%，建立一個長期安全穩定的免稅所得現金流，和預防風險的緊急備援金庫。由此統計分析可見，現況的保價金增加佔整體免稅所得的比重很大。免稅孳息不論短期或是未來都居很重要位置。

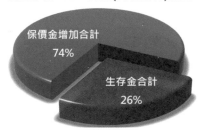

藏富家族133～總體(免稅所得)配置

保價金增加合計 74%

生存金合計 26%

■ 保價金增加合計　■ 生存金合計

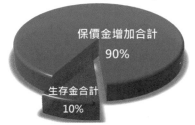

藏富家族108～總體(免稅所得)配置

保價金增加合計 90%

生存金合計 10%

■ 保價金增加合計　■ 生存金合計

OBU帳戶資金移轉進入→保險（保單價值、生存金）帳戶，竟然隱藏著1.47億這麼大的好處，還同時享受合法免所得稅效益。經驗豐富之資深會計師、以及稅務專家，很早就知道（保價金增加）免稅金庫，而且會持續增值超過3.41億，享受著常態所得免稅效益。

整體所得每年免稅之外，理財保險尚具備圖示許多其他諸多功能如：預留稅源、財富移轉、傳承分配、於任何時間點結算，理財最大化配置效果，創造大量即用現金等等眾多優點功能。

保險於財富管理的功能

1. 預留稅源！
2. 移轉分配！
3. 提早運用！
4. 放大現金！
5. 消除紛爭

靈活控制權
低調資產
破除特留分
類信託
拋棄繼承仍可受領
創造最大化
Insurance
豐盛貯藏庫
預留稅源
晚美人生
15天財富移轉
人身風險防護
保本履約保証

第9項｜整體~現況→累計保費VS壽險保額→統計對比示意圖

純總保費累計VS(現況)保障		108年
項目	累計保費	保額現況
先生	68,819,940	61,070,450
太太	53,766,708	43,508,150
長女	21,960,880	31,546,050
長子	19,201,960	32,886,730
total	163,749,488	169,011,380

PS.儲蓄險指有滿期金可領的保險

總累計_儲蓄VS保障→(現況)分配圖

108年→備援水庫_(保費累計VS保障) 配置示意圖

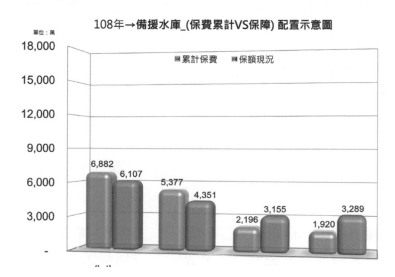

檢驗現況：

1. 保費累計柱狀圖顯示，依照重要程度不同而配置不同比重財富資源、整體累計保費1.64億依照重要程度不同的概念配置，先生名下6,882萬，太太名下5,377萬，長女名下2,248萬，長子名下1,971萬。似乎吻合風險重要程度輕重不同，而配置不同比重的邏輯進行，整體規劃累積保費佔49%而壽險保障現況佔51%，比重幾乎是一半一半。

2. 現況保單成分配置圖，家中最重要（先生、太太）兩人累計保費大於壽險保障，二位子女（長女、長子）累計保費小於壽險保障。先生名下資產61,107萬，太太名下資產10,871萬。現況是乎並未切實連結背景因素，掌握住對抗風險規避損失的宗旨！整體理財配置的精神與行動並不一致，事業投資講求獲利，保險訴求是避險對抗風險能力，保險理財唯有避風險規劃

才有意義也才能發揮理財最大效益。以下檢驗依進行動機：創富／守富／傳富不同動機之訴求，

對應所配置之保險安排，是否隨意任何時間點檢視，均足以對抗整體各種不同風險。首先釐清目前規劃理財保險的整體方向掌握，究竟是要解決什麼問題？

- **創富階段**→守護最重要的人，他每年源源不絕的賺錢能力，這份價值守護等於對家人的愛與關心。〔每年源源不絕的賺錢能力→（這份賺錢能力好像是超級印鈔機），這個能力乘上時間因素估算後，價值風險究竟是多少呢？★**請問**：先生價值風險是6,107萬嗎？太太價值風險是4,350萬嗎？現況若有風險發生，會不會有無濟於事的（感覺）窘境發生。〕

- **守富（維護）階段**→守護過去已經獲得的財富於安全又最大值狀態，令最重要的人過去所有努力成果，不論在任何風險情境下財富皆得以保留住。〔先生名下資產6.6億，壽險保障6,107萬。太太名下資產1.5億，壽險保障4,350萬。★**請問**：先生名下資產風險是6.6億嗎？太太名下資產風險是1.5億嗎？現況若有風險狀況，會不會也有一種無濟於事的（感覺）窘境呢！〕

- **傳富階段**→財富累積到了一個程度，勢必會面臨傳承移轉規劃。傳富於「人」，所以整體焦點在「人」身上，施與受怎麼分配，能夠令雙方「人」都滿意，才是傳富階段的重點。以「人」為本的傳富，第一個問題：（納稅）預留稅源，是否準備好足夠現金流量對應。第二個問題：接受的「人」全部都會滿意嗎？第三個問題：給予的「人」會十分滿意嗎？〕

3. 檢驗風險動機出現，接受給予的「人」會十分滿意嗎？內容是否可以讓財富配置達到進可攻、退可守的多重效果。將整體分配在以下三種狀態都達到滿意境界。

- **平安時**---有貯藏儲備功能解決不同風險危機，同時退休年齡時寬裕生活費功能。先生名下儲備退休的準備金（生存金）每年139萬，彈性備援金庫（保價金）有5,485萬。太太名下擁有彈性應用金庫（保價金）5,314萬，以上每年固定金流與寬鬆金庫，要維持寬裕退休生活品質毫無問題。〕

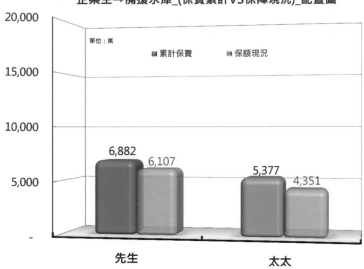

企業主→備援水庫_(保費累計VS保障現況)_配置圖

- **風險時**--資產放大（創造現金）效果、且仍握有掌控權，同時解決全家住院醫療、長期生活照顧經費。

  ① 保費累計VS現況保障圖呈現，現況並無資產放大效果。

  ② 要保人在自己名下已經握有十足掌控權。

  ③ 住院醫療（中上等級）單人病房每日約一萬元，（中等）單人病房每日約5,000元，

  ④ 補健保不足（差額自費）實支實付統計平均每次約50萬範圍、

  ⑤ 長期生活照顧（上等級）每月約20萬元，（中等級）每月約10萬元。

				先生	太太	長女	長子
醫療保障	住院醫療	終身	元/日	3000元/日	3000元/日	3000元/日	3000元/日
		實支(正本)		2000元/日	2000元/日	1000元/日	1000元/日
			雜支最高	59萬	59萬	37萬	37萬
		實付(副本)				2000元/日	2000元/日
		實支(副本)	雜支最高			28萬	28萬
	意外	萬		0萬	200萬	100萬	100萬
	失能	萬/年		**100萬**	100萬	228萬	228萬
	防癌	元/日		2400元/日	4400元/日	6000元/日	6000元/日
			手術最高	65萬	68萬	80萬	80萬
	重大疾病	萬		**0萬**	100萬	200萬	200萬

　　從醫療保障總表比對檢視：先生名下～住院醫療現況配置每日5,000元，實支實付醫療額度每次59萬、長期生活照顧尚未配置。太太名下～住院醫療現況配置每日9,000元，實支實付醫療額度每次59萬、長期生活照顧每年100萬元。兩位孩子名下～住院醫療現況配置每日6,000元，雙實支實付醫療額度每次65萬、長期生活照顧每年228萬元。整體上已經達中等以上守護家人對抗風險。

- **百年時**--解決巨額稅金繳納問題之外，每一位繼承人不同的能量特質，需要（想要）得到的也都不一樣，除了資產完整保留下來，更重要的是親情關係溫馨傳承，讓各不同能量的繼承人，都得到所需的支持，使各不同能量在其擅長領域綻放發光，也讓自己開天闢地的精神與一生努力成果，點亮生命（能量）生生不息傳承下去。

① 解決巨額稅金繳納問題部分，比對現有先生名下資產擁有6.6億檯面上資產額度，馬上有1.32億的遺產稅需求。尚不足以對應稅務單純的需求。

② 太太身上，未來仍須預作圓滿面對的準備。

③ 親情關係溫馨傳承首要，每個能量都感受到被尊重、被支持、被重視、感受到愛。雖然平時培育與發揮舞台機會平等。目前長女名下0.31億，長子名下2.36億，兩人相差（約2億）顯著財富能量不平衡。

④ 目前配置明白顯示父母移轉財富的內心想法，未來可以預期長子真正接班時，將會產生更大懸殊差距，如何使能量（感受）維持在平衡的狀態，因此未來分配務必注意「以人為本」，點亮生命為原則，同時參考法定權益移轉分配為準則，才不會造成能量不平衡紛爭，而破壞比財富更重要的親情久遠關係。

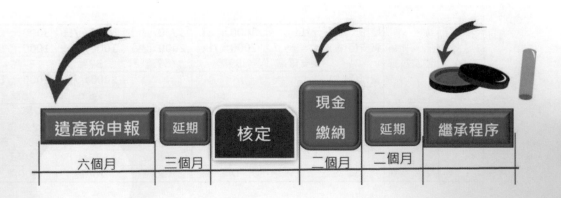

　　讓各不同能量的繼承人，都得到所需的支持能量，促使各不同能量在其擅長領域綻放發光，也讓自己開天闢地的精神與一生努力成果，點亮生命（能量）而生生不息傳承下去。達到親情關係溫馨傳承圓滿結果。整體不必花錢僅只是做好資產配置，圓滿解決了財富移轉稅務問題、分配傳承厚植實力等問題，三種狀態都達到滿意境界，給予與被給予的「人」會不會都十分滿意呢？

第10項│整體~現況→累計保費分析（儲蓄VS保額）比重示意圖

理財配置是一種維持最佳化均衡的觀念→很宏觀的一種積極又平衡智慧。所以必須很科學詳細分析相關連各種數據，依據成分比重數字做決

108年現況__純保費累計→(儲蓄VS保障)歸納分類表			
項目	儲蓄險	保障險	小計
先生	65,039,940	3,780,000	68,819,940
太太	48,380,208	5,386,500	53,766,708
長女	18,350,280	4,126,400	22,476,680
長子	15,153,480	4,554,540	19,708,020
total	146,923,908	17,847,440	164,771,348

策客觀辨別參考。其中儲蓄功能與保障功能的比重各佔多少，如此才能夠充分掌握最佳化，使所累績的保費發揮到最佳功能，例如：①掌握儲備金庫（彈性應用空間）救援功能有多大？②了解創造急用現金的功能（最大化空間）有多大？③整體究竟該如何調節配置，才能達到理財配置最佳效果？

由純保費累計（儲蓄vs保障）歸納分配圖得知，儲蓄功能佔整體配置89%以儲備金庫為主要訴求，保障佔整體保費11%配置而已。家中最重要的兩人（先生、太太），各自名下儲蓄功能也都是90%以上。可以預見如此配置，關於稅務免所得稅功能上應該有一番成績表現。我們從上一章節免所得稅統計圖表充分了解詳細情形。

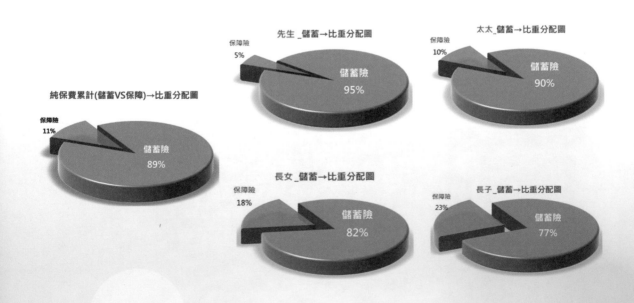

純保費累計(儲蓄VS保障)→比重分配圖
保障險 11%
儲蓄險 89%

先生_儲蓄→比重分配圖
保障險 5%
儲蓄險 95%

太太_儲蓄→比重分配圖
保障險 10%
儲蓄險 90%

長女_儲蓄→比重分配圖
保障險 18%
儲蓄險 82%

長子_儲蓄→比重分配圖
保障險 23%
儲蓄險 77%

第11項｜整體~現況→保單功能效益（現況）→檢驗總表

保險功能（現況）檢驗總表將保險理財分成三個區域：

一、儲蓄理財區域～主要呈現免所得稅部分，從總體（累計_免稅所得）資金流量表轉置過來，顯示當年的免稅所得以及累積的情形，免稅所得效益108年累計達1.56億，133年增加累計達3.36億。

		現況108年		合計	先生	太太	長女	長子
保險功能（現況）	**儲蓄理財**	免所得稅	孳息額度	843	318	368	63	93
			生存金/年	89	56	0	34	0
		每年增加額度500萬~10000萬						單位：萬
			合計	單位：萬				10000
	壽險保障	免扣除額	兒女每人3,300萬	16,901	6,107	4,351	3,155	3,289
		兒女每人免稅可領3,300萬						
					先生	太太	長女	長子
	醫療保障	住院醫療	終身 元/日		3000元/日	3000元/日	3000元/日	3000元/日
			實支(正本)		2000元/日	2000元/日	1000元/日	1000元/日
			雜支最高		59萬	59萬	37萬	37萬
			實付(副本)				2000元/日	2000元/日
			實支(副本) 雜支最高				28萬	28萬
		意外 萬			0萬	200萬	100萬	100萬
		失能 萬/年			**100萬**	100萬	228萬	228萬
		防癌 元/日			2400元/日	4400元/日	6000元/日	6000元/日
			手術最高		65萬	68萬	80萬	80萬
		重大疾病 萬			**0萬**	100萬	200萬	200萬

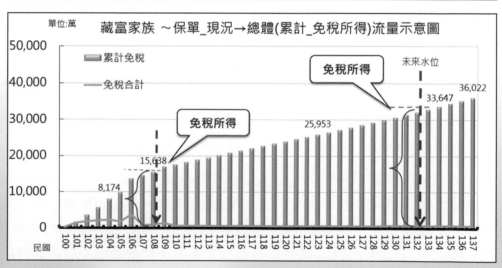

藏富家族 ～保單_現況→總體(累計_免稅所得)流量示意圖

二、壽險保障區域～呈現每人壽險部分，當風險發生時馬上可以支應的現金流量，藉以整體評估參考，同時將整體理財（創造現金）效益以柱狀示意圖表示～108年整體效益減少了2,255萬，133年整體效益增加8,941萬。因為現況整體配置89%儲蓄功能，已經觸碰了國稅局查核標準之「實質課稅」條款，這部份必須列入資產總額付20%遺產稅。如此賺了（免稅所得）預定利率優於定存的錢，另一邊卻漏失了最低稅負（免扣除額）的財。真的有一點點可惜！有優化探討的必要。

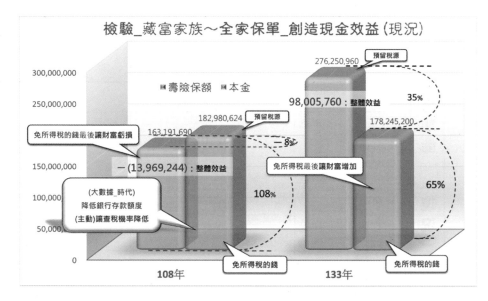

三、醫療保障區域～呈現各種住院醫療風險時，意外險、醫療險、防癌險、失能險、重大疾病等等。生活馬上可以支應足夠現金流量，檢驗現況～整體理財醫療品質效益究竟是多少？探討是否已經足以將對抗各種風險的配置，使理財效益達到最完整、圓滿的配置安排。

對抗各種風險的配置，住院醫療部分（中上等級）單人病房每日約一萬元，（中等）單人病房每日約5,000元，健保不足（差額自費）平均每次約50萬、長期生活照顧（上等級）每月約20萬元，（中等級）每月約10萬元。

從醫療保障總表檢視，先生名下住院醫療現況配置每日5,000元，實支實付醫療額度每次額度59萬、長期生活照顧雖尚未配置（儲備金庫擁有5,485萬足以備援）。太太名下住院醫療現況配置每日9,000元，實支實付醫療額度每次59萬額度、長期生活照顧每年100萬元。兩位孩子名下住院醫療現況配置每日6,000元，

雙實支實付醫療額度每次65萬、長期生活照顧每年228萬元。整體上守護家人已經達中等以上對抗風險。

兩種建議：

1. 運用現有資源資源循環應用做最佳化，重新調整詳細規劃內容，可以兼顧多重功能，例如：賺預定利率優於定存的錢（免稅所得），同時兼顧放大槓桿效果、配合最低稅負（不計入性資產）每申報戶3300萬免稅額度，做整體理財配置。

2. 完全結合背景與整體營運做最大化，將財富移轉，傳承分配，放大財富、充分主控及分散避險等多種財富管理功能結合在一起，提供「以人為本」多元財富防禦配置，解決許多比節稅更重要的事，除了預留稅源達到財富達到進可攻、退可守的多重圓滿效果。

於急用現金狀況時創造大量流動性資產，除了支應稅務急用現金之外，消除下一代急用現金籌湊困擾，提供「以人為本」多元財富防禦力，解決許多比節稅更重要的事：完成長長久久照顧家人幸福、造福國家社會的快樂願望。贏得（創富、守富、傳富）三富人生的理財樂趣。

整體資產檢驗保險在財務報表，會計科目上歸類於資產，所以財富配置上保險是資產，並不是消耗姓的支出項目，特別是終身型態的如：壽險、儲蓄險、醫療險、防癌險、失能險、重大疾病等等醫療理財，可以照顧家人的時間，比自己的生命時間還要長久，有一句話：「你活多久！我就能照顧你多久」，最能代表父母內心的心意，想要照顧家人長長久久的愛心。這種資產型的保險特質，越年輕配置越成本效益越大，同時保障照顧的時間更加長久。

第12項 | 整體~現況→達成率（六大保障）完整性示意圖

達成率視覺化檢驗（六大保障）示意圖→柱狀圖，詳細使用數字會說話（進階）的方式進一步詳細說明，除了瞭解每一個人現況整體配置是否完備之外，更很清楚知道每個部位的抗風險程度究竟如何？顏色管理檢驗表僅是（初階）視覺快速分辨而己，整體的理財→醫療配置架構是否完整。

保單檢查〈顏色管理〉表→現況　　　　　　　　version A

6大保障 \ 姓名	1 先生	2 太太	3 長女	4 長子
1 壽 險	6107	4351	3155	3289
2 意 外 險	300	500	400	400
3 重大疾病險	0	100	200	200
4 防 癌 險	2400	4400	6000	6000
5 醫 療 險	5000	9000	6000	6000
6 失 能 險	100	100	228	228

藍 表示已規劃完整

紅 代表急需補強--調整討論　　　　　　黃 表示醫界線--未來需作調整

顏色管理檢驗表僅是（初階）快速視覺分辨，整體的理財/醫療配置是否完整而己。達成率（六大保障）柱狀圖示意圖，更（進階）詳細使用數字會說話的方式進一步補充說明，除了瞭解每一個人現況整體配置是否完備之外，很清楚知道每個部位的抗風險程度究竟如何？

很有效率的指引補強調整方向，引導針對不足的部位去做加強，檢測表採柱狀圖形從視覺化高低差理解（容易抓住重點），同時也精準校對結果是否與自己內心的想法完全一致，避免「說歸說、想歸想、做歸做」的誤差產生。提供決策者安排規劃或調節內容，拿捏判斷輕重緩急很好的決策參考，確保整體發揮多元抗風險效果。

醫療住院照顧詳細採用實際需求與保單現況做比對，日常生活保障範圍當意外險、醫療險、防癌險、失能險、重大疾病等等各種風險時，必須馬上可以產生足夠的現金流量，解決經濟問題。檢驗現況整體理財品質效益究竟是多少？探討是否已經足以將對抗各種風險的配置做好安排，使理財效益達到最完整、圓滿的配置。

各項機能_ 安全檢測比較表，檢驗日常生活（意外險、醫療險、防癌險、失能險、重大疾病）各種風險，比對生活水平大致如下標準：住院醫療期間（最上

等）單人病房每日約30,000元，（中上等級）單人病房每日約一萬元，（中等）單人病房每日約5,000元。實支實付醫療健保不足部分（差額自費）每次負擔約需50萬額度、出院後失能長期生活照顧（上等級）每月約20萬元額度，（中等級）每月約10萬元（基礎）每月約五萬元。重大疾病（五年）緊急預備金額度約300～500萬。

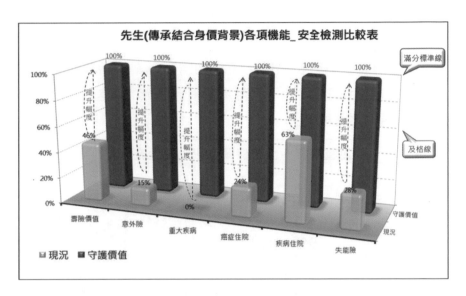

進階的部分→數字會說話的達成率，採高低差視覺化呈現，比較偏重於個人的逐項檢驗，這裡是整體檢驗區域僅作概念略述。下一章節個人保險理財配置，進一步詳細說明，整體配置現況是否與自己內心的想法完全一致。贏得（創富、守富、傳富）的理財樂趣。

	現況數字	守護價值	現況	守護價值
壽險價值	6107	13200	46%	100%
意外險	300	2000	15%	100%
重大疾病	0	300	0%	100%
癌症住院	2400	10000	24%	100%
疾病住院	5000	8000	63%	100%
失能險	100	360	28%	100%

第13項│整體~現況→保單備援水庫_成果示意圖

　　創造現金整體效益檢驗除了查看理財保險，所得流量是否穩定享有合法免稅角度，還需檢驗是否兼顧與其他理財風險結合，整體理財配置管理目的不僅要完全合法，從保價金總表確定還有蓄存金庫功能，而且會持續增值變多，除此之外還要宏觀整體背景而考量配置，務使整體理財達到最大化效果。採用數字會說話的方式檢驗，精準校對現況結果是否與自己內心的想法完全一致。

　　整體～創造現金整體效益檢驗，避免因為不專業「說歸說、想歸想、做歸做」，而發生結果與所想不吻合，甚至產生很大很大的落差。慎重全方位理財，才不會一頭賺錢另一邊在賠錢。

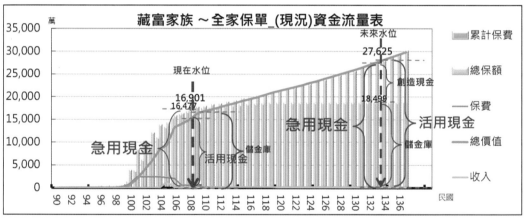

　　全家保單_（現況）資金流量表是初階判斷整體效益的重要圖形，6年存入累計保費1.64億之後108年開始持平，（水藍色線條）總保價金也開始穩定速度往上增加，（橘黃色柱型）上升速度幾乎與總保額高度增加速度相等。

　　比對108年累計免稅所得1.49億，108年累計保費1.56億比對之下得知，累計保費96%全部從累計免稅所得而來，往後保價金還可持續增加至2.8億的彈性活用空間，而且是一種穩定現金流量功能，功能如同高山上流水四季源源不絕流入儲藏金庫。此緊急備援金庫之設置，具有簡單、安全、有效幾種特色。許多企業家們通常都會依照其背景規模不同，設置儲備有大小不同這樣穩定性質的蓄水緊急備援金庫，以保險保價金作為調節財富水庫的抗風險備援金庫理財。

　　以上分散風險緊急備援金庫，主要是CRS全球反避稅防洗錢（反恐）國際背景之下，全球各跨國會計師事務所，結合銀行承辦OBU外匯之外商銀如花旗、兆豐

等，與各大保險公司一起合力推動，舉辦無數VIP講座疾呼的成果。也是豐富稅務經驗專家們一致推薦，將全球各地BVI免稅天堂的財富移轉回國，以保價金作為調節財富金庫，形成一種取代的理財配置。

藏富家族 ～ 全家保單_(現況)資金檢測表							
民國	保費	累計保費	總保額	總價值	孳息增加	收入	累計生存金	收支情況
89	39,200	39,200	2,000,000	0	0	0	0	39,200
90	39,200	78,400	2,000,000	23,400	23,400	0	0	39,200
91	39,200	117,600	2,000,000	48,000	24,600	0	0	39,200
92	39,200	156,800	2,000,000	74,600	26,600	0	0	39,200
93	39,200	196,000	2,000,000	103,000	28,400	0	0	39,200
94	39,200	235,200	2,000,000	133,000	30,000	0	0	39,200
95	39,200	274,400	2,000,000	165,400	32,400	0	0	39,200
96	232,600	507,000	4,000,000	237,000	71,600	0	0	232,600
97	232,600	739,600	4,000,000	365,800	128,800	0	0	232,600
98	232,600	972,200	4,000,000	502,200	136,400	0	0	232,600
99	2,128,298	3,100,498	5,933,874	2,052,033	1,549,833	0	0	232,600
100	8,516,518	11,617,016	38,587,805	5,585,927	3,533,894	0	0	6,620,820
101	24,378,728		19	19,915,664	14,329,737	0	0	22,483,030
102	24,378,728		54	38,900,728	18,985,064	348,300	348,300	22,134,730
103	24,378,728	,753,200	120,504,227	59,924,341	21,023,613	348,300	696,600	22,134,730
104	24,378,728	109,131,928	138,158,290	83,623,900	23,699,559	348,300	1,044,900	22,134,730
105	22,483,030	131,614,958	142,817,380	95,213,250	11,589,350	12,278,300	4,323,200	22,134,730
106	21,283,070	152,898,028	157,645,190	132,658,250	37,445,000	894,600	5,217,800	20,388,470
107	5,936,660	158,834,688	163,191,690	140,944,450	8,286,200	894,600	6,112,400	5,042,060
108	5,936,660	164,771,348	169,011,380	149,370,840	8,426,390	894,600	7,007,000	5,042,060
109	5,897,460	170,668,808	176,729,770	162,429,420	13,058,580	894,600	7,901,600	5,002,860
110	1,738	172,407,168	178,882,080	167,947,641	5,518,221	894,600	8,796,200	843,760
111			183,020,300	172,278,199	4,330,558	1,939,500	10,735,700	-201,140
112		184,626,970	176,722,077		4,443,878	1,939,500	12,675,200	-201,140
113		188,645,620	181,299,829		4,577,752	1,939,500	14,614,700	-201,140
114			190,396,590	186,018	4,718,681	1,939,500	16	
115		194,880,			4,331,887	1,939,500	18	
116	1,021,860	181,404,328	196,715,1		4,330,210	1,939,500	20	
117	1,021,860	182,426,188	201,662,630	199,175,830	4,495,222	1,939,500	22	
118	1,021,860	183,448,048	203,582,800	203,725,830	4,550,000	1,939,500	24,31 ,700	-917,640
119	1,021,860	184,469,908	208,998,980	208,390,166	4,664,336	1,939,500	26,2 1,700	-917,640
120	515,800	184,985,708	211,004,050	212,895,290	4,505,124	1,939,500	28,191,200	-1,423,700
121	0	184,985,708	216,896,230	217,000,469	4,105,179	1,939,500	30, 30,700	-1,939,500
122	0	184,985,708	218,985,700	221,211,102	4,210,633	1,939,500	32,070,200	-1,939,500
123	0	184,985,708	225,351,060	225,521,978	4,310,876	1,939,500	34,009,700	-1,939,500
124	0	184,985,708	227,535,150	230,004,076	4,482,099	1,939,500	35,949,200	-1,939,500
125	0	184,985,708	234,377,400	234,650,268	4,646,191	1,939,500	37,888,700	-1,939,500
126	0	184,985,708	236,655,090	239,304,752	4,654,485	1,939,500	39,828,200	-1,939,500
127	0	184,985,708	243,976,240	244,074,061	4,769,309	1,939,500	41,767,700	-1,939,500
128	0	184,985,708	246,349,770	248,955,420	4,881,359	1,939,500	43,707,200	-1,939,500
129				254,002,728	5,047,308	1,939,500	45,646,700	-1,939,500
130				259,241,668	5,238,940	1,939,500	47,586,200	-1,939,500
131	0	184,985,708	,08,860	264,518,690	5,277,022	1,939,500	49,525,700	-1,939,500
132	0	184,985,708	267, 1,960	269,914,232	5,395,543	1,939,500	51,465,200	-1,939,500
133	0	184,985,708	276,250,960	275,428,125	5,513,893	1,939,500	53,404,700	-1,939,500
134	0	184,985,708	278,924,840	281,125,558	5,697,433	1,939,500	55,344,200	-1,939,500
135	0	184,985,708	288,183,070	287,013,171	5,887,613	1,939,500	57,283,700	-1,939,500

（手寫標註）繳保費代替預留稅源

（手寫標註）(大數據_時代_主動) 降低銀行存款額度 讓查稅機率降低

（手寫標註）免所得稅的孳息

（手寫標註）孳息增加 免課徵所得稅

（手寫標註）預留稅源的錢最後讓孩子感謝您

移轉這裡與免稅天堂同樣享受免稅。整體～創造現金整體效益表顯示此結果。浮動檢驗108年壽險保額整體配置1.69億—留存現金1.82億（累計本金1,64億— 累計領回700萬+（不適格商品）課徵20%遺產稅）約3,380萬 = —2,255萬整體效益負數。若是從累計免稅所得角度檢驗，108年總計1.49億，即使扣掉—2,255萬之後，整體效益仍然是1.24億。一切合法、簡單、有效。評估試算檢驗，評估試算檢驗，

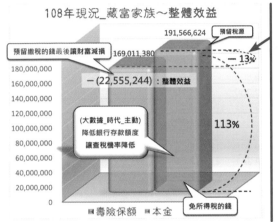

浮動檢驗133年壽險保額整體配置2.76億—留存現金1.31億（累計本金1.84億— 累計領回5,340萬+（不適格商品）課徵20%遺產稅）約5,525萬 = 9,800萬整體效益。若是調整檢驗角度從免稅所得累計評估，至133年3.28億再加8,941萬，提升之後整體效益是4.17億。保險整體配置～創造現金效益非常高，依照現有豐沛資源如果再一次最大化理財調整，是否能夠調節出更棒的！最大化創造現金整體效益成果呢。很值得深入探討一下。

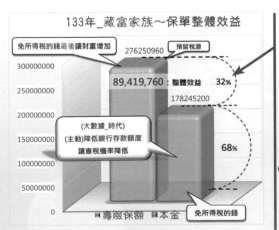

　　備援水庫示意圖→守護賺錢的人與所賺到的錢，從保費累計顯示大部分屬於短年期儲蓄險。內容符合國稅局查稅準則實質課稅之八大樣態，傳承時必須課稅。目前保單備援水庫之配置並未與第二章所談的內容，必須與資產背景及各項稅法結合。

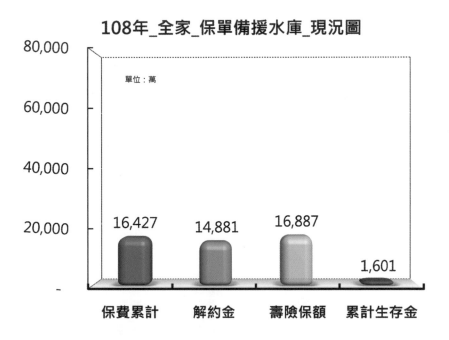

整體備援水庫現況示意圖，也顯示與第一章的各項理財配置概念脫節。目前保單配置完全是各自獨立儲蓄事件，類似過去銀行的定存單，或是房屋不動產的投資。純粹資金分散各自獨立存放而已，當然背後涵蓋對朋友的義氣相挺。

　　也許過去你完全不介意！保險是否發揮核心資產的保全功能，如果可以運用現有的備援水庫之資源，重新遵照第一章的各項理財配置概念！第二章所談的內容，必須與資產背景及各項稅法結合。只是將現有帳戶移轉過來，即可創造出龐大的成果，僅是做資源循環運用而已，完全不用花任何一分錢，可得到多元的理財效益。

　　在第四章我們可以很放心的，使用沙盤推演方式進行優化模擬，確保達到守護賺錢的人與所賺到的錢，若傳承還需要的任何大筆現金流，進行優化模擬配置，達到家族和諧溫馨，力量凝聚優化效果，豈不是一種理財(厚植實力)的好方法。

第二節

個人保險理財配置_現況～每人七個角度檢驗說明

第1項 ｜ 藏富_先生名下（現況）

（1）保單配置總明細表

以下從預見未來洞見角度，做整體配置多元財富防禦力的探討，並「以人為本」整合時間與風險因素的考慮，讓自己做理財配置全面性檢討，使執行時心裡踏實、舒服沒有壓力，也讓全部家族成員都輕鬆受益，享有幸福溫馨、快樂生活品質。保單配置總明細表如下：

姓名	投保年齡	投保日期	要保人	繳別	繳費月份	金額	投保公司	產品名稱	終身	儲蓄	定期	意外	醫療	住院	定額	日額	手術	實支	失能	重大	防癌	年繳
先生	59	99/12/15	本人	滿期	12	1,431,000	富邦	6新豐富養老保險		900												滿期
40/6/1	60	100/11/16		1	11	2,046,528	富邦	10富利高升	950													2,046,528
	60	100/11/16		1	11	530,152	遠雄	15雄安心終身	500						3,000		1500	2,000	100		2,400	530,152
	60	100/11/16		1	11	3,300	友聯	金旺				300	3	2,000								3,300
	61	101/06/29		滿期	6	6,308,190	富邦	6美利贏家外幣	US$31													滿期
																						0
																						0
					小計	$ 2,579,980			1,481	900	0	300	3	2,000	3,000	0	1,500	2,000	100	0	2,400	

聯絡人：先生　　日期：110/11/17

1.需求：生活費　貸款險　教育費　資產保全　薪資險　2.現況：　總計 2,579,980

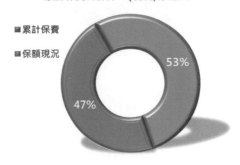

保費累計VS(現況)保障
■累計保費　■保額現況
68,819,940　61,070,450
先生

累計保費vs保障→(現況)分配圖
■累計保費　■保額現況
53%　47%

純總保費累計VS(現況)保障		
項目	累計保費	保額現況
先生	68,819,940	61,070,450
total	68,819,940	61,070,450

（F、B、I）幫助家庭Family，企業Business和個人Individual，確定了可能發生的風險因子和潛在的損失因素。檢驗並尋求對抗風險與排除損失的方法。將全球各地BVI免稅天堂的財富移轉回國，進行一種完全合法的理財配置，建立不同性質的儲藏備援金庫。累計保費vs保障→（現況）分配圖，純保費累計圖6,882萬大於壽險保障6,107萬之圖形出現，代表所選擇的商品特性，以不必付壽險成本為主。

　　再將累積保費6,882萬詳細分析，儲蓄vs保障→（現況）分配圖，兩者各占比重如何？如此除了可瞭解深藏內心的想法之外，亦可以清楚瞭解隱藏可調節空間之大小，或是風險緊急時可運用的資源究竟有多少。保費累計（配置主力）儲蓄險6,503萬佔整體保費95%比重，可見得真正的想法是藏富，累計（壽險）保費378萬佔整體保費5%，僅是配合儲蓄險約略點綴一下而已，並不看重壽險的配置。

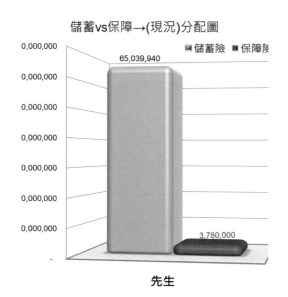

108年現況__純保費累計→(儲蓄VS保障)配置分析表			
項目	儲蓄險	保障險	小計
先生	65,039,940	3,780,000	68,819,940
total	65,039,940	3,780,000	68,819,940
PS.儲蓄險指有滿期金可領的保險			

　　「以人為本」有溫度傳承整體理財配置中，企業家們財富傳承通常都會依照其家族背景規模不同，設置有大小不同性質的儲備金庫，這次檢驗主要重點採用「數字會說話」的檢驗觀念，瞭解現況整體創造現金的效益如何？同時釐清對照（愛家守護心智圖內）其他的理財藏富觀念，探索整體互相結合的可行性！例如：守護價值與風險因素的沙盤推演，進一步探討可能發生的風險因子和潛在的損失因素。並尋求對抗風險與排除損失的方法。

　　期待！理財效益檢驗報告以「數字會說話」的觀念，讓所採取的每次財富移轉，精心所建立的財富備援金庫發揮最佳的效益，完成心中所想要…美好傳承移轉的期待，落實夫妻倆內心所想與所產生的結果完全一致。

　　現況先生名下資產6.6億之傳承，資產規模與大環境時代法令背景情形大致如下，法定需預留20%遺產稅13,200萬的準備，或是安排最適當的流動性資產在需要的時候出現，適時解決傳承急用現金①稅源問題。檢驗項目於全家壽險總表詳細敘

述，這裡不重複贅述。現況～壽險準備度尚不足以適時產生大量流動性資產，足以完整因應此13,200萬稅源問題，所以顏色管理檢查表中，壽險區域使用紅色呈現，原因如下：紅色表示急需去做補強規劃，才能適時達到足夠的財富稅務防禦力。

　　依照民法1138條規定，夫妻1/2財產請求權，扣掉配偶1/2還剩下3.3億淨值，繼承人必須針對兩位子女均分，須各分配1.65億資產，至少也需要安排0.82億（特留分1/4請求權）。透過時間的醞釀洞見未來，整體配置於中高獲利資產也會隨著時間浮動增大，預見未來將衍生二位子女法定均分問題。現況的配置情形子女兩人落差已經達20%，不知未來公司的經營由誰來接棒！基於公司經營管理與掌控的需要，屆時兩人的落差會不會更大呢？

　　未來實質分配是否會主動排除民法問題呢？使得達到有溫度的傳承，俗云：家族和諧、融洽、歡樂的氛圍比財富更重要。家族之和諧與團結是用再多的錢也買不到的寶藏，也是傳承真正珍貴、有價值的資產。如何產生這樣的結果呢？如何使兩人趨於一致或是接近法令規定呢？所以移轉整體資產除了稅務預留之外，尚有法定權益分配是否一致的問題需要解決，預留（傳承）急用現金②解決平衡能量問題。關心每個能量的特質，關心不同能量的期待（喜好）。最！最！重要的關鍵問題，滿足③父母內心深深期待的配置，內三方（國稅局、子女、父母），外三方（家庭、企業和個人），同時皆得到圓滿結局才是理想最佳之理財配置。

財富高度推測→預見未來			
單位：萬	現況	10年	20年
資產淨值	60,000	107,400	192,000
穫利倍數	1.00	1.79	3.20
稅20%	12,000	21,480	38,400

預見未來成長採6%複利，保守評估財富高度

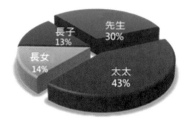

藏富家族133～壽險保額配置總表

先生 30%
太太 43%
長子 13%
長女 14%

■先生 ■太太 ■長子 ■長女

如果資產辦理過戶時，手邊若沒有足夠充裕現金支應，於國稅局沒有繳納辦理完稅，整體資產可能會被凍結起來，一直到完稅證明取得才解禁。此關鍵時刻！該從哪一個備援口袋拿出大筆現金呢？又誰有能力可以馬上拿得出大筆現金呢？如果無法現金解決，可能需要採用實物抵繳或是面臨滯納金罰款。繼承財富於移轉關鍵時刻，務必需要預留稅源免得使兩位子女財務陷入困境當中。

辦理過戶過程中長女、長子兩人都必須在法定文件上蓋章，資產才能順利過戶繼承，屆時（不同能量）二個人的法定權益，是否都得到充分的重視和關心，此時若沒有足夠大筆現金出來，足以產生平衡力量的現金，彌補法定權益的不平衡，分配給其中明顯落差之人，否則未來繼承將潛藏很大的危機問題，損失比錢！比企業更珍貴的寶藏。預留！資產配置中平衡能量之緊急現金流量非常重要，備援金庫配置若不夠充沛。可能產生如社會報導兄弟姊妹鬩牆，破壞最珍貴家族團結之新聞。破壞了！比錢！比企業更珍貴的寶藏。

遺產過戶→法定流程示意圖

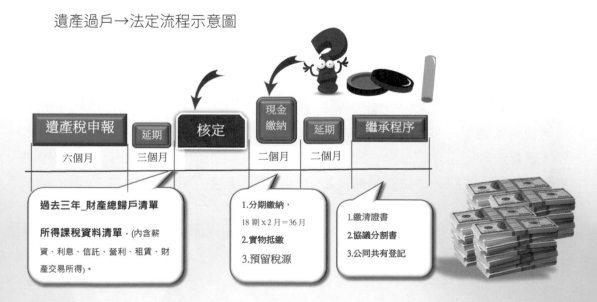

遺產稅申報　延期　核定　現金繳納　延期　繼承程序

六個月　三個月　二個月　二個月

過去三年_財產總歸戶清單
所得課稅資料清單，(內含薪
資、利息、信託、營利、租賃、財
產交易所得)。

1.分期繳納，
18 期 x 2 月＝36 月
2.實物抵繳
3.預留稅源

1.繳清證書
2.協議分割書
3.公同共有登記

（2）純保費存入→資金流量總表

保費存入流量總表，代表每年主動降低銀行存款資金，BVI資金移轉進入保險帳戶的示意狀況。存入此帳戶享受每年所得稅30%～40%（累進稅率），高所得群族可以合法免稅之優惠。又爲自己建立一個長期安全穩定的現金流，和預防風險的理財緊急備援金庫。這裡就是人們所形容，理財必須準備一把上膛的槍，等待時機好的時候隨時可以上場使用。

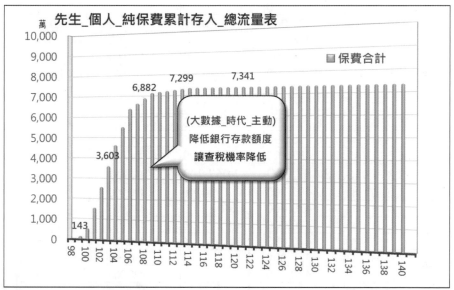

保費存入總流量表顯示八年前就已經開始，從100年起分批逐年移轉財富，（家中最重要的人）先生名下每年約800～900萬保費存入，至109年爲止移轉計畫累計共存入7,130萬（隱藏金庫），佔全家整體保費存入計畫約42%配置比重。檢視先生個人名下至109年止，預定整體移轉財富進度已完成97%（隱藏金庫）。

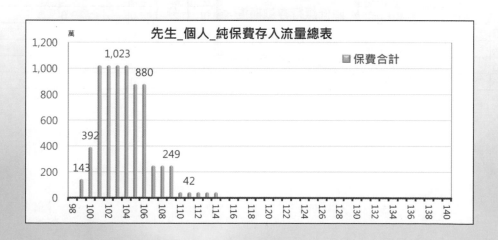

　　依照現況名下資產6.6億財富規模與大環境背景連結，設置儲備這樣大小的藏富金庫，準備7,130萬（隱藏金庫），解決讓內三方（國稅局、子女、父母）與外三方（家庭Family，企業Business 和個人Individual）同時滿意，期望整體達到最佳理財配置之圓滿結局。檢驗現況是否解決期盼中整體達到最佳理財配置之目標。

民國	年齡	保費累計	保費合計	富邦 10富利高升保費	遠雄 15雄安心終身	富邦 6新豐富養老	富邦 6美利贏家外幣
98	58	0	0	0	0	0	0
99	59	1,431,000	1,431,000	0	0	1,431,000	0
100	60	5,349,200	3,918,200	2,067,200	420,000	1,431,000	0
101	61	15,575,590	10,226,390	2,067,200	420,000	1,431,000	6,308,190
102	62	25,801,980	10,226,390	2,067,200	420,000	1,431,000	6,308,190
103	63	36,028,370	10,226,390	2,067,200	420,000	1,431,000	6,308,190
104	64	46,254,760	10,226,390	2,067,200	420,000	1,431,000	6,308,190
105	65	55,050,150	8,795,390	2,067,200	420,000	0	6,308,190
106	66	63,845,540	8,795,390	2,067,200	420,000	0	6,308,190
107	67	66,332,740	2,487,200	2,067,200	420,000	0	0
108	68	68,819,940	2,487,200	2,067,200	420,000	0	0
109	69	71,307,140	2,487,200	2,067,200	420,000	0	0
110	70	71,727,140	420,000	0	420,000	0	0
111	71	72,147,140	420,000	0	420,000	0	0
112	72	72,567,140	420,000	0	420,000	0	0
113	73	72,987,140	420,000	0	420,000	0	0
114	74	73,407,140	420,000	0	420,000	0	0
115	75	73,407,140	0	0	0	0	0
116	76	73,407,140	0	0	0	0	0
117	77	73,407,140	0	0	0	0	0
118	78	73,407,140	0	0	0	0	0
119	79	73,407,140	0	0	0	0	0
120	80	73,407,140		0	0	0	0
121	81	73,407,140		0	0	0	0
122	82	73,407,140		0	0	0	0
123	83	73,407,140		0	0	0	0
124	84	73,407,140		0	0	0	0
125	85	73,407,140	0	0	0	0	0
126	86	73,407,140	0	0	0	0	0

保單效益- 檢驗分析

保單效益- 檢驗分析

保單效益- 檢驗分析

保單效益- 檢驗分析

（大數據_時代_主動）降低銀行存款額度 讓查稅機率降低

再將108年現況累積保費6,882萬做詳細分析，儲蓄vs保障→（現況）分配圖，兩者各占比重如何？如此除了可瞭解當事者深藏內心的想法之外，亦可以清楚瞭解隱藏可調節空間之大小，或是風險緊急時可運用的資源究竟有多少。儲蓄險保費累計（配置主力）6,503萬，佔整體保費95%比重，可見得當事者真正的想法是藏富，壽險累計保費378萬佔整體保費5%，僅是配合儲蓄險約略點綴一下而已，整體並不看重壽險這部分的配置。

總保費累計金額	
項目	保費
儲蓄險	65,459,940
保障險	3,360,000
total	68,819,940

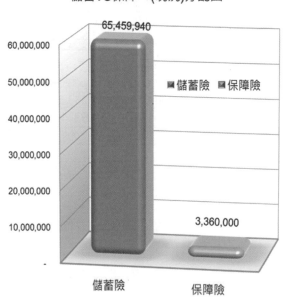

儲蓄VS保障→(現況)分配圖

儲蓄vs保障分配圖

(3) 壽險總保額→資金流量總表

　　整體配置「以人為本」整合時間與風險因素的考慮，讓自己做理財配置全面性檢驗，多元財富防禦力的探討，就像是身體定期的健康檢查，透過各種不同角度檢測現況效益，期待使家族成員都輕鬆受益，享有幸福溫馨、快樂生活品質。

民國	年齡	壽險合計	10富利高升現值	15雄安心終身	6新豐富養老	6美利贏家外幣現
98	58	0	0	0	0	0
99	59	1,459,800	0	0	1,459,800	0
100	60	10,048,550	2,128,950	5,000,000	2,919,600	0
101	61	19,945,540	4,258,850	5,000,000	4,378,500	6,308,190
102	62	29,870,380	6,387,800	5,000,000	5,866,200	12,616,380
103	63	39,578,320	8,516,750	5,000,000	7,416,000	18,645,570
104	64	49,320,460			9,000,000	24,674,760
105	65	48,479,550			0	30,703,950
106	66	56,637,690		5,000,000	0	36,733,140
107	67	58,208,640	17,033,500	5,000,000	0	36,175,140
108	68	**61,070,450**	**19,163,400**	**5,000,000**	0	**36,907,050**
109	69	63,982,460	21,292,350	5,000,000	0	37,690,110
110	70	64,791,560	21,292,350	5,000,000	0	38,499,210
111	71	65,628,560	21,292,350	5,000,000	0	39,336,210
112	72	66,034,250	21,699,900	5,000,000	0	39,334,350
113	73	66,517,920	22,189,150	5,000,000	0	39,328,770
114	74	67,009,270	22,689,800	5,000,000	0	39,319,470
115	75	67,508,280	23,200,900	5,000,000	0	39,307,380
116	76	68,014,990	23,724,350	5,000,000	0	39,290,640
117	77	68,528,450	24,259,200	5,000,000	0	39,269,250
118	78	69,048,680	24,806,400	5,000,000	0	39,242,280
119	79	69,575,660	25,365,000	5,000,000	0	39,210,660
120	80	70,108,500	25,936,900	5,000,000	0	39,171,600
121	81	70,648,130	26,522,100	5,000,000	0	39,126,030
122	82	71,191,740	27,119,650	5,000,000	0	39,072,090
123	83	71,741,230	27,731,450	5,000,000	0	39,009,780
124	84	72,294,720	28,356,550	5,000,000	0	38,938,170
125	85	72,851,280	28,994,950	5,000,000	0	38,856,330
126	86	73,410,950	29,648,550	5,000,000	0	38,762,400
127	87	73,974,660	30,317,350	5,000,000	0	38,657,310
128	88	74,537,740	31,000,400	5,000,000	0	38,537,340
129	89	75,102,070	31,698,650	5,000,000	0	38,403,420
130	90	75,666,740		5,000,000	0	38,253,690
131	91	76,229,890		5,000,000	0	38,086,290
132	92	76,790,590	33,890,300	5,000,000	0	37,900,290
133	93	**77,347,930**	**34,654,100**	**5,000,000**	0	**37,693,830**
134	94	77,901,910	35,435,000	5,000,000	0	37,466,910
135	95	78,449,740	36,233,000	5,000,000	0	37,216,740

扣除額→減項增加

急用現金→增加

壽險總流量表顯示108年壽險總額6,107萬（隱藏現金流量金庫），現況佔全家整體壽險計畫約37%配置比重。檢視先生個人名下至118年止總額6,905萬，預定個人整體壽險財富進度已完成88%（隱藏金庫），接近九成達成率現況是理想的理財配置嗎？達成理財最終目的地嗎？

藏富家族108～壽險保額配置總表

結合資產規模與大環境時代法令背景情形比對如下，現況先生名下資產6.6億之傳承，法定需20%遺產稅13,200萬的準備，預留最適當的流動性資產，解決急用現金傳承預留稅源問題。現況～準備度尚不足產生大量流動性現金，完整對應稅源問題，所以壽險急需去做補強規劃，才能達到足夠的財富稅務防禦力。

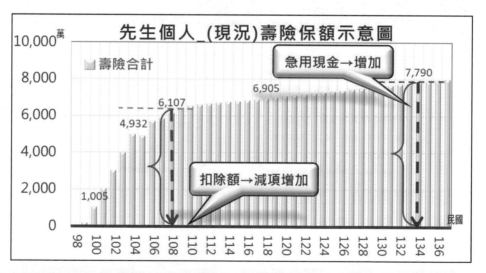

民法1223條規定，繼承人配偶扣掉1/2剩下3.3億，依法而行針對長女名下、長子名下須均分各分配1.65億。可是資產總歸戶整體配置長女名下3,119萬佔約3%比重，長子名下23,614萬佔24%。從下圖總資產比重分配可知父母私下規劃意向，已經逐步將公司股票移轉分配給第二代長子名下，分布圖可知悉先生完全屬意長子要承擔家族接班的重責大任。

整體資產_分佈狀況圖

　　推測未來剩下3.3億的分配，是否仍比照過去的模式落差很大又持續發展下去。現況子女配置兩人落差21%已經2億差距，未來實質分配是否會持續擴大，造成更大能量不平衡問題呢？未來整體配置「以人為本」全方位財富防禦力的配置。預見即將衍生二個人（民法1141條）法定均分問題，透過時間的醞釀，整體中高獲利資產也會隨著時間浮動增大，主動排除能量不平衡問題，預先全方位安排消彌問題於無形之中，才是傳承最上上之策。

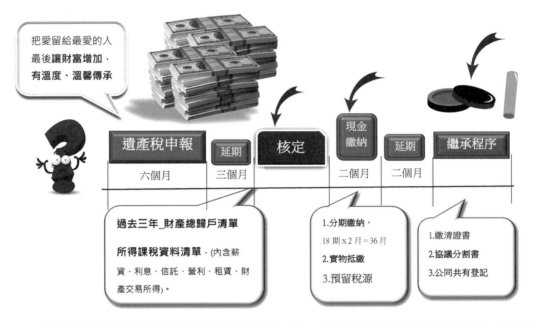

　　所以移轉整體資產除了稅務預留之外，尚有法定權益分配是否一致的問題需要一併解決，預留（傳承）急用現金②解決平衡能量問題。關心每個能量的特質，關心不同能量的期待（喜好）。否則辦理過戶時若沒有足夠現金，於國稅局窗口沒有繳款辦理完稅，整體資產會被凍結起來，直到完稅證明取得才能解禁。此關鍵時刻…該從哪一個口袋拿出大筆現金處理呢？又誰有能力馬上拿得出大筆現金呢？如果無法現金解決，可能需要採用實物抵繳或是面臨滯納金罰款。

　　最最重要的關鍵問題，滿足③父母內心深深期待的配置，三方（國稅局、子女、父母）同時皆得到圓滿結局才是最佳理財配置。綜合三方的需要同時得到圓滿結局，目前也正處於財富移轉（繼承）關鍵時刻，如何理財配置呢？愛家守護心智圖雖然有多種內容需要兼顧，是否有一種選擇完成了其中一項，所有的問題全方位都根本解決了呢？

　　絕對不可輕忽預留稅源，務必謹慎免得長子財務陷入困境。若沒有足夠大筆緊急現金產生，以雄厚實力平衡能量穩住整體，解決應付各種「諸事無常」變化，資產配置平衡能量之現金流量非常重要，傳承資源若不夠充沛嚴重可能造成事業經營危機，小如社會報導兄弟姊妹鬩牆，破壞珍貴家族團結之新聞。未來傳承將所有的問題全方位都根本解決，得到家族和諧融洽、企業人員力量凝聚，此圓滿結局才是最佳理財配置方向。

（4）生存金→資金流量總表

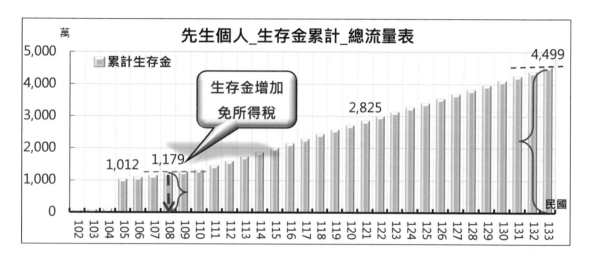

　　將全球各地BVI免稅天堂的財富移轉回國，進行一種完全合法的理財配置，建立不同性質的儲藏備援金庫。解決應付各種「諸事無常」變化，積極動機：包括理財環境時機變化，當大環境財富來臨時的掌握調節金庫。保守動機：如上下游經營產生倒閉風險，本身事業不受太大影響之儲備，預防生活經濟的理財風險緊急備援金庫。

　　當然個人退休生活品質的維護是最基本的安排，然後才有其他「以人為本」三方（國稅局、子女、父母）同時皆得到圓滿結局的理財配置。生存金總流量表主要查看，移轉至此帳戶後免稅所得的情況，存入此帳戶享受每年所得稅30%～40%（累進稅率），高所得群族可以合法免稅之優惠。又為自己建立一個長期安全穩定的現金流，這裡就是人們所形容，理財必須準備一把上膛的槍，等待時機好的時候隨時可以上場使用。以及檢驗退休打算運用之退休金是否充足。

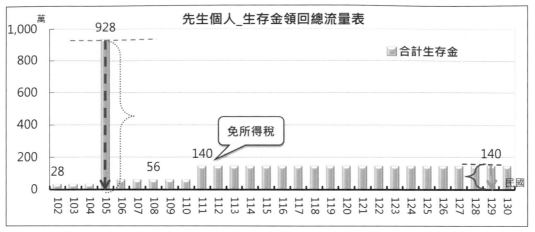

民國	年齡	累計生存金	合計生存金	富邦 10富利高升生	遠雄 15雄安心終身	富邦 6新豐富養老保	富邦 6美利贏家外幣
102	62	279,000	279,000	0	0	0	279,000
103	63	558,000	279,000	0	0	0	279,000
104	64	837,000	279,000	0	0	0	279,000
105	65	10,116,000	9,279,000	0	0	9,000,000	279,000
106	66	10,674,000	558,000	0	0	0	558,000
107	67	11,232,000	558,000	0	0	0	558,000
108	68	11,790,000	558,000	0	0	0	558,000
109	69	12,348,000	558,000	0	0	0	558,000
110	70	12,906,000	558,000	0	0	0	558,000
111	71	14,301,000	1,395,000	0	0	0	1,395,000
112	72	15,696,000	1,395,000	0	0	0	1,395,000
113	73	17,091,000	1,395,000	0	0	0	1,395,000
114	74	18,486,000	1,395,000	0	0	0	1,395,000
115	75	19,881,000	1,395,000	0	0	0	1,395,000
116	76	21,276,000	1,395,000	0	0	0	1,395,000
117	77	22,671,000	1,395,000	0	0	0	1,395,000
118	78	24,066,000	1,395,000	0	0	0	1,395,000
119	79	25,461,000	1,395,000	0	0	0	1,395,000
120	80	26,856,000	1,395,000	0	0	0	1,395,000
121	81	28,251,000	1,395,000	0	0	0	1,395,000
122	82	29,646,000	1,395,000	0	0	0	1,395,000
123	83	31,041,000	1,395,000	0	0	0	1,395,000
124	84	32,436,000	1,395,000	0	0	0	1,395,000
125	85	33,831,000	1,395,000	0	0	0	1,395,000
126	86	35,226,000	1,395,000	0	0	0	1,395,000
127	87	36,621,000	1,395,000	0	0	0	1,395,000
128	88	38,016,000	1,395,000	0	0	0	1,395,000
129	89	39,411,000	1,395,000	0	0	0	1,395,000
130	90	40,806,000	1,395,000	0	0	0	1,395,000
131	91	42,201,000	1,395,000	0	0	0	1,395,000
132	92	43,596,000	1,395,000	0	0	0	1,395,000
133	93	44,991,000	1,395,000	0	0	0	1,395,000
134	94	46,386,000	1,395,000	0	0	0	1,395,000
135	95	47,781,000	1,395,000	0	0	0	1,395,000

生存金增加
免課徵所得稅

從藏富_先生生存金總流量表輕易得知，108年累計免稅生存金1,179萬，一直到133年截止累計4,499萬。往後免稅空間是持續穩定現金流功能，如同財富蓄水壩源源不絕具有安全、穩定救援功能。許多企業家通常都備有這樣的儲備水壩（金庫），以保險帳戶作為調節財富的功能。

逐年累計生存金所得，目前稅法規定此部分屬於免稅範圍，未來時空背景不一樣會不會修法呢？從客觀立場來看應該不會修法動這部分保戶的權益。目前先生整體儲蓄配置佔整體保費95%，保障之整體保費分配只佔5%。

從先生名下生存金合計欄位顯示108年，目前先生名下每年穩定現金收入55.8萬，於111年之後增加提升至每年139.5萬。若是比對現況背景優渥生活品質，使用這筆生存金要藏富_夫妻兩人，維持享受目前這種優渥生活品質並不夠，所以整體僅只象徵性的意思而已，未具有實際替代的功能。

（5）保價金→資金流量總表

CRS全球防洗錢（反恐）國際法背景下，全球各跨國大會計師事務所，結合跨國承辦外匯之外商銀行如花旗、兆豐等，與各大保險公司一起合力，舉辦大型講座疾呼的成果。以上也是目前豐富稅務經驗專家們一致推薦，將全球各地BVI免稅天堂的財富移轉回國，保險是其中一種完全合法的理財配置。

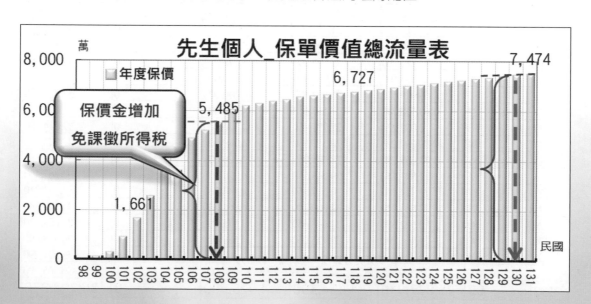

除了生存金免所得稅之外，隱藏增加的保價金也是免稅，保價金累計總表得知增加的部分，108年先生名下累計保價金5,485萬。往後保價金還可增加至7,587萬，其間2,102萬免稅空間，如同儲水壩源源不絕流入蓄財金庫。先生名下設置這樣規模大小的蓄水金庫，以保險保價金作為調節財富水庫的功能，配置具有簡單、安全、穩定特色。

民國	投保年齡	年度保價	富邦 10富利高升保價金	遠雄 15雄安心終身保	富邦 6新豐富養老保險	富邦 6美利贏家外幣保
98	58	0	0	0	0	0
99	59	1,063,800	0	0	1,063,800	0
100	60	2,871,350	515,850	60,500	2,295,000	0
101	61	8,964,320	2,019,700	304,000	3,698,100	2,942,520
102	62	16,610,92?		558,000	5,279,400	7,220,520
103	63	25,514,90?		824,000	7,045,200	12,527,100
104	64	35,888,72?		1,101,500	9,000,000	18,622,320
105	65	35,850,41?		1,391,500	0	25,553,610
106	66	48,575,450		1,695,000	0	34,861,050
107	67	51,669,280	14,064,750	2,012,500	0	35,592,030
108	**68**	**54,852,200**	**16,156,650**	**2,346,500**	**0**	**36,349,050**
109	69	60,162,460	20,332,850	2,697,500	0	37,132,110
110	70	61,729,310	20,765,100	3,023,000	0	37,941,210
111	71	62,524,260	21,222,050	3,361,000	0	37,941,210
112	72	63,352,750	21,699,900	3,713,500	0	37,939,350
113	73	64,207,420	22,189,150	4,084,500	0	37,933,770
114	74	65,092,770	22,689,800	4,478,500	0	37,924,470
115	75	65,627,280	23,200,900	4,514,000	0	37,912,380
116	76	66,168,490	23,724,350	4,548,500	0	37,895,640
117	77	66,714,450	24,259,200	4,581,000	0	37,874,250
118	78	67,265,680	24,806,400	4,612,000	0	37,847,280
119	79	67,822,660	25,365,000	4,642,000	0	37,815,660
120	80	68,383,500	25,936,900	4,670,000	0	37,776,600
121	81	68,949,630	26,522,100	4,696,500	0	37,731,030
122	82	69,518,740	27,119,650	4,722,000	0	37,677,090
123	83	70,092,230	27,731,450	4,746,000	0	37,614,780
124	84	70,689,220	28,356,550	4,789,500	0	37,543,170
125	85	71,265,280	28,994,950	4,809,000	0	37,461,330
126	86	71,843,450	29,648,550	4,827,500	0	37,367,400
127	87	72,424,160	30,317,350	4,844,500	0	37,262,310
128	88	73,003,740	31,000,400	4,861,000	0	37,142,340
129	89	73,582,570	31,698,650	4,875,500	0	37,008,420
130	90	74,161,240	32,413,050	4,889,500	0	36,858,690
131	91	74,736,???		?,000	0	36,691,290
132	92	75,309,???		?,000	0	36,505,290
133	**93**	**75,877,930**	**34,654,100**	**4,925,000**	**0**	**36,298,830**
134	94	76,441,910	35,435,000	4,935,000	0	36,071,910

保價金增加 免課徵所得稅

資產充分彈性、控制權、影響力

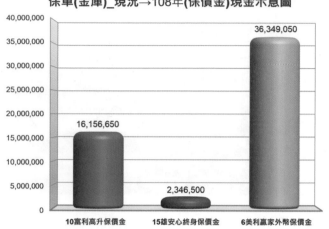

我們比對一下其背景，現況先生名下6.6億之資產傳承，與這個金庫水壩設置先生名下5,485萬，是否合乎互相對映的比例道理呢？值得研究金庫水壩的規格，討論究竟設置多大是最適合。保價金累計總表分布在四種商品名下。因為養老險已經領回，彈性可活用資金現況只剩三種商品名下，主要二種商品：美利贏家外幣保單3,634萬佔整體保價金66%，富利高升保價金1,615萬佔整體30%。

爲自己設置一個長期安全、穩定的備援金庫水壩，這裡就是人們所形容，理財平時必須準備一把上膛的槍，等待時機好的時候隨時可以上場使用。

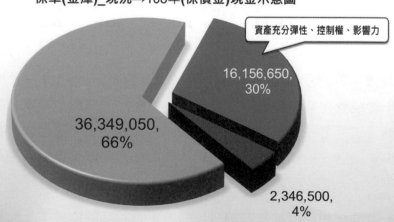

（6）達成率→資金流量總表

保單檢查〈顏色管理〉表→現況　　　　　　　　　version A

姓名 6大保障	1 先生	2 太太	3 長女	4 長子
1 壽 險	6107	4351	3155	3289
2 意 外 險	300	500	400	400
3 重大疾病險	0	100	200	200
4 防 癌 險	2400	4400	6000	6000
5 醫 療 險	5000	9000	6000	6000
6 失 能 險	100	100	228	228

藍 表示已規劃完整

紅 代表急需補強--調整討論　　　　　黃 表示警界線--未來需作調整

　　顏色管理檢驗表僅是（初階）視覺快速分辨而己，整體的理財→醫療配置架構是否完整。達成率（六大保障）柱狀圖示意圖，（進階）詳細使用數字會說話的方式進一步詳細說明，除了瞭解每一個人現況整體配置是否完備之外，很清楚知道每個部位的抗風險程度究竟如何？

	現況數字	守護價值	現況	守護價值
壽險價值	6107	13200	46%	100%
意外險	300	2000	15%	100%
重大疾病	0	300	0%	100%
癌症住院	2400	10000	24%	100%
疾病住院	5000	8000	63%	100%
失能險	100	360	28%	100%

　　很有效率的指引補強調整方向，引導針對不足的部位去做加強，檢測表採柱狀圖形從視覺化高低差理解（容易抓住重點），同時也精準校對結果是否與自己內心的想法完全一致，避免產生「說歸說、想歸想、做歸做」前後不一致的誤差。提供決策者安排規劃或調節內容，決策拿捏判斷輕重緩急很好的參考，確保整體發揮多元抗風險效果。

　　進一步詳細說明（進階的部分）→數字會說話的達成率，整體配置現況是否與自己內心的想法完全一致。先生名下各項機能安全檢驗圖表，整體以柱狀圖形表示如下，壽險部分代表先生背景資產價值的守護，現況資產雖然已經過多年逐

步移轉（傳承），先生名下之資產仍有6.6億，這才是企業經營者合理正常現象，絕不會爲了節稅而破壞事業經營決策的主控權。

因此預留稅源1.32億（傳承結合身價背景）僅是一部分的準備，藏富_先生年紀稍微大一些考量整體資產安全，可以將「以人爲本」的理財配置，（國稅局、子女、父母）三方同時得到圓滿結局。分散一半放在太太名下，所以目前檢驗僅以保守低標的（國稅局）預留稅源部分作探討，預留稅源需要1.32億檢驗目前先生名下6,107萬，現況達成率只有46%，還有52%很大的補強空間。

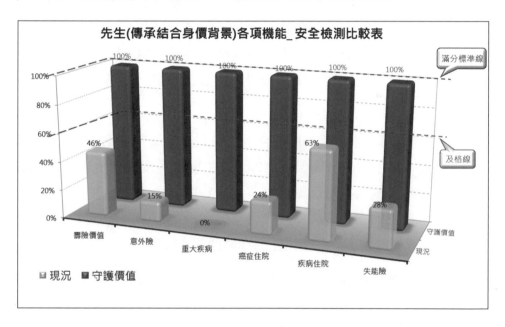

醫療住院照顧詳細採用實際需求與保單現況做比對，日常生活保障範圍當意外險、醫療險、防癌險、失能險、重大疾病等等各種風險時，必須馬上可以產生足夠的現金流量，解決經濟問題。檢驗現況整體理財品質效益究竟是多少？探討是否已經足以將對抗各種風險的配置做好安排，使理財效益達到最完整、圓滿的配置。

各項機能_ 安全檢測比較表，檢驗日常生活（意外險、醫療險、防癌險、失能險、重大疾病）各種風險，比對生活水平大致如下標準：住院醫療期間（最上等）單人病房每日約30,000元，（中上等級）單人病房每日約一萬元，（中等）單人病房每日約5,000元。實支實付醫療健保不足部分（差額自費）每次負擔約需50萬額度、出院後失能長期生活照顧（上等級）每月約20萬元額度，（中等級）

每月約10萬元（基礎）每月約五萬元。重大疾病（五年）緊急預備金額度約300～500萬。

從先生（傳承結合身價背景）各項機能_ 安全檢測比較表檢視，先生名下住院醫療現況配置每日5,000元，實支實付醫療額度每次59萬、長期生活照顧雖尚未配置（儲備金庫→有5,485萬足以備援）。整體上已經達中等以上守護家人對抗風險。

完美的理財狀態是於急用現金狀況時，馬上大量流動性資產湧入，除了支應稅務急用現金之外，消除下一代急用現金籌湊困擾，提供「以人爲本」多元財富防禦力，解決許多比節稅更重要的事。財富能量平衡配置，完成長長久久照顧家人幸福、造福國家社會的快樂願望。贏得（創富、守富、傳富）三富人生的理財樂趣。

藏富_先生將身價背景與稅務的結合，檢驗六項機能安全當中，其他五項都已經有足夠防禦力，除了現有各項保護之外，先生現有保單價值金也有5,485萬額度足以彈性調度支應，唯有壽險理財區域不足，會對先生產生比較大的漏洞，在此建議重新作符合自己財富背景的調整，使整體發揮能量平衡配置，完整財富防禦力贏得（創富、守富、傳富）三富人生的理財樂趣。

以下一點點建議：以現有資源循環應用，重新調整詳細規劃最佳化內容，可以兼顧全方位多重功能，例如：賺預定利率優於定存的錢（免稅所得），同時兼顧放大槓桿效果、配合最低稅負（不計入性資產）每申報戶3300萬免稅額度，做整體理財配置。將財富移轉，傳承分配，放大財富、充分主控及分散避險等，多種財富管理功能全部結合在一起，不要獨立拆開配置，提供「以人爲本」多元財富防禦配置，解決許多比節稅更重要的事，達到財富達到進可攻、退可守的多重圓滿效果。

（7）備援水庫_成果示意圖

財富高度推測→預見未來　　　　單位：萬

	現況	10年	20年
資產淨值	60,000	107,400	192,000
穫利倍數	1.00	1.79	3.20
稅20%	12,000	21,480	38,400

預見未來成長採6%複利，保守評估財富高度

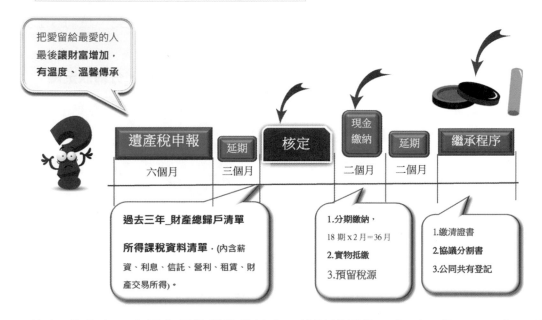

藏富_先生名下身價背景與稅務的結合，檢驗常見的三方（國稅局、子女、父母）潛藏問題→國稅局的問題最簡單，稅是『事』的問題最容易估算預做準備。子女與父母是『人』的問題，最容易被忽略而被誤解成最複雜，其實人的問題只要抓住人的能量重點也很容易預作安排。

　　子女實際於傳承時，往往會因為每個人天賦使命的不同，每個人能量的不同每個人潛在能力也不同。所以實務在傳承分配時，會出現一種狀況～每個人內心的期待、喜歡內容並不相同，能量屬於開拓、領導型的人喜歡挑戰、成就感，有能力想要權力、舞台。而能量屬於支援、合作型的人喜歡群眾與安全，喜歡實際歡樂溫馨物質與穩定生活步調。

　　其實不同的能量並沒有好壞之分，每一種能量皆有輝煌的天空，父母所要傳承不僅是財富而已，而是展現示範自己的能量如何發揮運用，將開天闢地（面對

與克服困難）的精神傳遞下去，鼓勵每一個不同能量勇敢向前邁進，在不同舞台上好好發揮各自天賦專長能量，一定要能夠發揮所長，貢獻國家、造福社會。這種真理信念精神的引領，比稅務規劃更重要，才能讓財富發揮最大效益，讓子孫的能量在不同舞台上綻放光芒，榮耀家族每一個人影響家族深遠。

因此一切「以人為本」的信念做理財配置基礎，將三方（國稅局、子女、父母）同時檢驗，希望釐清現況並得到圓滿結局的藍圖。壽險總流量總表已清楚對稅的部分做估算預測，子女屬於人的權益部分，稅法與民法1138、1141、1223也都有清楚的界定範圍。

子女每個人天賦使命、能量的不同，分配不同發展舞台空間才是最公平的安排。也是對經營整體是最好的安排，可能對個人財富分配上產生明顯的差距現象出現，這點必須預先規避，或是特別注意能量平衡的引導配置，以免安排造成能量衝突現象或是失去控制的紛爭。

整體資產_分佈狀況圖

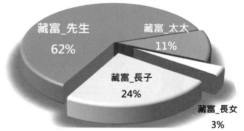

從現況資產高度推測表，預見潛藏問題→傳承長遠考慮時間越久，因為先生名下6.6億資產財富整體配置屬於中高獲利的理財配置，預見未來20年資產財富也會愈來愈多，從保守6%推測表對照之淨值預估19.2億。

準備20%遺產稅需3.84億，保險預留適當的流動性現金資產，解決傳承急用現金問題，先生名下保險只預留7,734萬（隱藏現金流量金庫），準備度只佔20%而已，尚不足80%大量流動性資產對應此問題，所以顏色檢查表壽險區域使用紅色示意，紅色警示表示針對此急需做補強，才能達到國稅局足夠的財富防禦力。

子女與先生傳承是人的（能量）配置問題，上述淨值預估19.2億配偶扣掉一半剩下9.6億資產，二位子女均分9.6億各約4.8億。從現況整體總資產配置分佈圖，二位子女24%比3%的配置差距，將來可不可能出現更大的差距，還是縮小差距呢？

實務配置按上圖推理，應該還會像是現況一樣發展，雖然逐年做傳承移轉，仍然會大部分比重放在藏富_先生名下，或是未來大部分比重放在長子名下～事業發展掌握多數股權，因為對整體經營控股是最好的安排，可是對於個人財富分配

上卻產生明顯的差距，怎麼辦！出現很大能量不平衡的分配差距，該怎麼配置才能夠取得能量平衡呢？

　　能量不平衡現象出現時！若不及時加以處理，所造成的傷害事件自古以來不勝枚舉。該怎麼避免，或是該怎麼平衡能量呢？這是傳承很重要的事情，若輕忽最後結果導致分奔離析，就沒有所謂的傳承事件了。唯有關係融洽溫馨傳承，才能產生凝聚的力量，才能發揮作用，導致長長久久的傳承事件存在。

　　平衡能量是一種信念和精神文化，不僅僅是表面情緒的安撫而已，該如何配置才達到最漂亮結果呢！使繼承人的力量越來越凝聚，人數越多凝聚的力量越強盛呢？該怎麼配置未來可以導致這個結果產生呢？保險理財配置創造現金整體效益檢驗報告，可以協助提供「會說話的數據」做爲未來整體配置的參考。

民國	年齡	年度保費	累計已繳	壽險保額	保單價值	利息增加	生存金	累計生存金	(收入-支出)
98	58	0	0	0	0	0	0	0	0
99	59	1,431,000	1,431,000	1,459,800	1,063,800	1,063,800	0	0	-1,431,000
100	60	3,918,200	5,349,200	10,048,550	2,871,350	1,807,550	0	0	-3,918,200
101	61	10,226,390	15,575,590	19,945,540	8,964,320	6,092,970	0	0	-10,226,390
102	62	10,226,390	25,801,980	29,870,380	16,610,920	7,646,600	279,000	279,000	-9,947,390
103	63	10,226,390	36,028,370	39,578,320	25,514,900	8,903,980	279,000	558,000	-9,947,390
104	64	10,226,390	46,254,760	49,320,460	35,888,720	10,373,820	279,000	837,000	-9,947,390
105	65	8,795,390	55,050,150	48,479,550	35,850,410	-38,310	9,279,000	10,116,000	483,610
106	66	8,795,390	63,845,540	56,637,690	48,575,450	12,725,040	558,000	10,674,000	-8,237,390
107	67	2,487,200	66,332,740	58,208,640	51,669,280	3,093,830	558,000	11,232,000	-1,929,200
108	68	2,487,200	68,819,940	61,070,450	54,852,200	3,182,920	558,000	11,790,000	-1,929,200
109	69	2,487,200	71,307,140	63,982,460	60,162,460	5,310,260	558,000	12,348,000	-1,929,200
110	70	420,000			61,729,310	1,566,850	558,000	12,906,000	138,000
111	71	420,000			62,524,260	794,950	1,395,000	14,301,000	975,000
112	72	420,000	72,567,140	66,054,250	63,352,750	828,490	1,395,000		975,000
113	73	420,000	72,987,140	66,517,920	64,207,420	854,670	1,395,000		975,000
114	74	420,000	73,407,140	67,009,270	65,092,770	885,350	1,395,000	18,486,000	975,000
115	75	0	73,407,140	67,508,280	65,627,280	534,510	1,395,000	19,881,000	1,395,000
116	76	0	73,407,140	68,014,990	66,168,490	541,210	1,395,000	21,276,000	1,395,000
117	77	0	73,407,140	68,528,450	66,714,450	545,960	1,395,000	22,671,000	1,395,000
118	78	0	73,407,140	69,048,680	67,265,680	551,230	1,395,000	24,066,000	1,395,000
119	79	0	73,407,140	69,575,660	67,822,660	556,980	1,395,000	25,461,000	1,395,000
120	80	0	73,407,140	70,108,500	68,383,500	560,840	1,395,000	26,856,000	1,395,000
121	81	0	73,407,140			566,130	1,395,000	28,251,000	1,395,000
122	82	0	73,407,140			569,110	1,395,000		1,395,000
123	83	0	73,407,140			573,490	1,395,000		1,395,000
124	84	0	73,407,140			596,990	1,395,000	32,436,000	1,395,000
125	85	0	73,407,140			576,060	1,395,000	33,831,000	1,395,000
126	86	0	73,407,140			578,170	1,395,000	35,226,000	1,395,000
127	87	0	73,407,140	73,974,660	72,424,100	580,710	1,395,000	36,621,000	1,395,000
128	88	0	73,407,140	74,537,740	73,003,740	579,580	1,395,000	38,016,000	1,395,000
129	89	0	73,407,140	75,102,070	73,582,570	578,830	1,395,000	39,411,000	1,395,000
130	90	0	73,407,140	75,666,740	74,161,240	578,670	1,395,000	40,806,000	1,395,000
131	91	0	73,407,140	76,229,890	74,736,890	575,650	1,395,000	42,201,000	1,395,000
132	92	0	73,407,140	76,790,590	75,309,590	572,700	1,395,000	43,596,000	1,395,000
133	93	0	73,407,140	77,347,930	75,877,930	568,340	1,395,000	44,991,000	1,395,000
134	94	0	73,407,140	77,901,910	76,441,910	563,980	1,395,000	46,386,000	1,395,000
135	95	0	73,407,140	78,449,740	76,998,740	556,830	1,395,000	47,781,000	1,395,000

（表中標註說明）

繳稅的錢代替繳保費

免所得稅的錢

（大數據_時代_主動）
降低銀行存款額度
讓查稅機率降低

免所得稅的錢

　　先生名下～創造現金整體效益檢驗，除了查看理財保險享有合法免稅所得流量，還檢驗是否兼顧其他理財風險結合，整體理財配置不僅要合法，還從保價金欄位確定具有蓄存金庫功能而且會隨時間持續增值，除此之外採用數字會說話的方式檢驗，精準校對現況結果與自己內心的想法是否完全一致。避免因爲不夠專業造成「想歸想、說歸說、做歸做」各自獨立，結果與心中所想不吻合。愼重檢驗全方位理財結果，避免發生一頭賺錢，另一邊在損失賠錢的漏洞，確保整體理財達到最大化效果。

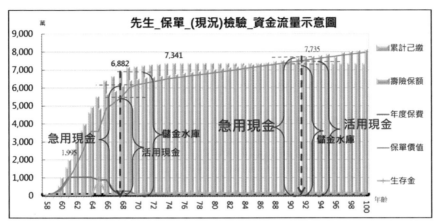

　　隨著大環境急速變化CRS全球反避稅、防洗錢（反恐）國際法背景下，全球各跨國大會計師事務所，結合跨國承辦外匯之外商銀行如花旗、兆豐等，與各大保險公司一起合力，舉辦大型講座疾呼的成果。以上也是目前豐富稅務經驗專家們一致推薦，將全球各地BVI免稅天堂的財富移轉回國，於保險帳戶所產生（完全合法）的理財結果。

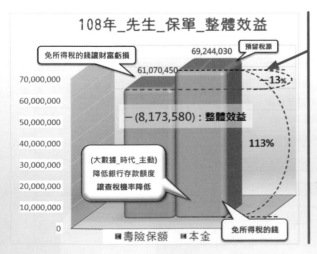

全家保單_（現況）資金流量表顯示，將境外BVI之備援金庫移轉至國內保險帳戶設置，分散風險以保險保價金作為調節財富金庫，也是緊急備援的金庫。先生名下100年開始到108年截止已累計存入6,881萬，整體移轉至109年累計7,130萬將告一個段落，藏富預定進度目前已完94%（隱藏金庫）。

浮動檢驗108年累計保費6,881萬，108年免稅利息累計統計6,557萬，比對之下得知95%累計保費，幾乎都是從免稅利息累計所得而來，往後保價金還可持續增值一直至133年，享有7,587萬的彈性活用空間。而且統計133年累計（利息增加）共7,481萬，累計生存金共4,499萬，兩者相加總計：11,981萬，此乃是穩賺、安全低風險創造現金流量之理財工具，如同水壩供應源源不絕之蓄藏金庫。

此備援金庫之設置具有簡單、安全、有效幾種特質。許多企業家們通常都會依照其背景規模不同，設置儲備有大小不同這樣性質的緊急備援金庫，以保險保價金作為調節財富水庫的理財兼抗風險之備援金庫。大師巴菲特一句名言：隨時準備一把上膛的槍。

配置這裡與免稅天堂同樣享受合法免稅。整體～創造現金整體效益表顯示最後結果。108年整體壽險保額配置6,107萬—留存本金5,702萬（累計保費6,881萬—累計領回1,179萬）—（不適格商品）課徵20%遺產稅1,221萬= —817萬←表面算起來整體效益（看似賠錢）。若是從另一角度檢視～截至108年累計免稅利息所得6,557萬，實際試算即使扣掉—817萬之後，檢驗整體效益仍然是5,740萬。結論六個字：簡單、安全、有效。

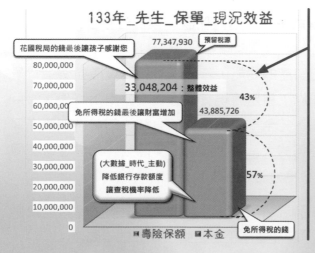

累計存入保費：73,407,140
累計領回現金：44,991,000
留存本金：28,416,140
可活用現金：75,877,930

48,931,790．：創造現金(總保額—留存現金)
37%：本金比重(留存現金／總保額)
賺63%：獲利現金獲利率=(1—本金比重)
14.72%：**每期的代價**(本金比重／分期付款_6次)

33,462,204：整體效益(創造現金—20%遺產稅)
57%：整體本金比=(留存現金—總保額20%遺產稅)／總保額
43%：整體獲利率(1—整體本金比重)

—15,469,586：(不適格商品)課徵20%遺產稅

浮動檢驗先生名下～133年整體壽險保額配置7,734萬—留存本金2,841萬（累計本金7,340萬— 累計領回4,499萬）—（不適格商品）課徵20%遺產稅約1,546萬 = 3,346萬←表面看起來整體效益。若是從累計免稅所得檢視至133年總計11,981萬，再增加上述3,346萬，兩者整體效益合併之後，檢驗總計是15,326萬。

備援水庫示意圖→守護賺錢的人與所賺到的錢，浮動檢驗保險不同時間點的效益，從累計保費、壽險保額兩者接近的角度顯示。純屬儲蓄的性質，符合稅務專家口中所說實質課稅，儲蓄險的規模數量相當，意味著企業主對於親友或銀行，有情義相挺、互相照應的濃厚人情味。

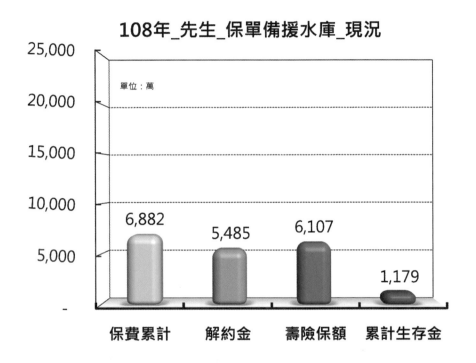

108年_先生_保單備援水庫_現況

保費累計	解約金	壽險保額	累計生存金
6,882	5,485	6,107	1,179

以上備援水庫並未具備守護核心資產的功能，若能夠重新與資產與法令背景結合，同時與家族傳承與資產保全聯結！重新將現有資源循環運用，將現有帳戶適度移轉調整，僅是做理財配置而已，完全不用花任何一分錢，即可得到資產保全的理財效益，傳承過程如果需要任何的大筆現金流量，參照第一章之理財配置概念，進行備援水庫建構，是一種厚植實力的好方法。

綜結：先生名下整體資產背景～發現名下保險整體配置比重，佔總資產比例太小，仍不足以解決～國稅局與子女分配能量不平衡，兩個最終根本問題。

　　先生打算要怎麼面對未來「國稅局、子女、自己」三者對象，以固定性資產、大筆不動產、公司設備。或是使用流動性資產：銀行現金、公司(上市)股票、或是保險作分配呢？

　　移轉規畫傳承的契機，需要很長的時間做安排，特別需求大筆現金壓力時，才能夠避免資產被賤賣的損失。因此必須及早安排相對應之備援水庫。務必參考前面1、2章之資產與財富規劃概念，運用現有資源循環應用，預先做好備援水庫存量，才能減少損失，和諧溫馨傳承。

　　上述備援水庫存量並未充分使用最低稅負(不計入資產)免稅空間，實在非常可惜！建議再重新檢視內容，特別是幾項以人為本的基本規劃。務必讓保險產生創造足夠大量現金資產，完成下列傳承目標：

1. 準確地守護賺錢的人和所賺到的錢，把愛留給最愛的人。

2. 子女們不受婚姻因素，而資產蒙受瓜分影響。
3. 實現內心深處想要長長久久～一代接一代照顧所愛的人，綿延不斷的快樂感覺。
4. 設置充足緊急活用的儲備資金、給自己或最愛的人留下救命財。
5. 充分享受著分配財富越來越多的樂趣。發揮生命無遠弗屆的力量～不管任何狀況都照顧著家人…幸福、快樂。

　　備援水庫示意圖，現況僅是單純的儲蓄孳息而已。並沒有同步結合上述「以人爲本」的多元功能。非常可惜！如果依照現有背景豐沛資源必需重新配置，充分發揮保險於財富管理上的功能，重新做最大化的理財配置安排，再次調節出如圖示上→保險於財富管理上多元的功能！。

　　保險於財富管理上是最好的調理工具，只要遵循第一、二章的配置概念，絕對能夠充分享受財富分配樂趣，又可以讓財富越來越多，達到無遠弗屆的感覺～一代接一代的照顧所愛的人→過著(創富、守富、傳富)三富人生的幸福、快樂生活。

　　千萬不能輕忽「國稅局、子女、自己」！能量不平衡的現象，傳承過程中若不小心疏忽了「以人爲本」因素，極可能導致→社會上一直流傳著，對簿公堂的新聞戲碼，歷史上持續不斷重複上演。務必正視這個問題，並隨時預備好備援水庫對策，解決這一個能量差距問題，避免造成了親情破裂結局，而達到家族和諧融洽、企業力量凝聚，享受有溫度、溫馨長久傳承的結果。才不枉費今生努力所建立的名譽與事業成就。

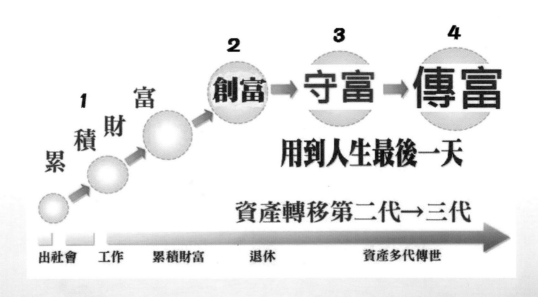

第2項│藏富_太太名下（現況）

(1) 保單配置總明細表

藏富_太太身分爲家中大掌櫃，從理財預見未來角度，重新針對整體配置多元財富防禦力做檢視，並「以人爲本」爲原則～整合時間與風險因素的考慮，讓自己對現況整體理財配置之理路更清晰，執行時心裡踏實沒有壓力，也讓全部家族成員都舒服受益，享有幸福溫馨、快樂生活品質。保單配置總明細表如下：

									壽		險	意	外	醫			療		失	重	防	
姓名	投保年齡	投保日期	要保人	繳別	繳費月份	金額	投保公司	產品名稱	終身	儲蓄	定期	意外	醫療	住院	定額	日額	手術	實支	能	大	癌	年繳
太太	39	90/01/09		1	1	39,200	南山	20新康祥B型	200											100		$ 39,200
50/11/1	47	97/08/01	本人	1	8	291,322	國泰	10新鍾情終身	200			200			2,000	2,000				100	2,000	$ 291,322
	50	100/11/16		1	11	2,092,613	富邦	10富利高升	950													$ 2,092,613
	50	100/11/16		1	11	376,348	遠雄	15雄安心終身	500						3,000		1500	2,000	100		2,400	$ 376,348
	50	100/11/16		1	11	3,300	友聯	金旺				300	3	2,000								$ 3,300
	50	99/12/15	期滿	12		464,698	富邦	6新置富養老保		293												期滿
	52	101.11.26	期滿	11		4,460,820	南山	6添利久久外幣	42.7(US)													期滿
																						$ -
					小計	$ 2,802,783			1,850	293	0	500	3	2,000	5,000	2,000	1,500	2,000	100	200	4,400	
1.需求：生活費				資產保全				2.現況：														
貸款險				薪資險																	總計	$ 2,802,783
教育費																					

聯絡人：太太　日期：104/8/20

保費累計VS(現況)保障

■累計保費　■保額現況

累計保費：53,766,708
保額現況：43,508,150

太太

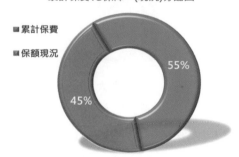

累計保費VS保障→(現況)分配圖

■累計保費
■保額現況

55%
45%

純總保費累計VS(現況)保障		
項目	累計保費	保額現況
太太	53,766,708	43,508,150
total	53,766,708	43,508,150

PS.儲蓄險指有滿期金可領的保險

幫助家庭Family，企業Business 和個人Individual，（F、B、I）確定了可能發生的風險因子和潛在的損失因素。檢驗並尋求對抗風險與排除損失的方法。將全球各地BVI免稅天堂的財富移轉回國，進行一種最佳化合法的理財配置，建立不同性質的儲藏備援金庫。累計保費vs保障→（現況）分配圖，純保費累計5,376萬大於壽險保障4,350萬之圖形出現，代表所選擇的商品特性，以不必付壽險成本的儲蓄險爲主。

再將累積保費5,376萬詳細分析，儲蓄vs保障→（現況）分配圖，兩者各占比重如何？如此除了可瞭解深藏內心的想法之外，亦可以清楚瞭解隱藏可調節空間之大小，或是風險緊急時可運用的資源究竟有多少。累計（配置主力）儲蓄險保費4,838萬佔整體保費90%比重，可見得真正的想法動機是藏富配圖，累計（壽險）保費538萬佔整體保費10%，僅是配合儲蓄險稍微點綴一下而已，並不看重壽險這部分的配置。

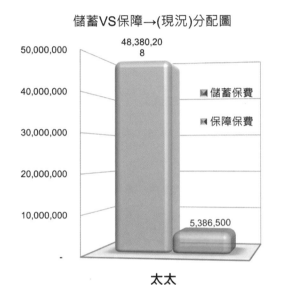

儲蓄VS保障→(現況)分配圖

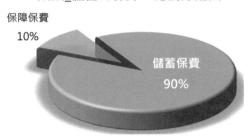

太太_儲蓄vs保障→比例分配圖

108年_純保費累計→現況(儲蓄VS保障)分類表			
項目	儲蓄保費	保障保費	小計
太太	48,380,208	5,386,500	53,766,708
total	48,380,208	5,386,500	53,766,708
PS.儲蓄險指有滿期金可領的保險			

「以人為本」整體理財配置中，企業家們通常都會依照其背景規模不同，設置儲備有大小不同性質的藏富金庫，這次檢驗主要重點採用「數字會說話」的檢驗觀念，瞭解現況保單整體創造現金的效益如何？同時對照釐清（愛家守護心智圖內）其他的理財觀念，探索整體互相聯結的可行性！例如：守護價值與風險因素的沙盤推演，進一步探討可能發生的風險因子和潛在的損失因素。並尋求對抗風險與排除損失的方法。

期待！「數字會說話」的檢驗（報告）觀念，讓每一步財富移轉所建立的財富金庫發揮最佳的效益，完成心中所想…美好傳承移轉的期待，落實太太夫妻內心所想與所產生的結果完全一致。

太太資產規模與大環境時代法令背景情形大致如下，現況名下資產1.6億加上先生名下1/2之資產3.3億，合計共4.9億之資產傳承，現行法定20%遺產稅必須要

9,800萬的準備，預留最適當的流動性資產，解決傳承急用現金①稅源問題→檢驗內容於全家壽險總表章節中詳細敘述，這裡不再重複贅述說明。現況～準備度尚不足產生大量流動性資產，完整因應此稅源問題，所以顏色管理檢查表，壽險區域使用紅色呈現（原因如下），紅色表示急需去做補強規劃，才能達到足夠的財富稅務防禦力。

民法1138條規定，共4.9億之資產傳承，針對長女名下、長子名下須均分各2.4億。洞見未來透過時間的醞釀，中高獲利資產也會隨著時間浮動增大，預見未來即將衍生二個人法定均分問題，現況子女配置兩人落差已經20%（2億），未來推算（4.9億*3.2倍=15.68億），扣除兩人原本落差（2億）不算，二分之一每人應得分配7.8億，實質分配是否會趨於一致，主動排除能量平衡問題呢？或是其他甚麼美好的配置想法呢？

所以移轉整體資產除了稅務預留之外，尚有法定權益分配是否一致的問題等待解決，預留（傳承）急用現金②解決能量平衡問題。關心每個能量的特質，關心不同能量的期待（喜好）。最最重要的關鍵問題，滿足③父母內心深深期待的配置，對內三方（國稅局、子女、父母），整體三方（家庭Family，企業Business和個人Individual），同時皆得到圓滿結局才是最佳理財配置。

太太名下資產合計4.9億之傳承，法定需20%遺產稅9,800萬的準備，預留最適當的流動性資產，解決傳承急用現金問題又不必花錢，後續內容詳細於檢驗全家

壽險總表敍述說明，這裡不重複贅述。

現況壽險保障4,350萬準備度，尚不足產生大量流動性資產，完整因應此遺產稅9,800萬問題，和4.9億之資產傳承問題，所以顏色管理檢查表，壽險區域使用紅色呈現，紅色表示急需最起碼的補強規劃，才能達到財富傳承稅務防禦力。

財富高度推測→預見未來　　單位：萬

	現況	10年	20年
資產淨值	60,000	107,400	192,000
穫利倍數	1.00	1.79	3.20
稅20%	12,000	21,480	38,400

預見未來成長採6%複利，保守評估財富高度

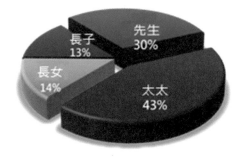

藏富家族133～壽險保額配置總表

先生 30%　太太 43%　長子 13%　長女 14%

■先生 ■太太 ▨長子 ▨長女

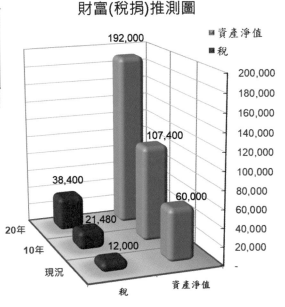

財富(稅捐)推測圖

■資產淨值
■稅

解決能量平衡問題，需要同時關心每個能量的特質，關心不同能量的期待（喜好），加上最關鍵的父母內心深深期待分配，方能得到圓滿結局。否則辦理過戶時沒有足夠現金，國稅局沒有辦理完稅，整體資產會被凍結起來，直到完稅證明取得才解禁，此時該從哪一個口袋拿出現金呢？誰有能力拿得出來呢？如果無法現金付給，可能要用實物抵繳或是面臨滯納金罰款。此繼承移轉財富關鍵時刻，務必預留稅源免得財務陷入困境。

另外過程中子女兩人必須都蓋章，資產才能順利辦理過戶過戶繼承，屆時不同能量二個人法定權益，是否都得到相同的關心和重視，若沒有足夠現金分配給其中明顯差異之人，未來繼承將潛藏很大的問題。資產配置緊急現金流量若不夠充沛，可能產生如社會報導兄弟姊妹鬩牆，破壞珍貴家族團結之新聞。

（2）純保費存入→資金流量總表

　　保費存入流量總表，代表每年主動降低銀行存款資金，BVI資金移轉進入保險帳戶的示意狀況。存入此帳戶高所得群族（累進稅率）所得稅30%～40%，可以享受每年合法免稅之優惠。又為自己建立一個長期安全穩定的現金流，和預防風險的緊急備援理財金庫。這裡就是人們所形容，理財必須準備一把上膛的槍，等待時機好的時候隨時可以上場使用。

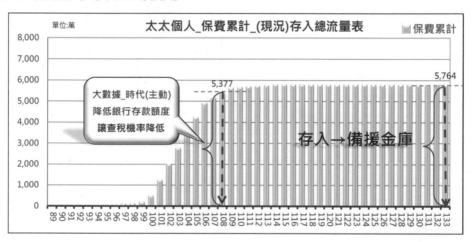

　　保費存入總流量表檢驗顯示八年前，從100年就已經開始分批逐年移轉財富，（家中次重要的人）太太名下每年約700萬保費存入，至109年為止移轉計畫累計共存入5,377萬（隱藏金庫），佔全家整體保費存入計畫約41%配置比重。檢視太太名下移轉至109年止預定整體財富進度已完成96%（隱藏金庫）。

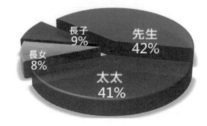

藏富家族108～保費存入配置

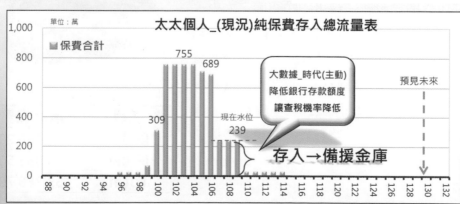

167

| | | | | 國泰 | 富邦 | 遠雄 | 南山 | 富邦 | 南山 | |
民國	年齡	保費累計	保費合計	10新鍾情	10富利高升	15雄安心	20新康祥	6新豐富養	6添利久久外	利息支出
88	39	0	0	0	0	0	0	0	0	0
89	40	39,200	39,200	0	0	0	39,200	0	0	0
90	41	78,400	39,200	0	0	0	39,200	0	0	0
91	42	117,600	39,200	0	0	0	39,200	0	0	0
92	43	156,800	39,200	0	0	0	39,200	0	0	0
93	44	196,000	39,200	0	0	0	39,200	0	0	0
94	45	235,200	39,200	0	0	0	39,200	0	0	0
95	46	274,400	39,200	0	0	0	39,200	0	0	0
96	47	507,000	232,600	193,400	0	0	39,200	0	0	0
97	48	739,600	232,600	193,400	0	0	39,200	0	0	0
98	49	972,200	232,600	193,400	0	0	39,200	0	0	0
99	50	1,669,498	697,298	193,400	0	0	39,200	464,698	0	0
100	51	4,755,196	3,085,698	193,400	2,091,900	296,500	39,200	464,698	0	0
101	52	12,301,714	7,546,518	193,400	2,091,900	296,500	39,200	464,698	4,460,820	0
102	53	19,848,232	7,546,518	193,400	2,091,900	296,500	39,200	464,698	4,460,820	0
103	54	27,394,750	7,546,518	193,400	2,091,900	296,500	39,200	464,698	4,460,820	0
104	55	34,941,268	7,546,518	193,400	2,091,900	296,500	39,200	464,698	4,460,820	0
105	56	42,023,088	7,081,820	193,400	2,091,900	296,500	39,200	0	4,460,820	0
106	57	48,911,508	6,888,420	0	2,091,900	296,500	39,200	0	4,460,820	0
107	58	51,339,108	2,427,600	0	2,091,900	296,500	39,200	0	0	0
108	59	53,766,708	2,427,600	0	2,091,900	296,500	39,200	0	0	0
109	60	56,155,108	2,388,400	0	2,091,900	296,500	0	0	0	0
110	61	56,451,608	296,500	0	0	296,500	0	0	0	0
111	62	56,748,108	296,500	0	0	296,500	0	0	0	0
112	63	57,044,608	296,500	0	0	296,500	0	0	0	0
113	64	57,341,108	296,500	0	0	296,500	0	0	0	0
114	65	57,637,608	296,500	0	0	296,500	0	0	0	0
115	66	57,637,608	0	0	0	0	0	0	0	0
116	67	57,637,608	0	0	0	0	0	0	0	0
117	68	57,637,608	0	0	0	0	0	0	0	0
118	69	57,637,608	0	0	0	0	0	0	0	0
119	70	57,637,608	0	0	0	0	0	0	0	0
120	71	57,637,608	0	0	0	0	0	0	0	0
121	72	57,637,608	0	0	0	0	0	0	0	0
122	73	57,637,608	0	0	0	0	0	0	0	0

（表中圖說）保單效益-檢驗分析

（表中圖說）大數據_時代(主動) 降低銀行存款額度 讓查稅機率降低

再將108年現況累積保費5,377萬做詳細分析，儲蓄vs保障→（現況）分配圖，兩者各占比重如何？如此除了可瞭解當事者深藏內心的想法之外，亦可以清楚瞭解隱藏可調節空間之大小，或是風險緊急時可運用的資源究竟有多少。儲蓄險保費累計（配置主力）4,628萬佔整體保費90%比重，可見得當事者眞正的想法是藏富，壽險累計保費505萬佔整體保費10%，僅是配合儲蓄險約略點綴一下而已，整體並不看重壽險這部分的配置。

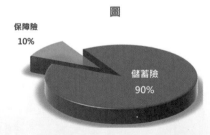

太太個人_儲蓄VS保障(現況)分配圖

保障險 10%

儲蓄險 90%

純保費累計金額(現況)

項目	累計保費
儲蓄險	48,380,208
保障險	5,386,500
total	53,766,708

保費存入（現況）配置組合示意圖108年現況商品3種～兩種終身醫療及失能保障，1種儲蓄險儲備金庫設置，尚未結合大環境各種背景問題與現況名下資產考慮，整合時間與風險的因素。

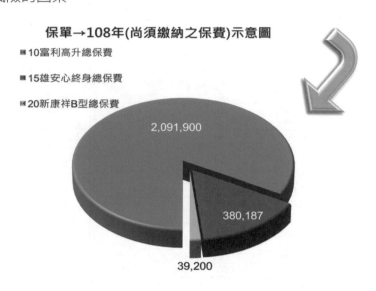

保單→108年(尚須繳納之保費)示意圖
- 10富利高升總保費
- 15雄安心終身總保費
- 20新康祥B型總保費

2,091,900

380,187

39,200

依照現況名下資產約4.9億財富規模結合大環境背景，設置儲備5,377萬這樣大小的藏富金庫，準備解決讓三方（國稅局、子女、父母）同時滿意，期盼得到圓滿結局是這次檢驗報告主要目的。如果結果未達成，也期望找到指引最佳整體理財配置之方法。

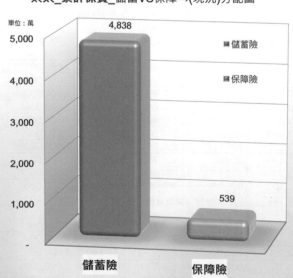

太太_累計保費_儲蓄VS保障→(現況)分配圖

單位：萬

4,838

539

儲蓄險　保障險

（3） 壽險總保額→資金流量總表

整體配置「以人為本」整合時間與風險因素的考慮，讓自己做理財配置全面性檢驗，多元財富防禦力的探討，就像是定期的身體健康檢查，透過各種不同角度檢測現況效益，期待使家族成員都輕鬆受益，享有幸福溫馨、快樂生活品質。

			國泰	富邦	遠雄	南山	富邦	南山
民國	年齡	保額合計	新鍾情終身現	O富利高升現值	雄安心終身現	新康祥B型現	豐富養老保	添利久久外幣現
89	40	2,000,000	0	0	0	2,000,000	0	0
90	41	2,000,000	0	0	0	2,000,000	0	0
91	42	2,000,000	0	0	0	2,000,000	0	0
92	43	2,000,000	0	0	0	2,000,000	0	0
93	44	2,000,000	0	0	0	2,000,000	0	0
94	45	2,000,000	0	0	0	2,000,000	0	0
95	46	2,000,000	0	0	0	2,000,000	0	0
96	47	4,000,000	2,000,000	0	0	2,000,000	0	0
97	48	4,000,000	2,000,000	0	0	2,000,000	0	0
98	49	4,000,000	2,000,000	0	0	2,000,000	0	0
99	50	4,474,074	2,000,000	0	0	2,000,000	474,074	0
100	51	12,102,455	2,000,000	2,154,600	5,000,000	2,000,000	947,855	0
101	52	27,541,129	2,000,000	4,309,200	5,000,000	2,000,000	1,421,929	12,810,000
102	53	30,183,574	2,000,000	6,463,800	5,000,000	2,000,000	1,909,774	12,810,000
103	54	33,226,727	2,000,000		5,000,000	2,000,000	2,414,027	13,194,300
104	55	35,897,300	2,000,000		5,000,000	2,000,000	2,930,000	13,194,300
105	56	36,026,350	2,000,000	15,063,450	5,000,000	2,000,000	0	13,962,900
106	57	38,045,100	2,000,000	15,082,200	5,000,000	2,000,000	0	13,962,900
107	58	41,352,600	2,000,000	17,236,800	5,000,000	2,000,000	0	15,115,800
108	59	43,508,150	2,000,000	19,392,350	5,000,000	2,000,000	0	15,115,800
109	60	47,492,550	2,000,000	21,839,550	5,000,000	2,000,000	0	16,653,000
110	61	47,984,650	2,000,000	22,331,650	5,000,000	2,000,000	0	16,653,000
111	62	50,409,650	2,000,000	22,835,150	5,000,000	2,000,000	0	18,574,500
112	63	50,924,550	2,000,000	23,350,050	5,000,000	2,000,000	0	18,574,500
113	64	53,756,650	2,000,000	23,876,350	5,000,000	2,000,000	0	20,880,300
114	65	54,295,300	2,000,000	24,415,000	5,000,000	2,000,000	0	20,880,300
115	66	57,536,400	2,000,000	24,966,000	5,000,000	2,000,000	0	23,570,400
116	67	58,098,800	2,000,000	25,528,400	5,000,000	2,000,000	0	23,570,400
117	68	61,748,900	2,000,000	26,104,100	5,000,000	2,000,000	0	26,644,800
118	69	62,337,900	2,000,000	26,693,100	5,000,000	2,000,000	0	26,644,800
119	70	66,397,950	2,000,000	27,294,450	5,000,000	2,000,000	0	30,103,500
120	71	67,013,550	2,000,000	27,910,050	5,000,000	2,000,000	0	30,103,500
121	72	71,486,400	2,000,000	28,539,900	5,000,000	2,000,000	0	33,946,500
122	73	72,129,550	2,000,000	29,183,050	5,000,000	2,000,000	0	33,946,500
123	74	77,015,200	2,000,000	29,841,400	5,000,000	2,000,000	0	38,173,800
124	75	77,687,800	2,000,000	30,514,000	5,000,000	2,000,000	0	38,173,800
125	76	82,987,200	2,000,000	31,201,800	5,000,000	2,000,000	0	42,785,400
126	77	83,691,150	2,000,000	31,905,750	5,000,000	2,000,000	0	42,785,400
127	78	89,406,200	2,000,000	32,624,900	5,000,000	2,000,000	0	47,781,300
128	79	90,141,500	2,000,000	33,360,300	5,000,000	2,000,000	0	47,781,300
129	80	96,274,100	2,000,000		5,000,000	2,000,000	0	53,161,500
130	81	97,043,600	2,000,000		5,000,000	2,000,000	0	53,161,500
131	82	103,593,750	2,000,000	35,667,750	5,000,000	2,000,000	0	58,926,000
132	83	104,398,400	2,000,000	36,472,400	5,000,000	2,000,000	0	58,926,000
133	84	111,368,950	2,000,000	37,294,150	5,000,000	2,000,000	0	65,074,800
134	85	112,209,700	2,000,000	38,134,900	5,000,000	2,000,000	0	65,074,800
135	86	119,602,550	2,000,000	38,994,650	5,000,000	2,000,000	0	71,607,900

扣除額→減項增加

扣除額→減項增加

壽險流量總表顯示108年壽險總額4,351萬
（隱藏現金流量金庫），佔全家整體壽險計畫
約26%配置比重。檢視太太名下至133年止總額
11,137萬，預定個人整體壽險財富進度已完成
37%（隱藏金庫），接近4成達成率這現況是否
達成，任何時間都處於最大值的理財狀態呢？

藏富家族108～壽險保額配置總表

結合資產規模與大環境時代法令背景情形比對如下，太太現況名下資產4.9億
之傳承，法定需20%遺產稅9,800萬的準備，①預留最適當的流動性資產，解決急
用現金傳承預留稅源問題。現況尚不足產生大量流動性現金，完整對應及時稅源
問題，所以壽險急需去做補強規劃，才能達到足夠的財富稅務防禦力。

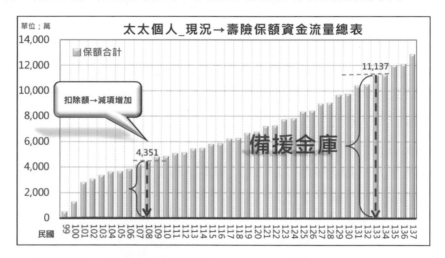

太太保單_現況→108年(壽險)現金示意圖

太太保單_現況→133年(壽險)現金示意圖

壽險（現況）配置組合圖，108年現況商品五種～兩種終身醫療及失能險，三
種儲蓄險資產型儲備金庫設置，都尚未結合大環境各種背景與結合名下資產整體
考慮，現況組合配置的商品並沒有整合時間與風險的因素。

　　民法1223條規定，太太名下資產4.9億之傳承，依法而行針對長女名下、長子名下須均分各分配2.45億。可是現況資產總歸戶整體配置_長女名下3,119萬佔約3%比重，長子名下23,614萬佔24%，兩者相差二億21%。從總資產分佈圖比重分配可知父母私下規劃意向，早已經逐步將公司大部分股票移轉給長子名下，分布圖可知悉藏富_夫妻完全屬意長子，要求承擔家族接班的重責大任。

整體資產_分佈狀況圖

　　4.9億資產推測未來的分配放大，變成3.2倍後是否仍比照過去的模式分配，很大落差持續發展下去呢？現況子女配置兩人落差21%已經2億差距，未來是否會持續擴大，造成更大能量不平衡問題呢？預見（民法1141條）法定均分問題，中高獲利資產也會隨著時間浮動，透過時間醞釀即將衍生二個人「能量不平衡」問題，未來配置全方位財富防禦力「以人為本」的整體配置。預先主動安排消彌問題於無形，才是全方位最上之策。

　　太太名下傳承預留稅源準備9,800萬的問題，與法定權益分配需要準備2.45億的問題，兩者問題相互比較之下如同小巫見大巫，稅源預留是人人皆知最小的問題而已。所以移轉整體資產除了稅務預留之外，尚有法定權益分配是否一致的「能量不平衡」問題需要一併解決，（傳承）預留急用現金2.45億②解決平衡能量問題。

　　關心每個能量的特質，關心不同能量的期待（喜好）。否則辦理過戶時若沒有足夠現金，於國稅局窗口沒有繳款辦理完稅，整體資產會被凍結起來，直到完稅證明取得才能解禁。此關鍵時刻…該從哪一個口袋拿出大筆現金呢？又誰有能力馬上拿得出大筆現金呢？如果無法現金解決，可能需要採用實物抵繳或是面臨滯納金罰款。

　　最重要的關鍵問題→滿足③父母內心深深期待的配置，三方（國稅局、子女、父母）同時皆得到圓滿結局才是最佳理財配置。綜合三方的需要同時得到圓滿結局，目前也正處於財富移轉（繼承）關鍵時刻，如何理財配置呢？守護愛家心智圖雖然有多種內容需要兼顧，是否有一種選擇只要完成了其中一項，所有的問題全方位都根本解決了呢？或是解決所有問題又不必花錢。

　　絕對不可輕忽預留稅源，務必謹慎免得長子財務陷入困境。若沒有足夠大筆緊急現金產生，以雄厚實力平衡能量穩住整體，解決應付各種「諸事無常」變化，資產配置平衡能量之現金流量非常重要，傳承資源若不夠充沛，嚴重可能造成事業經營危機，小如社會報導兄弟姊妹鬩牆，破壞珍貴家族團結之新聞。未來傳承將所有的問題全方位都根本解決，得到家族氛圍和諧融洽，人員力量凝聚，如此圓滿結局才是生生不息，傳承最佳理財配置方向。

(4) 生存金→資金流量總表

全球各地BVI免稅天堂的財富移轉回國,進行一種完全合法的理財配置,建立不同性質的儲藏備援金庫。解決應付各種「諸事無常」變化,更積極想法～理財環境時機變化,大環境時機財富來臨的掌握。保守情境～如上下游經營風險產生,本身事業不受太大影響之儲備,預防風險的理財緊急備援金庫。

民國	年齡	累計生存金	合計生存金	國泰 10新鍾情	富邦 10富利高	遠雄 15雄安心	南山 20新康祥	富邦 6新豐富養老保	南山 6添利久久
99	50	0	0				0	0	0
100	51	0	0				0	0	0
101	52	0	0				0	0	0
102	53	0	0				0	0	0
103	54	0	0				0	0	0
104	55	0	0	0	0	0	0	0	0
105	56	2,930,000	2,930,000	0	0	0	0	2,930,000	0
106	57	2,930,000	0	0	0	0	0	0	0
107	58	2,930,000	0	0	0	0	0	0	0
108	59	2,930,000	0	0	0	0	0	0	0
109	60	2,930,000	0	0	0	0	0	0	0
110	61	2,930,000	0	0	0	0	0	0	0
111	62	2,930,000	0	0	0	0	0	0	0
112	63	2,930,000	0	0	0	0	0	0	0
113	64	2,930,000	0	0	0	0	0	0	0
114	65	2,930,000	0	0	0	0	0	0	0
115	66	2,930,000	0	0	0	0	0	0	0
116	67	2,930,000	0	0	0	0	0	0	0
117	68	2,930,000	0	0	0	0	0	0	0
118	69	2,930,000	0	0	0	0	0	0	0
119	70	2,930,000	0	0	0	0	0	0	0
120	71	2,930,000	0	0	0	0	0	0	0
121	72	2,930,000	0	0	0	0	0	0	0
122	73	2,930,000	0	0	0	0	0	0	0
123	74	2,930,000	0	0	0	0	0	0	0
124	75	2,930,000	0	0	0	0	0	0	0
125	76	2,930,000	0	0	0	0	0	0	0
126	77	2,930,000	0	0	0	0	0	0	0
127	78	2,930,000	0	0	0	0	0	0	0
128	79	2,930,000	0	0	0	0	0	0	0
129	80	2,930,000	0	0	0	0	0	0	0
130	81	2,930,000	0	0	0	0	0	0	0
131	82	2,930,000	0	0	0	0	0	0	0
132	83	2,930,000	0	0	0	0	0	0	0
133	84	2,930,000	0	0	0	0	0	0	0

生存金增加
免所得稅

　　當然個人退休生活品質的維護是最基本的安排，然後才有其他「以人爲本」三方（國稅局、子女、父母）同時皆得到圓滿結局的理財配置。生存金總流量表主要查看，移轉至此保險帳戶後免稅所得的情況，存入此帳戶高所得群族可以享受，每年30%～40%（累進稅率）免所得稅之優惠。又爲自己建立一個長期安全穩定的現金流。同時也檢驗退休運用之退休金是否充足。

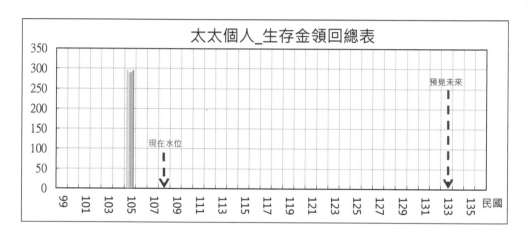

　　從太太名下生存金總流量表輕易得知，105年免稅生存金293萬已領完。108年免稅生存金0萬，一直到133年截止都是0萬。可見免稅空間並不是放在太太名下。

（5）保價金→資金流量總表

　　CRS全球反避稅（反恐）防洗錢國際法背景下，全球各跨國大會計師事務所，結合跨國承辦外匯之外商銀行如花旗、兆豐等，與各大保險公司一起合力，舉辦大型講座疾呼的成果。以上也是目前豐富稅務經驗專家們一致推薦，將全球各地BVI免稅天堂的財富移轉回國，保險這裡是其中一種完全典型的理財配置。

			國泰	富邦	遠雄	南山	富邦	南山
民國	投保年齡	合計保價	10新鍾情終身	10富利高升保	15雄安心終	20新康祥B型	6新豐富養老	6添利久久外
98	49	502,200	226,800	0	0	275,400	0	0
99	50	988,233	329,600	0	0	312,600	346,033	0
100	51	2,223,807	438,000	631,750	56,000	351,200	746,857	0
101	52	6,753,894	552,600	2,228,700	263,500	391,800	1,203,644	2,113,650
102	53	13,048,478	673,000	3,861,750	481,000	434,200	1,718,738	5,879,790
103	54	19,613,611		...,850	710,000	478,600	2,293,311	9,799,650
104	55	26,896,400		...,500	951,000	525,200	2,930,000	13,834,800
105	56	30,460,070		...,000	1,204,000	574,400	0	18,023,670
106	57	45,902,720		12,924,750	1,468,500	626,200	0	29,808,870
107	58	49,464,680	...,074,400	15,116,400	1,746,000	681,400	0	30,846,480
108	59	53,146,030	1,074,400	17,360,300	2,036,000	740,000	0	31,935,330
109	60	59,067,410	1,074,400	21,839,550	2,338,500	765,160	0	33,049,800
110	61	61,126,491	1,188,200	22,331,650	2,612,000	791,9..		34,202,700
111	62	63,148,849	1,188,200	22,835,150	2,899,000	819,6..		35,406,840
112	63	65,212,197	1,188,200	23,350,050	3,189,000	84..		36,636,600
113	64	67,345,689	1,188,200	23,876,350	3,485,500	878..		37,917,600
114	65	69,551,810	1,188,200	24,415,000	3,790,000	908,..		39,249,840
115	66	71,677,587	1,305,000	24,966,000	3,845,500	940,577	0	40,620,510
116	67	73,749,817	1,305,000	25,528,400	3,900,500	973,497	0	42,042,420
117	68	75,940,740	1,305,000	26,104,100	4,008,500	1,007,570	0	43,515,570
118	69	78,130,460	1,305,000	26,693,100	4,061,000	1,031,400	0	45,039,960
119	70	80,385,256	1,305,000	27,294,450	4,112,000	1,058,216	0	46,615,590
120	71	82,823,140	1,422,400	27,910,050	4,162,500	1,085,730	0	48,242,460
121	72	85,221,139	1,422,400	28,539,900	4,211,500	1,113,959	0	49,933,380
122	73	87,695,722	1,422,400	29,183,050	4,259,000	1,142,922	0	51,688,350
123	74	90,235,998	1,422,400	29,841,400	4,305,000	1,172,638	0	53,494,560
124	75	92,854,346	1,422,400	30,514,000	4,350,000	1,203,126	0	55,364,820
125	76	95,664,538	1,536,200	31,201,800	4,393,000	1,234,408	0	57,299,130
126	77	98,453,252	1,536,200	31,905,750	4,434,500	1,266,502	0	59,310,300
127	78	101,321,051		...,900	4,475,000	1,299,431	0	61,385,520
128	79	104,270,390		...0,200	4,513,000	1,336,200	0	63,524,790
129	80	107,314,118		...2,600	4,550,000	1,361,588	0	65,753,730
130	81	110,556,288		...2,100	4,585,000	1,387,458	0	68,059,530
131	82	113,803,150	...2,200	35,667,750	4,650,000	1,413,820	0	70,429,380
132	83	117,136,992	1,642,200	36,472,400	4,680,000	1,440,682	0	72,901,710
133	84	120,563,305	1,642,200	37,294,150	4,708,000	1,468,055	0	75,450,900

（圖中文字方塊）保價金增加 免所得稅

（圖中文字方塊）保價金增加 免所得稅

　　保單除了生存金免所得稅之外，保價金增加（增加的部分）也是免稅，保價金累計總表得知，108年太太名下累計保價金5,315萬。133年累計保價金12,056

萬，其間隱藏6,741萬免稅空間，增值幅度如同「水」源源不絕流入水壩金庫。太太名下設置這樣的儲水金庫，以保價金作為調節財富金庫的功能，這種配置具有簡單、安全、穩定特色，這裡就是人們所形容，理財必須準備一把上膛的槍，等待時機好的時候隨時可以上場使用。

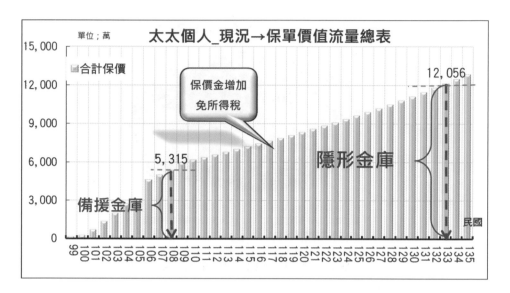

我們比對一下其背景，現況太太名下4.9億之資產傳承，與這個5,315萬金庫規模設置，是否合乎大小相互對應的比例呢？值得研究（進可攻、退可守）的金庫規格設置，討論究竟多大水壩設置，才是最適合之理財配置。

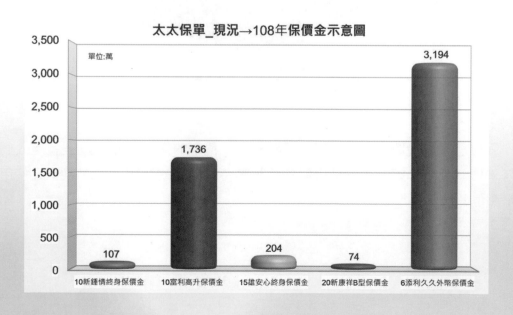

　　保價金（現況）配置圖詳細指出每一筆儲備金庫可活用的詳細內容，保價金累計總表目前分布在六種商品名下。因爲養老險已經領回，現況只剩五種商品名下，可彈性活用資金主要在：二種商品：添利久久保單3,194萬，佔整體保價金60%，富利高升1,736萬佔整體保價金33%。

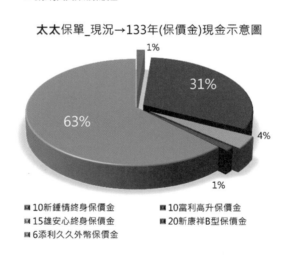

爲自己家族設置一個分散風險長期安全、穩定的備援金庫。這裡就是人們所形容，理財平時必須準備一把上膛的槍，等待時機好的時候隨時可以上場使用金庫水壩位置。

（6）達成率→資金流量總表

保單檢查〈顏色管理〉表→現況　　　　version A

6大保障 \ 姓名	1 先生	2 太太	3 長女	4 長子
1 壽險	6107	4351	3155	3289
2 意外險	300	500	400	400
3 重大疾病險	0	100	200	200
4 防癌險	2400	4400	6000	6000
5 醫療險	5000	9000	6000	6000
6 失能險	100	100	228	228

藍 表示已規劃完整

紅 代表急需補強--調整討論　　　　黃 表示警界線--未來需作調整

顏色管理檢驗表僅是（初階）視覺快速分辨而己，整體全方位的理財→醫療配置架構是否完整。（進階）六大保障_安全比較示意圖，詳細使用「數字會說話」的方式進一步詳細說明達成率，除了瞭解每一個人現況整體配置是否完備之外，很清楚知道每個部位的抗風險程度，究竟處於什麼位置？

	現況數字	守護價值	現況	守護價值
壽險價值	4351	24500	18%	100%
意外險	500	2000	25%	100%
重大疾病	100	200	50%	100%
癌症住院	4400	10000	44%	100%
疾病住院	9000	10000	90%	100%
失能險	100	360	28%	100%

很有效率的指引下一步補強調整方向，引導針對不足的部位去做加強，檢測表採柱狀圖形，從視覺化高低差理解（容易抓住重點），同時也精準校對結果是否與自己內心的想法完全一致，避免產生「說歸說、想歸想、做歸做」前後不一致的誤差。也提供決策者安排規劃或調節內容，決策拿捏判斷輕重緩急很好的參考，確保整體發揮多元抗風險效果得以落實。

進一步詳細說明（進階部分）→數字會說話的達成率，整體配置現況是否與自己內心的想法完全一致。太太名下各項機能安全檢驗圖表，整體以柱狀圖形比較如下，壽險部分代表太太背景資產價值，與開天闢地創造現金能力的守護，現況資產雖然已經過多年逐步移轉（傳承），太太名下之仍有4.9億資產，這才是企

業經營者合理正常現象，絕不會爲了節稅而破壞事業經營、領導決策的主控權，這也正是企業普遍存在的一種情況。

　　因此預留稅源9,800萬（傳承結合身價背景）僅是一部分的準備，太太小姐整體資產安全，可以考量「以人爲本」的理財配置，將三方納入（國稅局、子女、父母）同時得到圓滿結局。目前檢驗僅以保守最低標準，針對（國稅局）預留稅源部分作探討，4.9億背景檢驗目前需要9,800萬預留稅源，現況配置達成率只有44%，還有56%很大的補強空間。

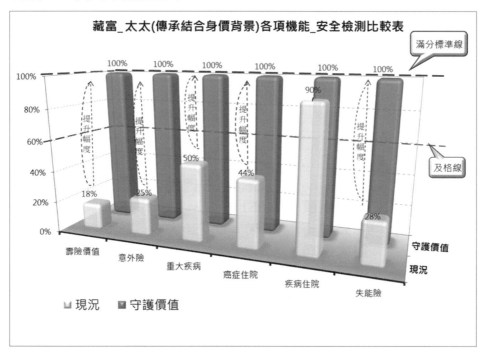

　　醫療住院照顧詳細採用健保實際需求與保單現況做比對，日常生活保障範圍當意外險、醫療險、防癌險、失能險、重大疾病等等各種風險來臨時，必須馬上可以產生足夠的現金流量，解決經濟問題。檢驗現況整體理財品質效益究竟是多少？探討是否已經足以將對抗各種風險的配置，才能促使下一步理財效益安排，達到最完整而且三方圓滿的配置。

　　各項機能_安全檢測比較表檢驗，日常生活（意外險、醫療險、防癌險、失能險、重大疾病）各種抗風險。比對目前生活水平大致如下標準：住院醫療期間（最上等）單人病房每日約30,000元自費，（中上等級）單人病房每日約一萬元，（中等）單人病房每日約5,000元。實支實付醫療健保不足部分（差額自費）每

次負擔約需50萬額度、出院後失能長期生活照顧（上等級）每月約20萬元額度，（中等級）每月約10萬元（基礎）每月約五萬元。重大疾病（五年）緊急預備金額度約300～500萬。

　　從太太（傳承結合身價背景）各項機能_ 安全檢測比較表檢視，太太名下住院醫療現況配置每日9,000元，實支實付醫療額度每次59萬、長期生活照顧每年100萬元，（儲備金庫→有5,315萬金庫足以備援）。整體上已經達中等以上守護家人對抗風險。

　　完美的理財狀態是於急用現金狀況時，馬上大量流動性資產現金湧入，除了支應稅務急用現金之外，消除下一代急用現金籌湊困擾，提供「以人為本」多元財富防禦力，解決許多比節稅更重要的事。財富能量平衡配置，完成長長久久照顧家人幸福、造福國家社會的快樂願望。贏得（創富、守富、傳富）三富人生的理財樂趣。

　　太太（將身價背景與稅務的結合）檢驗六項機能安全當中，其他五項都已經有足夠防禦力。除了現有各項防禦保護之外，另有保單價值金5,315萬額度可以彈性調度支應，唯有壽險理財區域一項不足，產生比較大的理財漏洞，在此建議重新作符合自己財富背景的調整，使整體發揮能量平衡配置，得到家族氛圍和諧融洽，人員力量凝聚，完整財富防禦力贏得（創富、守富、傳富）三富人生的理財樂趣。

　　以下建議：考慮以現有資源循環應用，重新詳細調配最佳化內容規劃，可以兼顧全方位多重功能，例如：①賺預定利率優於定存的錢（免稅所得），②同時兼顧放大槓桿效果、③配合最低稅負（不計入性資產）每申報戶3300萬免稅額度，做整體理財配置。④將財富移轉，傳承分配，放大財富、⑤充分主控及財富能量平衡配置，⑥分散避險金庫等，⑦守護開天闢地賺錢能力，多種財富管理功能全部結合在一起，不要獨立拆開配置，提供「以人為本」多元財富防禦配置，解決比節稅更重要的事，達到財富達到進可攻、退可守的多重圓滿效果。

（7）備援水庫_成果示意圖

　　太太名下身價背景與稅務的結合，檢驗常見的三方（國稅局、子女、父母）潛藏問題→國稅局稅務是事的問題最容易估算，也最簡單預做準備。子女與父母→是人的能量問題，最容易被忽略，而被誤解成最複雜的問題，其實人的問題只要抓住（能量平衡）人的重點也很容易解決（預作安排）。

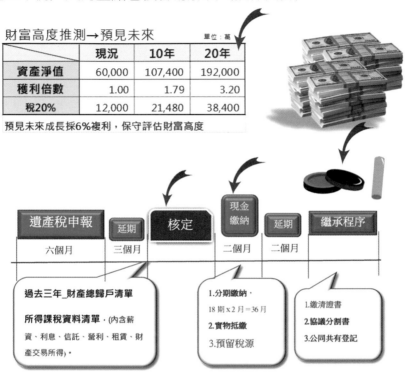

財富高度推測→預見未來　單位：萬

	現況	10年	20年
資產淨值	60,000	107,400	192,000
穫利倍數	1.00	1.79	3.20
稅20%	12,000	21,480	38,400

預見未來成長採6%複利，保守評估財富高度

遺產稅申報　延期　核定　現金繳納　延期　繼承程序

六個月　三個月　二個月　二個月

過去三年_財產總歸戶清單
所得課稅資料清單。(內含薪資、利息、信託、營利、租賃、財產交易所得)。

1.分期繳納，18 期 x 2 月＝36 月
2.實物抵繳
3.預留稅源

1.繳清證書
2.協議分割書
3.公同共有登記

　　子女實際於傳承時，往往會因為每個人天賦使命的不同，每個人能量的不同，每個人潛在能力也不同。所以實務在傳承時，會出現一種狀況～每個人內心的期待並不相同。能量屬於開拓、領導型的人喜歡～挑戰與成就感，有能力想要經營權力。而能量屬於支援、合作型的人喜歡～群眾與安全感，追求歡樂、溫馨、實際物質與穩定生活步調。

　　其實不同的能量並沒有好壞之分，每一種能量皆有輝煌的天空，父母所要傳承不僅是財富而已，而是展現榜樣（示範）自己的能量，如何發揮運用！帶領將開天闢地（面對與克服困難）的精神傳遞下去，鼓勵每一個不同能量勇敢向前邁進，在不同舞台上好好發揮各自天賦專長能量，一定要能夠發揮所長，貢獻國家、造福社會。這種（真理）信念、精神的引領，比稅務規劃更重要，才能讓財

富發揮最大效益，讓子孫的能量在不同舞台上綻放光芒，榮耀家族每一個人，影響家族深遠留長。

因此一切「以人為本」的信念做理財配置基礎，（國稅局、子女、父母）三方同時檢驗，釐清現況並期盼得到圓滿結局的藍圖。壽險總流量總表已清楚對稅的部分做估算預測，子女屬於人的（權益）部分，稅法與民法1138、1141、1223也都有清楚的界定範圍。

子女每個人天賦使命、能量的不同，分配不同發展舞台空間才是最公平的安排。也是對經營整體是最好的安排，可能對個人財富分配上產生明顯的差距現象出現，這點必須預先規避或是特別注意能量平衡的引導配置，以免安排造成能量衝突現象，或是失去控制的紛爭。

從現況資產高度推測表，預見潛藏問題→傳承長遠考慮時間越久，因為資產財富整體配置屬於中高獲利的理財配置4.9億，預見未來20年資產財富也會增值愈來越多，從保守6%推測表對照之淨值預估15.68億。

準備20%遺產稅需3.13億，保險預留適當的流動性現金資產，解決傳承急用現金問題，太太名下保險只預留1.11億（隱藏現金流量金庫），準備度只佔35%而已，尚不足65%大量流動性資產對應此問題，所以顏色檢查表壽險區域使用紅色示意，紅色警示表示針對此急需做補強，才能達到國稅局足夠的財富防禦力。

子女與太太傳承～人的（財富）能量配置問題，上述淨值預估4.9億資產，二位子女均分4.9億各約2.49億。從現況整體總資產配置分佈圖，二位子女24%比3%的配置差距21%，將來可不可能出現更大的差距，還是縮小差距範圍呢？

整體資產_分佈狀況圖

實務配置按上圖推理，應該還會像是現況一樣發展，雖然已經逐年做移轉傳承，仍然會大部分比重放在藏富_先生（領導者）名下。未來應該也會按照這個模式繼續運作，大部分比重放在長子名下～事業發展掌握多數股權，因為這是對（領導者）整體經營控股是發展最好的安排，可是對於個人財富分配上卻產生明顯的差距，怎麼辦！出現很大能量不平衡的分配差距，該怎麼配置才能夠取得能量平衡呢？

能量不平衡現象出現時！若不及時加以處理，所造成的傷害事件自古以來

不勝枚舉。該怎麼避免，或是該怎麼平衡能量呢？這是傳承很重要的事情，若輕忽！最後結果導致分奔離析，就沒有所謂的傳承事件了。唯有關係融洽溫馨傳承，才能產生凝聚的力量，才能發揮最大效率作用，導致長久的傳承事件存在。

平衡能量是一種信念和精神文化，不僅僅是表面情緒的安撫而已，該如何配置才達到最漂亮結果呢！使繼承人的力量越來越凝聚，人數越多凝聚的力量越強盛呢？未來該怎麼配置可以導致這個結果產生呢？保險理財配置創造現金整體效益檢驗報告，可以協助提供「會說話的數據」做為未來整體配置的參考。

太太名下～創造現金整體效益檢驗如下，除了查看理財保險享有合法免稅所得流量，還檢驗是否兼顧其他理財風險結合，整體理財配置不僅要合法，還從保價金欄位確定具有蓄存金庫功能，而且會隨時間持續增值，除此之外採用數字會說話的方式檢驗，精準校對現況結果與自己內心的想法是否完全一致。避免因為不夠專業造成「想歸想、說歸說、做歸做」各自獨立，結果與心中所想不吻合。更慎重檢驗全方位理財結果，避免發生一頭賺錢，另一邊在損失賠錢的漏洞，確保整體理財達到最大化效果。

隨著大環境急速變化CRS全球反避稅、防洗錢（反恐）國際法背景下，全球各跨國大會計師事務所，結合跨國承辦外匯之外商銀行如花旗、兆豐等，與各大保險公司一起合力，舉辦大型講座疾呼的成果。以上也是目前豐富稅務經驗專家們一致推薦，將全球各地BVI免稅天堂的財富移轉回國，於保險帳戶所產生（完全合法）的理財結果。

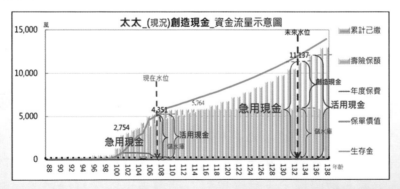

全家保單_（現況）資金流量表顯示，將境外BVI之備援金庫移轉至國內保險帳戶設置，分散風險以保險保價金作為調節財富金庫，也是緊急備援的金庫。藏富_太太100年就開始移轉，直到108年截止已累計存入5,376萬，整體移轉至109年累計5,611萬將告一個段落，藏富預定進度目前已完成96%（隱藏儲備金庫）。

　　以上兩個浮動時間點檢驗得到共同的結果，缺乏足以對應當時需求的流動性現金，僅是單純的儲蓄長期孳息而已。並沒有同步解決上述以人爲本的多元需求。

　　108年累計保費5,376萬，108年統計免稅利息所得累計5,594萬，前後比對之下得知100%累計保費，全部從累計免稅所得而來，往後保價金還可持續增加至133年12,056萬的彈性活用空間。而且統計累計至133年（利息增加）共12,006萬，這筆錢若要繳所得稅40%，約4,800萬全數省下非常可觀，此（隱藏金庫）保險帳戶穩賺理財效益高，屬於安全低風險理財工具，形同水壩供應源源不絕之儲藏金庫。

民國	年齡	年度保費	累計己繳	壽險保額	保單價值	利息增加	生存金	累計生存金	年度收支
89	40	39,200	39,200	2,000,000	0	0	0	0	-39,200
90	41	39,200	78,400	2,000,000	23,400	23,400	0	0	-39,200
91	42	39,200	117,600	2,000,000	48,000	24,600	0	0	-39,200
92	43	39,200	156,800	2,000,000	74,600	26,600	0	0	-39,200
93	44	39,200	196,000	2,000,000	103,000	28,400	0	0	-39,200
94	45	39,200	235,200	2,000,000	133,000	30,000	0	0	-39,200
95	46	39,200	274,400	2,000,000	165,400	32,400	0	0	-39,200
96	47	232,600	507,000	4,000,000	237,000	71,600	0	0	-232,600
97	48	232,600	739,600	4,000,000	365,800	128,800	0	0	-232,600
98	49	232,600	972,200	4,000,000	502,200	136,400	0	0	-232,600
99	50	697,298	1,669,498	4,474,074	988,233	486,033	0	0	-697,298
100	51	3,085,698	4,755,196	12,102,455	2,223,807	1,235,574	0	0	-3,085,698
101	52	7,546,518	12,301,714	27,541,129	6,753,894	4,530,087	0	0	-7,546,518
102	53	7,546,518	19,848,232	30,183,574	13,048,478	6,294,584	0	0	-7,546,518
103	54	7,546,518	27,394,750	33,226,727	19,613,611	6,565,133	0	0	-7,546,518
104	55	7,546,518	34,941,268	35,897,300	26,896,400	7,282,789	0	0	-7,546,518
105	56	7,081,820	42,023,088	36,026,350	30,460,070	3,563,670	2,930,000	2,930,000	-4,151,820
106	57	6,888,420	48,911,508	38,045,100	45,902,720	15,442,650	0	2,930,000	-6,888,420
107	58	2,427,600	51,339,108	41,352,600	49,464,680	3,561,960	0	2,930,000	-2,427,600
108	59	2,427,600	53,766,708	43,508,150	53,146,030	3,681,350	0	2,930,000	-2,427,600
109	60	2,388,400	56,155,108	47,492,550	59,067,410	5,921,380	0	2,930,000	-2,388,400
110	61	296,500	56,451,608	47,984,650	61,126,491	2,059,081	0	2,930,000	-296,500
111	62	296,500	56,748,108	50,409,650	63,148,849	2,022,358	0	2,930,000	-296,500
112	63	296,500	57,044,608	50,924,550	65,212,197	2,063,348	0	2,930,000	-296,500
113	64	296,500	57,341,108	53,756,650	67,345,689	2,133,492	0	2,930,000	-296,500
114	65	296,500	57,637,608	54,295,300	69,551,810	2,206,121	0	2,930,000	-296,500
115	66	0	57,637,608	57,536,400	71,677,587	2,125,777	0	2,930,000	0
116	67	0	57,637,608	58,098,800	73,749,817	2,072,230	0	2,930,000	0
117	68	0	57,637,608	61,748,900	75,940,740	2,190,922	0	2,930,000	0
118	69	0	57,637,608	62,337,900	78,130,460	2,189,720	0	2,930,000	0
119	70	0	57,637,608	66,397,950	80,385,256	2,254,796	0	2,930,000	0
120	71	0	57,637,608	67,013,550	82,823,140	2,437,884	0	2,930,000	0
121	72	0	57,637,608	71,486,400	85,221,139	2,397,999	0	2,930,000	0
122	73	0	57,637,608	72,129,550	87,695,722	2,474,583	0	2,930,000	0
123	74	0	57,637,608	77,015,200	90,235,998	2,540,276	0	2,930,000	0
124	75	0	57,637,608	77,687,800	92,854,346	2,618,349	0	2,930,000	0
125	76	0	57,637,608	82,987,200	95,664,538	2,810,191	0	2,930,000	0
126	77	0	57,637,608	83,691,150	98,453,252	2,788,715	0	2,930,000	0
127	78	0	57,637,608	89,406,200	101,321,051	2,867,799	0	2,930,000	0
128	79	0	57,637,608	90,141,500	104,270,390	2,949,339	0	2,930,000	0
129	80	0	57,637,608	96,274,100	107,314,118	3,043,728	0	2,930,000	0
130	81	0	57,637,608	97,043,600	110,556,288	3,242,170	0	2,930,000	0
131	82	0	57,637,608	103,593,750	113,803,150	3,246,862	0	2,930,000	0
132	83	0	57,637,608	104,398,400	117,136,992	3,333,843	0	2,930,000	0
133	84	0	57,637,608	111,368,950	120,563,305	3,426,313	0	2,930,000	0
134	85	0	57,637,608	112,209,700	124,097,308	3,534,003	0	2,930,000	0

此備援金庫之設置具有簡單、安全、有效特質。許多企業家們通常都會依照其背景規模不同，設置儲備有大小不同這樣性質的緊急備援金庫，以保險保價金作為調節財富的水庫，兼抗風險之理財備援金庫。大師巴菲特一句名言：隨時準備一把上膛的槍。

檢驗太太名下整體～創造現金整體效益表最後結果顯示。108年整體壽險保額配置4,350萬—留存本金5,083萬（累計保費5,376萬— 累計領回293萬）—（不適格商品）課徵20%遺產稅870萬＝—1,603萬←表面看起來整體效益（看似賠錢）。

浮動檢驗若是從另一個角度～免稅利息所得檢驗，108年累計統計5,594萬，即使扣掉—1,603萬，實際試算之後整體效益檢驗仍然是3,991萬。配置保險帳戶與免稅天堂同樣享受合法免稅。非常簡單、安全、有效。

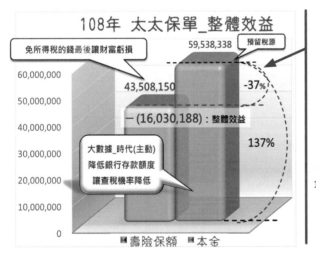

浮動檢驗太太名下～133年整體壽險保額配置11,136萬—留存現金5,470萬（累計本金5,763萬— 累計領回293萬）—（不適格商品）課徵20%遺產稅約2,273萬＝3,438萬←表面看起來整體效益。若是從免稅所得累計總共12,299萬，再增加3,438萬，整體效益總計是15,737萬。

天啊！只是將BVI帳戶移轉過來，存入免稅利息區間所得累計，即可創造出這麼大的成果，僅是做理財配置而已，完全不用花任何一分錢，即可得到這麼好的理財效益，若傳承需要的任何大筆現金流，由此支應財富能量平衡，豈不是一種理財（厚植實力）的好方法。

　　檢驗發現太太名下整體資產背景，雖然名下保險整體～創造現金整體效益非常高，可惜！所配置比重佔總資產比例太小，仍不足以解決整體資產背景～國稅局問題、更解決不了子女分配能量不平衡最重要之問題。藏富_夫妻面對「國稅局、子女、自己」屆時打算要怎麼處置呢？以固定性資產：大筆不動產、公司設備。或是使用流動性資產：銀行現金存款、公司（上市）股票、或是以保險理財作支應呢？現況銀行存款也不夠支應。

　　參考管理F家庭、B企業、I個人三種背景資產與財富同時規劃概念，運用現有資源循環應用，高度警覺性做好風險管控配置減少損失，才能達到溫馨傳承結局。移轉規畫傳承真正的時間點，往往需要很大筆現金需求壓力時，才能夠避免資產被賤賣的損失。因此必須妥善安排相對應之財富防禦力機制。

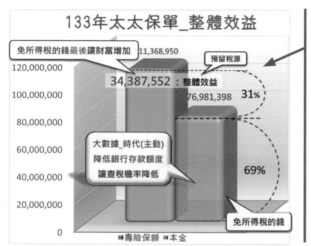

累計存入保費：57,637,608
累計領回現金：2,930,000
留存本金 54,707,608
可活用現金：120,563,305
_____

56,661,342.：創造現金(總保額－留存現金)
49%：本金比重(留存現金 / 總保額)
賺51%：獲利現金獲利率=(1－本金比重)
_____

34,387,552：整體效益(創造現金－20%遺產稅)
69%：整體本金比=(留存現金－總保額20%遺產稅) / 總保額
31%：整體獲利率(1－ 整體本金比重)
..
－22,273,790：(不適格商品)課徵20%遺產稅

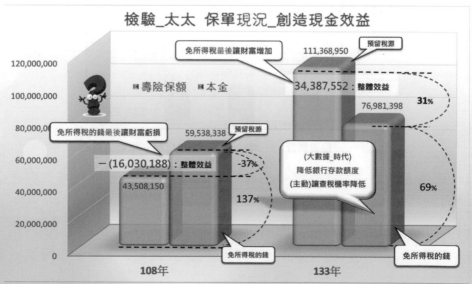

上述除了儲蓄預留稅源之外，並未充分整體結合背景因素，除了上述儲蓄之外並未充分使用最低稅負(不計入資產)免稅空間，實在非常可惜！應該再重新檢視「以人為本」的基本規劃內容。因為保險多元的功能，能夠協助完成下列溫馨有溫度傳承事項：

① 準確地守護賺錢的人和所賺到的錢，把愛留給最愛的人。

② 子女們不受婚姻因素，而資產蒙受瓜分影響。

③ 實現內心深處想要長長久久～一代接一代照顧所愛的人，綿延不斷的快樂感覺。

④ 充足緊急活用的儲備金庫、給自己或最愛的人留下救命財。

⑤ 充分享受著分配財富越來越多的樂趣。發揮生命無遠弗屆的力量～不管任何狀況都照顧著家人…幸福、快樂。

檢驗太太名下～備援水庫示意圖→守護賺錢的人與所賺到的錢，檢視從累計保費高於、壽險保額的角度顯示。純屬儲蓄的性質，符合國稅局專家口中所說實質課稅，先生與太太兩人合計儲蓄險的規模相當可觀，意味著企業主對於親友及銀行，有情義相挺、互相照應的深厚人情關係。

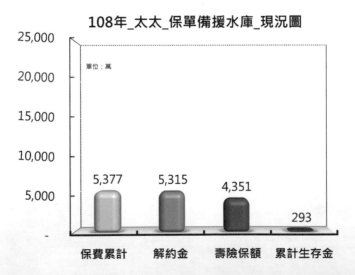

108年_太太_保單備援水庫_現況圖

以上備援水庫並未具備守護核心資產的功能，若能夠重新與資產與法令背景結合，同時與家族傳承與資產保全聯結！重新將現有資源循環運用，將現有帳戶適度移轉調整，僅是做理財配置而已，完全不用花任何一分錢，即可得到上述保險多元的理財效益，傳承過程如果還需要任何的大筆現金流量，參照第一章之理

財配置概念，進行備援水庫建構，是一種厚植實力的好方法。

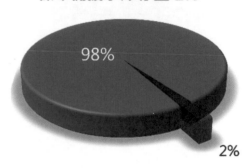

保單備援水庫存量 2%

98%

2%

綜結：結合夫妻兩人名下整體資產背景～發現保險整體配置比重，佔總資產比例太少，不足以解決～國稅局與子女能量分配不平衡，兩個資產保全最重要根本問題。釐清楚未來打算要怎麼分配給「國稅局、子女、自己」三者呢？致關重要。

傳承移轉的規畫，需要很長的時間做安排，特別是大筆現金需求壓力時，唯有未雨綢繆才能夠避免資產被賤賣的損失。因此必須及早安排相對應之備援水庫。務必參考前面1、2章之資產與財富規劃概念，運用現有資源循環應用，預先做好備援水庫足夠存量，才能減少損失，和諧溫馨傳承。

理財配置很好玩！完全不必多賺一分錢，只是配置比重做不同配置，所產生結果截然不同。能夠充分享受財富分配樂趣，又可以讓財富越來越多，得到家族和諧氛圍，家族成員融洽力量凝聚的效果，傳承達到無遠弗屆的感覺～一代接一代的照顧所愛的人→過著(創富、守富、傳富)三富人生的幸福、快樂生活。

千萬不能輕忽「國稅局、子女、自己」！能量不平衡的現象，一時疏忽「以人為本」因素，極可能導致對簿公堂的新聞戲碼，社會上一直流傳著，歷史持續不斷重複上演。務必正視這個問題，並隨時預備好解決對應之備援水庫，解決這一個差距問題對策，避免造成了親情破裂結局，才不枉費今生努力所建立的名譽與事業成就。而達到有溫度、溫馨長久傳承的結果。

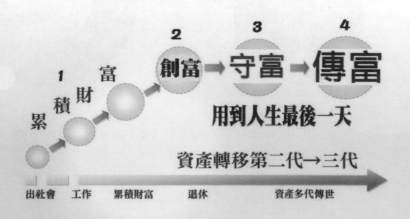

創富 → 守富 → 傳富

用到人生最後一天

資產轉移第二代→三代

出社會　工作　累積財富　退休　資產多代傳世

	投保年齡	投保日期	要保人	繳別	繳費月份	金額	投保公司	產品名稱	投保內容														年繳
									壽 險			意 外		外		醫 療			失能	重大	防癌		
姓名									終身	儲蓄	定期	意外	醫療	住院	定額	日額	手術	實支					
長女	29	101/06/30	本人	1	6	180,000	遠雄	20雄安心終身	500										100			180,000
72/3/1	29	101/06/30		1	6	116,153	遠雄	20終身醫療書險	40					3,000			1,500	1,000		200	6,000	116,153
	29	101/06/30		1	6	334,669	富邦	20富世代終身	1,000			100			2,000			2,000	128			334,669
	29	101/06/30		1	6	3,300	友聯	金旺				300	3	2,000								3,300
	29	101/06/26	滿期	6	1,497,540		南山	6鴻利618增額還本	110													滿期
	29	101/06/27	滿期	6	1,560,840		富邦	6美利赢家外幣增額	###													滿期
						小計	$	634,122	1,657	0	0	400	3	4,000	3,000	0	1,500	3,000	228	200	6,000	
	1.需求：生活費			資產保全				2.現況：														
	貸款險			薪資險																		
	教育費																				總計	634,122

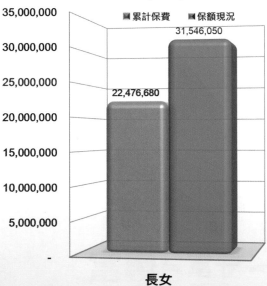

保費累計VS(現況)保障

■ 累計保費　■ 保額現況

31,546,050
22,476,680

長女

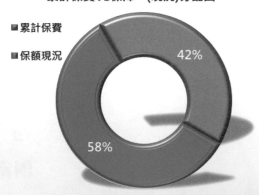

純總保費累計VS(現況)保障

項目	累計保費	保額現況
長女	22,476,680	31,546,050
total	22,476,680	31,546,050

PS.儲蓄險指有滿期金可領的保險

累計保費VS保障→(現況)分配圖

■ 累計保費
■ 保額現況

42%
58%

第3項│藏富_長女名下（現況）

（1）保單配置總明細表

　　身為家中長女，幫忙媽媽掌管銀行及公司財務之帳上業務，從理財預見未來角度，重新針對整體配置多元財富防禦力做檢視，並「以人為本」為原則～整合時間與風險因素的考慮，對現況整體理財配置之理路更清晰，執行時心裡踏實沒有壓力，也讓全部家族成員都舒服受益，享有幸福溫馨、快樂生活品質。保單配置總明細表如下：

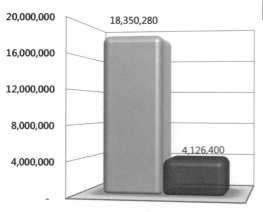

儲蓄VS保障→(現況)分配圖

長女

108年現況＿純保費累計→(儲蓄VS保障)歸納分類表

項目	儲蓄保費	保障保費	小計
長女	18,350,280	4,126,400	22,476,680
total	18,350,280	4,126,400	22,476,680

長女_儲蓄vs保障→比例分配圖

　　幫助家庭Family，企業Business和個人Individual，（F.B.I.）確定了可能發生的風險因子和潛在的損失因素。檢驗並尋求對抗風險與排除損失的方法。將全球各地BVI免稅天堂的財富移轉回國，進行一種最佳化合法的理財配置，建立不同性質的儲藏備援金庫。累計保費vs保障→（現況）分配圖，純保費累計2,247萬小於壽險保障3,154萬之圖形出現，代表所選擇的商品特性，局部付壽險成本整體仍以的儲蓄險為主。

　　再將累積保費2,247萬詳細分析，儲蓄vs保障→（現況）分配圖，兩者各占比重如何？如此除了可瞭解深藏內心的想法之外，亦可以清楚瞭解隱藏可調節空間之大小，或是風險緊急時可運用的資源究竟有多少。累計（配置主力）儲蓄險保費 1,835萬佔整體保費82%比重，可見得真正的想法動機是藏富配圖，累計（壽

險）保費412萬佔整體保費18%，壽險僅是配合儲蓄險稍微點綴一下而已，並不太看重壽險這部分的配置。

　　「以人為本」整體理財配置中，企業家們通常都會依照其背景規模不同，設置儲備有大小不同性質的藏富金庫，這次檢驗主要重點採用「數字會說話」的檢驗觀念，瞭解現況保單整體創造現金的效益如何？同時對照釐清（愛家守護心智圖內）其他的理財觀念，探索整體互相聯結的可行性！例如：守護價值與風險因素的沙盤推演，進一步探討可能發生的風險因子和潛在的損失因素。並尋求對抗風險與排除損失的方法。

　　期待！「數字會說話」的檢驗（報告）觀念，讓每一步財富移轉所建立的財富金庫發揮最佳的效益，完成心中所想…美好傳承移轉的期待，落實甲_1父母內心所想與所產生的結果完全一致。

　　藏富_長女為什麼顏色管理檢查表壽險區域使用紅色呈現（原因如下）。從愛家守護心智圖內探討它的價值究竟是什麼？再來看如何守護！依家庭角度～法定權益父母（7.29）億1/2財產價值3.14億，以保留分1/4財產估算也有1.57億身價。再從另一個人角度～賺錢能力檢驗，每月像印鈔機般的持續收入，每年70萬一直到65歲退休，30年收入價值2,100萬。保守加總現況共計1.77億身價，目前名下壽險保障3,154萬，能力、身價守護有一大段差距，故以紅色表示，急需去做補強規

劃，才能達到足夠的財富身價防禦力。

　　長女資產規模與大環境時代法令背景情形大致如下，現況名下資產3,119萬加上長女名下壽險保障3,154萬，合計共壽險保障6,273萬之資產，現行傳承法定5,000萬以下只需要10%遺產稅，只須要500萬的準備。預留最適當的流動性資產，解決傳承急用現金①稅源問題→檢驗內容於全家壽險總表章節中詳細敘述，詳看壽險檢驗這裡不再重複贅述說明。現況～準備度是否足以產生大量流動性資產，完整因應此稅源問題。

　　洞見未來透過時間的醞釀，父母（7.29）億資產配置類型，中高獲利資產性質也會隨著時間移動而增大，預見未來推算20年（1.57億*3.2倍=5.02億），如果兩人原本落差（2億）不算，長女保守家族應得分配5.02億。實質分配是否會趨於一致，能否主動排除能量平衡問題呢？或是其他甚麼美好的配置想法呢？

　　所以移轉整體資產除了稅務預留之外，（F.B.I.）尚有家庭Family，企業Business 和個人Individual，諸法定權益分配是否能量平衡的問題等待解決。預留（傳承）急用現金②解決能量平衡問題。關心每個能量的特質，關心不同能量的期待（喜好）。

　　最終最重要關鍵問題，充分滿足③父母內心深深期待的心意而做配置，三方（F、B、I）→（國稅局、子女、父母）同時皆得到圓滿結局才是最佳理財配置。長女名下法定權益資產1.57億身價之傳承，共計1.77億身價的守護準備，預留最適當的流動性資產，解決傳承急用現金問題→又不必花錢，內容詳細於檢驗全家壽險總表敘述說明，這裡不重複贅述。

　　長女現況壽險保障3,154萬準備度，尚不足守護1.77億的身價，所以顏色管理檢查表，壽險區域使用紅色呈現，紅色表示急需補強規劃，才能達到財富傳承身價守護。

　　解決能量平衡問題，需要同時關心每個能量的特質，關心長女不同能量的期待（喜好），加上最關鍵的父母內心深深期待，惟有家族氛圍和諧融洽，家族成員皆力量凝聚，方能得到圓滿結局。否則辦理過戶時，此時該從哪一個口袋拿出現金呢？誰有能力拿得出來呢？如果無法現金付給，可能要用面臨實物抵繳或是滯納金罰款。此繼承移轉財富關鍵時刻，務必預留足夠現金免得財務陷入困境。

　　另外過程中長女、長子兩人必須都蓋章，資產才能順利辦理過戶過戶繼承，屆時不同能量二個人法定權益，是否都得到平衡的關心和重視，若沒有足夠現金分配給其中明顯差異之人，未來繼承將潛藏很大的問題。可能產生如社會報導兄弟姊妹鬩牆，破壞珍貴家族團結之新聞。

民國	年齡	保費累計	保費合計	遠雄 20雄安心終	遠雄 20終身醫療	富邦 20富世代終	南山 6鴻利618增	富邦 6美利贏家外
99	27	0	0	0	0	0	0	0
100	28	0	0			0	0	0
101	29	3,574,180	3,574,180			325,000	1,497,540	1,560,840
102	30	7,148,360	3,574,180			325,000	1,497,540	1,560,840
103	31	10,722,540	3,574,180			325,000	1,497,540	1,560,840
104	32	14,296,720	3,574,180			325,000	1,497,540	1,560,840
105	33	17,870,900	3,574,180			325,000	1,497,540	1,560,840
106	34	21,445,080	3,574,180		10,800	325,000	1,497,540	1,560,840
107	35	21,960,880	515,800	180,000	10,800	325,000	0	0
108	36	22,476,680	515,800	180,000	10,800	325,000	0	0
109	37	22,992,480	515,800	180,000	10,800	325,000	0	0
110	38	23,508,280	515,800	180,000	10,800	325,000	0	0
111	39	24,024,080	515,800	180,000	10,800	325,000	0	0
112	40	24,539,880	515,800	180,000	10,800	325,000	0	0
113	41	25,055,680	515,800	180,000	10,800	325,000	0	0
114	42	25,571,480	515,800	180,000	10,800	325,000	0	0
115	43	26,087,280	515,800	180,000	10,800	325,000	0	0
116	44	26,603,080	515,800	180,000	10,800	325,000	0	0
117	45	27,118,880			10,800	325,000	0	0
118	46	27,634,680			10,800	325,000	0	0
119	47	28,150,480			10,800	325,000	0	0
120	48	28,666,280			10,800	325,000	0	0
121	49	28,666,280			0	0	0	0
122	50	28,666,280			0	0	0	0
123	51	28,666,280		0	0	0	0	0
124	52	28,666,280		0	0	0	0	0
125	53	28,666,280		0	0	0	0	0

大數據_時代(主動)
降低銀行存款額度
讓查稅機率降低

保單效益-檢驗分析

保單效益-檢驗分析

大數據_時代(主動)
降低銀行存款額度
讓查稅機率降低

純保費累計金額	
項目	保費
儲蓄險	18,350,280
保障險	4,126,400
total	22,476,680

儲蓄vs保障分配圖

保障險 18%
儲蓄險 82%

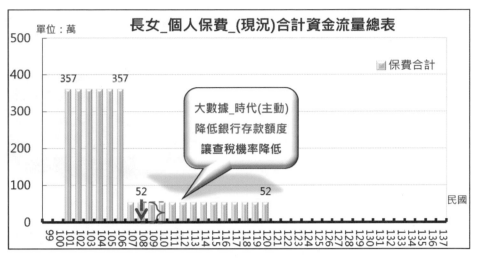

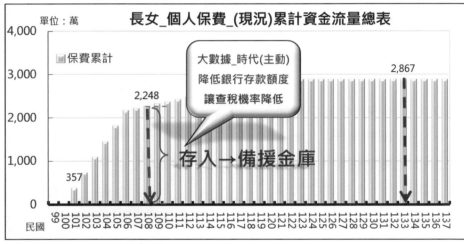

（2）純保費存入→資金流量總表

　　保費存入流量總表，代表每年主動降低銀行存款資金，境外BVI資金移轉進入保險帳戶的示意狀況。存入此帳戶高所得群族所得稅30%～40%（累進稅率），可以享受每年合法免稅之優惠。又為自己建立一個長期安全穩定的現金流，和預防風險的理財緊急備援金庫。這裡就是人們所形容，理財必須準備一把上膛的槍，等待時機好的時候隨時可以上場使用。

　　保費存入總流量表顯示八年前已經開始，從101年起分6年移轉財富，（財務接班人）長女名下每年約350萬保費，至108年為止移轉計畫累

計共存入2,248萬（隱藏金庫），佔全家整體保費存入計畫約8%配置比重。檢視個人名下至108年止，6年預定移轉財富進度已100%完成（隱藏金庫）。

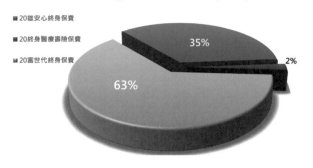

長女個人_108～保費存入(現況)配置

■ 20雄安心終身保費
■ 20終身醫療醫險保費
■ 20富世代終身保費

35%
2%
63%

依照現況名下法定權益1.77億身價規模與大環境背景連結，設置儲備這樣大小的藏富金庫，準備2,248萬（隱藏金庫），是否解決讓三方（家庭Family，企業Business 和個人Individual）同時滿意，期盼整體達到最佳理財配置之目標。

保費存入（現況）配置組合圖檢驗報告～108年現況商品3種～兩種終身醫療及失能保障，1種儲蓄險儲備金庫設置，尚未結合大環境各種背景問題與現況名下資產考慮，整合時間與風險的因素。再將108年現況累積保費2,248萬做詳細分析，儲蓄vs保障→（現況）分配圖，兩者各占比重如何？可以清楚

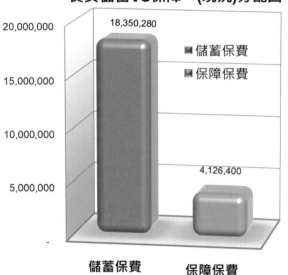

長女儲蓄VS保障→(現況)分配圖

20,000,000
18,350,280
■ 儲蓄保費
■ 保障保費

15,000,000

10,000,000

5,000,000
4,126,400

儲蓄保費　　　　保障保費

瞭解隱藏可調節空間之大小，或是風險緊急時可運用的資源究竟有多少。

儲蓄險保費累計（配置主力）1,835萬佔整體保費82%比重，可見得當事者真正的想法是（儲備金庫）藏富，壽險累計保費412萬佔整體保費18%，僅是約略點綴一下而已，整體並不太看重壽險這部分的配置機能。似乎與整體背景完全沒有關聯性，每筆商品金額又不大，很像似～捧場交際的人情保單模式。完全不必計較任何效益或是追究任何機能。

（3）壽險總保額→資金流量總表

整體「以人為本」整合時間與風險因素的考慮配置，做全面性理財配置檢討多元防禦力，檢驗就像是定期的身體健康檢查，透過各種不同角度檢測現況效益，並使得家族成員都輕鬆受益，享有幸福溫馨、快樂生活品質。

民國	年齡	合計保額	遠雄 20雄安心終身	遠雄 20終身醫療	富邦 20富世代終身	南山 6鴻利618增額	富邦 6美利贏家外幣
100	28	0	0	0	0	0	0
101	29	18,060,870	5,000,000	400,000	10,000,000	1,100,000	1,560,870
102	30	20,721,740	5,000,000	400,000	10,000,000	2,200,000	3,121,740
103	31	23,313,310	5,000,000	400,000	10,000,000	3,300,000	4,613,310
104	32	25,904,880			10,000,000	4,400,000	6,104,880
105	33	28,496,450			10,000,000	5,500,000	7,596,450
106	34	31,087,990	5,000,000	400,000	10,000,000	6,600,000	9,087,990
107	35	31,258,250	5,000,000	400,000	10,000,000	6,688,000	9,170,250
108	36	31,546,050	5,000,000	400,000	10,000,000	6,776,000	9,370,050
109	37	31,841,260	5,000,000	400,000	10,000,000	6,864,000	9,577,260
110	38	32,144,090	5,000,000	400,000	10,000,000	6,952,000	9,792,090
111	39	32,455,020	5,000,000	400,000	10,000,000	7,040,000	10,015,020
112	40	32,558,470	5,000,000	400,000	10,000,000	7,128,000	10,030,470
113	41	32,662,640	5,000,000	400,000	10,000,000	7,216,000	10,046,640
114	42	32,767,290	5,000,000	400,000	10,000,000	7,304,000	10,063,290
115	43	32,872,600	5,000,000	400,000	10,000,000	7,392,000	10,080,600
116	44	32,978,390	5,000,000	400,000	10,000,000	7,480,000	10,098,390
117	45	33,084,870	5,000,000	400,000	10,000,000	7,568,000	10,116,870
118	46	33,191,830	5,000,000	400,000	10,000,000	7,656,000	10,135,830
119	47	33,299,450	5,000,000	400,000	10,000,000	7,744,000	10,155,450
120	48	33,408,000	5,000,000	400,000	10,000,000	7,832,000	10,176,000
121	49	33,517,030	5,000,000	400,000	10,000,000	7,920,000	10,197,030
122	50	33,626,750	5,000,000	400,000	10,000,000	8,008,000	10,218,750
123	51	33,737,160	5,000,000	400,000	10,000,000	8,096,000	10,241,160
124	52	33,848,260	5,000,000	400,000	10,000,000	8,184,000	10,264,260
125	53	33,960,290	5,000,000	400,000	10,000,000	8,272,000	10,288,290
126	54	34,073,010	5,000,000	400,000	10,000,000	8,360,000	10,313,010
127	55	34,186,420	5,000,000	400,000	10,000,000	8,448,000	10,338,420
128	56	34,300,730	5,000,000	400,000	10,000,000	8,536,000	10,364,730
129	57	34,415,760			10,000,000	8,624,000	10,391,760
130	58	34,531,720			10,000,000	8,712,000	10,419,720
131	59	34,648,580	5,000,000	400,000	10,000,000	8,800,000	10,448,580
132	60	34,766,160	5,000,000	400,000	10,000,000	8,888,000	10,478,160
133	61	34,884,430	5,000,000	400,000	10,000,000	8,976,000	10,508,430
134	62	35,003,840	5,000,000	400,000	10,000,000	9,064,000	10,539,840

（圖中標註：扣除額→減項增加）

壽險總流量總表顯示108年壽險總額3,155萬（隱藏現金流量金庫），現況佔全家整體壽險計畫約18%配置比重。檢視長女個人名下至120年繳費截止總保額

3,340萬，（隱藏金庫）整體壽險財富進度已完成94%達成率，現況是理想的理財配置嗎？

　　結合資產規模與大環境時代法令背景情形比對如下，長女名下現況名下法定權益1.77億身價。現況壽險總額3,155萬～準備度尚不完整對應，整體於家庭，企業和個人三方面因素，確定可能發生的風險因子和潛在的損失因素。因此壽險急需去做補強規劃，才能達到足夠的身價守護。

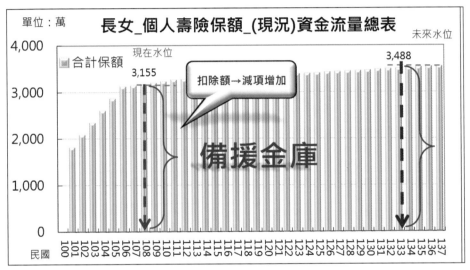

　　民法1141條規定，針對直系親屬長女名下、長子名下須法定均分。可是資產總歸戶（整體總資產配置），從下圖分配可知父母心中意向，長女名下3,119萬佔約3%比重，長子名下23,614萬佔24%。可知悉藏富_夫妻規劃總資產比重分配，早已經私下將公司股票逐步移轉給長子名下，要承擔家族接班的重責大任。

　　推測未來夫妻兩人名下的資產分配，是否仍然比照過去的模式（落差很大）持續發展下去呢？子女配置現況兩人落差21%已經2億差距，未來實質分配是否會持續擴大，造成更大能量不平衡問題呢？未來整體配置「以人為本」惟有家族氛圍和諧融洽，家族成員皆力量凝聚，全方位財富配置，才能具有傳承～長長久久的防禦力。

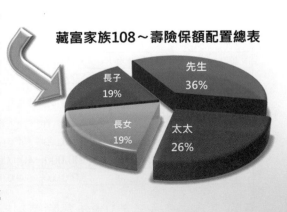

藏富家族108～壽險保額配置總表

　　壽險組合示意圖108年現況商品五種～兩種終身醫療失能險，三種儲蓄險都佔21%以上，宏觀整體於家庭，企業和個人三方面，確定可能發生的風險因子和潛在的損失因素。下列組合與整體背景完全沒有關聯性，組合中五種保單都是隨興所做的獨立事件。

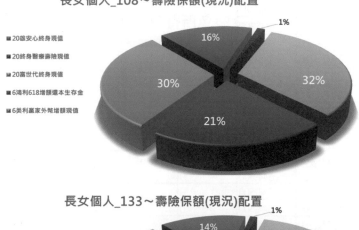

長女個人_108～壽險保額(現況)配置

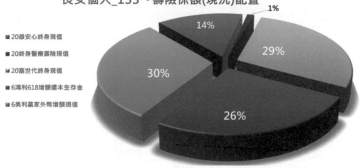

長女個人_133～壽險保額(現況)配置

　　長女名下美滿婚姻中育有2位兒女，法定權益分配（財務接班人），一生協助父母參與公司經營。檢驗關心每個能量的特質，關心不同能量的期待（喜好）。壽險總額3,155萬可以溫馨照顧好她的家人生活嗎？

　　愛家守護心智圖中（價值、責任、風險、期許）同時有多種內容需要，長女個人的能量屬於支援、合作型的特質，照顧家人有強烈的能量展現，只要她生命皆得到圓滿守護，她的家人生活被主動溫馨照顧好好的，解決應付「諸事無常」各種變化，對她而言忠誠、熱忱、貢獻是最棒的舞台，也才是對她最佳理財配置。

　　以雄厚實力能量平衡穩住整體相關人事物，應付「諸事無常」各種變化，絕對不可輕忽能量平衡配置，惟有家族氛圍和諧融洽，家族成員皆力量凝聚，才能得到圓滿結局，才是傳承最佳理財配置方向。

(4) 生存金→資金流量總表

民國	年齡	累計生存金	合計生存金	遠雄 20雄安心終	遠雄 20終身醫療	富邦 20富世代終	南山 6鴻利618增	富邦 6美利贏家外
101	29	0	0	0	0	0	0	0
102	30	69,300	69,300			0	0	69,300
103	31	138,600	69,300			0	0	69,300
104	32	207,900	69,300			0	0	69,300
105	33	277,200	69,300			0	0	69,300
106	34	613,800	336,600			0	198,000	138,600
107	35	950,400	336,600	0	0	0	198,000	138,600
108	36	1,287,000	336,600	0	0	0	198,000	138,600
109	37	1,623,600	336,600	0	0	0	198,000	138,600
110	38	1,960,200	336,600	0	0	0	198,000	138,600
111	39	2,504,700	544,500	0	0	0	198,000	346,500
112	40	3,049,200	544,500	0	0	0	198,000	346,500
113	41	3,593,700	544,500	0	0	0	198,000	346,500
114	42	4,138,200	544,500	0	0	0	198,000	346,500
115	43	4,682,700	544,500	0	0	0	198,000	346,500
116	44	5,227,200	544,500	0	0	0	198,000	346,500
117	45	5,771,700	544,500	0	0	0	198,000	346,500
118	46	6,316,200	544,500	0	0	0	198,000	346,500
119	47	6,860,700	544,500	0	0	0	198,000	346,500
120	48	7,405,200	544,500	0	0	0	198,000	346,500
121	49	7,949,700	544,500	0	0	0	198,000	346,500
122	50	8,494,200	544,500	0	0	0	198,000	346,500
123	51	9,038,700	544,500	0	0	0	198,000	346,500
124	52	9,583,200	544,500	0	0	0	198,000	346,500
125	53	10,127,700	544,500	0	0	0	198,000	346,500
126	54	10,672,200	544,500	0	0	0	198,000	346,500
127	55	11,216,700		0	0	0	198,000	346,500
128	56	11,761,200		0	0	0	198,000	346,500
129	57	12,305,700		0	0	0	198,000	346,500
130	58	12,850,200		0	0	0	198,000	346,500
131	59	13,394,700	544,500	0	0	0	198,000	346,500
132	60	13,939,200	544,500	0	0	0	198,000	346,500
133	61	14,483,700	544,500	0	0	0	198,000	346,500
134	62	15,028,200	544,500	0	0	0	198,000	346,500

（圖中標註：生存金增加 免所得稅）

　　父母將財富分散移轉於長女名下，進行一種多元合理的理財配置，建立儲藏現金流備援金庫。解決應付各種「諸事無常」變化，積極動機：包括大環境理財環境時機變化，當財富來臨時及時掌握的調節金庫。保守動機：如上下游經營產生倒閉風險，本身事業不致受太大影響之儲備，預防風險的理財緊急備援金庫。

首先個人退休生活品質的維護是最基本的安排，然後才有其他「以人為本」三方（國稅局、子女、父母）同時皆得到圓滿結局的理財配置。從長女生存金總流量表輕易得知，108年每年領回34萬生存金，比對現況背景優渥生活品質，這筆生存金並不夠維持目前生活品質，多年累計免稅生存金合計129萬似乎無關痛癢。

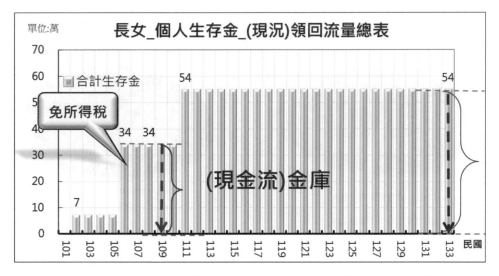

每年生存金34或54萬，比對現況背景優渥生活品質，再與企業經營的基本開銷校對，結果與當初內心的想法並不一致，有一種「說歸說、想歸想、做歸做」的巨大落差感受產生。現況並不足以維持目前生活品質，更談不上抵抗企業經營的基本開銷風險。現況功能如同玩具（火柴盒小汽車），只能供欣賞並無法真實使用，財富水壩源源不絕穩定供應功能想法雖然非常好，可惜！這裡並不具有此功能。

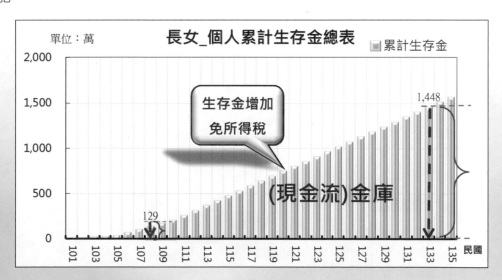

　　生存金總流量表同時也可以檢驗，移轉至此帳戶後產生免稅所得的詳細情況，通常高所得群族存入此帳戶享受每年所得稅30%～40%（累進稅率），可以合法免稅之優惠。又爲自己建立一個長期安全穩定的現金流，這裡30多年累計免稅生存金1,448萬，時間拉太長感覺似乎不關痛癢。

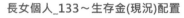
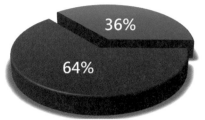

長女個人_108～生存金(現況)配置

- ■ 6鴻利618增額還本生存金
- ■ 6美利贏家外幣增額生存金

長女個人_133～生存金(現況)配置

- ■ 6鴻利618增額還本生存金
- ■ 6美利贏家外幣增額生存金

　　生存金（現況）配置圖發現每年領回34萬生存金，又分散開2張保單，所以判斷一切僅只象徵性的意思而已，整體似乎與背景完全沒有關聯性，並未具有實際儲藏現金備援金庫的功能。比較像似～捧場交際的人情保單模式。完全不必計較任何效益或是不必追究發揮任何機能。

（5）保價金→資金流量總表

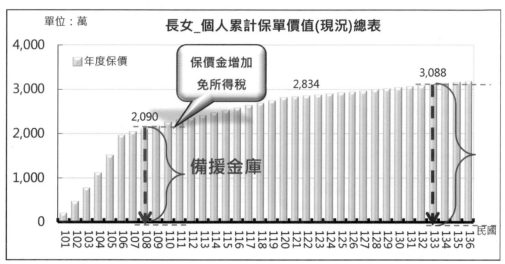

除了生存金免所得稅之外，隱藏保價金的增加也是免稅，保價金累計總表得知增加的部分，108年長女名下累計保價金2,090萬。往後保價金還可增加至3,087萬，其間997萬免稅所得空間。此金庫主要兩個功能：①增值所得免稅，② 抗風險的理財緊急備援金庫。

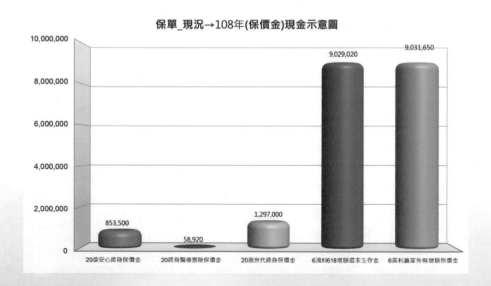

長女名下現金示意圖，清楚顯示備援金庫藏放主要的位置，分布在五種商品名下。彈性可活用資金現況二種主要商品：美利贏家外幣保單902萬，佔整體保價金45%，鴻利618增額還本保價金903萬，佔整體45%。

　　父母設置保價金規模2,090萬作爲調節財富的水庫功能，108年這樣大小的彈性應用儲水金庫，是否確實對長女個人具有很好的安定抗風險功能。我們比對一下其背景，現況長女名下法定權益1.77億身價與大環境背景連結，設置儲備這樣大小的藏富金庫2,090萬（約12%），此比例是否合乎互相對映的比例道理呢？

			遠雄	遠雄	富邦	南山	富邦
民國	年齡	年度保價	20雄安心終身保	20終身醫療壽險	20富世代終身保	6鴻利618增額壽	6美利贏家外幣壽
101	29	1,893,900	14,500	0	4,000	941,710	933,690
102	30	4,532,200		8,600	173,000	2,230,690	1,982,910
103	31	7,606,470		17,640	347,000	3,675,980	3,299,850
104	32	11,048,390		27,200	524,000	5,283,410	4,811,280
105	33	14,921,760	37,280	753,000	7,058,370	6,527,610	
106	34	19,539,870	696,000	47,840	950,000	9,006,800	8,839,230
107	35	20,270,090	853,500	58,920	1,297,000	9,029,020	9,031,650
108	36	20,902,760	1,019,000	70,520	1,530,000	9,051,790	9,231,450
109	37	21,555,950	1,191,500	82,680	1,768,000	9,075,110	9,438,660
110	38	22,454,480	1,372,500	95,400	2,234,000	9,099,090	9,653,490
111	39	22,947,220	1,538,000	107,080	2,510,000	9,123,620	9,668,520
112	40	23,451,670	1,707,000	119,000	2,793,000	9,148,700	9,683,970
113	41	23,967,350	1,879,500	131,160	3,082,000	9,174,550	9,700,140
114	42	24,493,300	2,055,000	143,560	3,377,000	9,200,950	9,716,790
115	43	25,031,350	2,234,000	156,240	3,679,000	9,228,010	9,734,100
116	44	25,581,780	2,417,000	169,160	3,988,000	9,255,730	9,751,890
117	45	26,144,450		182,360	4,304,000	9,284,220	9,770,370
118	46	26,720,000		195,800	4,628,000	9,313,370	9,789,330
119	47	27,308,690		209,560	4,959,000	9,343,180	9,808,950
120	48	27,911,010	3,186,000	223,640	5,298,000	9,373,870	9,829,500
121	49	28,122,390	3,241,000	223,640	5,402,000	9,405,220	9,850,530
122	50	28,336,340	3,296,000	223,640	5,507,000	9,437,450	9,872,250
123	51	28,552,640	3,351,000	223,640	5,613,000	9,470,340	9,894,660
124	52	28,791,140	3,406,000	244,160	5,719,000	9,504,220	9,917,760
125	53	29,013,320	3,461,500	244,160	5,827,000	9,538,870	9,941,790
126	54	29,236,570	3,516,500	244,160	5,935,000	9,574,400	9,966,510
127	55	29,463,390		244,160	6,045,000	9,610,810	9,991,920
128	56	29,690,990		244,160	6,154,000	9,648,100	10,018,230
129	57	29,941,770		265,240	6,264,000	9,686,270	10,045,260
130	58	30,174,000		265,240	6,375,000	9,725,540	10,073,220
131	59	30,407,010	3,789,000	265,240	6,485,000	9,765,690	10,102,080
132	60	30,641,840	3,842,000	265,240	6,596,000	9,806,940	10,131,660
133	61	30,876,240	3,894,000	265,240	6,706,000	9,849,070	10,161,930
134	62	31,133,410	3,945,500	286,160	6,816,000	9,892,410	10,193,340

（表中註記）保價金增加 免所得稅

　　值得研究整體儲備金庫（水壩）的規格，討論長女名下究竟設置多大才是最合適，或是整體效益最大。以保險帳戶配置緊急備援金庫，不但具有簡單、安全、穩定特色。同時發揮兌價的多元價值守護。

長女個人_108～保單價值(現況)配置

- 20越安心終身保價金
- 20終身醫療壽險保價金
- 20富世代終身保價金
- 6鴻利618增額還本生存金
- 6美利贏家外幣增額保價金

1% / 7% / 5% / 44% / 43%

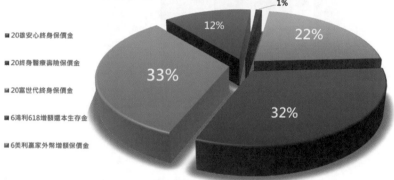

長女個人_133～保單價值(現況)配置

- 20雄安心終身保價金
- 20終身醫療壽險保價金
- 20富世代終身保價金
- 6鴻利618增額還本生存金
- 6美利贏家外幣增額保價金

1% / 12% / 22% / 33% / 32%

　　保價金（現況）配置圖詳細指出每一筆儲備金庫內容，為自己設置一個長期安全、穩定的金庫水壩，同時發揮兌價的多元價值守護。這裡就是人們所形容，理財平時必須準備一把上膛的槍，等待時機好的時候隨時可以上場使用。

　　積極動機：「諸事無常」包括理財環境時機產生變化，當大環境變化處於低點來臨時，隨時備有雄厚資金，儲備財富金庫保有掌握機會的能力。保守動機：如上下游經營遭受倒閉風險時，本身事業不致受太大影響之儲備，理財儲備抵抗風險的緊急備援金庫。

(6) 達成率→資金流量總表

達成率（六大保障）柱狀圖示意圖，詳細使用數字會說話（進階）的方式進一步說明，除了瞭解每一個人現況整體配置是否完備之外，很清楚知道每個部位的抗風險程度究竟如何？顏色管理檢驗表僅是（初階）視覺快速分辨而已，整體的理財→醫療配置架構是否完整。

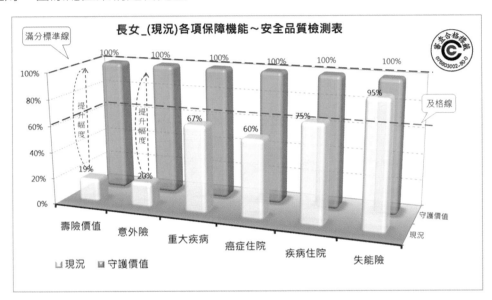

很有效率的指引補強調整方向，引導針對不足的部位去做加強，檢測表採柱狀圖形從視覺化高低差理解（容易抓住重點），同時也精準校對結果是否與自己內心的想法完全一致，避免產生「說歸說、想歸想、做歸做」前後不一致的誤差。提供決策者定期檢查或安排調節內容，決策拿捏判斷輕重緩急很好的參考，確保整體發揮多元抗風險效果。

進一步詳細說明（進階的部分）→數字會說話的達成率，整體配置現況是否與自己內心的想法完全一致。因此考量整體資產安全需要稍微大一些（身價守護結合背景資產規模）考量，如同勞斯

保單檢查〈顏色管理〉表→現況　　　　version A

6大保障 \ 姓名	1 先生	2 太太	3 長女	4 長子
1 壽險	6107	4351	3155	3289
2 意外險	300	500	400	400
3 重大疾病險	0	100	200	200
4 防癌險	2400	4400	6000	6000
5 醫療險	5000	9000	6000	6000
6 失能險	100	100	228	228

藍 表示已規劃完整

紅 代表急需補強--調整討論　　　黃 表示警界線--未來需作調整

來斯的汽車你一定會配置有保險，而且你購車不會逐一分開依零件規格，買原廠的零件自行拼湊組裝，而是整體安全與舒適品質考量後整車一次購買，如此的好處便宜→整體的機能協調性與價格都是最佳狀態，不會浪費比較多的錢換得到整體性能不佳的高級勞斯來斯轎車。

　　將「以人為本」的理財配置，家族氛圍和諧融洽，家族成員皆力量凝聚，（F、B、I）三方同時得到圓滿結局為檢驗基礎。所以檢驗目的以客觀角度「數字會說話」的達成率，確保理財配置的每一分錢達到最佳狀態。長女現況需要1.7億身價守護，檢驗壽險3,155萬達成率只有19%，還有81%很大的補強空間。準備度尚不完整對應（F、B、I）三方問題，所以壽險急需做補強規劃，才能達到足夠的身價守護。

　　醫療住院照顧詳細採用實際時空背景需求與保單現況做比對，日常生活保障範圍當意外險、醫療險、防癌險、失能險、重大疾病等等各種風險時，必須馬上可以產生足夠的現金流量，解決經濟問題。檢驗現況整體理財品質效益究竟是多少？探討是否已經足以將對抗各種風險的配置做好安排，使理財效益達到最完整、圓滿的配置。

	現況數字	守護價值	現況	守護價值
壽險價值	3155	17000	**19%**	100%
意外險	400	2000	**20%**	100%
重大疾病	200	300	**67%**	100%
癌症住院	6000	10000	**60%**	100%
疾病住院	6000	8000	**75%**	100%
失能險	228	240	**95%**	100%

　　各項機能_安全檢測比較表，檢驗日常生活（意外險、醫療險、防癌險、失能險、重大疾病）各種風險，比對現況生活水平大致如下標準：住院醫療期間（最上等）單人病房每日約30,000元，（中上等級）單人病房每日約一萬元，（中等）單人病房每日約5,000元。實支實付醫療健保不足部分（差額自負）每次負擔一般約需 50萬額度、出院後失能長期生活照顧（上等級）每月約20萬元額度，（中等級）每月約10萬元（基礎）每月約五萬元。重大疾病（五年）緊急預備金額度約300～500萬。

　　從長女（傳承結合身價背景）各項機能_ 安全檢測比較表檢視，長女名下住院醫療現況配置每日6,000元，實支實付醫療額度每次59萬、長期生活照顧（上等級）每年約228萬元額度。

　　（儲備金庫→有2,090萬備援）。整體上已經達中等以上守護對抗風險，若在理財部分稍作補強整體就會是最佳狀態。

　　藏富_長女將身價背景結合檢驗六項機能安全當中，其他五項都已經有足夠防禦力，除此之外長女現有保單價值金2,090萬額度，可以彈性調度支應，唯有壽險理財區域不足，對長女產生比較大的漏洞，在此建議重新作符合自己財富背景的調整，使整體發揮完整財富防禦力贏得理財最大化的樂趣。

　　以下一點點建議：以現有資源循環應用，重新調整詳細規劃最佳化內容，可以兼顧全方位多重功能，例如：賺預定利率優於定存的錢（免稅所得），同時兼顧放大槓桿效果、配合最低稅負（不計入性資產）每申報戶3300萬免稅額度，做整體理財配置。將財富移轉，傳承分配，放大財富、充分主控及分散避險等，多種財富管理功能全部結合在一起，提供「以人為本」多元財富防禦配置，解決許多比節稅更重要的事，達到財富達到進可攻、退可守的多重圓滿效果。

　　完美的理財狀態是於急用現金狀況時，馬上大量流動性資產湧入，除了支應稅務急用現金之外，消除下一代急用現金籌湊困擾，提供「以人為本」多元財富防禦力，解決許多比節稅更重要的事，惟有家族氛圍和諧融洽，家族成員皆力量凝聚。財富厚植實力配置，才能完成長長久久照顧家人幸福、造福國家、社會的快樂願望。贏得理財最大化的樂趣。

（7）備援水庫_成果示意圖

　　財富實際於傳承分配時，往往會因為每個人天賦使命的不同，每個人能量的不同潛在能力也不同。所以財富實務在傳承時，必須注意一種狀況～每個人內心的期待、喜歡內容並不相同，能量屬於開拓型、領導型的人～喜歡挑戰、成就感、學習想要權力、舞台。而能量屬於支援型、合作型的人～喜歡群眾與安全，想要實質東西、愛好歡樂溫馨與穩定生活步調。

　　傳承分配檢驗整體三方（家庭Family，企業Business 和個人Individual）同時滿意，常見的三方（國稅局、子女、父母）潛藏問題→國稅局的問題最簡單，稅務是事的問題最容易估算預做準備。而人的問題！最容易被忽略而被誤解成最複雜，其實人的能量問題，只要抓住人的能量重點也很容易預作安排。家族氛圍和諧融洽，家族成員皆力量凝聚，若「以人為本」的信念做理財配置基礎，數據化釐清現況，很容易得到圓滿結局的藍圖。

　　從現況資產高度推測表，長女資產規模與大環境時代法令背景情形大致如下，長女名下現況名下法定權益1.77億身價。現況壽險總額3,155萬，總計2億之資產隱藏身價，現行遺產稅一億以上法定需要20%，須要約0.4億的稅源準備。

財富高度推測→預見未來　　　　單位：萬

	現況	10年	20年
資產淨值	60,000	107,400	192,000
穫利倍數	1.00	1.79	3.20
稅20%	12,000	21,480	38,400

預見未來成長採6%複利，保守評估財富高度

遺產稅申報　延期　核定　現金繳納　延期　繼承程序
六個月　三個月　　　二個月　二個月

過去三年_財產總歸戶清單
所得課稅資料清單，(內含薪資、利息、信託、營利、租賃、財產交易所得)。

1.分期繳納，
18 期 x 2 月 = 36月
2.實物抵繳
3.預留稅源

1.繳清證書
2.協議分割書
3.公同共有登記

　　預見潛藏問題→傳承長遠考慮時間越久，因為1.77億資產整體配置屬於中高獲利的理財配置，預見未來20年資產財富也會愈來越多，從保守6%推測表對照之淨值預估，總計1.77億之資產預見3.2倍增值，20年後財富隨時間增值，未來身價總計約5.66億。20%遺產稅，須要1.13億的稅源準備。

　　理財配置避免不夠專業，人為疏失造成「想歸想、說歸說、做歸做」結果前後不一致。金庫功能檢驗採用數字會說話的方式，精準校對現況結果與自己內心的想法是否完全一致。慎重檢驗全方位理財結果，避免產生一頭賺錢，另一邊在損失賠錢的漏洞，確保整體理財達到最大化效果。

民國	年齡	年度保費	累計已繳	壽險保額	保單價值	利息增加	生存金	累計生存金	年度收支
100	28	0	0	0	0	0	0	0	0
101	29	3,574,180	3,574,180	18,060,870	1,893,900		0	0	-3,574,180
102	30	3,574,180	7,148,360	20,721,740	4,532,200	2,638,300	69,300	69,300	-3,504,880
103	31	3,574,180	10,722,540	23,313,310	7,606,470	3,074,270	69,300	138,600	-3,504,880
104	32	3,574,180	14,296,720	25,904,880	11,048,390	3,441,920	69,300	207,900	-3,504,880
105	33	3,574,180	17,870,900	28,496,450	14,921,760	3,873,370	69,300	277,200	-3,504,880
106	34	3,574,180	21,445,080	31,087,990	19,539,870	4,618,110	336,600	613,800	-3,237,580
107	35	515,800	21,960,880	31,258,250	20,270,090	730,220	336,600	950,400	-179,200
108	36	515,800	22,476,680	31,546,050	20,902,760	632,670	336,600	1,287,000	-179,200
109	37	515,800	22,992,480	31,841,260	21,555,950	653,190	336,600	1,623,600	-179,200
110	38	515,800	23,508,280	32,144,090	22,454,480	898,530	336,600	1,960,200	-179,200
111	39	515,800	24,024,080	32,455,020	22,947,220	492,740	544,500	2,504,700	28,700
112	40	515,800	24,539,880	32,558,470	23,451,670	504,450	544,500	3,049,200	28,700
113	41	515,800	25,055,680	32,662,640	23,967,350	515,680	544,500	3,593,700	28,700
114	42	515,800	25,571,480	32,767,290	24,493,300	525,950	544,500	4,138,200	28,700
115	43	515,800	26,087,280	32,872,600	25,031,350	538,050	544,500	4,682,700	28,700
116	44	515,800	26,603,080	32,978,390	25,581,780	550,430	544,500	5,227,200	28,700
117	45	515,800	27,118,880	33,084,870	26,144,450	562,670	544,500	5,771,700	28,700
118	46	515,800	27,634,680	33,191,830	26,720,000	575,550	544,500	6,316,200	28,700
119	47	515,800	28,150,480	33,299,450	27,308,690	588,690	544,500	6,860,700	28,700
120	48	515,800	28,666,280	33,408,000	27,911,010	602,320	544,500	7,405,200	28,700
121	49	0	28,666,280	33,517,030	28,122,390	211,380	544,500	7,949,700	544,500
122	50	0	28,666,280	33,626,750	28,336,340	213,950	544,500	8,494,200	544,500
123	51	0	28,666,280	33,737,160	28,552,640	216,300	544,500	9,038,700	544,500
124	52	0	28,666,280	33,848,260	28,791,140	238,500	544,500	9,583,200	544,500
125	53	0	28,666,280	33,960,290	29,013,320	222,180	544,500	10,127,700	544,500
126	54	0	28,666,280	34,073,010	29,236,570	223,250	544,500	10,672,200	544,500
127	55	0	28,666,280	34,186,420	29,463,390	226,820	544,500	11,216,700	544,500
128	56	0	28,666,280	34,300,730	29,690,990	227,600	544,500	11,761,200	544,500
129	57	0	28,666,280	34,415,760	29,941,770	250,780	544,500	12,305,700	544,500
130	58	0	28,666,280	34,531,720	30,174,000	232,230	544,500	12,850,200	544,500
131	59	0	28,666,280	34,648,580	30,407,010	233,010	544,500	13,394,700	544,500
132	60	0	28,666,280	34,766,160	30,641,840	234,830	544,500	13,939,200	544,500
133	61	0	28,666,280	34,884,430	30,876,240	234,400	544,500	14,483,700	544,500

　　浮動檢驗長女名下個人～創造現金整體效益，①預留1.13億稅源問題→檢驗內容長女壽險總表，（隱藏現金流量金庫）名下保險只預留3,154萬，現況達成率只有27%而已，尚需要73%大量流動性資產才能對應此問題，所以顏色檢查總表壽險區域使用紅色警示，表示急需針對此不足73%補強，才能達到國稅局足夠的財富防禦力。解決傳承急用現金，（現況）整體效益與背景需求不吻合。

　　長女名下～個人（現況）資金流量表顯示，境外BVI之備援金庫移轉至國內保險帳戶設置，分散風險同時以保險保價金作為調節財富金庫，也是緊急備援的金庫。101年早就開始移轉動作，直到108年截止已累計存入2,248萬，從可活用現金→保價金累計2,090萬確定（隱藏金庫）蓄存效果。

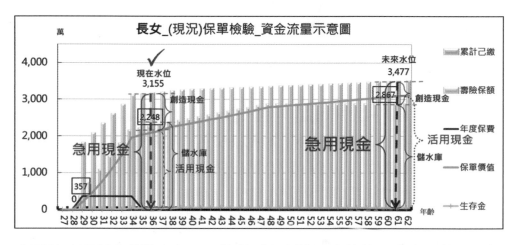

　　上圖隨時間任意移動，都可以清楚看見創造現金的效益產生，此圖形輕易了解是否創造現金，以及急用現金、活用現金可運用的空間。下圖整體效益圖形～非常容易校對是否結合身價背景與整體理財、稅務、避險的因素聯結，宏觀整體理財最佳化功能。

　　浮動檢驗108年累計保費2,248萬，統計108年累計免稅所得2,128萬，比對之下得知94%累計保費幾乎全部從累計免稅所得而來，往後保價金的彈性活用空間還可持續增加至3,087萬。現況此備援金庫如同水壩，儲藏供應源源不絕之金庫。

　　許多企業家們通常都會依照其背景規模不同，設置儲備有大小不同這樣性質的緊急備援金庫，以保險保價金作為調節財富水庫的理財兼抗風險之備援金庫。配置這裡與OBU免稅天堂同等享受免稅。大師巴菲特一句名言：隨時準備一把上膛的槍。此備援金庫之設置具有簡單、安全、有效幾種特質。

長女整體～108年創造現金整體效益表顯示最後結果。整體壽險保額配置3,154萬—留存現金2,118萬（累計保費2,248萬— 累計領回128萬）—（不適格商品）課徵20%遺產稅630萬=404萬←表面看起來整體效益（看似小賺）。檢視角度若是從累計免稅所得108年2,128萬，實際試算加上404萬之後，整體效益總計2,532萬。

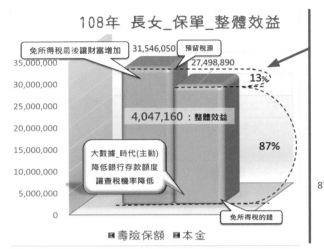

浮動檢驗長女名下～133年創造現金整體效益表顯示最後結果。整體壽險保額配置3,489萬—留存現金1,418萬（累計本金2,866萬— 累計領回1,448萬）—（不適格商品）課徵20%遺產稅約697萬 =1,372萬←表面看起來整體效益（看似小賺）。若是從免稅所得累計檢視至133年總計4,346萬，再增加1,372萬，整體效益檢驗總計5,718萬。

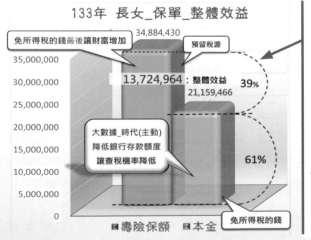

長女學校畢業後，一直在公司財務部門服務經歷10多年，目前掌管財務部門職稱財務經理。保單備援水庫示意圖，以下主要探討其數字，是否符合長女的家族背景與賺錢的能力→守護賺錢的人。

84%純屬儲蓄性質的配置圖，仍意味著公司對於銀行交往深厚，有情義相挺、彼此照應的人際關係存在。圖中累計保費2,867萬，形同是家族其中一個儲蓄帳號配置。

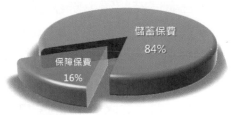

長女_儲蓄險比重→分配圖

儲蓄保費 84%

保障保費 16%

綜觀長女備援水庫的狀態→身份公司股東也掌管財務重要職務，同時也是直系血親身份。目前備援水庫規模，是否吻合父母長期照顧女兒的心意！公司未來發展的安排，是否與溫馨傳承的初衷聯結→將家族維持和諧氛圍，企業力量凝聚。全部納入整體考慮範圍。

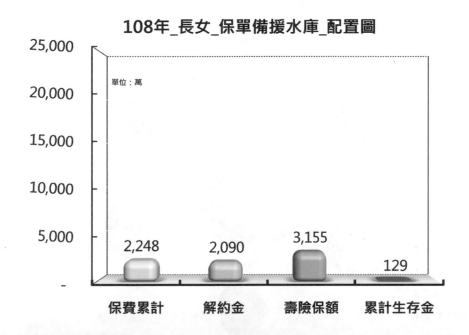

108年_長女_保單備援水庫_配置圖

單位：萬

保費累計	解約金	壽險保額	累計生存金
2,248	2,090	3,155	129

10億資產背景的長女，水庫設計規劃除了基本的守護賺錢能力，同時也須融入遺贈稅法免稅贈運用空間與民法1138、1141相關範圍。套句阿姆斯壯登入月球的名言：現在的一小步，是未來的一大步。

浮動檢驗長女名下～個人整體配置偏重儲蓄功能，並未達多元和最大化效益。需要一起深入探討最大值。才能充分享受財富分配樂趣，可以讓財富越來越多，又達到無遠弗屆的感覺～一代接一代的照顧所愛的人→過著(創富、守富、傳富)三富人生的幸福、快樂生活。

　　千萬不能輕忽(家庭Family，企業Business 和個人Individual)資產與財富管理，三者同時兼顧，務必正視這個問題，並隨時預備好解決問題的備援水庫，惟有家族氛圍和諧融洽，家族成員皆力量凝聚，避免疏忽造成了破裂結局，才不枉費今生努力所建立的名譽與事業成就。而達到保障你所擁有的～生命價值、收入、財產。因此備援水庫務必建立在任何時間點風險發生時，具有創造大量現金的資產配置。守護(現況)的結果。

　　① 保障生命價值　　② 保障家人生活品質　　③ 保障財產和尊嚴

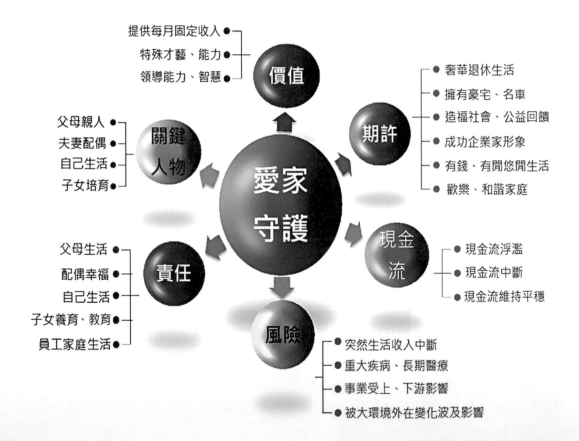

第4項│藏富_長子名下（現況）

（1）保單配置總明細表

藏富_長子身分為家中二代繼承人，從預見未來角度理財，重新針對整體配置多元財富防禦力做檢視，並「以人為本」為原則～整合時間與風險因素的考慮，對現況整體理財配置之理路更清晰，執行時心裡踏實沒有壓力，也讓全部家族成員都舒服受益，享有幸福溫馨、快樂生活品質。保單配置總明細表如下：

									投保內容												
姓名	投保年齡	投保日期	要保人	繳別	繳費月份	金額	投保公司	產品名稱	壽險			意外			醫療				失能	重大	防癌	年繳
									終身	儲蓄	定期	意外	醫療	住院	定額	日額	手術	實支				
長子	28	101/06/30	本人	1	6	176,500	遠雄	20雄安心終身	500										100			176,500
72/12/30	28	101/06/30	1	1	6	113,098	遠雄	20終身醫療壽險	40					3,000		1,500	1,000			200	6,000	113,098
	28	101/06/30		1	6	328,669	富邦	20富世代終身	1,000			100		2,000			2,000	128				328,669
	28	101/06/30		1	6	3,300	友聯	金旺				300	3	2,000								3,300
	28	101/06/26	滿期		6	1,519,020	南山	6德利久久外幣	US$15													滿期
	28	100/06/29	滿期		6	1,006,560	富邦	6富利高升終身	270													滿期
					小計	$ 621,567			1,810	0	0	400	3	4,000	3,000	0	1,500	3,000	228	200	6,000	
	1.需求：生活費			資產保全				2.現況：														
	貸款險			薪資險																		
	教育費																			總計		621,567

聯絡人： **長子_個人**　　　　日期：104/8/23

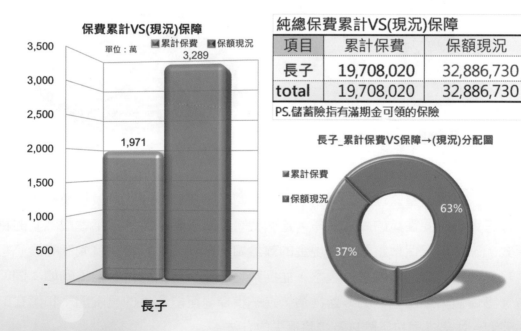

保險主要功能（F、B、I）幫助家庭Family，企業Business和個人Individual，確定了可能發生的風險因子和潛在的損失因素。將全球各地BVI免稅天堂的財富移轉回國，同樣進行一種最佳化合法的理財配置，建立不同性質的儲藏備援金庫。檢驗並尋求對抗風險與排除損失的方法。上圖累計保費vs保障→（現況）分配圖，

純保費累計1,971萬小於壽險保障3,289萬之圖形，代表所選擇的商品特性以增值儲蓄險為主（不領回生存金）。

　　再將累積保費1,971萬詳細分析，儲蓄vs保障→（現況）分配圖，兩者各占比重如何？除了瞭解父母當初深藏內心的想法之外，亦可以清楚瞭解隱藏可調節空間之大小，或是風險緊急時可運用的資源究竟有多少。累計（配置主力）儲蓄險保費 1,515萬佔整體保費77%比重，可見得真正的想法動機是藏富配圖，累計（壽險）保費455萬佔整體保費23%，壽險僅是配合儲蓄險稍微點綴一下而已，並不看重壽險這部分的配置。

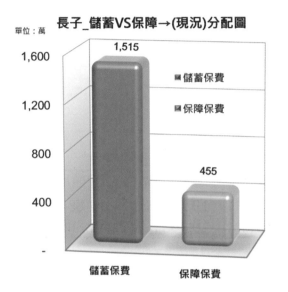

純保費累計金額(現況)	
項目	保費
儲蓄保費	15,153,480
保障保費	4,554,540
total	19,708,020

長子_儲蓄vs保障(現況)分配圖

　　「以人為本」整體理財配置中，企業家們通常都會依照其背景規模不同，設置儲備有大小不同性質的藏富金庫，這次檢驗主要重點採用「數字會說話」的檢驗模式，瞭解現況保單整體創造現金的效益如何？同時對照釐清（愛家守護心智圖內）其他相關聯因素的理財觀念，並探索整體互相連結的可行性！例如：同時具有守護價值與風險因素的沙盤推演，進一步探討可能發生的風險因子和潛在的損失因素。並尋求對抗風險以及排除損失的方法。

　　期待！「數字會說話」的檢驗（報告）觀念，讓每一步財富移轉所建立的財富金庫發揮最佳的效益，完成心中所想⋯美好傳承移轉的期待，落實藏富_夫妻內心所想與所產生的結果完全一致。

　　藏富_長子爲什麼顏色管理檢查表，壽險區域使用紅色呈現（原因如下）。從愛家守護心智圖內探討它的價值究竟是什麼？再來看如何守護！依家庭角度～法定權益父母合計7.29億1/2財產價值3.14億，以過去移轉財產模式估算90%會分配給長子名下，也就是這部分有6.56億身價。再從另一個人角度～賺錢能力檢驗，長子未來CEO每月像印鈔機般的持續創造收入，最保守估計以每年180萬評估一直到65歲退休，30年收入價值5,400萬。名下財產2.34億，加總現況法定權益總共計9.4億身價。目前名下壽險保障3,288萬，能力、身價守護有一大段落差，故以紅色表示，急需做補強規劃，才能達到足夠的財富身價防禦力。

　　長子資產規模與大環境時代法令背景情形大致如下，現況名下資產2.34億加上過去移轉模式→未來財產6.56億，總計8.9億之資產，現行一億以上法定需要20%遺產稅，須要1.78億的稅源準備。預留未來最適當的流動性資產，解決傳承急用現金①預留稅源問題→檢驗內容於後面章節中說明，詳看壽險總表檢驗這裡不再重複贅述。

　　洞見未來時間的醞釀，父母7.29億資產配置於中高獲利資產類型，推估也會隨著時間移動而自動增大，預見～推算未來20年（6.56億*3.2倍=）20.99億，移轉過程中除了主動預留稅源，能否主動排除能量平衡問題呢？或是安排其他主動消弭問題的好方法呢？

　　移轉整體資產除了稅務預留之外，（F.B.I.）顧及家庭Family，企業Business和個人Individual，法定權益分配是否顧及能量平衡的問題～尚等待解決。主動預留（傳承）急用現金②解決能量平衡問題。惟有家族氛圍和諧融洽，家族成員皆力量凝聚，關心每個能量的特質，關心不同能量的期待（喜好）。才是諸法圓滿的全方位配置。

　　最後也是最重要關鍵問題，充分滿足自己③父母內心深深期待的想法而做配置，三方（F_家庭、B_企業、I_個人）→（國稅局、子女、父母）同時皆得到圓滿結局才是最佳理財配置。長子名下依過去移轉財產模式總計8.9億之資產，如何安排守護準備，預留最適當的流動性資產，解決傳承急用現金問題→而且又可以不必花錢，內容詳細於檢驗全家壽險總表敘述說明，這裡不重複贅述。

　　長子現況壽險保障3,289萬準備度，尚不足守護總計8.9億的身價，所以顏色管

理檢查表，壽險區域使用紅色呈現，紅色表示急需補強規劃，才能達到財富傳承身價守護。

解決能量平衡問題，需要同時關心每個能量的特質，關心每個不同能量的期待（喜好），加上最關鍵的父母內心深深期待，方能得到圓滿全方位結局。否則辦理過戶時，此時該從哪一個口袋拿出現金呢？

另外過程中長女、長子兩人都必須親自蓋章，資產才能順利辦理過戶過戶繼承，屆時不同能量二個人法定權益，是否都得到平衡的關心和重視，若沒有足夠充裕現金分配給其中明顯差異之人，未來繼承將潛藏很大的問題。可能產生如社會報導兄弟姊妹鬩牆，破壞珍貴家族團結之新聞。惟有家族氛圍和諧融洽，家族成員皆力量凝聚，方能得到圓滿全方位結局。

（2）純保費存入→資金流量總表

　　檢驗保費存入流量總表可以看出，每年BVI資金移轉進入保險帳戶的狀況。高所得群族存入此帳戶享受每年免所得稅30%～40%（累進稅率）之優惠。又爲自己建立一個長期安全穩定的現金流，同時預防風險的理財緊急備援金庫。這裡就是專家們所形容，理財必須準備一把上膛的槍，等待時機好的時候，隨時可以上場使用的彈藥庫。

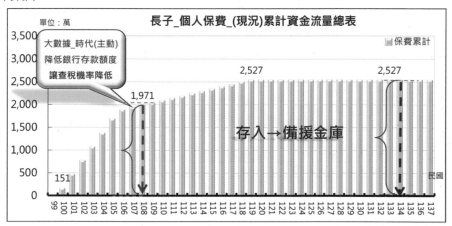

　　保費存入總流量表顯示早在八年前就已經開始存入，從101年起分6年移轉財富，（CEO接班人）長子名下每年存入約250萬保費，至108年爲止移轉累計共存入1,958萬（隱藏金庫），佔全家整體保費存入計畫約9%配置比重。檢視個人名下至108年止，6年預定移轉財富進度已完成（隱藏金庫）。

藏富家族108～保費存入配置

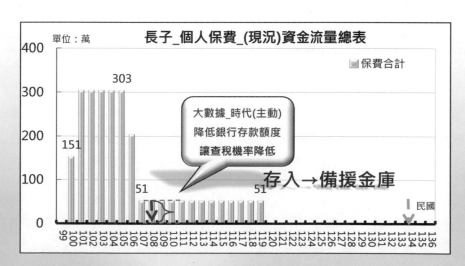

　　依照移轉財產模式未來總計8.9億身價，與大環境F、B、I背景連結，設置儲備這樣大小的藏富金庫，儲備1,958萬（隱藏金庫），是否足以解決讓三方（家庭Family，企業Business 和個人Individual）同時滿意呢？比對兩者數據太懸殊，整體尚難以達到最佳理財配置之目標。

民國	年齡	保費累計	保費合計	遠雄 20雄安心終	遠雄 20終身醫療	富邦 20富世代終	南山 6添利久久外	富邦 6富利高升終	利息支出
99	27	0	0	0	0	0			0
100	28	1,512,620	1,512,620	176,500	10,560	319,000	0	1,006,560	0
101	29	4,544,260	3,031,640			319,000	1,519,020	1,006,560	0
102	30	7,575,900	3,031,640			319,000	1,519,020	1,006,560	0
103	31	10,607,540	3,031,640			319,000	1,519,020	1,006,560	0
104	32	13,639,180	3,031,640			319,000	1,519,020	1,006,560	0
105	33	16,670,820	3,031,640			319,000	1,519,020	1,006,560	0
106	34	18,695,900	2,025,080	,500	10,560	319,000	1,519,020	0	0
107	35	19,201,960	506,060	176,500	10,560	319,000	0	0	0
108	36	19,708,020	506,060	176,500	10,560	319,000	0	0	0
109	37	20,214,080	506,060	176,500	10,560	319,000	0	0	0
110	38	20,720,140	506,060	176,500	10,560	319,000	0	0	0
111	39	21,226,200	506,060	176,500	10,560	319,000	0	0	0
112	40	21,732,260	506,060	176,500	10,560	319,000	0	0	0
113	41	22,238,320	506,060	176,500	10,560	319,000	0	0	0
114	42	22,744,380	506,060	176,500	10,560	319,000	0	0	0
115	43	23,250,440	506,060	176,500	10,560	319,000	0	0	0
116	44	23,756,500	506,060	176,500	10,560	319,000	0	0	0
117	45	24,262,560	506,060	176,500	10,560	319,000	0	0	0
118	46	24,768,620	506,060	176,500	10,560	319,000	0	0	0
119	47	25,274,680	506,060	176,500	10,560	319,000	0	0	0
120	48	25,274,680	0	0	0	0	0	0	0
121	49	25,274,680				0	0	0	0
122	50	25,274,680				0	0	0	0
123	51	25,274,680				0	0	0	0
124	52	25,274,680				0	0	0	0
125	53	25,274,680				0	0	0	0
126	54	25,274,680	0	0	0	0	0	0	0
127	55	25,274,680	0	0	0	0	0	0	0
128	56	25,274,680	0	0	0	0	0	0	0

（表中標註）大數據_時代(主動) 降低銀行存款額度 讓查稅機率降低

　　檢驗報告～再將108年現況累積保費1,958萬做詳細分析，儲蓄vs保障→（現況）分配圖，兩者各占比重如何？如此除了可瞭解當事者深藏內心的想法之外，亦可以清楚瞭解隱藏可調節空間之大小，或是風險緊急時可運用的資源究竟有多少。

　　儲蓄險保費累計（配置主力）1,566萬佔整體保費79%比重，可見得當事者真正的想法是藏富，壽險累計保費404萬佔整體保費21%，僅是約略點綴一下而已，

整體並不太看重壽險這部分的配置機能，似乎與長子整體背景完全沒有關聯性，很像似～捧場交際的人情保單模式。完全不必計較整體效益只是分散移轉存錢機能。

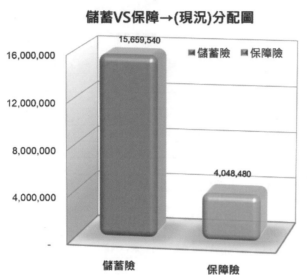

儲蓄VS保障→(現況)分配圖

純保費累計金額	
項目	保費
儲蓄險	15,659,540
保障險	4,048,480
total	19,708,020

儲蓄vs保障分配圖

保障險 21%

儲蓄險 79%

(3) 壽險總保額→資金流量總表

長子做理財配置全面性檢討，多元財富防禦力的探討，並使家族成員都輕鬆受益，享有幸福溫馨、快樂生活品質。整體配置「以人爲本」整合時間與風險因素的考慮。

藏富家族108～壽險保額配置總表

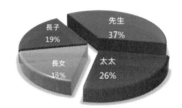

先生 37%
太太 26%
長女 18%
長子 19%

■先生 ■太太 ■長女 ■長子

民國	年齡	合計保額	雄安心終身現	身醫療壽險	初富世代終身現	6添利久久外幣	富利高升終身現
99	27	0	0	0	0	0	0
100	28	16,436,800	5,000,000	400,000	10,000,000	0	1,036,800
101	29	19,086,580	5,000,000	400,000	10,000,000	1,612,980	2,073,600
102	30	21,736,360	5,000,000	400,000	10,000,000	3,225,960	3,110,400
103	31	24,385,870	5,000,000	400,000	10,000,000	4,838,940	4,146,930
104	32	27,035,650			10,000,000	6,451,920	5,183,730
105	33	29,815,030			10,000,000	8,194,500	6,220,530
106	34	31,874,410			10,000,000	10,161,000	6,313,410
107	35	32,372,200	5,000,000	400,000	10,000,000	10,516,500	6,455,700
108	**36**	**32,886,730**	**5,000,000**	**400,000**	**10,000,000**	**10,885,500**	**6,601,230**
109	37	33,413,500	5,000,000	400,000	10,000,000	11,263,500	6,750,000
110	38	33,961,780	5,000,000	400,000	10,000,000	11,659,500	6,902,280
111	39	34,527,070	5,000,000	400,000	10,000,000	12,069,000	7,058,070
112	40	35,109,700	5,000,000	400,000	10,000,000	12,492,000	7,217,700
113	41	35,708,410	5,000,000	400,000	10,000,000	12,928,500	7,379,910
114	42	36,324,730	5,000,000	400,000	10,000,000	13,378,500	7,546,230
115	43	36,963,100	5,000,000	400,000	10,000,000	13,846,500	7,716,600
116	44	37,622,980	5,000,000	400,000	10,000,000	14,332,500	7,890,480
117	45	38,300,410	5,000,000	400,000	10,000,000	14,832,000	8,068,410
118	46	39,004,390	5,000,000	400,000	10,000,000	15,354,000	8,250,390
119	47	39,725,920	5,000,000	400,000	10,000,000	15,889,500	8,436,420
120	48	40,474,000	5,000,000	400,000	10,000,000	16,447,500	8,626,500
121	49	41,244,670	5,000,000	400,000	10,000,000	17,023,500	8,821,170
122	50	42,037,660	5,000,000	400,000	10,000,000	17,617,500	9,020,160
123	51	42,857,470	5,000,000	400,000	10,000,000	18,234,000	9,223,470
124	52	43,704,370	5,000,000	400,000	10,000,000	18,873,000	9,431,370
125	53	44,578,630	5,000,000	400,000	10,000,000	19,534,500	9,644,130
126	54	45,479,980	5,000,000	400,000	10,000,000	20,218,500	9,861,480
127	55	46,408,960	5,000,000	400,000	10,000,000	20,925,000	10,083,960
128	56	47,369,800	5,000,000	400,000	10,000,000	21,658,500	10,311,300
129	57	48,358,270			10,000,000	22,414,500	10,543,770
130	58	49,379,140			10,000,000	23,197,500	10,781,640
131	59	50,436,640		400,000	10,000,000	24,012,000	11,024,640
132	60	51,526,810	5,000,000	400,000	10,000,000	24,853,500	11,273,310
133	**61**	**52,649,650**	**5,000,000**	**400,000**	**10,000,000**	**25,722,000**	**11,527,650**
134	62	53,809,390	5,000,000	400,000		26,622,000	11,787,390

扣除額→減項增加

急用現金→增加

　　壽險總流量總表顯示108年壽險總額3,288萬（隱藏現金流量金庫），現況佔全家整體壽險計畫約19%配置比重。檢視長子名下至133年截止總額5,264萬，浮動檢驗現況、未來個人整體風險防禦能力（隱藏金庫），若與背景因素做連結，現況是理想的理財配置嗎？是否達成理財獲利目的或是避險功能，具體完成最佳化的效益呢？

　　結合資產規模與大環境時代法令背景情形比對如下，現況長子總計之身價8.9億，須要1.7億的稅源準備。現況3,289萬～準備度尚不足產生大量流動性現金，完整對應稅源問題，所以壽險急需做補強規劃，才能達到足夠的財富稅務防禦力。

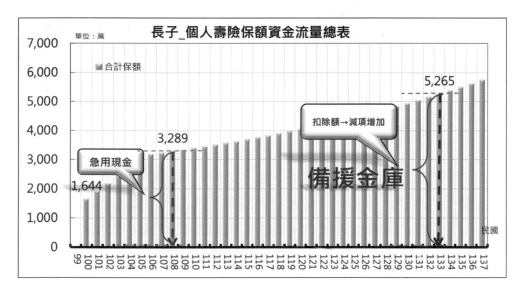

　　民法1141條規定，針對直系親屬長女、長子須法定均分。可是資產總歸戶（整體總資產配置），從下圖分配可知父母心中意向，長女名下3,119萬佔約3%比重，長子名下23,614萬佔24%。可知悉藏富_夫妻規劃總資產比重分配，早已經違背民法，私下將公司股票逐步移轉給長子名下，並指名長子承擔家族企業接班的重責大任。

整體資產_分佈狀況圖

　　推測未來夫妻兩人名下的資產分配，仍然會比照過去分配的模式（落差很大）持續發展下去…子女兩人配置現況落差21%已經2億差距，未來實質分配若

會持續擴大,將造成更大能量不平衡問題,是否可以考慮未來整體配置「以人為本」,針對全方位財富防禦力的配置。

　　(民法1223條)預見即將衍生二個人法定特留分問題,透過時間的醞釀,整體中高獲利資產也會隨著時間拉長自動增大,建議主動設置全方位機能,排除分配能量不平衡問題,預先配置全方位功能,主動消彌未來問題於無形之中,才是傳承最上上之策。

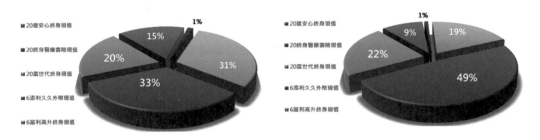

藏富_長子美滿婚姻中已經育有一對兒女,未來企業經營準CEO接班人,一生協助父母公司經營。檢驗父母傳承移轉規劃,是否同時關心每個能量不同的特質,關心不同能量的期待(喜好)。長子壽險總額3,289萬,是否可以幫助企業承擔風險,協助公司永續經營嗎?似乎現況未具此效益功能。

　　長子個人的能量屬於開創型的特質,負責勇敢照顧家人、事業均有強烈的能量展現,相信只要長子他生命價值得到圓滿守護,他的家人、事業皆會被主動好好的照顧,溫馨解決「諸事無常」各種變化,對長子而言挑戰、開創、貢獻是他最棒的舞台,愛家守護心智圖中(價值、責任、風險、期許)同時連結滿足多種內容,才是對長子最佳理財配置。

　　絕對不可輕忽能量平衡問題,惟有家族氛圍和諧融洽,家族成員皆力量凝聚,以雄厚經濟實力平衡配置能量,穩住整體相關人事物,同時解決「諸事無常」應付各種變化,得到圓滿結局才是傳承最佳理財配置方向。

（4）生存金→資金流量總表

　　生存金領回流量總表檢驗可以看出，從全球BVI免稅天堂移轉回國的財富，察看現金流不中斷的一種觀察方式，了解所建立不同性質的儲備金庫是否奏效。解決「諸事無常」應付各種變化，譬如：上下游經營產生倒閉風險，本身事業不受太大影響之儲備，預防生活品質的理財風險緊急備援金庫。

　　當然個人基本生活品質的維護經濟是最基本的安排，然後才有其他「以人為本」讓內三方（國稅局、子女、父母）與外三方（家庭Family，企業Business 和個人Individual）同時皆得到圓滿結局的理財配置。

　　從長子生存金總流量表輕易得知，每年生存金現金流0萬，比對現況背景優渥生活品質，企業經營的基本開銷校對，結果與當初內心的想法並不一致現象，結果「說歸說、想歸想、做歸做」互相沒有關聯的落差產生。

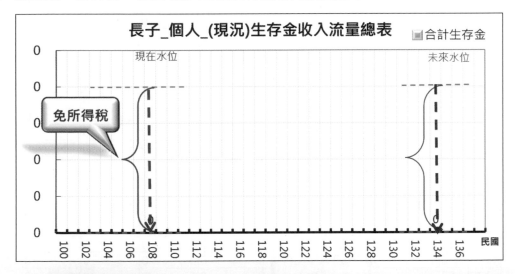

　　以上流量總表不足以維持目前生活品質，更談不上抵抗企業經營的基本開銷風險。此現金流功能形同（玩具）火柴盒小汽車，只能供觀賞並無法真實使用，建構財富水壩源源不絕穩定供應現金流，想法雖然非常好，可是現況並不具有此功能。

　　按理而言移轉至此保險帳戶後，生存金可以合法享免稅之優惠，高所得群族存入此帳戶依法享受每年所得稅30%～40%（累進稅率）。為自己建立一個長期安全穩定的現金流金庫，這裡通常就是人們所形容，理財必須準備一把上膛的槍，

等待時機好的時候隨時可以上場使用。輕易分辨檢驗退休時打算運用之退休金是否充足。

民國	年齡	累計生存金	合計生存金	遠雄 20雄安心終	遠雄 20終身醫療	富邦 20富世代終	南山 6添利久久	富邦 6富利高升
99	27	0	0	0	0	0	0	0
100	28	0	0	0	0	0	0	0
101	29	0	0	0	0	0	0	0
102	30	0	0			0	0	0
103	31	0	0			0	0	0
104	32	0	0			0	0	0
105	33	0	0			0	0	0
106	34	0	0		0	0	0	0
107	35	0	0		0	0	0	0
108	36	0	0	0	0	0	0	0
109	37	0	0	0	0	0	0	0
110	38	0	0	0	0	0	0	0
111	39	0	0	0	0	0	0	0
112	40	0	0	0	0	0	0	0
113	41	0	0	0	0	0	0	0
114	42	0	0	0	0	0	0	0
115	43	0	0	0	0	0	0	0
116	44	0	0	0	0	0	0	0
117	45	0	0	0	0	0	0	0
118	46	0	0	0	0	0	0	0
119	47	0	0	0	0	0	0	0
120	48	0	0	0	0	0	0	0
121	49	0	0	0	0	0	0	0
122	50	0	0	0	0	0	0	0
123	51	0	0	0	0	0	0	0
124	52	0	0	0	0	0	0	0
125	53	0	0	0	0	0	0	0
126	54	0	0	0	0	0	0	0
127	55	0		0	0	0	0	0
128	56	0		0	0	0	0	0
129	57	0		0	0	0	0	0
130	58	0		0	0	0	0	0
131	59	0	0	0	0	0	0	0
132	60	0	0	0	0	0	0	0
133	61	0	0	0	0	0	0	0
134	62	0	0	0	0	0	0	0

（表中標註：生存金增加 免所得稅）

　　從長子生存金總流量表輕易得知，一直0萬。若是比對儲備金庫節稅所產生之效益似乎也不關痛癢。所以一切似乎與整體背景完全沒有關聯性，完全未具有實際替代的功能。很像似～捧場交際的人情保單模式。完全不必計較任何效益或是發揮任何機能。

（5）保價金→資金流量總表

民國	年齡	合計保價	遠雄 20雄安心終身	遠雄 20終身醫療	富邦 20富世代終身	南山 6添利久久外幣	富邦 6富利高升終身
100	28	490,770	14,000	0	4,000	0	472,770
101	29	2,303,550	134,000	8,400	169,000	724,500	1,267,650
102	30	4,709,130	261,000	17,280	339,000	2,011,500	2,080,350
103	31	7,189,360		5,680	513,000	3,343,500	2,911,680
104	32	9,790,390		6,520	737,000	4,720,500	3,761,370
105	33	13,981,010		6,920	930,000	6,147,000	6,174,090
106	34	18,640,210	9,000	57,800	1,270,000	10,161,000	6,313,410
107	35	19,540,400	1,000,000	69,200	1,499,000	10,516,500	6,455,700
108	**36**	**20,469,850**	**1,170,000**	**81,120**	**1,732,000**	**10,885,500**	**6,601,230**
109	37	21,643,600	1,347,500	93,600	2,189,000	11,263,500	6,750,000
110	38	22,637,360	1,510,500	105,080	2,460,000	11,659,500	6,902,280
111	39	23,657,870	1,677,000	116,800	2,737,000	12,069,000	7,058,070
112	40	24,705,460	1,846,000	128,760	3,021,000	12,492,000	7,217,700
113	41	25,779,370	2,019,000	140,960	3,311,000	12,928,500	7,379,910
114	42	26,880,630	2,195,500	153,400	3,607,000	13,378,500	7,546,230
115	43	28,014,180	2,375,000	166,080	3,910,000	13,846,500	7,716,600
116	44	29,180,520	2,558,500	179,040	4,220,000	14,332,500	7,890,480
117	45	30,376,190	2,745,500	192,280	4,538,000	14,832,000	8,068,410
118	46	31,609,690	2,936,500	205,800	4,863,000	15,354,000	8,250,390
119	47	32,873,560	3,132,000	219,640	5,196,000	15,889,500	8,436,420
120	48	33,777,640	3,186,000	219,640	5,298,000	16,447,500	8,626,500
121	49	34,707,310	3,241,000	219,640	5,402,000	17,023,500	8,821,170
122	50	35,660,300	3,296,000	219,640	5,507,000	17,617,500	9,020,160
123	51	36,641,110	3,351,000	219,640	5,613,000	18,234,000	9,223,470
124	52	37,669,370	3,406,000	240,000	5,719,000	18,873,000	9,431,370
125	53	38,707,130	3,461,500	240,000	5,827,000	19,534,000	9,644,130
126	54	39,771,480	3,516,500	240,000	5,935,000	20,218,500	9,861,480
127	55	40,865,460		0,000	6,045,000	20,925,000	10,083,960
128	56	41,990,300		0,000	6,154,000	21,658,500	10,311,300
129	57	43,164,270		0,000	6,264,000	22,414,500	10,543,770
130	58	44,350,140		0,000	6,375,000	23,197,500	10,781,640
131	59	45,571,640		0,000	6,485,000	24,012,000	11,024,640
132	60	46,825,810	3,842,000	261,000	6,596,000	24,853,500	11,273,310
133	**61**	**48,110,650**	**3,894,000**	**261,000**	**6,706,000**	**25,722,000**	**11,527,650**
134	62	49,452,930	3,945,500	282,040	6,816,000	26,622,000	11,787,390

> 保價金增加
> 免所得稅

> 保價金增加
> 免所得稅

長子_個人_108～保單價值(現況)配置

■20雄安心終身保價金
■20終身醫療壽險保價金
■20富世代終身保價金
■6添利久久外幣現值
■6富利高升終身保價金

0%　6%　9%　32%　53%

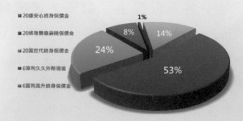

長子_個人_133～保單價值(現況)配置

■20雄安心終身保價金
■20終身醫療壽險保價金
■20富世代終身保價金
■6添利久久外幣現值
■6富利高升終身保價金

1%　8%　14%　24%　53%

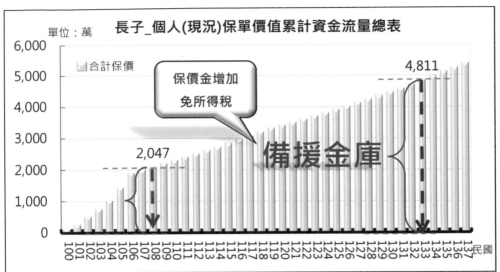

除了生存金免所得稅之外，隱藏增加的保價金也是免稅，保價金累計總表得知增加的部分，108年長子名下累計保價金2,047萬。往後保價金還可增加至4,811萬，其間2,764萬免稅空間，如同儲水壩儲存金庫。此金庫主要兩個功能：1.增值所得免稅，2.抗風險的理財緊急備援金庫，配置具有簡單、安全、穩定特色。

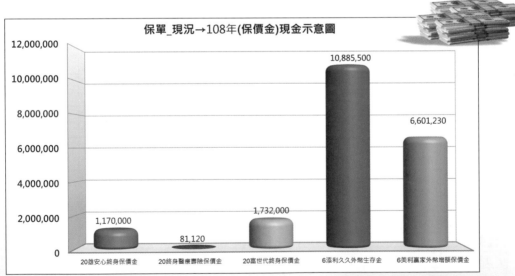

長子名下保價金示意圖，清楚顯示彈性可用備援金庫藏放的位置，分布在五種商品名下。彈性可活用資金現況二種主要商品：美利贏家外幣保單660萬，佔整體保價金32%，添利久久外幣保價金1,088萬，佔整體53%。

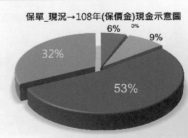

　　父母替長子名下設置2,046萬這樣規模大小的蓄水金庫，以保險保價金作爲調節財富水庫的功能。我們比對一下其內外背景因素，現況長子總計之身價8.9億，須要1.7億的稅源準備。光資產傳承預留稅源就需要1.7億，而這個金庫水壩設置2,046萬（約12%），合不合乎互相對映的比例道理呢？值得研究金庫水壩的規格，討論究竟設置多大才是最適合。

保單_現況→108年(保價金)現金示意圖

- 20雄安心終身保價金
- 20終身醫療壽險保價金
- 20富世代終身保價金
- 6添利久久外幣生存金
- 6美利贏家外幣增額保價金

　　理財爲自己設置一個穩定、長期安全的備援金庫，這裡就是人們所形容，理財平時必須準備一把上膛的槍，等待時機好的時候隨時可以上場使用。

(6) 達成率→資金流量總表

顏色管理檢驗表僅是（初階）視覺快速分辨而已，達成率（六大保障）柱狀圖示意圖，使用數字會說話（進階）的方式進一步詳細說明，除了瞭解每一個人現況整體配置是否完備之外，很清楚知道每個部位的抗風險程度究竟如何？整體的→每個理財、醫療配置架構位置是否完整。

保單檢查〈顏色管理〉表→現況				version A
姓名 6大保障	1 先生	2 太太	3 長女	4 長子
1 壽 險	6107	4351	3155	3289
2 意 外 險	300	500	400	400
3 重大疾病險	0	100	200	200
4 防 癌 險	2400	4400	6000	6000
5 醫 療 險	5000	9000	6000	6000
6 失 能 險	100	100	228	228

藍 表示已規劃完整

紅 代表急需補強--調整討論　　　　　　　　黃 表示醫界線--未來需作調整

達成率很有效率的指引補強方向，引導針對不足的部位去做加強調整，檢測表採柱狀圖形_視覺化高低差容易理解（抓住重點），同時也精準校對結果是否與自己內心的想法完全一致，避免產生「說歸說、想歸想、做歸做」前後不一致的誤差。此表提供決策者定期檢查或安排調節內容，決策拿捏判斷輕重緩急很好的參考，確保整體發揮多元抗風險效果。

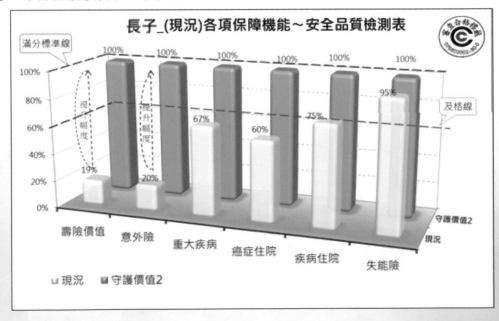

進一步詳細說明（進階的部分）→數字會說話的達成率，整體配置現況是否與自己內心的想法完全一致。因此考量整體理財規劃需要宏觀考量（結合身價守護、資產規模、背景相關法令），如同買一部全新勞斯來斯的汽車，你一定會配置有保險。

	現況數字	守護價值	現況	守護價值
壽險價值	3155	17000	**19%**	100%
意外險	400	2000	**20%**	100%
重大疾病	200	300	**67%**	100%
癌症住院	6000	10000	**60%**	100%
疾病住院	6000	8000	**75%**	100%
失能險	228	240	**95%**	100%

而且你購買一部全新勞斯來斯的汽車，一定需要宏觀整體需求（品質、舒適度、品味、安全等相關因素）才決定（全車）購買，並不會分拆開先後逐一向原廠買套件，再自行組裝對嗎？如果用買零件的價格換算成本，一樣的汽車會不會需要好幾倍的價格。理財規劃也是一樣，需要宏觀整體考量（結合身價守護、資產規模、背景相關法令），整體性宏觀需求考量，其好處是便宜→整體的機能協調性與價格成本都是最佳狀態，不必浪費比較多的錢換得整體性能不甚佳的高級勞斯來斯轎車。

將保險理念「以人為本」的基礎，宏觀完整需求考量才做理財配置，內外（F、B、I）三方同時檢驗為品質把關。以客觀角度憑藉「數字會說話」的達成率報告，確保理財配置的每一分錢達到整體最佳狀態。長子現況需要1.7億身價守護，檢驗壽險總額3,289萬守護率只有19%，還有81%很大的補強空間。人身價值守護率尚不完整對應（F、B、I）內外三方問題，所以壽險急需做補強規劃，才能達到足夠的身價守護。

醫療住院照顧詳細採用當時實際時空背景，需求與保單現況做比對，生活保障範圍當…意外險、醫療險、防癌險、失能險、重大疾病等等各種風險時，必須馬上可以產生足夠的現金流量，解決經濟問題。以下圖表檢驗現況整體理財品質效益究竟是多少？探討是否已經足以將對抗各種風險的配置做好安排，使理財效益達到最完整、圓滿的配置。

以下各種機能達成率比對表，檢驗日常生活各項（意外險、醫療險、防癌險、失能險、重大疾病）風險，防禦配置是否達到安全狀態，比對現況生活水平大致如下標準：住院醫療期間（最上等）單人病房自費每日約3萬元，（中上等級）單人病房每日約一萬元，（中等）單人病房每日約5,000元。實支實付醫療健保不足部分（差額自負）每次負擔一般約需 50萬額度、出院後失能長期生活照顧（上等級）每月約20萬（年240萬）額度，（中等級）每月約10萬元（基礎）每月約五萬元。重大疾病（五年）緊急預備金額度約300～500萬。

從（傳承結合身價背景）長子各項機能達成率，檢視長子名下住院醫療現況配置每日6,000元，實支實付醫療額度每次59萬、長期生活照顧（上等級）每年約228萬元額度，（儲備金庫→保價金有2,046萬備援）。整體上已經達中等以上守護對抗經濟風險，唯獨壽險理財區產生比較大的漏洞，若在壽險理財部分稍作補強整體就會達到最佳狀態。

藏富_長子名下將身價背景結合六項機能安全檢驗當中，其他五項都已經有中等防禦力，除此之外長子保單價值金也有2,046萬額度，可以彈性調度支援，針對壽險理財區產生的漏洞，建議重新調整→結合整體財富的背景，使整體發揮完整財富防禦力，贏得理財最大化的樂趣。

以下提供一點建議方向：以現有資源→循環應用，針對漏洞重新調整促使達到最佳化狀態，可以兼顧全方位連結多重功能，例如：賺預定利率優於定存的錢（免稅所得），同時兼顧放大槓桿效果、配合最低稅負（不計入性資產）每申報戶3300萬免稅額度，做整體理財完整配置。

將財富移轉，傳承分配，放大財富、充分主控及分散避險等，多種想法全部結合起來，財富功能不要獨立拆開配置管理，「以人為本」多元財富防禦配置主軸，提供完美的狀態是於急用現金狀況時，馬上大量現金資產湧入，除了支應稅務急用現金之外，消除下一代急用現金籌湊困擾，財富厚植經濟實力配置，完成長長久久照顧家人幸福、造福國家、社會的快樂願望。

解決許多比節稅更重要的事情，惟有家族氛圍和諧融洽，家族成員皆力量凝聚，使財富配置結果達到進可攻、退可守的多重圓滿效果。贏得理財最大化的樂趣。

（7）備援水庫_成果示意圖

財富實際於傳承分配時發現，往往會因爲每個人天賦使命的不同，每個人能量的不同潛在天份能力也不同。所以財富實務在傳承時，會出現一種正常狀況～每個人內心的期待、喜歡內容並不相同，能量屬於開拓、領導型的人～喜歡挑戰、成就感、渴望學習想要權力、舞台。而能量屬於支援、合作型的人～喜歡群衆與安全，想要實質東西、歡樂溫馨與穩定生活步調。

檢驗整體三方（家庭Family，企業Business 和個人Individual）同時滿意，常見的（國稅局、子女、父母）三方潛藏問題→國稅局的問題最簡單處理，稅務是「事」的問題最容易估算預做準備。而「人」的問題！最容易被忽略而被誤解成最複雜，其實人是能量的問題，只要抓住人的「能量」重點也很容易預作安排。「以人爲本」的信念做理財配置基礎，釐清現況數據，很容易可以得到圓滿結局的藍圖。

身價背景與傳承移轉、稅務、避險的理財整體聯結，宏觀整體效益～檢驗創造現金的結果，究竟如何？從現況資產高度推測表，長子資產規模與大環境時代法令背景情形大致如下，現況名下資產2.34億加上移轉財產模式推算約6.56億，未來總計8.9億之身價，現行法定遺產稅一億以上需要20%，須要預留約1.78億的稅源準備。

財富高度推測→預見未來			單位：萬
	現況	10年	20年
資產淨值	60,000	107,400	192,000
種利倍數	1.00	1.79	3.20
稅20%	12,000	21,480	38,400

預見未來成長採6%複利，保守評估財富高度

遺產稅申報　延期　核定　現金繳納　延期　繼承程序

六個月　三個月　二個月　二個月

過去三年_財產總歸戶清單
所得課稅資料清單。(內含薪資、利息、信託、營利、租賃、財產交易所得)。

1.分期繳納，
18 期 x 2 月＝36 月
2.實物抵繳
3.預留稅源

1.繳清證書
2.協議分割書
3.公同共有登記

　　預見潛藏問題→因爲資產財富整體配置屬於中高獲利的理財配置，時間越久資產財富也會自動愈來愈多，預見未來20年從保守6%推測表對照之淨值預估，總計8.9億之資產預見3.2倍增值，20年後財富隨時間增值，未來身價總計約28.4億。傳承長遠考慮20%遺產稅，須要5.68億的稅源準備。

　　理財配置避免「想歸想、說歸說、做歸做」不夠專業，人爲疏失造成前後不一致結果。檢驗採用數字會說話的方式，精準校對現況結果與自己內心想法是否完全一致。愼重檢驗全方位理財結果，避免產生一頭賺錢，另一邊在損失賠錢的漏洞，確保整體理財金庫功能達到最大化效果。

民國	年齡	年度保費	累計已繳	壽險保額	保單價值	利息增加	生存金	累計生存金	年度收支
100	28	1,512,620	1,512,620	16,436,800	490,770		0	0	-1,512,620
101	29	3,031,640	4,544,260	19,086,580	2,303,550	1,812,780	0	0	-3,031,640
102	30	3,031,640	7,575,900	21,736,360	4,709,130	2,405,580	0	0	-3,031,640
103	31	3,031,640	10,607,540	24,385,870	7,189,360	2,480,230	0	0	-3,031,640
104	32	3,031,640	13,639,180	27,035,650	9,790,390	2,601,030	0	0	-3,031,640
105	33	3,031,640	16,670,820	29,815,030	13,981,010	4,190,620	0	0	-3,031,640
106	34	2,025,080	18,695,900	31,874,410	18,640,210	4,659,200	0	0	-2,025,080
107	35	506,060	19,201,960	32,372,200	19,540,400	900,190	0	0	-506,060
108	36	506,060	19,708,020	32,886,730	20,469,850	929,450	0	0	-506,060
109	37	506,060	20,214,080	33,413,500	21,643,600	1,173,750	0	0	-506,060
110	38	506,060	20,720,140	33,961,780	22,637,360	993,760	0	0	-506,060
111	39	506,060	21,226,200	34,527,070	23,657,870	1,020,510	0	0	-506,060
112	40	506,060	21,732,260	35,109,700	24,705,460	1,047,590	0	0	-506,060
113	41	506,060	22,238,320	35,708,410	25,778,450	1,073,910	0	0	-506,060
114	42	506,060	22,744,380	36,324,710		1,101,260	0	0	-506,060
115	43	506,060	23,250,440	36,963,100	28,014,180	1,133,550	0	0	-506,060
116	44	506,060	23,756,500	37,622,980	29,180,520	1,166,340	0	0	-506,060
117	45	506,060	24,262,560	38,300,410	30,376,190	1,195,670	0	0	-506,060
118	46	506,060	24,768,620	39,004,390	31,609,690	1,233,500	0	0	-506,060
119	47	506,060	25,274,680	39,725,920	32,873,560	1,263,870	0	0	-506,060
120	48	0	25,274,680	40,474,000	33,777,640	904,080	0	0	0
121	49	0	25,274,680	41,244,670	34,707,310	929,670	0	0	0
122	50	0	25,274,680	42,037,660	35,660,300	952,990	0	0	0
123	51	0	25,274,680	42,857,470	36,641,110	980,810	0	0	0
124	52	0	25,274,680	43,704,370	37,669,370	1,028,260	0	0	0
125	53	0	25,274,680	44,578,630	38,707,130	1,037,760	0	0	0
126	54	0	25,274,680	45,479,980	39,771,480	1,064,350	0	0	0
127	55	0	25,274,680	46,408,960	40,865,460	1,093,980	0	0	0
128	56	0	25,274,680	47,369,800	41,990,300	1,124,840	0	0	0
129	57	0	25,274,680	48,358,270	43,164,270	1,173,970	0	0	0
130	58	0	25,274,680	49,379,140	44,350,140	1,185,870	0	0	0
131	59	0	25,274,680	50,436,640	45,571,640	1,221,500	0	0	0
132	60	0	25,274,680	51,526,810	46,825,810	1,254,170	0	0	0
133	61	0	25,274,680	52,649,650	48,110,650	1,284,840	0	0	0

免所得稅的錢

　　長子個人～創造現金整體效益檢驗，①預留稅源問題→檢驗內容於長子壽險總表，（隱藏現金流量金庫）名下保險只預留3,288萬，現況達成率只有19%而已，尚需要81%流動性資產才能對應此問題，所以顏色檢查總表壽險區域使用紅色警示，表示急需針對此不足補強，才能達到足夠的財富防禦力。解決整體效益與背景需求不吻合。

　　長子個人（現況）資金流量表，顯示境外BVI之備援金庫100年早就開始移轉，分散風險至國內保險帳戶，同時以保險保價金作為調節財富金庫，也是緊急備援的金庫設置。直到108年截止已累計存入1,971萬，從可活用現金→保價金累計2,046萬確定保險帳戶具儲存效果（隱藏金庫）。

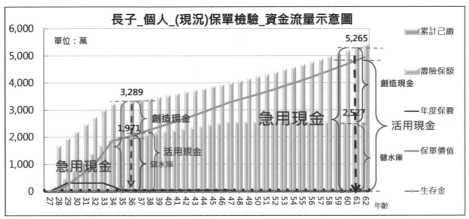

　　上圖隨時間任意移動檢視，很輕易了解創造現金的效益產生，以及清楚看見急用現金、活用現金可運用的空間。下圖108整體效益圖形～非常容易評估，校對是否結合整體身價背景因素，使理財、稅務、避險等達到整體理財最佳化功能。

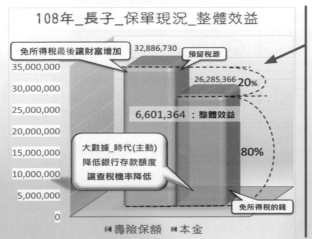

累計保費：19,708,020
累計領回：0
留存本金：19,708,020
可活用現金：20,469,850

13,178,710 ：創造現金(總保額－留存現金)
60% ：本金比重(留存現金／總保額)
40% ：現金獲利率=(1－ 本金比重)
10% ：每期的代價 (本金比重／分期付款_6次)

6,601,364 ：整體效益(創造現金＋ 20%遺產稅)
80% ：整體本金比=(留存現金－總保額20%遺產稅)／總保額
20% ：整體獲利率(1－ 整體本金比重)

－ 6,577,346 ：(不適格商品)課徵20%遺產稅

檢驗108年累計保費1,970萬，統計108年累計免稅所得1,997萬，比對之下得知幾乎100%累計保費全部從累計免稅所得而來，往後保價金的彈性活用空間還可持續增加至4,761萬。現況此備援金庫如同水壩，供應源源不絕之儲藏金庫。

長子整體～108年創造現金整體效益表顯示最後結果。整體壽險保額配置3,288萬─留存現金1,970萬（累計保費1,970萬─ 累計領回0萬）─（不適格商品）課徵20%遺產稅657萬=660萬←表面看起來整體效益（看似小賺）。若是從累計免稅所得檢視108年1,997萬，實際試算加上660萬之後，整體效益檢驗總計是2,657萬。

企業家們通常都會依照其背景規模不同，設置儲備有大小不同這樣性質的緊急備援金庫，以保險保價金作為財富調節水壩功能兼抗風險之備援金庫。配置這裡與OBU免稅天堂同等享受免稅。大師巴菲特一句名言：隨時準備一把上膛的槍。此備援金庫之設置具有簡單、安全、有效幾種特質。

時間移動～133年創造現金整體效益表顯示結果。整體壽險保額配置5,264萬─留存現金2,527萬（累計本金2,527萬─ 累計領回0萬）─（不適格商品）課徵20%遺產稅約1,052萬 = 1,684萬←表面看起來整體效益（看似小賺）。若是從免稅所得累計檢視133年總計4,761萬，再增加實際試算1,684萬，檢驗整體效益兩者合計6,445萬。

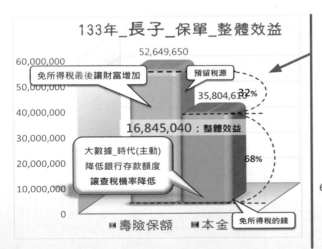

累計存入保費：25,274,680
累計領回現金：0
留存本金 25,274,680
可活用現金：48,110,650

27,374,970 .：創造現金(總保額─留存現金)
68%：本金比重(留存現金 / 總保額)
賺32%：獲利率=(1─本金比重)

16,845,040 ：整體效益(創造現金─ 20%遺產稅)
68%：**整體本金比=(留存現金─總保額20%遺產稅) / 總保額**
32%：整體獲利率(1─ 整體本金比重)
..
－10,529,930 ：(不適格商品)課徵20%遺產稅

檢驗個人創造現金整體效益示意圖，發現雖然保險～具有創造現金效益，因為時間太長又數字太少，並不足以發揮守護長子～身價背景及賺錢的能力。應該宏觀家族整體多元的背景因素，重新擬定傳承相關，資產型的保險理財方案，方能達到最佳化境界。充分享受財富分配樂趣，又可以讓財富越來越多，進而感受

無遠弗屆的感覺～一代接一代的照顧所愛的人→過著(創富、守富、傳富)三富人生的幸福、快樂生活。

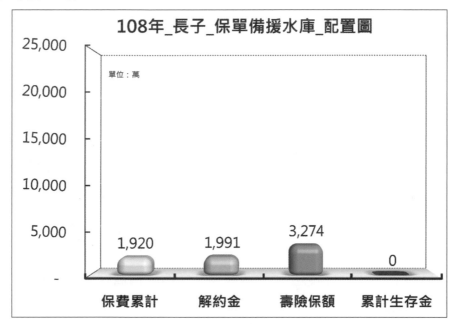

108年保單備援水庫示意圖，主要探討所有數字，是否符合長子的家族背景與未來賺錢能力的守護。長子自從學校畢業後，一直在公司生產基層與業務部門培訓10多年經歷，目前執掌業務拓展及經營決策工作。

職稱總經理，浮動檢驗備援水庫配置圖上的數字，與其身份及家族資產背景是否互相匹配→是否具有守護(未來接班人)的象徵意義。

備援水庫的狀態→綜觀長子身份公司股東也擔任總經理重要職務，同時也是直系血親身份。家族10億資產背景，而圖示備援水庫配置之規模，是否匹配公司身份，和未來發展的安排。是否吻合父母傳承，長期照顧二代的心意！

大家公認～保險於財富管理上是最好的調理工具，套一句太空人阿姆斯壯登入月球的名言：現在的一小步，是未來的一大步。目前配置僅偏重儲蓄功能，並無法發揮多元功能和最大化效益。需要重新與父母一起討論～了解其內心真正長遠的想法，並作具體推演→找出合理之最大值。

長子_儲蓄險比重→分配圖

儲蓄保費 81%
保障保費 19%

與父母溫馨傳承的初衷聯結→讓家族維持在和諧氛圍，企業力量凝聚的文化當中，將現況10億資產背景全部納入配置範圍。水庫設計規劃考慮除了基本的守護賺錢能力，同時也須融入法令背景，遺贈稅法免稅空間運用與民法1138條～1141條相關規範。

如此才能充分享受財富分配樂趣，可以讓財富越來越多，達到無遠弗屆的感覺～一代接一代的照顧所愛的人→過著幸福、快樂的生活。

因此資產與財富規劃管理必須參考前面章節的概念，充分運用現有豐沛資源循環應用，妥善安排相對應之財富備援水庫管理機制。提高目前水庫配置比重，務必讓保險產生創造足夠大量現金，才能達到最大化的理財配置。才能夠安排出更棒的！風險管控並減少所有傳承損失。

千萬不能輕忽(家庭Family，企業Business 和個人Individual)資產與財富管理，三種情境同時兼顧，務必正視這個問題，並隨時預備好解決多元問題的備援水庫，避免過程造成了失控破裂結局，惟有家族氛圍和諧融洽，家族成員皆力量凝聚，才不枉費今生努力所建立的名譽與事業成就。

確實保障你所擁有的～生命價值、收入、財產。因此務必遵循全方位的配置概念→任何時間點風險發生時，馬上注入大筆鉅額現金。守護現況所累積的結果。

① 保障生命價值　　② 保障家人生活品質　　③ 保障財產和尊嚴

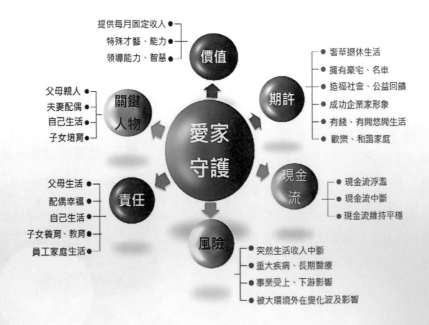

第三節

結論～現況統計分析

　　現況保單檢驗報告統計分析內容：主要從…（風險高度/理財成分/稅務精密度/傳承移轉分配）幾個不同角度探討，如以上各章節所示，從資產總歸戶原始資料和保單內容彙整，資料統計分析提供個別逐年的流量、累計的流量、整體各式比重配置（儲蓄VS保障）示意圖。盡可能將數字轉變成→有生命會說話的各式圖表，也將理財欲完成之想法意念，和大環境背景之風險、法令規定，選用各式示意圖，逐一比對每一種想法與現況整體效益是否一致吻合，後續也即將再探討循環應用，加以優化的各種可能性。

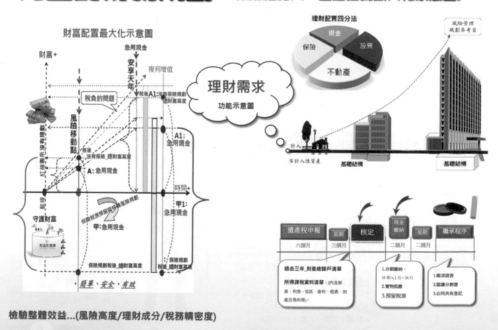

　　理財傳承移轉配置的整體焦點～在於解決→保險與時間賽跑，不管任何狀況都必須照顧著家人…幸福、快樂。因應整體損失風險與潛藏稅務問題。一切「以人為本」為主要基礎因素，撫平法定權益之公平分配問題，解決親情問題惟有家族氛圍和諧融洽，家族成員皆力量凝聚。長長久久照顧家人…幸福、快樂的願望，滿足自己分配財富的樂趣。

更高的層次積極思考，建立自己成為家族楷模、身體力行更成為社會的典範，令心思所及一切事物，貢獻付出成為綿延不絕的影響力量，掌握當下人生難得示現的好機會，將生命蘊涵～開天闢地的精神傳承下去，發揮生命無遠弗屆的力量～超越身體有限的生命長度。讓每個生命活出更有意義的魅力。

整體效益(顏色管理)檢測示意：檢驗表紅色區域警示，代表這一點被忽略了，必須留意趕緊加強。

保單檢查〈顏色管理〉表→現況				version A
6大保障 \ 姓名	1 先生	2 太太	3 長女	4 長子
1 壽險	6107	4351	3155	3289
2 意外險	300	500	400	400
3 重大疾病險	0	100	200	200
4 防癌險	2400	4400	6000	6000
5 醫療險	5000	9000	6000	6000
6 失能險	100	100	228	228

藍 表示已規劃完整

紅 代表急需補強…調整討論　　黃 表示臨界線…未來需作調整

總結：上述個人保單檢驗報告～「數字」像照一面鏡子出現，會赤裸裸真實呈現出原形，給你看見客觀明確真相。期待借此機會這樣現況報告，可以令您重新檢視過去所做…與心中所想的美好意境兩者互相比對。此數字會說話的檢驗結果，與你內心想要得到的整體效益相同嗎？

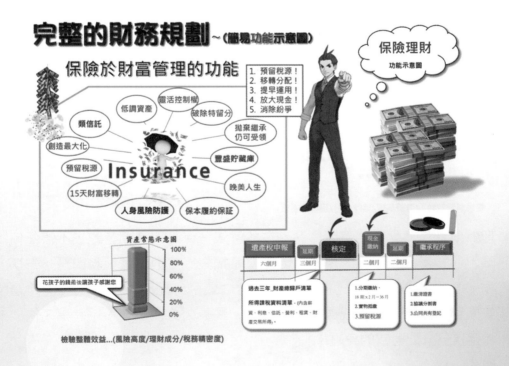

　　目前所反映整體效益數字，與第一章第一節正確財務規劃～所述說的內容有很大落差，並無法達到基本「以人為本」多元實際需求。很像似用勞師萊斯汽車的車價只買到一部分零配件而已。

　　回顧檢視…正確財務規劃步驟→第1項、保障你所擁有的～生命價值、收入、財產。先生名下保險只預留7,734萬 (隱藏現金流量金庫)，準備度只佔20%而已，尚不足80%大量急用現金資產對應此問題，因此務必要調整在風險發生時，創造大量流動性資產。守護

①　保障生命價值　　②　保障家人生活品質　　③　保障財產和尊嚴

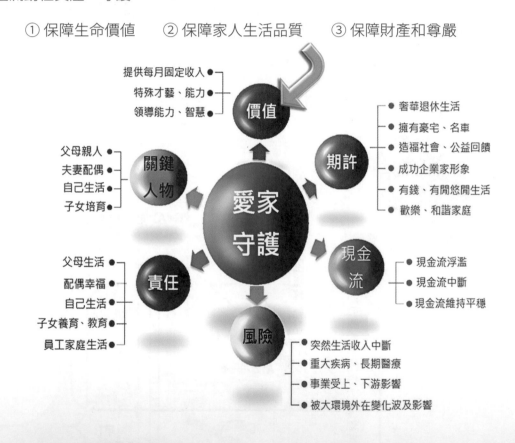

　　回顧檢視…財務規劃步驟→第2項、創造你所想要的～享有財富、分配財富使其越來越多的樂趣。並以人為本的基礎～促使保險產生大量流動性急用現金→鉅額足夠現金，不管任何狀況都照顧著家人…幸福、快樂。完成有溫度、溫馨傳承達到完整財富防禦力。發揮財富生命無遠弗屆的力量。

　　現況防禦率只佔20%而已，下次調整80%補強空間，將以下五點因素納入優化範圍。

① 準確地把愛留給最愛的人。家族氛圍和諧融洽，家族成員皆力量凝聚，

② 子女們不受婚姻因素，而資產蒙受瓜分影響。

③ 將生命開天闢地的精神流傳～一代接一代綿延，照顧所愛的人。

④ 設置充足緊急活用的儲備金庫、給自己或最愛的人留下救命財。

⑤ 充分最大化享受著分配財富越來越多的樂趣。

　　優化規畫很簡單，只要每一個人都落實了最大值的定義：不論在任何時間點，資產皆是最大值，卽使是沒有任何風險發生，長命百歲升天的時候，仍然維持在最大值，厚植經濟實力資產大幅增加，以上所有問題也都會輕易迎刃而解。

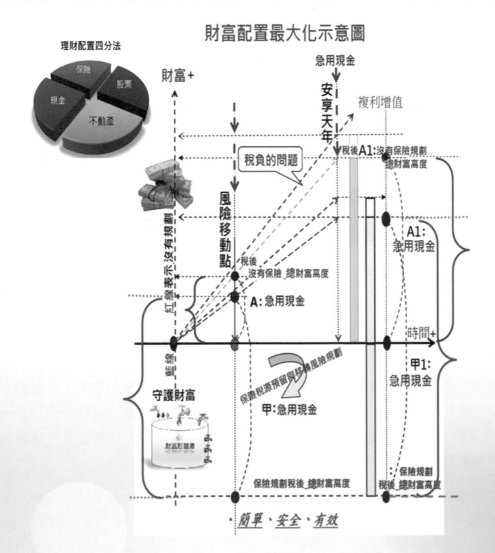

(理財四分法)守護價值_理財最大化示意圖，浮動檢驗不同時間點的整體效益，從累計免稅所得+上述整體效益兩者合計角度表示。檢驗稅務專家口中所推薦，融合上述整體效益的示意圖。

前述保險理財檢驗發現，緊急備援金庫→合法免稅所得之配置相當好，也累積了相當優渥，可彈性運用的免稅所得，可以考慮善用這部分的資源做循環運用，將紅色急需補強的部分優化調整。除了流量穩定享有合法免稅角度，還兼顧整體（風險高度/理財成分/稅務精密度/傳承移轉分配）結合。不僅有緊急備援金庫功能，而且要宏觀整體背景而配置，務使整體理財達到最大化效果，才不會造成顧此失彼「一方賺錢，另一邊在漏失寶藏」的遺憾。

引用：管理 F.B.I. 的資產與財富的一段話。資產規劃和風險管理是科學和藝術的結合，技術性是科學的，執行風險戰略則是一門藝術。作爲一位眞正的理財顧問，運用科學結合藝術，如同創造獨一無二、不易複製的大師級作品。如同醫師開立處方簽，也有一句名言：差之毫釐、失之千里。

下一章（傳承）契合度探討→嘗試以現有資源循環應用。探討每年增加的孳息額度來提升，運用費德文的配置概念，一窺究竟～探討他的概念～到底會形成甚麼不一樣的結果。

第4章

傳承～結合背景→（優化）
沙盤推演

　　家族財富傳承首要之務必須先確保這些「重要」資產移轉給下一代時，過程中安全不會因此造成任何財產損失，我們都在努力創造「重要」資產最高的價值，避免各種損失譬如：移轉費用、稅金、法院繼承遺產的相關成本、律師、信託、基金會，資產結構愈複雜，需要從遺產當中取出的開銷也就越多。

　　而人壽保險能夠在完全不動用遺產的狀況之下，移轉資產並不須支付所有繼承的相關費用。而確保財富完整的傳承。對於低調「富豪」而言，保險是資產累積與資產保值的一個利器。

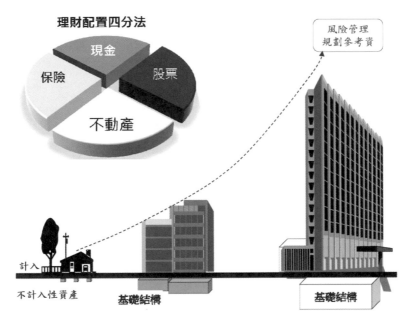

　　人壽保險定位是一種資產。人壽保險在超級富豪的收支平衡表上並不代表費用，富豪都將保單視為資產放在資產負債表上。人壽保險（對所有交易員和會計師而言）是一個選擇權，意思是它總是「在價內金」，意指即使在市場最差的狀況下，遺產總會有價值。對於超級富豪而言，保單在資產負債表上是屬於一種流動性資產財產項目。

　　迎接CRS全球反避稅財富透明化時代來臨，管理資產配置規劃是企業主一件盛事，而資產配置規劃和風險管理是，必須兼顧科學也是藝術，技術分析是科學的，風險策略執行則是一門藝術。身為財富大臣手中掌理企業核心命脈的理財大掌櫃，配置每一位傳承移轉分配，需要運用科學結合生命真諦，如同創造獨一無二的藝術大師級作品。

　　完成此大事通常需要借助許多不同領域資訊，藉由各種專業人才之知識與智慧一起解決，在此僅提供個人於保險方面多年的經歷，針對資產配置經驗略盡棉薄之力，期待對藏富家族的～資產移轉規劃，傳承風險管理產生正面幫助，希望能夠以最輕微力量產生最大效力，也期許自己在這透明化時代多年經歷，推動保單「正子」檢驗系統。讓數字會說話的檢驗模式，對社會產生正面影響。

　　資產傳承的移轉分配規劃，為了達到圓滿又全方位功能，往往必須以「人為本做」做基礎出發點，而且考慮各個配置皆須納入諸事無常之「時間」因素，將所有影響資產成長的因素全部納入檢驗範圍。譬如：資產配置的投報率、該分配的法定權益、該繳納的遺產稅、內心想要的家族氛圍和諧融洽，家族成員力量凝聚（真正開心、快樂想法），以及財富能量平衡，全部因素納入安排的考量之中。如此方能達到完整圓滿傳承的效果。

　　針對現況的疏失遺漏的部分，冒昧提供建議：是否可能將現有做資源循環運用～並依照前面第一章的財富規劃概念，遵照正確規劃步驟～重新檢討並調整優化。

財務規劃步驟→第1項，保障你所擁有的～生命價值、收入、財產。
① 保障生命價值，守護賺錢的人和所賺到的錢。
② 保障家人生活品質
③ 保障財產和尊嚴
※守護家庭每一個人，遵照重要程度的優先順序重新定位並規劃配置。

財務規劃步驟→第2項，創造你所想要的～享有財富／分配財富。
① 準確地把愛留給最愛的人。家族氛圍和諧有溫度、溫馨傳承。
② 子女們不受婚姻因素，而資產蒙受瓜分影響。
③ 實現內心深處想要～照顧所愛的人長長久久，綿延不斷的快樂感覺。
④ 快樂享受著財富和充足活用的儲備金、也給最愛的人留下救命財。
⑤ 超鬆享受著分配財富的樂趣，同時將精神層次的能量（重要寶藏）流傳下去。發揮生命無遠弗屆的力量～不管任何狀況都照顧著家人…幸福、快樂。

　　依據藏富家族所有檢驗結果作重點整理，①將具體做得很好的部分保留，②也找出具體疏失遺漏之處，③謹慎比照嚴謹檢驗儀器的要求，模擬破壞試驗了解品質，強度效率如何。模擬建築業銷售工地的樣品屋模式，以縮小比例建築模型，客觀檢視整體景觀、環境、機能是否達到需求之水平。然後再規畫安排如何將現有資源做循環運用，重新做財富調節配置，達到最佳化之圓滿結果。

具體做得很好的部分說明如下：

① 孩子們的防癌、醫療、失能終身照顧，所配置的保險合乎時宜，足夠消除風險時的經濟負擔，完整準確地把愛留給最愛的人，關於孩子具體達到溫馨照顧功能，消除風險時經濟上的恐懼、害怕。

				先生	太太	長女	長子
醫 療 保 障	住院醫療	終身	元/日	3000元/日	3000元/日	3000元/日	3000元/日
		實支(正本)		2000元/日	2000元/日	1000元/日	1000元/日
			雜支最高	59萬	59萬	37萬	37萬
		實付(副本)				2000元/日	2000元/日
		實支(副本)	雜支最高			28萬	28萬
	意外	萬		0萬	200萬	100萬	100萬
	失能	萬/年		**100萬**	100萬	228萬	228萬
	防癌	元/日		2400元/日	4400元/日	6000元/日	6000元/日
			手術最高	65萬	68萬	80萬	80萬
	重大疾病	萬		**0萬**	100萬	200萬	200萬

② 每個人名下都預留了充足備援金庫，生活上具體配置了（急用現金）緊急救援金庫，享受著充足活用的儲備金、也給最愛的人留下救命財。有紮實的安定力量和功能。

③ 累計免稅所得（隱形財富）非常可觀，實現內心深處～財富不斷成長增加的快樂感覺。

藏富家族 ～保單_現況→(保價金增加)流量表			先生	太太	長女	長子
保價金總表			增加保價金	增加保價金	增加保價金	增加保價金
民國	累計增加	孳息合計	增加保價金	增加保價金	增加保價金	增加保價金
99	1,706,000	1,203,800	1,063,800	140,000	0	0
100	4,348,300	2,642,300	1,807,550	834,750	0	0
101	18,965,650	14,617,350	6,092,970	4,073,300	2,638,300	1,812,780
102	37,871,590	18,905,940	,779,490	3,074,270	2,405,580	
103	58,688,280	20,816,690	,990,560	3,441,920	2,480,230	
104	82,182,600	23,494,320	,46,100	3,873,370	2,601,030	
105	97,446,690	15,264,090	,493,670	4,618,110	4,190,620	
106	131,003,800	33,557,110	,5,040	13,442,650	730,220	4,659,200
107	139,192,450	8,188,650	3,093,830	3,561,960	632,670	900,190
108	**147,639,360**	**8,446,910**	**3,182,920**	3,681,350	653,190	929,450

> 保價金增加
> 免所得稅

藏富家族成員～保單價值(資金流量)總表			先生	太太	長女	長子
保單價值總表			保價金	保價金	保價金	保價金
民國	合計保價金		保價金	保價金	保價金	保價金
108	149,370,840		54,852,200	53,146,030	20,902,760	20,469,850

④ 財富均衡配置觀念善用四分法配置，使得整體資產放大效果顯著。

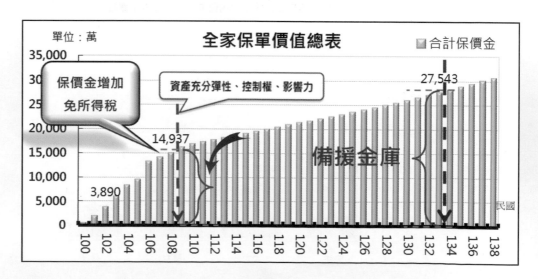

⑤ 隨時備援的充裕金庫（軍火子彈充裕）。時機來臨時，真正有實力掌握高獲利機會，發揮無遠弗屆的力量～輕鬆享受著分配財富的樂趣，不管任何狀況都讓財富增加。

具體疏失遺漏之處的部分說明如下：

① 人身壽險部分尚未結合當事人的生命價值因素，所以風險時無法產生損失
得到完整彌補的作用，人身壽險理財重點機能被疏忽了。

藏富家族成員～壽險保額(資金流量)總表				
全家壽險總保額	先生	太太	長女	長子
民國　　壽險合計	壽險保額	壽險保額	壽險保額	壽險保額
108　169,011,380	61,070,450	43,508,150	31,546,050	32,886,730

藏富家族108～壽險保額配置總表

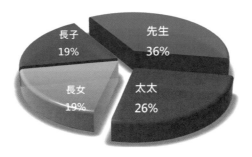

② 備援水庫_示意圖呈現出整體配置壽險保障比重卻太少，這麼好的東西未被
充分善用實在非常可惜！僅只使用了局部功能而已，當事人壽險保障尚未
結合所有環境背景多元因素，若風險時無法產生遏止損失的作用，許多更
大機能之重點嚴重被疏忽了。否則多元效益會再提升許多。

備援水庫_(保費累計VS保障) 現況_配置示意圖

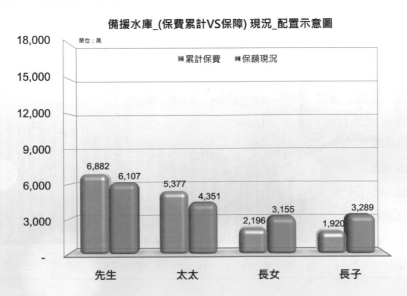

③ 免稅所得流量表顯示(隱形財富)計非常可觀，是否可以資源循環做移轉配置，規劃源源不絕的免稅所得，結合百年傳承多元的因素，讓家族開天闢地精神永流傳、俗話說：道德傳家可以傳十代～資源循環結合多元的背景因素，比免稅所得更重要。

免稅所得累計流量表，保價金增加之比重90%，生存金累計10%。由此可見設置保價金儲藏金庫，是可以資源循環做移轉配置主力。

藏富家族 ～保單_現況→總體(免稅所得)累計流量表				
現有資源表		保價金增加合計	生存金合計	平均孳息
民國	累計免稅	免稅合計	增加保價金	生存金	7,353,335
100	4,031,357	3,043,124	3,043,124		
101	16,467,194	12,435,837	12,435,837	0	
102	35,800,558	19,333,364	18,985,064		
103	57,172,471	21,371,913	21,023,613		
104	81,220,330	24,047,859	23,699,559		
105	105,087,980	23,867,650	11,589,350	2,278,300	
106	143,427,580	38,339,600	37,445,000	894,600	
107	152,608,380	9,180,800	8,286,200	894,600	
108	161,929,370	9,320,990	8,426,390	894,600	

保價金增加免課徵所得稅

生存金免所得稅

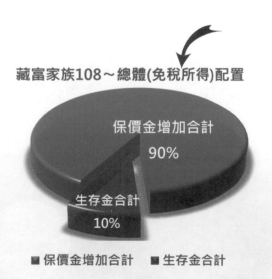

藏富家族108～總體(免稅所得)配置

保價金增加合計 90%

生存金合計 10%

■ 保價金增加合計　■ 生存金合計

④ 家族傳承中發掘每一個人的（天賦）能量，並支持鼓勵使其強項能量綻放光芒，充分發揮所長造福社會、甚至貢獻國家成為棟樑、世界之光，比預留稅源或是節稅更為重要。

⑤ 圓滿和諧家族凝聚的氛圍，比財富傳承更加重要。財富移轉分配時務必注意，整體能量均衡的效應，或是制定維持能量均衡的配套措施。使得現在心思所及的一切，成爲未來長遠流傳的典範。

每年免稅運用之外，理財保險尚須具備有許多其他功能如：預留稅源、財富移轉、傳承分配、於任何時間點結算，理財配置最大化效果，創造大量急用現金等多元功能。

後續個人配置檢驗章節詳細逐一探討，其他各項功能是否完整，於本案例整體檢驗報告可以清楚得知，(家庭，企業和個人)資產與財富管理，三種情境同時兼顧，多元功能是否同時一一兼顧，除此並進一步做沙盤推演，給予建設性(優化空間)建議若將現有資源循環應用，探討可能的改善空間，效益評估提供給保戶做整體理財配置決策之參考。

第一節

整體~優化（傳承）→結合所有背景因素

　　針對前述遺漏疏失之處做模擬補強評估，評估構想二點：①模擬檢驗儀器的→機能破壞試驗，切實了解品質強度究竟如何。②模擬→類似縮小比例的3D建築模型，客觀檢視整體景觀、環境、機能背景因素的結合，是否能夠達到更好的要求水準。

　　以下沙盤推演檢驗報告詳細說明比對優化後，全家與各人名下保單流量表內容，其各個欄位的數字，所代表傳承的功能和意義，主要解讀優化後的差異比對。

　　後續彙整之保險資金流量表中，採用浮動時間前後移動方式，交叉比對資產總歸戶中背景相關統計數據，再比對國內外各種法令相關規定，交叉比對找出上訴各項財富防禦力需求內容，借用數據檢驗所得之效益成果，讓這審慎互相比對數據，尋找出最合宜又高效率之財富配置方案，數字會說話～圓滿達成優化效應。

　　傳承成本①由第三章檢視得知→108年的預留遺產稅12,000萬，扣減現有保險保額4,135萬（急用現金），尚有7,865萬缺口餘額存

財富高度推測→預見未來　　單位：萬

	現況	10年	20年
資產淨值	60,000	107,400	192,000
穫利倍數	1.00	1.79	3.20
稅20%	12,000	21,480	38,400

預見未來成長採6%複利，保守評估財富高度

在，雖然有充裕銀行現金存款與龐大資產背景，卻忽略了效果最經濟實惠的保險，作爲直接對應的流動性資產。

　　時間若往後移動比對遺產稅38,400萬的缺口，支付遺產稅尚有27,263萬缺口餘額存在。現況財富防禦力還有很大檢討空間。在此嘗試以現有保單資源總價值循環應用。探討每年逐步移轉方式，轉而投入預留稅源1.2億之新保單。重新運用正確規劃步驟調整其內容。首先觀察流量表，若再以每年保單價值所增加的孳息額度來檢視，以其空間幅度→試算財富傳承（預留稅源）其提升保額，沙盤推演究竟會產生甚麼效益？

　　實際生活中新聞上經常看見，高資產富豪經常運用創造良性負債的方式做財富規劃～譬如：併購相關企業擴大整體競爭優勢、添購更多機械設備或是更新自

動化、買地購屋等等。運用良性負債手法、向銀行借款創造更多獲利空間。因爲負債可以降低資產額度，也降低稅負，同時增加自己擅長的賺錢獲利空間。

本次沙盤推演，選擇三富人生美元利率變動型終身壽險做檢驗測試，因爲此商品主要定位適合應用於創富、守富、傳富三種規劃動機，因而命名三富人生。三富人生商品有以下幾個特點符合我們預留稅源的需要：

理財上大額資金講求較高私密性。最高額度一家承保3億，有別於其他公司6千萬限度。未來20年期間有很高彈性的優惠空間。沙盤推演每5年可以25%小幅調高額度，免體檢而且優惠以承保當年的保費計算。預留9000萬彈性增加空間。

單一保險公司資料私密性較高，不是金控公司，資料會被大量使用而受到無謂干擾。

整體資金的活用彈性很大，繳費期滿90%，繳費期間67.5%的保價金可以靈活使用，而且費率只比預定費率高1%，手續簡便費用低廉。

保險金給付模式類似信託功能，受益人可以隨意安排分期給付，而且不同受益人可以不同指定方式。不但免收管理費，還給付預定利率的利息。

以下細分12個檢視點逐一比對，沙盤推演讓比對數值呈現各種客觀效益。使理財排除人爲遺漏或疏失因素，而達到最大化效果。

第1項｜整體~優化（傳承）沙盤推演→保單配置總明細表

疏失遺漏的項目主要是尚未結合個人整體背景因素，每個人按照背景因素重新調整，促使達到優化效率，至於補強配置的資源究竟怎麼來呢？必須來源先解決這個來源，之後再來談如何補強。理財「配置」二字是一種挪動調配的意思，並非單獨存在的事件，所以不必獨立去產生而支付代價。

僅是從現有財富生態當中做不同之調配而已，當然不同的配置自然會形成不一樣的結果，所以來源產生全部存在現有環境之中。例如：從營業額當中提撥3%微小比例，或是從未來要給付給國稅局的費用當中預先提撥，也可以從傳承財富中→原本逐年將要移轉給被繼承人的資產稍作挪動，當然也可以從現有保單逐年增值的部分，逐年挪動來做資源循環運用～優化。

因此所有來源管道全部存在現有環境當中，非常多元而且豐富充裕，雖然每個人挪動來源的方式不同，絕對完全不會影響事業整體運作，更不會影響現有生活品質。僅只是多開一個帳號，將不同來源帳戶的錢移動一下，而且一定只會讓整體財富成果增加，絕對不會導致任何損失。所以我們稱之為資源循環運用「優化配置」。

現有資源優化～循環應用_保單總明細表→(財富防禦力規劃)

姓名	投保年齡	投保日期	要保人	繳別	繳費月份	金 額	投保公司	產品名稱	壽險終身	壽險儲蓄	定期	意外意外	意外醫療	外醫住院	醫療定額	日額	手術	醫療實支	失能	重大	防癌	年繳保費
先生	60	100/11/16		1		2,046,528	富邦	10富利高升	950													2,046,528
40/6/1	60	100/11/16		1		530,152	遠雄	15雄安心終身	500						3,000		1500	2000	100		2400	530,152
	60	100/11/16		1		3,300	友聯	金旺				300	3	2000								3,300
	59	99/12/15		1	12	1,431,000	富邦	6新富養老保險		900												滿期
	61	101/06/29		1	6	6,308,190	富邦	6美利贏家外幣	31(US)	930												滿期
																						0
						total $	2,579,980		1450	1830	0	300	3	2000	3,000	0	1500	2000	100	0	2400	
太太	47	97/08/01		1	8	291,322	國泰	10新鍾情terminal身	200			200			2000	2000				100	2000	291,322
50/11/1		89/1/30		1		39,200	南山	20新康祥B型	200													39,200
		100/11/16		1		2,092,613	富邦	10富利高升	950													2,092,613
		100/11/16		1		376,348	遠雄	15雄安心終身	500						3,000		1500	2000	100		2400	376,348
		100/11/16		1		3,300	友聯	金旺				300	3	2000								3,300
	50	99/12/15		1	12	464,698	富邦	6新豐富養老保		293												滿期
	52	101.11.26		1	11	4,460,820	南山	6添利久久外幣	42.7(US)	1281												滿期
				1		4,539,090	友邦	三富人生終身壽險	12000													4,539,090
						total $	7,341,873		13850	1574	0	500	3	2000	5,000	2000	1500	2000	100	100	4400	
長女	29	101/06/30		1		180,000	遠雄	20雄安心終身	500										100			180,000
72/3/1		101/06/30		1		116,153	遠雄	20終身醫療壽險	40						3,000		1500	1000		200	6000	116,153
		101/06/30		1		334,669	富邦	20富世代終身	1000			100		2000				2000	128			334,669
		101/06/30		1		3,300	友聯	金旺				300	3	2000								3,300
	29	101/06/26		1	6	1,497,540	南山	6灣利618增額還本		110												滿期
	29	101/06/27		1	6	1,560,840	富邦	6美利贏家外幣增額		7(US)												滿期
				1		1,551,030	友邦	三富人生終身壽險	6000													1,551,030
						total $	2,185,152		7540	110		400	3	4000	3,000	0	1500	3000	228	200	6000	
長子	28	101/06/30		1		176,500	遠雄	20雄安心終身	500										100			176,500
73/5/1		101/06/30		1		113,098	遠雄	20終身醫療壽險	40						3,000		1500	1000		200	6000	113,098
		101/06/30		1		328,669	富邦	20富世代終身	1000			100		2000				2000	128			328,669
		101/06/30		1		3,300	友聯	金旺				300	3	2000								3,300
	28	101/06/26	滿期		6	1,519,020	南山	6添利久久外幣	US$15													滿期
	28	101/06/29		1	6	1,006,560	富邦	6富利高升終身		270												滿期
				1		1,516,830	友邦	三富人生終身壽險	6000													1,516,830
						total $	2,138,397		7540	270	0	400	3	4000	3,000	0	1500	3000	228	200	6000	
說明	1.需求生活費		萬	資產保全				2.現況：												Total		14,245,402
	貸款險			薪資險																		
	教育費											總計		14,245,402								

疏失遺漏的項目主要是，尚未結合個人背景因素，重新沙盤推演優化調整整體資源配置，促使結合每個人的身價守護，結合財富傳承的整體背景因素，後續詳細檢驗比對前後效益的差距。

大致說明本次優化的構想，因為所有規劃主權掌控在於藏富_太太，依照其構想先生因為身體狀況因素暫時不要規劃，其他人員都可以稍微調整看看，了解整體效益究竟如何？所以本次檢驗僅僅嘗試性質，依照太太的意思小小挪動一下，利用太太現有資源（循環運用）增加12,000萬保障，兩位孩子使用逐年贈與額度也稍微各增加6,000萬保障，本章節遵照這個意思做沙盤推演，檢驗報告：比對前後效益。同時比對以下三個原則前進：

1. 財富資源配置完全依照重要程度，優先順序保障、整體不同比重的配置概念，投入吻合重要程度、優先順序、適當比重作配置規劃。

2. 保單掌握住整體理財配置的精神，結合風險意識進行規劃保險，使得發揮最大效益。例如滿足：創富／守富／傳富不同階段需求。同時滿足不同階段需求方法。

- **創富階段**→守護最重要的人，他的價值等於對家人的愛與關心。

- **守富階段**→維護財富於安全又最大值，令最重要的價值財富守住。

- **傳富階段**→財富創造之外，管理令所有的成就持續流傳下去。

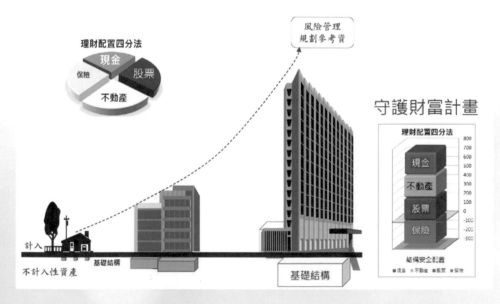

3. 檢驗比對當下整體分配比重，是否可以使得財富達到進可攻、退可守的多重效果。

- **平安時**---有貯藏儲備功能解決不同風險危機，同時退休年齡時寬裕生活費功能。

- **風險時**---資產放大、且仍握有掌控權，同時解決全家醫療、長期照顧經費。

- **百年時**---解決巨額稅金繳納問題，資產完整保留下來，代表個人一生努力成就。

整體比對→財富傳承優化～全家年繳保費vs保額分布情形

現況～整體（保障VS年繳）配置表

保費比重分佈圖
長女 10% 長子 10% 太太 39% 先生 41%

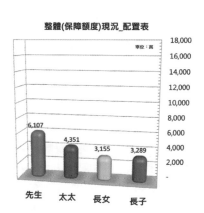

整體(保障額度)現況_配置表
單位：萬
6,107 4,351 3,155 3,289
先生 太太 長女 長子

傳承優化～沙盤推演，調整配置表

遵照藏富_太太的意思沙盤推演，小小挪動一下，利用太太現有資源（循環運用）增加12,000萬保障，兩位孩子使用逐年贈與額度也稍微各增加6,000萬保障。

傳承優化調整～(財富防禦)配置表

姓名	保障	年繳
先生	61,070,450	2,579,980
太太	163,508,150	7,341,873
長女	91,546,050	2,185,152
長子	92,886,730	2,138,397
total	409,011,380	14,245,402

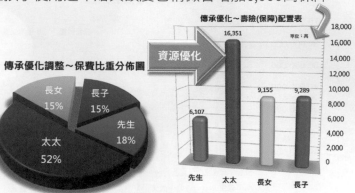

傳承優化調整～保費比重分佈圖
長女 15% 長子 15% 先生 18% 太太 52%

資源優化

傳承優化～壽險(保障)配置表
單位：萬
16,351 9,155 9,289 6,107
先生 太太 長女 長子

財富傳承沙盤推演，優化調整～整體比對→累計保費（儲蓄vs保障）比重分配表

傳承優化調整～(財富防禦)配置表

姓名	保障	年繳
先生	61,070,450	2,579,980
太太	163,508,150	7,341,873
長女	91,546,050	2,185,152
長子	92,886,730	2,138,397
total	409,011,380	14,245,402

總保費累計(儲蓄vs保障)_分配圖

保障保費 11%

儲蓄保費 89%

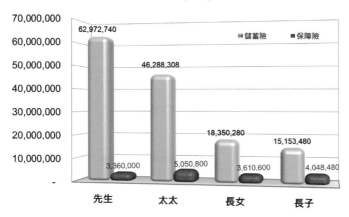

儲蓄VS保障→(現況)分配圖

累計保費比對→調節4%比重優化後→儲蓄險保費佔85%，保額保費佔15%。

(循環應用_專案)108年優化後_純保費累計→歸納表

項目	儲蓄保費	保障保費	保費小計
先生	65,039,940	3,780,000	68,819,940
太太	48,380,208	9,925,590	58,305,798
長女	18,350,280	5,677,430	24,027,710
長子	15,153,480	6,071,370	21,224,850
total	146,923,908	25,454,390	172,378,298

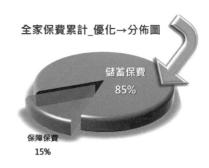

全家保費累計_優化→分佈圖

儲蓄保費 85%

保障保費 15%

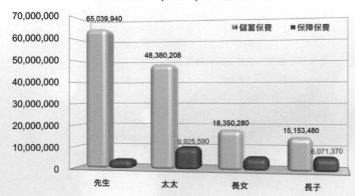

儲蓄VS保障→(優化後)保費分配圖

整體比對→財富傳承，沙盤推演～累計保費與保額分配情形如下。

純總保費累計VS(現況)保障		
項目	累計保費	保額現況
先生	66,332,740	61,070,450
太太	51,339,108	43,508,150
長女	21,960,880	31,546,050
長子	19,201,960	32,886,730
total	158,834,688	169,011,380

總累計保費VS保障→(現況)分配圖

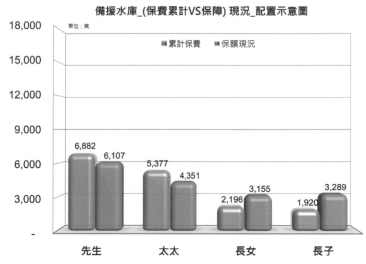

備援水庫_(保費累計VS保障) 現況_配置示意圖

遵照藏富_太太的意思挪動，太太現有資源（循環運用）增加12,000萬保障，兩位孩子使用逐年贈與額度也各增加6,000萬保障。

沙盤推演～優化比對，調節19%比重到總保額→使累計保費佔30%，總保額70%。

(優化後)純總保費累計VS總保障		
項目	累計保費	保額優化
先生	68,819,940	61,070,450
太太	58,305,798	163,508,150
長女	24,027,710	91,546,050
長子	21,224,850	92,886,730
total	172,378,298	409,011,380

PS.儲蓄險指有滿期金可領的保險

累計保費VS保障→(優化後)分配圖

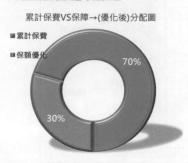

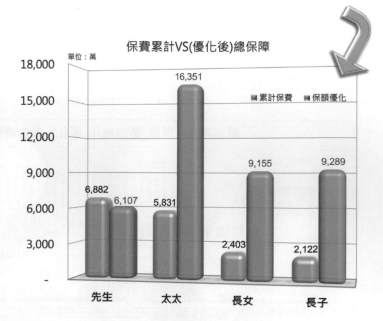

保費累計VS(優化後)總保障

財富傳承優化調整～比對→全家保單_（現況）資金流量表

　　重新調整優化內容沙盤推演，可以兼顧多重功能，例如放大槓桿效果、配合最低稅負（不計入性資產）每申報戶3000萬免稅額度，做整體配置將多種財富管理功能結合在一起，除了預留稅源達到財富達到進可攻、退可守的多重效果。創造大量流動性資產，除了支應稅務急用現金之外，消除下一代急用現金籌湊困擾，提供多元財富防禦力，解決許多比節稅更重要的事：完成長長久久照顧家人…幸福、快樂的願望。贏得（創富／守富／傳富）三富人生的理財樂趣。

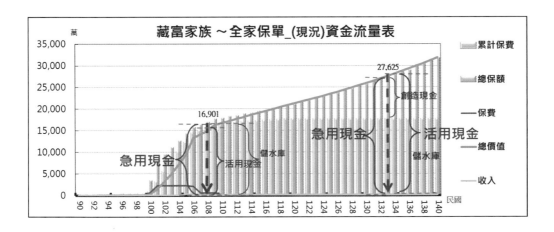

　　現況圖形表示各種資金的流量走勢，很容易從每個時間點，找出每種資金的幅度以及彼此之連帶關係，清楚快速掌握急用現金、活用現金、累積儲存金庫、創造現金的幅度。更精準狀況的掌握從另一張創造現金效益表，可以用數字清楚顯示不同年度的整體效益如何。

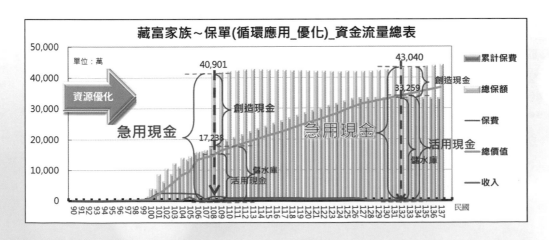

沙盤推演，比對優化後→全家保單資金流量表、創造現金整體效益表。

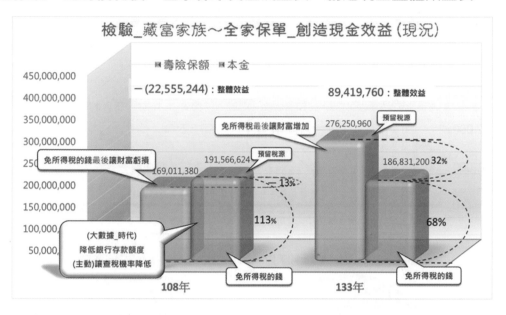

財富傳承優化調整～沙盤推演遵照太太的意思，挪動太太現有資源（循環運用）增加12,000萬保障，兩位孩子使用逐年贈與額度也各增加6,000萬保障。檢驗比對優化前後→全家保單資金流量表、創造現金整體效益表。兩份圖表數字上互相對照之下，108年→-2,255萬：27,783萬。時間越往後移動至133年→8,941萬：23,813萬，人生無常危機意識之下，理財隨時維持於任何時間皆是最大值而言，兩者前後結果竟有此天壤之別的巨大差距出現。

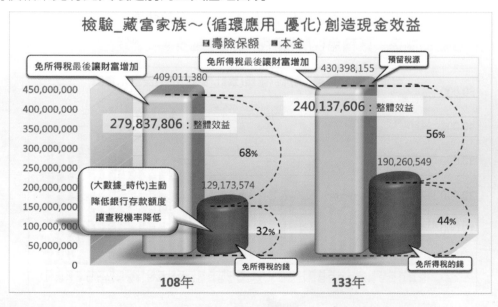

財富傳承優化檢驗～比對→現況_總體（免稅所得）流量示意圖

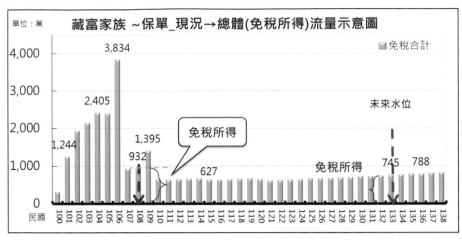

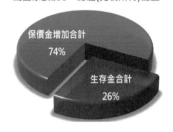

　　整理出稅務專家所指的保價金增值與生存金兩種享有稅法免稅，將免稅所得彙整出三種統計表如圖所示，截至108年累積已有16,193萬，現況保價金增值的比重佔90%，保價金增值是整體免稅所得的主力，這裡就像是一種儲藏金庫，預見時間越往後移動的關係，累積免稅所得財富會愈來愈多。

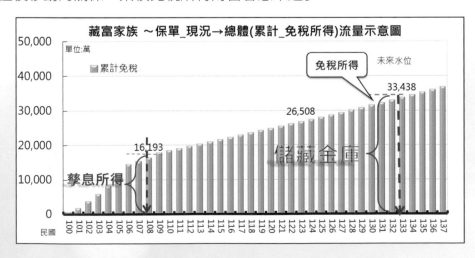

沙盤推演，比對優化後→總體（免稅所得）流量示意圖

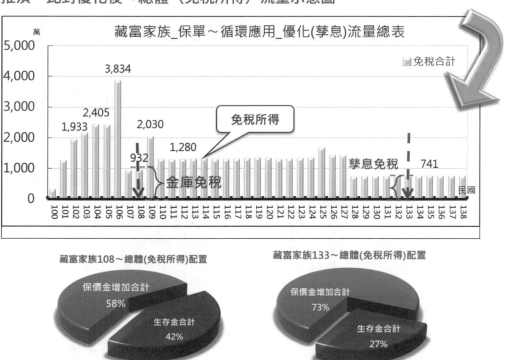

循環應用現有資源沙盤推演，比對優化後數字仍逐年提升不影響原來整體效果，未來可累積至46,533萬額度，有效改善財富整體防禦力大大提升整體免稅所得，使將來對整體經營控股更好安排，屆時傳承的成本需要大筆現金需求壓力時，儲藏金庫能夠充分使用法定免稅空間。因此增加對應之安全機制。使得財富達到進可攻、退可守的多重效果。

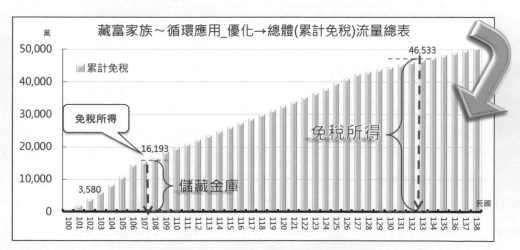

財富傳承優化檢驗～比對→總體最大化_現況示意圖

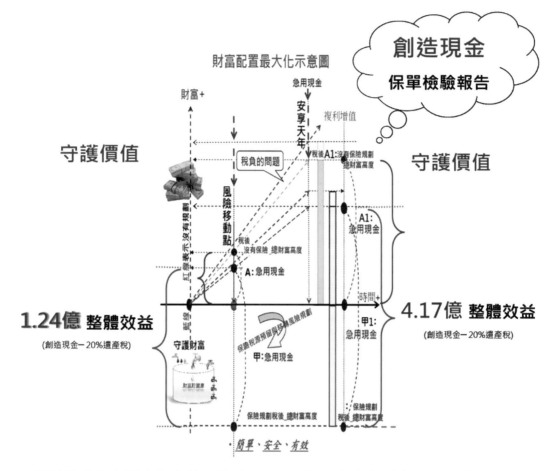

財富配置最大化示意圖

創造現金
保單檢驗報告

守護價值　　　　　　　　　　　　　　　　　守護價值

1.24億 整體效益
（創造現金－20%遺產稅）

4.17億 整體效益
（創造現金－20%遺產稅）

　　理財管理應盡最大努力達到符合F、B、I管理資產與財富規劃，做好風險管控才能減少損失。家族傳承一代接一代的喜訊降臨。能夠準確地把愛留給最愛的人～一代接一代的照顧所愛的人幸福、快樂。或許有人耽心婚姻因素造成二分之一財產損失，特別小心這防患這一個因素產生，雖然這也是一種家族資產財富損失的隱憂風險，F、B、.I管理概念就是要適當配置，即時風險的出現也不必任何擔心。

　　總體最大化示意圖，就是將稅務專家口中梭說的免稅所得加上創造現金的整體效益，兩者加總後呈現出整體效益，現況以及未來20幾年後（133年）的成果，短期顯示1.24億的效益，長期增加4.17億的結果。如此移轉帳戶動作不僅沒有花到錢，過程完全低風險而所增加財富幅度卻是相當可觀。確實達到了沒有壓力，享受當下優渥生活品質，充分享受財富分配樂趣，又可以讓財富越來越多，達到無遠弗屆的感覺～一代接一代的照顧心中所愛的人→讓他們幸福、快樂。

沙盤推演，比對優化後→總體最大化示意圖

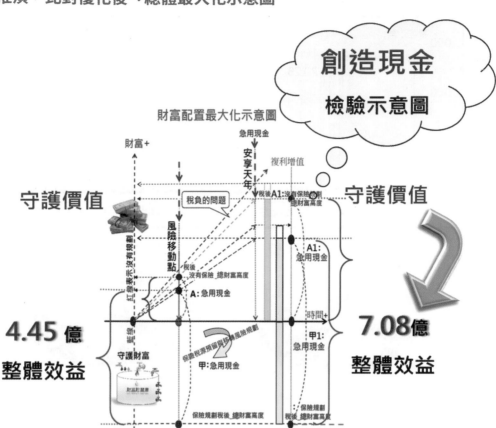

優化調整～沙盤推演遵照太太的意思挪動太太現有資源（循環運用）增加12,000萬保障，兩位孩子使用逐年贈與額度也各增加6,000萬保障。檢驗比對優化前後→總體最大化示意圖，短期比對顯示1.24億：4.45億，兩者差距3.21億的提升效益，比對長期顯示4.17億：7.06億，兩者差距2.91億的增加結果。如此的帳戶移動不僅沒有花到錢，過程低風險而所增加財富幅度卻是相當可觀。

在此沙盤推演，驚喜發現！足以解決比預留稅源更大的空間的傳承工具。「傳承」過程中不需要任何支應的成本，只要適當運用所增加的效益足以應付之，更是最好分配又最公平的現金工具。即時比預留稅源更大更重要的財富能量平衡。或是能夠預防資產失控，緊急資金活用的儲備金庫、給自己豐富隱形資源享受生活，給最愛的人留下救命財。更要令自己所及的一切事物，成為綿延不絕的力量，樹立精神典範讓精神長久傳承下去，超越身體的生命長度。全方位達到有溫度、溫馨傳承結果。充滿生命傳承意義和智慧。

第2項│整體~優化（傳承）→保費存入資金統計總流量表

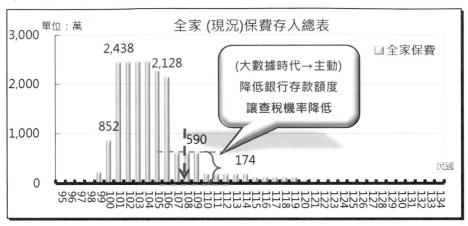

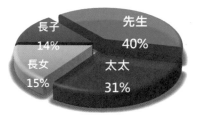

配合時代背景法令趨勢，理財稅務專家們紛紛建議移轉帳戶，企業家們過去10年陸續將境外免稅天堂的錢，轉存到保險公司成為隱藏金庫。此帳戶高所得群族可以合法享受，每年省下30%～40%（累進稅率）免稅之優惠。比對優化配置僅是持續存入建立一個安全穩定，更大的免稅收入帳戶，和長期預防風險的理財緊急備援金庫。

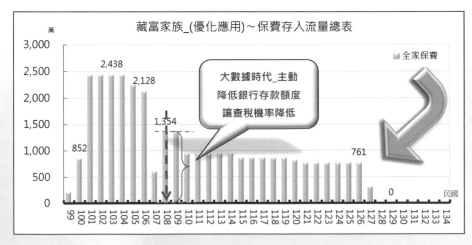

第3項│整體~優化（傳承）→保費累計資金流量統計總表

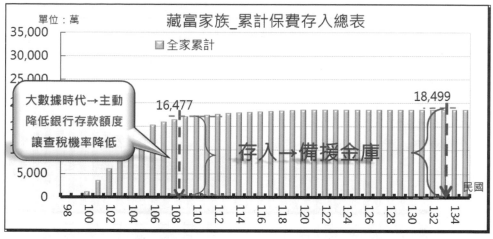

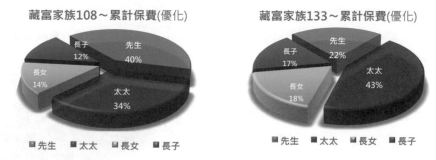

　　比對保費累計流量總表清楚顯示，優化配置僅是持續存入相同數量的理財，轉存到國內這個保險帳戶位置。為自己建立一個更大且長期享受每年30%～40%免所得稅。和預防風險理財功能更大的緊急備援金庫。

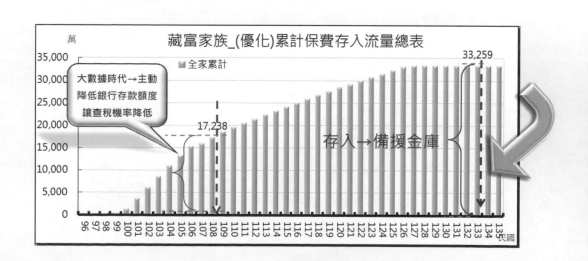

第4項 ｜ 整體~優化（傳承）→壽險總保額資金流量統計總表

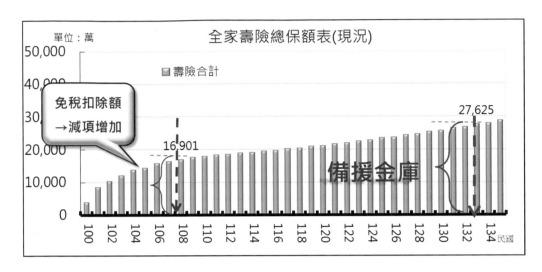

每個人的壽險總保額最能具體反映，直接守護賺錢能力與開創能力，此價值風險對周遭所產生的經濟影響一一釐清，這個過程非常重要！非常關鍵。讓整個理財的焦點會更豁達寬廣，也容易看見比節稅更重要的事情，而不被侷限於某個區域，如此更能發揮理財最高效益。

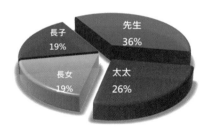

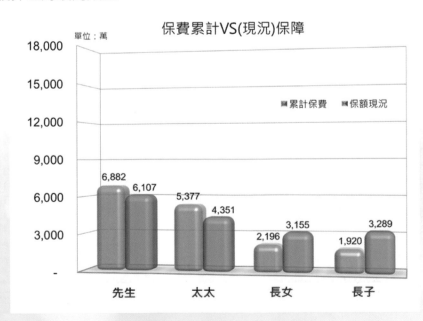

比對優化後→壽險總保額流量總表

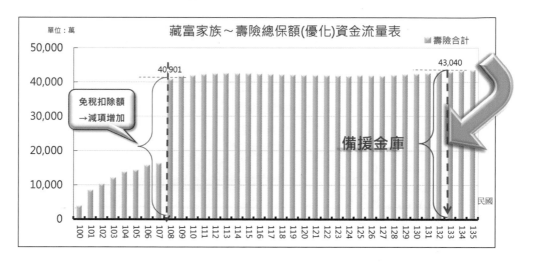

傳承優化～遵照太太的意思，挪動太太現有資源（循環運用）增加12,000萬保障，兩位孩子使用逐年贈與額度也各增加6,000萬保障。壽險合法於扣除額免稅之優惠。同時提升長期安全穩定的現金流，和預防風險提升理財緊急備援金庫。

藏富家族108～壽險保額(優化)配置總表

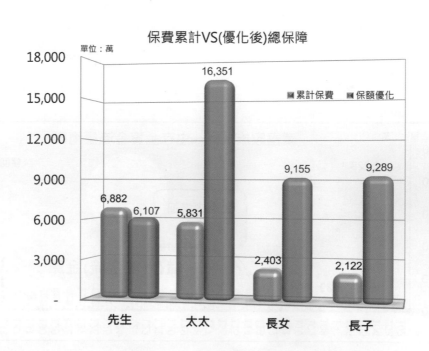

第5項｜整體~優化(傳承)→生存金累計流量統計

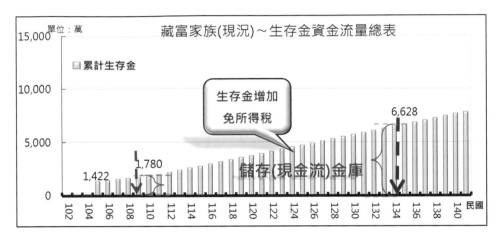

　　生存金流量總表得知免稅所得累計（隱形財富），藉此能夠清晰看見每年穩定的現金流入～例如：退休金的安排，或是其他人每年生活的照顧金預留配置。現況配置先生、長女兩人名下，累計免稅所得兩人合計1,601萬，先生免稅所得每年約56萬，長女免稅所得每年約33萬。

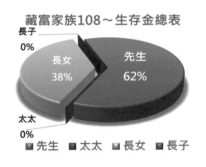

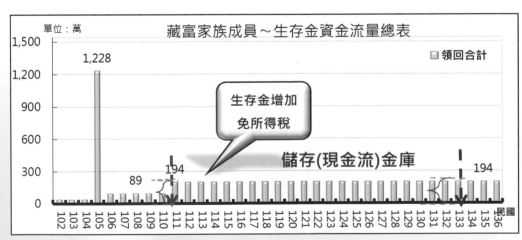

比對優化後→生存金累計流量總表

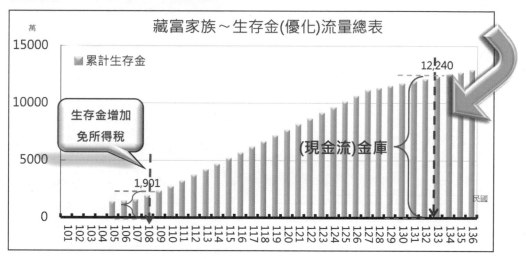

目前整體儲蓄累計保費佔整體保費89%，逐年挪動太太名下儲蓄配置至保障壽險。逐年以現有資源循環運用每年300萬，等於挪動至保障帳戶。 優化後→生存金流量總表，如圖附件所示。太太名下挪動額度佔整體生存金77%。

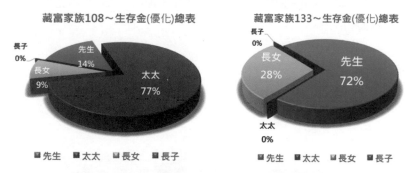

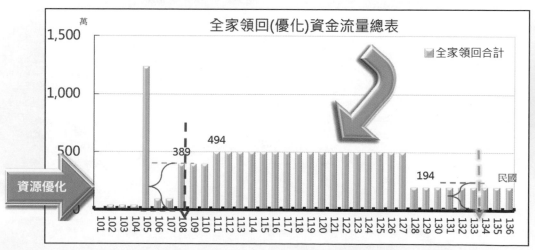

藏富家族成員～生存金資金流量表

民國	保單生存金總表 累計生存金	領回合計	先生 領回(生存金)	太太 領回(生存金)	長女 領回(生存金)	長子 領回(生存金)
101	0		0		0	0
102	348,300	348,300	279,000		69,300	0
103	696,600		279,000		69,300	0
104	1,044,900		279,000	0	69,300	
105	13,323,200		9,279,000	2,930,000	69,300	0
106	14,217,800		558,000		336,600	0
107	15,112,400	894,600	558,000	0	336,600	0
108	16,007,000	894,600	558,000	0	336,600	0
109	16,901,600	894,600	558,000	0	336,600	0
110	17,796,200	894,600	558,000	0	336,600	0
111	19,735,700	1,939,500	1,395,000	0	544,500	0
112	21,675,200	1,939,500	1,395,000	0	544,500	0
113	23,614,700	1,939,500	1,395,000	0	544,500	0
114	25,554,200	1,939,500	1,395,000	0	544,500	0
115	27,493,700	1,939,500	1,395,000	0	544,500	0
116	29,433,200	1,939,500	1,395,000	0	544,500	0
117	31,372,700	1,939,500	1,395,000	0	544,500	0
118	33,312,200	1,939,500	1,395,000	0	544,500	0
119	35,251,700	1,939,500	1,395,000	0	544,500	0
120	37,191,200	1,939,500	1,395,000	0	544,500	0
121	39,130,700	1,939,500	1,395,000	0	544,500	0
122	41,070,200	1,939,500	1,395,000	0	544,500	0
123	43,009,700	1,939,500	1,395,000	0	544,500	0
124	44,949,200	1,939,500	1,395,000	0	544,500	0
125	46,888,700	1,939,500	1,395,000	0	544,500	0
126	48,828,200	1,939,500	1,395,000	0	544,500	0
127	50,767,500	1,939,500	1,395,000	0	544,500	0
128	52,707,200		1,395,000	0	544,500	0
129	54,646,700		1,395,000	0	544,500	0
130	56,586,200		1,395,000	0	544,500	0
131	58,525,700		1,395,000	0	544,500	0
132	60,465,200	1,939,500	1,395,000	0	544,500	0
133	62,404,700	1,939,500	1,395,000	0	544,500	0
134	64,344,200	1,939,500	1,395,000	0	544,500	0

（生存金 免所得稅）（生存金增加 免所得稅）

資源優化 →

藏富家族～生存金(優化)流量總表

民國	保單年度總收入表 累計生存金	領回合計	先生 生存金	太太 生存金	長女 生存金	長子 生存金
101	0		0		0	0
102	348,300	348,300			69,300	0
103	696,600	348,300			69,300	0
104	1,044,900	348,300		0	69,300	0
105	13,323,200	12,278,300		30,000	69,300	0
106	14,217,800	894,600			336,600	0
107	15,112,400	894,600	558,000	0	336,600	0
108	19,007,000	3,894,600	558,000	3,000,000	336,600	0
109	22,901,600	3,894,600	558,000	3,000,000	336,600	0
110	26,796,200	3,894,600	558,000	3,000,000	336,600	0
111	31,735,700	4,939,500	1,395,000	3,000,000	544,500	0
112	36,675,200	4,939,500	1,395,000	3,000,000	544,500	0
113	41,614,700	4,939,500	1,395,000	3,000,000	544,500	0
114	46,554,200	4,939,500	1,395,000	3,000,000	544,500	0
115	51,493,700	4,939,500	1,395,000	3,000,000	544,500	0
116	56,433,200	4,939,500	1,395,000	3,000,000	544,500	0
117	61,372,700	4,939,500	1,395,000	3,000,000	544,500	0
118	66,312,200	4,939,500	1,395,000	3,000,000	544,500	0
119	71,251,700	4,939,500	1,395,000	3,000,000	544,500	0
120	76,191,200	4,939,500	1,395,000	3,000,000	544,500	0
121	81,130,700	4,939,500	1,395,000	3,000,000	544,500	0
122	86,070,200	4,939,500	1,395,000	3,000,000	544,500	0
123	91,009,700	4,939,500	1,395,000	3,000,000	544,500	0
124	95,949,200	4,939,500	1,395,000	3,000,000	544,500	0
125	100,888,700	4,939,500	1,395,000	3,000,000	544,500	0
126	105,828,200	4,939,500	1,395,000	3,000,000	544,500	0
127	110,767,700		1,395,000	3,000,000	544,500	0
128	112,707,200			0	544,500	0
129	114,646,700			0	544,500	0
130	116,586,200			0	544,500	0
131	118,525,700		1,395,000	0	544,500	0
132	120,465,200	1,939,500	1,395,000	0	544,500	0
133	122,404,700	1,939,500	1,395,000	0	544,500	0
134	124,344,200	1,939,500	1,395,000	0	544,500	0

（生存金 免所得稅）（生存金增加 免所得稅）

　　挪動後使生存金累計領回金額速度每年增加300萬，對原本整體效益不但沒有減少，反而有明顯幫助。

第6項 ｜ 整體~優化（傳承）→保單價值資金流量統計總表

比對優化後→保單價值（資金流量）總表，緊急備援（金庫）可實質彈性運用的空間，而且是免所得稅所受連帶影響究竟如何？

藏富家族成員～保單價值(資金流量)總表

保單價值總表		先生	太太	長女	長子
民國	合計保價金	保價金	保價金	保價金	保價金
100	5,585,927	2,871,350	2,223,807		490,770
101	19,915,664	8,964,320	6,753,894	1,893,900	2,303,550
102	38,900,728	_保價金增加免所得稅_	...048,478	4,532,200	4,709,130
103	59,924,341		...613,611	7,606,470	7,189,360
104	**83,623,900**		...96,400	11,048,390	9,790,390
105	95,213,250		...460,070	14,921,760	13,981,010
106	132,658,250		...575,450	45,902,720	19,539,870	18,640,210
107	140,944,450	51,669,280	49,464,680	20,270,090	19,540,400
108	**149,370,840**	54,852,200	53,146,030	20,902,760	20,469,850
109	162,429,420	60,162,460	59,067,410	21,555,950	21,643,600
110	167,947,641	61,729,310	61,126,491		...360
111	172,278,199	62,524,260	63,148,849	...41,220	23,657,870
112	176,722,077	63,352,750	65,212,197	23,451,670	24,705,460
113	181,299,829	64,207,420	67,345,689	23,967,350	25,779,370
114	186,018,510	65,092,770	69,551,810	24,493,300	26,880,630
115	190,350,397	65,627,280	71,677,587	25,031,350	28,0...
116	194,680,607	66,168,490	73,749,817	25,581,780	29,1...
117	199,175,830	66,714,450	75,940,740	26,144,450	30,3...
118	203,725,830	67,265,680	78,130,460	26,720,000	31,6...
119	208,390,166	67,822,660	80,385,256	27,308,690	32,873,560
120	212,895,290	68,383,500	82,823,140	27,911,010	33,777,640
121	217,000,469	68,949,630	85,221,139	28,122,390	34,707,310
122	221,211,102	69,518,740	87,695,722	28,336,340	35,660,300
123	225,521,978	70,092,230	90,235,998	28,552,640	36,641,110
124	230,004,076	70,689,220	92,854,346	28,791,140	37,669,370
125	234,650,268	71,265,280	95,664,538	29,013,320	38,707,130
126	239,304,752	71,843,450	98,453,252	29,236,570	39,771,480
127	244,074,061	_保價金增加免所得稅_	...321,051	29,463,390	40,865,460
128	248,955,420		...270,390	29,690,990	41,990,300
129	254,002,728		...314,118	29,941,770	43,164,270
130	259,241,668		...556,288	30,174,000	44,350,140
131	264,518,690	...756,890	113,803,150	30,407,010	45,571,640
132	269,914,232	75,309,590	117,136,992	30,641,840	46,825,810
133	**275,428,125**	75,877,930	120,563,305	30,876,240	48,110,650
134	281,125,558	76,441,910	124,097,308	31,133,410	49,452,930

資源優化

藏富家族～保單價值(優化)資金流量總表

保單價值總表		甲1	乙2	丙3	丁4
民國	全家保價金	保價金	保價金	保價金	保價金
100	5,585,927	2,871,350	2,223,807		490,770
101	19,915,664	8,964,320	6,753,894	1,893,900	2,303,550
102	38,900,728	...610,...	13,048,478	4,532,200	4,709,130
103	59,924,341	_保價金增加免所得稅_	19,613,611	7,606,470	7,189,360
104	**83,623,900**		26,896,400	11,048,390	9,790,390
105	95,213,250		30,460,070	14,921,760	13,981,010
106	132,658,250		...575,450	45,902,720	19,539,870	18,640,210
107	140,944,450	51,669,280	49,464,680	20,270,090	19,540,400
108	**146,370,840**	54,852,200	50,146,030	20,902,760	20,469,850
109	162,774,881	60,162,460	56,742,871	22,905,950	22,963,600
110	171,653,761	61,729,310	59,432,611	25,184,480	25,307,360
111	179,369,246	62,524,260	62,037,896	27,093,220	27,713,870
112	187,233,74...	_資產充分彈性、控制權、影響力_		29,043,670	30,177,460
113	195,269,92...			31,041,350	32,697,370
114	203,464,52...	...770	70,005,821	33,079,300	35,286,630
115	211,300,197	65,627,280	72,575,387	35,165,350	37,932,180
116	219,164,779	66,168,490	75,043,989	37,299,780	40,652,520
117	227,210,390	66,714,450	77,581,300	39,482,450	43,432,190
118	235,330,149	67,265,680	80,064,779	41,708,000	46,291,690
119	243,703,244	67,822,660	82,680,334	43,988,690	49,211,560
120	251,964,037	68,383,500	85,441,887	46,325,010	51,813,640
121	259,863,526	68,949,630	88,124,196	48,306,390	54,483,310
122	267,900,561	69,518,740	90,831,181	50,338,340	57,212,300
123	276,115,304	70,092,230	93,597,324	52,414,640	60,011,110
124	284,577,294	70,689,220	96,421,564	54,555,140	62,911,370
125	296,300,835	71,265,280	102,439,105	56,733,320	65,863,130
126	305,468,914	...414	...757,414	58,972,570	68,895,480
127	314,638,453	_保價金增加免所得稅_	...939,443	61,263,390	72,011,460
128	319,827,972		...876,942	63,079,770	73,790,300
129	325,094,147		...801,537	63,079,770	75,630,270
130	330,445,804		...806,424	63,990,000	77,488,140
131	335,761,494	...736,890	116,735,954	64,901,010	79,387,640
132	341,062,728	75,309,590	118,619,488	65,813,840	81,319,810
133	**346,377,220**	75,877,930	120,478,400	66,738,240	83,282,650
134	351,767,822	76,441,910	122,325,572	67,685,410	85,314,930

每年保價金按照當初預定利率持續增值，此理財配置替家族建立一個長期安全穩定的現金增值系統，和預留對抗風險的理財備援金庫。我們通常形容這區域的錢是救命財（金庫）。不必擔心事業經營，上下游發生風險，而受連帶影響導致自己和家人陷入困境。

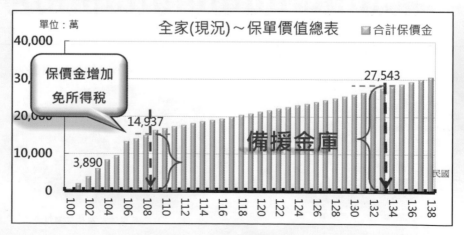

_單位：萬_
全家(現況)～保單價值總表　■合計保價金
3,890　14,937　27,543　備援金庫
保價金增加免所得稅

藏富家族108～保單價值配置

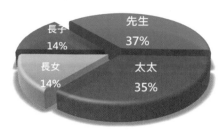

藏富家族133～保單價值配置

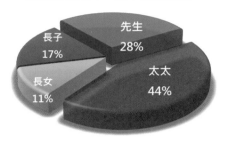

比對優化後→隨著時間企業成長因素而備援隱形金庫也足跟著增加，預留對抗風險的理財備援金庫。更提升整體免所得稅空間，同時提升二位子女名下備援隱形金庫的比重。長期備援隱形金庫從2.75億提升至3.46億，可說是時俱進很好的長遠規劃。

循環運用漸漸改善優化。提升內心長長久久～準確照顧所愛的人，提升到解決（國稅局、子女、父母）與（家庭，企業和個人）同時促進全方位能量平衡功能。

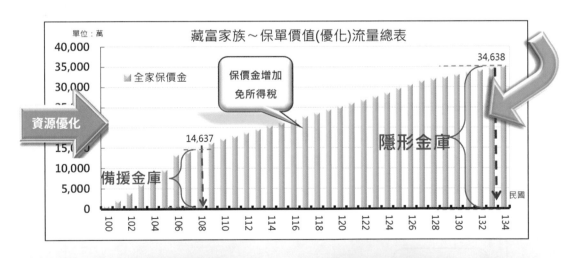

藏富家族108～保單價值(優化)配置

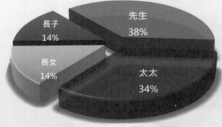

藏富家族133～保單價值(優化)配置

第7項｜整體~優化（傳承）→保價金（增加）流量統計總表

藏富家族 ～保單_現況→(保價金增加)流量表

民國	保價金總表 累計增加	孳息合計	先生 增加保價金	太太 增加保價金	長女 增加保價金	長子 增加保價金
100	4,031,357	3,043,124	1,807,550	1,235,574	0	0
101	16,467,194	12,435,837	6,092,970	4,530,087	0	1,812,780
102	35,452,258	18,985,064		4,584	2,638,300	2,405,580
103	56,475,871	21,023,613		55,133	3,074,270	2,480,230
104	80,175,430	23,699,559		82,789	3,441,920	2,601,030
105	91,764,780	11,589,350		63,670	3,873,370	4,190,620
106	129,209,780	37,445,000	25,040	15,442,650	4,618,110	4,659,200
107	137,495,980	8,286,200	3,093,830	3,561,960	730,220	900,190
108	145,922,370	8,426,390	3,182,920	3,681,350	632,670	929,450
109	158,980,950	13,058,580	5,310,260	5,921,380	653,190	1,173,750
110	164,499,171	5,518,221	1,566,850	2,059,081	898,530	993,760
111	168,829,729	4,330,558	794,950	2,022,358	492,740	1,020,510
112	173,273,607	4,443,878	828,490	2,063,348	504,450	1,047,590
113	177,851,359	4,577,752	854,670	2,133,492	515,680	1,073,910
114	182,570,040	4,718,681	885,350	2,206,121	525,950	
115	186,901,927	4,331,887	534,510	2,125,777	538,050	
116	191,232,137	4,330,210	541,210	2,072,230	550,430	
117	195,727,360	4,495,222	545,		562,670	
118	200,277,360	4,550,000	551,		575,550	
119	204,941,696	4,664,336	556,9	2,254,796	588,690	1,263,870
120	209,446,820	4,505,124	560,840	2,437,884	602,320	904,080
121	213,551,999	4,105,179	566,130	2,397,990	211,380	929,670
122	217,762,632	4,210,633	569,110	2,474,583	213,950	952,990
123	222,073,508	4,310,876	573,490	2,540,276	216,300	980,810
124	226,555,606	4,482,099	596,990	2,618,349	238,500	1,028,260
125	231,201,798	4,646,191	576,060	2,810,191	222,180	1,037,760
126	235,856,282	4,654,485	578,170	2,788,715	223,250	1,064,350
127	240,625,591	4,580,710	580,720	2,867,799	225,810	1,093,980
128	245,506,950	4,579,580	579,580	2,949,339	227,600	1,124,840
129	250,554,258	4,535,810	578,670	3,043,728	250,780	1,173,970
130	255,793,198	4,538,670	578,670	3,242,170	232,230	1,185,870
131	261,070,220	4,577,022	575,650	3,246,862	233,010	1,221,500
132	266,465,762	5,395,543	572,700	3,333,843	234,830	1,254,170
133	271,979,655	5,513,893	568,340	3,426,313	234,400	1,284,840
134	277,677,088	5,697,433	563,980	3,534,003	257,170	1,342,280

（保價金增加 免所得稅）　（免稅所得）　（保價金增加 免稅所得）

資源優化

藏富家族～循環應用_優化→(保價金增加)流量表

民國	免稅所得 累計增加	孳息合計	先生 增加保價金	太太 增加保價金	長女 增加保價金	長子 增加保價金
100	4,031,357	3,043,124	1,807,550	1,235,574	0	0
101	16,467,194	12,435,837	6,092,970	4,530,087	0	1,812,780
102	35,452,258	18,985,064		584	2,638,300	2,405,580
103	56,475,871	21,023,613		133	3,074,270	2,480,230
104	80,175,430	23,699,559		789	3,441,920	2,601,030
105	91,764,780	11,589,350		670	3,873,370	4,190,620
106	129,209,780	37,445,000	17,040	15,442,650	4,618,110	4,659,200
107	137,495,980	8,286,200	3,093,830	3,561,960	730,220	900,190
108	142,922,370	5,426,390	3,182,920	681,350	632,670	929,450
109	159,326,411	16,404,041	5,310,260	6,596,841	2,003,190	2,493,750
110	168,205,291	8,878,881	1,566,850	2,689,741	2,278,530	2,343,760
111	175,920,776	7,715,484	794,950	2,605,284	1,908,740	2,406,510
112	183,785,274	7,864,498	828,490	2,621,968	1,950,450	2,463,590
113	191,821,459	8,036,185	854,670	2,663,925	1,997,680	2,519,910
114	200,016,051	8,194,592	885,350	2,682,032	2,037,950	2,589,260
115	207,851,727	7,835,676	534,510	2,569,566	2,086,050	2,645,550
116	215,716,309	7,864,582	541,210	2,468,602	2,134,430	2,720,340
117	223,761,920	8,045,611	545,960	2,537,311	2,182,670	2,779,670
118	231,881,679	8,119,759	551,230	2,483,479	2,225,550	2,859,500
119	240,254,774	8,373,095	556,980	2,615,555	2,280,690	2,919,870
120	248,515,567	8,260,793	560,840	2,761,553	2,336,320	2,602,080
121	256,415,056	7,899,489	566,130	2,682,309	1,981,380	2,669,670
122	264,452,091	8,037,035	569,110	2,706,985	2,031,950	2,728,990
123	272,666,834	8,214,742	573,490	2,766,142	2,076,300	2,798,810
124	281,128,824	8,461,991			500	2,900,260
125	292,852,365	11,723,541			180	2,951,760
126	302,020,444	9,168,079			250	3,032,350
127	311,189,983	9,169,539				3,115,980
128	316,379,502	5,189,519			600	1,778,840
129	321,645,677	5,266,175				1,839,970
130	326,997,334	5,351,657	57	2,004,887	910,230	1,857,870
131	332,313,024	5,315,690	650	1,929,530	911,010	1,899,500
132	337,614,258	5,301,235	572,700	1,883,535	912,830	1,937,630
133	342,928,750	5,314,492	568,340	1,858,912	924,400	1,962,840
134	348,319,352	5,390,602	563,980	1,847,172	947,170	2,032,280

（保價金增加 免所得稅）　（大數據_時代趨勢）（主動)降低銀行存款額度 讓查稅機率降低）

比對優化後→隱藏的保價金增加效果也是顯著提升，長遠累計原免稅所得2.71億，優化後提升至3.42億，如同增加源源不絕流量形成很棒的儲備金庫，簡單、安全、有效功能。難怪！許多企業家們都會依照其背景規模不同，紛紛設置有大小不同的蓄水金庫，以保險保價金作為調節財富的功能。

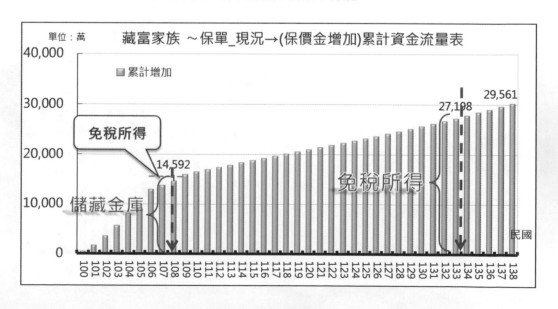

單位：萬　藏富家族 ～保單_現況→(保價金增加)累計資金流量表　■累計增加　免稅所得　14,592　27,108　29,561　儲藏金庫　免稅所得　民國

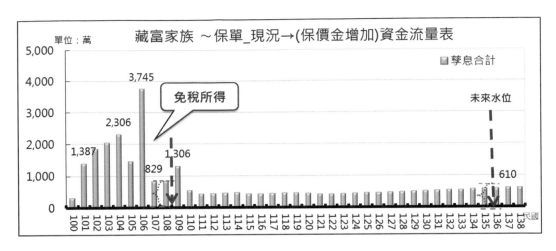

藏富家族 ～保單_現況→(保價金增加)資金流量表

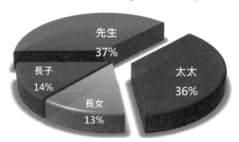

藏富108～總體累計(保價金增加)配置

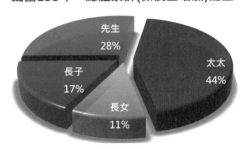

藏富133年～總體累計(保價金增加)配置

　　優化後→更加強各大會計師、各路經驗豐富稅務專家們，一致推薦的理財配置。使得原本所推薦的配置概念更加落實。

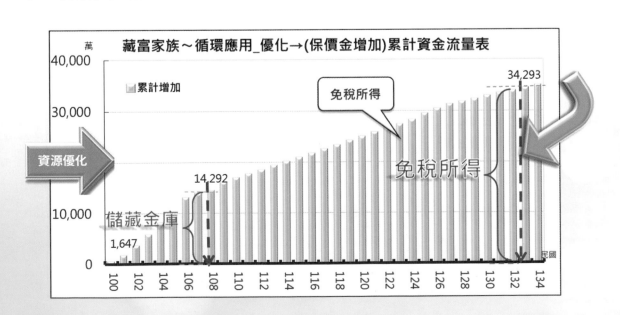

藏富家族～循環應用_優化→(保價金增加)累計資金流量表

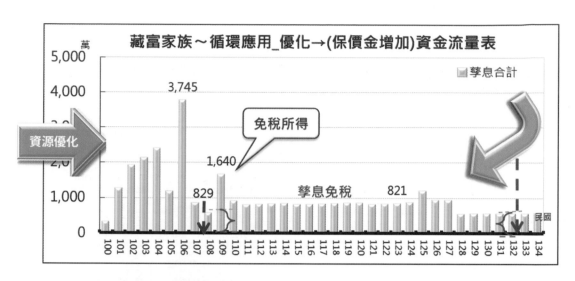

藏富家族～循環應用_優化→(保價金增加)資金流量表

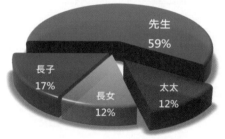

藏富家族108優化～(保價金增加)配置

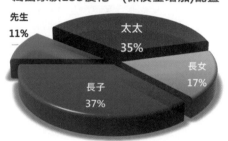

藏富家族133優化～(保價金增加)配置

　　這裡保價金增加與免稅天堂同樣享受免稅。檢驗保險（保價金增加）整體累計發現～八年前很早就資金移轉進入→保險（保單價值、生存金）帳戶，享受合法免所得稅效益。而且優化持續增值放大其整體效果。

第8項｜整體~優化（傳承）→累計（免所得稅）流量統計總表

藏富家族 ~保單_現況→總體(免稅所得)累計流量表

民國	累計免稅	免稅合計	增加保價金	生存金	平均孳息
	現有資源表		孳息合計	生存金合計	7,330,699
100	4,348,300	2,642,300	2,642,300		
101	18,965,650	14,617,350	14,617,350	0	
102	38,219,890	19,254,240	18,905,940	348,300	
103	59,384,880	21,164,990	20,816,690	348,300	
104	83,227,500	23,842,620	23,494,320	348,300	
105	110,769,890	27,542,390	15,264,090	12,278,300	
106	145,221,600	34,451,710	33,557,110	894,600	
107	154,304,850	9,083,250	8,188,650	894,600	
108	163,646,360	9,341,510	8,446,910	894,600	
109	177,844,880	14,198,520	13,303,920	894,600	
110	183,851,911	6,007,031	5,112,431	894,600	
111	190,133,679	6,281,768	4,342,268	1,939,500	
112	196,528,287	6,394,608	4,455,108	1,939,500	
113	203,055,809	6,527,522	4,588,022	1,939,500	
114	209,726,090	6,670,281	4,730,781	1,939,500	
115	216,009,857	6,283,767	4,344,267	1,939,500	
116	222,291,807	6,281,950	4,342,450	1,939,500	
117	228,739,410	6,447,602	4,508,102	1,939,500	
118	235,242,050	6,502,640	4,563,140	1,939,500	
119	241,859,516	6,617,466	4,677,966	1,939,500	
120	247,913,200	6,053,684	4,114,184	1,939,500	
121	253,960,449	6,047,249	4,107,749	1,939,500	
122	260,112,932	6,152,483	4,212,983	1,939,500	
123	266,385,508	6,272,576	4,333,076	1,939,500	
124	272,790,786	6,405,279	4,465,779	1,939,500	
125	279,377,548	6,586,761	4,647,261	1,939,500	
126	285,975,102	6,597,555	4,658,055	1,939,500	
127	292,684,691	6,709,589	4,770,089	1,939,500	
128	299,528,730	6,844,039	4,904,539	1,939,500	
129	306,496,988	6,968,258	5,028,758	1,939,500	
130	313,676,208		5,239,720	1,939,500	
131	320,894,550		5,278,842	1,939,500	
132	328,229,162	7,334,613	5,395,113	1,939,500	
133	335,705,325	7,476,163	5,536,663	1,939,500	
134	343,342,258	7,636,933	5,697,433	1,939,500	

（免稅所得）

藏富家族~(循環應用)優化→整體免稅所得_流量表

民國	累計免稅	免稅合計	增加保價金	生存金合計	平均孳息
	全家資源		保價金增加合計	生存金合計	13,312,036
100	4,031,357	3,043,124	3,043,124		
101	16,467,194	12,435,837	12,435...		
102	35,800,558	19,333,364	18,98...		
103	57,172,471	21,371,913	21,02...		
104	81,220,330	24,047,859	23,69...		
105	105,087,980	23,867,650	11,589,3...	12,278,300	
106	143,427,580	38,339,600	37,445,...	894,600	
107	152,608,380	9,180,800	8,286,200	894,600	
108	161,929,370	9,320,990	5,426,390	3,894,600	
109	182,228,011	20,298,641	16,404,041	3,894,600	
110	195,001,491	12,773,481		3,894,600	
111	207,656,476	12,654,984		4,939,500	
112	220,460,474	12,803,998	7,864,498	4,939,500	
113	233,436,159	12,975,685	8,036,185	4,939,500	
114	246,570,251	13,134,092	8,194,592	4,939,500	
115	259,345,427	12,775,176	7,835,676	4,939,500	
116	272,149,509	12,804,082	7,864,582	4,939,500	
117	285,134,620	12,985,111	8,045,611	4,939,500	
118	298,193,879	13,059,259	8,119,759	4,939,500	
119	311,506,474	13,312,595	8,373,095	4,939,500	
120	324,706,767	13,200,293	8,260,793	4,939,500	
121	337,545,756	12,838,989	7,899,489	4,939,500	
122	350,522,291	12,976,535	8,037,035	4,939,500	
123	363,676,534	13,154,242	8,214,742	4,939,500	
124	377,078,024	13,401,491	8,461,991	4,939,500	
125	393,741,065	16,663,041	11,723,541	4,939,500	
126	407,848,644	14,107,579	9,168,079	4,939,500	
127	421,957,683	14,109,039	9,169,539	4,939,500	
128	429,086,702	7,129,019	5,189,519	1,939,500	
129	436,292,377	7,205,675	5,266,175	1,939,500	
130	443,583,534		5,351,657	1,939,500	
131	450,838,724		5,315,690	1,939,500	
132	458,079,458	7,240,735	5,301,235	1,939,500	
133	465,333,450	7,253,992	5,314,492	1,939,500	
134	472,663,552	7,330,102	5,390,602	1,939,500	

（保價金增加 免課徵所得稅）（生存金 免所得稅）（免稅所得）

資源優化

　　整體免所得稅利益由（生存金加上增加的保價金）兩項所組成，其間每年現金流量如圖所示，形同儲藏金庫之固定孳息，整體具有財富低風險、安全、穩定特質。市場上企業家們通常都儲備有這樣的彈性金庫，以保單作為整體財富調節儲備空間，也當作緊急備援的金庫功能。

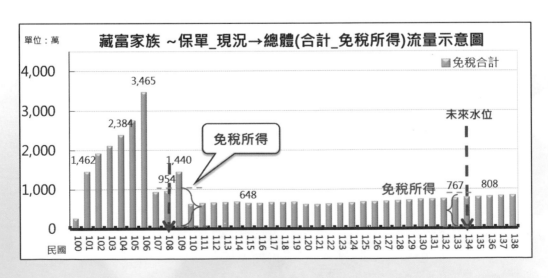

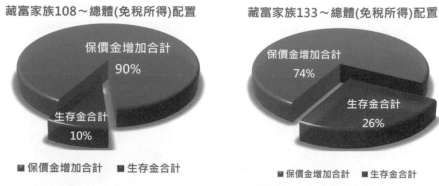

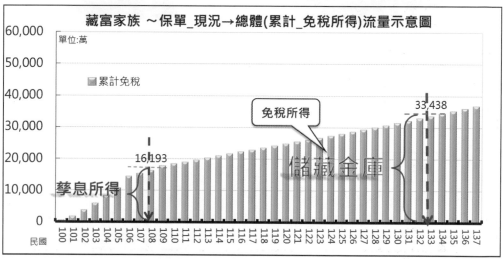

以上整體（合計_免稅所得）流量示意圖得知，每年以數百萬幅度持續增加免稅所得，這裡整體合法又如同OBU帳號同樣享受免稅的「儲藏金庫」。

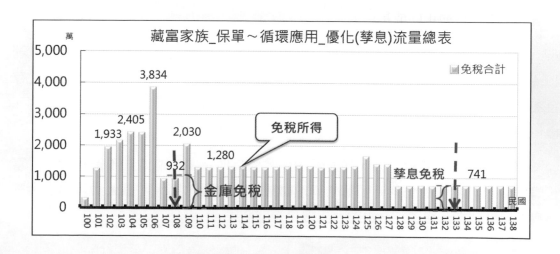

對於高資產高所得者而言每年省下之數字金額累計起來非常可觀，依其所得累進稅率一般約落在30%～40%。此帳戶就適當的省下來。若是錢存銀行以目前定期存款利率也不過1%左右。

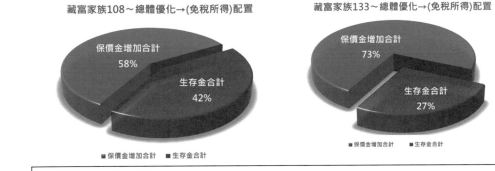

藏富家族108～總體優化→(免稅所得)配置

保價金增加合計 58%
生存金合計 42%

■ 保價金增加合計　■ 生存金合計

藏富家族133～總體優化→(免稅所得)配置

保價金增加合計 73%
生存金合計 27%

■ 保價金增加合計　■ 生存金合計

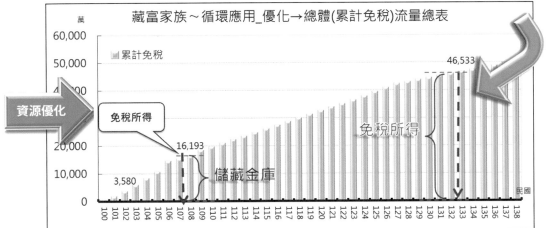

藏富家族～循環應用_優化→總體(累計免稅)流量總表

檢驗比對優化後→會不會降低原來的效果，究竟造成甚麼樣影響呢？循環應用_優化（孳息）流量總表示意圖得知，形成更安全穩定的免稅所得現金流，和預防風險的緊急備援金庫。由統計分析的流量表。免稅孳息不論短期或是長期都不會造成損失，反而正向成長。

OBU帳戶資金移轉進入→保險（保單價值、生存金）帳戶，現況竟然隱藏著1.64億這麼大的好處，經驗豐富之資深會計師、以及稅務專家，很早就指出（生存金加上增加的保價金）兩項所組成的免稅金庫，得以享受著常態所得免稅效益。優化後→增大強化這種好處。

整體所得每年免稅之外，理財保險尚具備其他諸多功能如：預留稅源、財富移轉、傳承分配、於任何時間點結算理財最大化配置效果，創造大量即用現金等等眾多優點功能。後續逐一檢驗比對優化後的結果。

第9項｜整體~優化（傳承）→累計保費VS壽險保額統計對比示意圖

檢驗比對現況：

純總保費累計VS(現況)保障	108年	
項目	累計保費	保額現況
先生	66,332,740	61,070,450
太太	51,339,108	43,508,150
長女	21,960,880	31,546,050
長子	19,201,960	32,886,730
total	158,834,688	169,011,380

PS.儲蓄險指有滿期金可領的保險

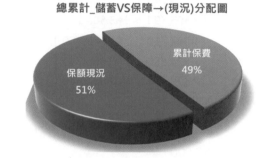

總累計_儲蓄VS保障→(現況)分配圖

保額現況 51%
累計保費 49%

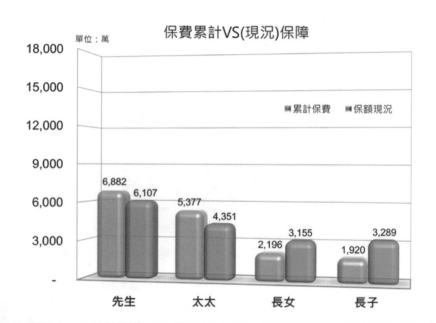

保費累計VS(現況)保障

單位：萬

　　保費累計vs保障圖比對顯示，現況比重幾乎是一半一半。遵照太太的意思優化，太太現有資源（循環運用）增加12,000萬保障，兩位孩子使用逐年贈與額度也各增加6,000萬保障。重要程度不同而配置不同比重財富資源、優化後→比重累積保費佔整體30%而壽險保障佔70%。

　　保險理財唯有避風險規劃才有意義也才能發揮理財最大效益。現況似乎未切實連結背景因素，優化配置後→更能掌握住對抗風險規避損失，使理財配置的精神與行動一致，整體效益結合優化概念。讓保險規劃如同事業投資～一切講求理論基礎、生產流程KPI、安全結構檢驗、經營效益結果管控。

(優化後)純總保費累計VS總保障

項目	累計保費	保額優化
先生	68,819,940	61,070,450
太太	58,305,798	163,508,150
長女	24,027,710	91,546,050
長子	21,224,850	92,886,730
total	172,378,298	409,011,380

PS.儲蓄險指有滿期金可領的保險

108年_保費累計VS優化後保障分布圖

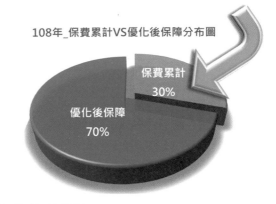

保費累計 30%

優化後保障 70%

保費累計VS(優化後)總保障

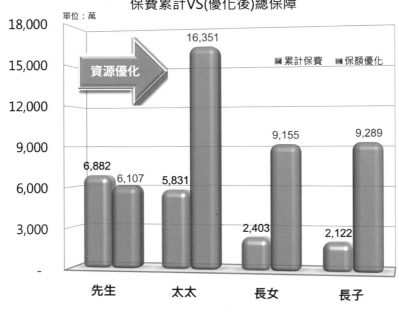

首先釐清目前規劃理財保險的整體方向，掌握究竟是要解決什麼問題？

　　優化配置後→圖示整體符合傳承預留稅原的切身需求（急用現金），僅只是做好預留資產配置安排，達到放大效果不必花錢，圓滿解決了財富移轉稅務問題，（家庭，企業和個人）三種層面傳承分配都得到厚植實力。達到提升整體效果。

遺產稅申報	延期	核定	現金繳納	延期	繼承程序
六個月	三個		二個月	二個月	

第10項 ｜ 整體~優化（傳承）→累計保費分析（儲蓄VS保額）比重示意圖

　　檢驗比對～累計（儲蓄保費VS保額保費）比重示意圖→是一種探討均衡最佳化的觀念。優化配置會從宏觀的角度謹慎檢視現況。所以必須很科學根據詳細各種統計數據分析，依據相關成分比重數字做比對，提供我們客觀數據分析做進一步決策參考。

108年現況＿純保費累計→(儲蓄VS保障)歸納表

項目	儲蓄保費	保障保費	小計
先生	65,039,940	3,780,000	68,819,940
太太	48,380,208	5,386,500	53,766,708
長女	18,350,280	4,126,400	22,476,680
長子	15,153,480	4,554,540	19,708,020
total	146,923,908	17,847,440	164,771,348

純保費累計(儲蓄VS保障)→現況比重圖

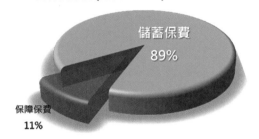

現況_純保費累計→成分分析表

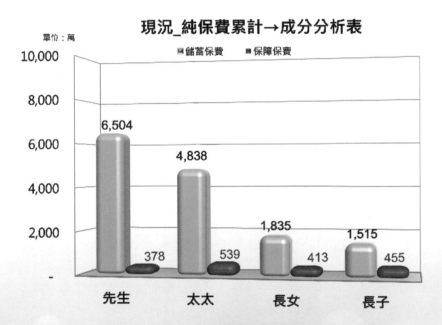

　　遵照太太的意思稍微調高保障，太太壽險增加12,000萬保障，兩位孩子也各增加6,000萬保障。調整後→整體累計儲蓄保費比重85%（比原來減少4%）。減少4%比重換取壽險增加2.4億，已達到理財配置最佳效果。

(循環應用_優化)108年_保費累計→(儲蓄VS保障)歸納表			
項目	儲蓄保費	保障保費	小計
先生	65,039,940	3,780,000	68,819,940
太太	48,380,208	9,925,590	58,305,798
長女	18,350,280	5,677,430	24,027,710
長子	15,153,480	5,565,310	20,718,790
total	146,923,908	24,948,330	171,872,238

單位:萬(四捨五入至萬位)

純保費累計(儲蓄VS保障)→比例圖

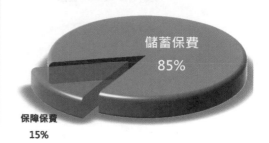

儲蓄保費 85%

保障保費 15%

優化_純保費累計→成分分析表

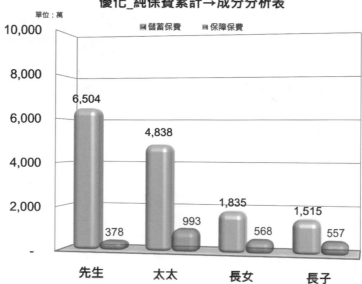

由累計（儲蓄保費VS保額保費）比重示意圖得知，太太減少7%比重換取壽險增加1.2億。長女減少6%比重換取壽險增加6,000萬保障。長子減少6%比重換取壽險增加6,000萬保障。優化調整後→壽險增加2.4億。

因為調節儲蓄保費比例很少，對於免稅所得部分並不會造成太大影響，反而壽險大幅增加是保險公司一筆保證給付的現金，優化調整明顯提升整體創造現金效益。

先生_儲蓄→比重分配圖

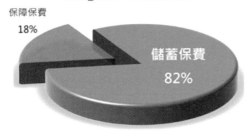

保障保費
5%

儲蓄保費
95%

太太_儲蓄→比重分配圖

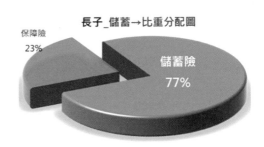

保障險
10%

儲蓄險
90%

長女_儲蓄→比重分配圖

保障保費
18%

儲蓄保費
82%

長子_儲蓄→比重分配圖

保障險
23%

儲蓄險
77%

資源優化

先生_(循環應用_優化)→比重分配圖

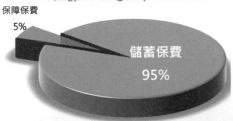

保障保費
5%

儲蓄保費
95%

太太_(循環應用_優化)→比重分配圖

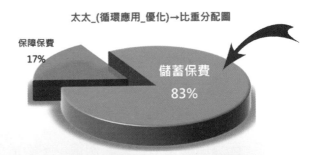

保障保費
17%

儲蓄保費
83%

長女_(循環應用_優化)→比重分配圖

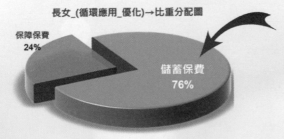

保障保費
24%

儲蓄保費
76%

長子_(循環應用_優化)→比重分配圖

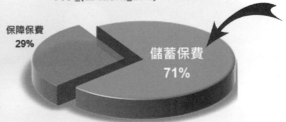

保障保費
29%

儲蓄保費
71%

第11項｜整體~優化(傳承)→達成率（六大保障）完整性示意圖

　　（六大保障）視覺化顏色管理示意圖→僅是（初階）檢驗快速分辨，整體的理財架構→是否完整而己。保險功能圖更詳細使用數字會的方式進一步說明每一個配置，除了瞭解每一個人現況整體配置是否完備之外，更很清楚知道每個部位的抗風險達成程度究竟如何？

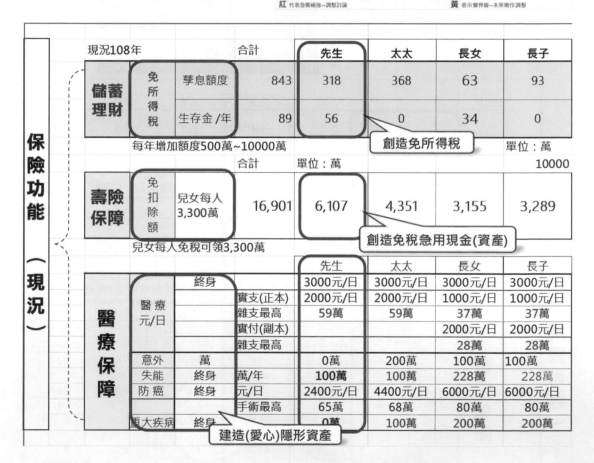

保單檢查〈顏色管理〉表→現況　　　　　　　version A

6大保障	姓名	1 先生	2 太太	3 長女	4 長子
1	壽險	6107	4351	3155	3289
2	意外險	300	500	400	400
3	重大疾病險	0	100	200	200
4	防癌險	2400	4400	6000	6000
5	醫療險	5000	9000	6000	6000
6	失能險	100	100	228	228

藍 表示已規劃完整

紅 代表急需補強--調整討論　　　　　　　　黃 表示醫界線--未來需作調整

保險功能（現況）

儲蓄理財 免所得稅

現況108年			合計	先生	太太	長女	長子
儲蓄理財	免所得稅	孳息額度	843	318	368	63	93
		生存金/年	89	56	0	34	0

每年增加額度500萬~10000萬　　　　　　　　　　　　　　創造免所得稅　　　　單位：萬

壽險保障 免扣除額

			合計	單位：萬			10000
壽險保障	免扣除額	兒女每人3,300萬	16,901	6,107	4,351	3,155	3,289

兒女每人免稅可領3,300萬　　　　　　　　　　創造免稅急用現金(資產)

醫療保障

			先生	太太	長女	長子
醫療元/日	終身		3000元/日	3000元/日	3000元/日	3000元/日
		實支(正本)	2000元/日	2000元/日	1000元/日	1000元/日
		雜支最高	59萬	59萬	37萬	37萬
		實付(副本)			2000元/日	2000元/日
		雜支最高			28萬	28萬
意外	萬		0萬	200萬	100萬	100萬
失能	終身	萬/年	100萬	100萬	228萬	228萬
防癌	終身	元/日	2400元/日	4400元/日	6000元/日	6000元/日
		手術最高	65萬	68萬	80萬	80萬
重大疾病	終身		0萬	100萬	200萬	200萬

建造(愛心)隱形資產

　　保險功能（現況）檢驗總表將保險理財分成三個區域，一.儲蓄理財區域～主要呈現免所得稅部分。二.壽險區域～主要呈現壽險價值守護配置。三.醫療理財區域～主要呈現醫療保障配置。

　　檢驗比對～（六大保障）完整性示意圖→是探討結構、完整性的檢驗觀念。同時也精準校對結果是否與理財邏輯架構相吻合，避免「說歸說、想歸想、做歸做」的誤差產生。提供決策者安排傳承規劃或調節保障內容，精準拿捏確保整體發揮多元抗風險效果。更是校對～是否與自己內心想法完全一致的工具，

整體優化後_version A（財富防禦力）

6大保障	姓名	先生 6	太太 7	長女 8	長子 9
1	壽 險	6,107	16,351	9,155	9,289
2	意 外 險	300	500	400	400
3	重大疾病險	-	100	200	200
4	防 癌 險	2,400	4,400	6,000	6,000
5	醫 療 險	5,000	9,000	6,000	6,000
6	失 能 險	100	100	228	228

資源優化

保險功能優化（調整內容）

108年			合計	先生	太太	長女	長子
儲蓄理財	免所得稅	孳息額度	543	318	68	63	93
		生存金/年	389	56	300	34	0

每年增加額度500萬~10000萬　　　創造免所得稅　　　單位：萬

			合計	先生	太太	長女	長子
壽險保障	免扣除額	兒女每人3,300萬	49,901	6,107	16,351	9,155	9,289

單位：萬　10000

最低稅負每人免稅3,300萬　　　創造免稅急用現金(資產)

				先生	太太	長女	長子
醫療保障	醫療元/日	終身		3000元/日	3000元/日	3000元/日	3000元/日
		實支(正本)		2000元/日	2000元/日	1000元/日	1000元/日
		雜支最高		59萬	59萬	37萬	37萬
		實付(副本)		0	0	2000元/日	2000元/日
		雜支最高		0	0	28萬	28萬
	意外	萬		0萬	200萬	100萬	100萬
	失能	終身	萬/年	100萬	100萬	228萬	228萬
	防癌	終身	元/日	2400元/日	4400元/日	6000元/日	6000元/日
			手術最高	65萬	68萬	80萬	80萬
	重大疾病	終身		0萬	100萬	200萬	200萬

建造(愛心)隱形資產

　　遵照太太的意思稍微調高保障，增加太太壽險12,000萬保障，兩位孩子也各增加6,000萬保障。檢驗比對～現況整體住院醫療品質理財效益，已經足以將對抗各種風險的配置。本次優化放在壽險區域提升理財效益的配置檢驗。

　　個人部分檢測表格採柱狀圖形，容易從視覺化的指引補強調整方向，針對不足的部位做加強，同時也校對結果是否與理財邏輯架構相吻合，避免「說歸說、想歸想、做歸做」的誤差產生。提供決策者安排傳承規劃或調節所保障內容，精準拿捏輕重緩急很好的決策判斷參考，確保整體發揮多元抗風險效果。

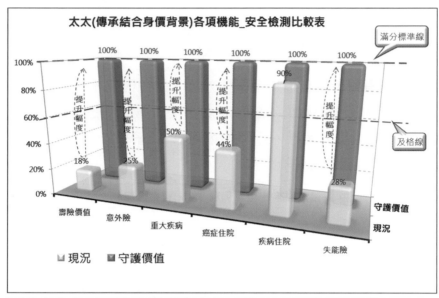

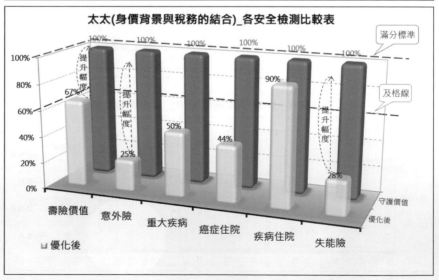

　　數字會說話的達成率，採用視覺化呈現比較偏重於個人的逐項檢驗，這裡是整體檢驗區域僅作概念略述。後續章節探討個人保險理財配置再進一步詳細說明，整體配置完整性是否與自己內心的想法完全一致。達到三富（創富、守富、傳富）的理財樂趣。

第12項 | 整體~優化（傳承）→備援水庫_成果示意圖

創造現金整體效益檢驗，採用四種圖表查看保險各種角度的理財效益，是否兼顧與其他理財風險結合，整體理財配置管理目的不僅要從保價金流量確定儲存金庫功能，而且還要宏觀整體背景因素而考量配置，嚴謹程度類似檢驗儀器的破壞試驗報告，採用數字會說話的方式比對檢驗，精準校對結果是否與自己內心的想法完全一致。務使整體理財配置達到最大化效果。

四種圖表查看整體～創造現金整體效益，避免因為不專業或是遺漏，而發生「說歸說、想歸想、做歸做」結果與心中所想不吻合，甚至產生很大很大的落差。客觀全方位理財檢驗報告，如同醫療儀器的正子攝影功能，才不會產生遺漏盲點，導致一邊賺錢另一邊在賠錢。

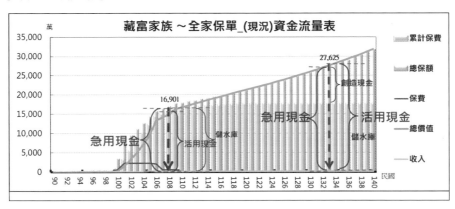

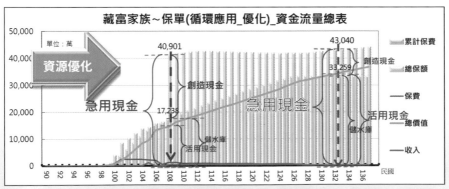

第一種表格，全家保單_（現況）資金流量總表示意圖，是初階簡略判斷整體效益的圖形，很容易從（水藍色線條）總保價金得知儲存金庫功能與可以彈性運用空間，知道逐年增加免所得稅的孳息幅度，（橘色柱型）代表累積存入總保費高度。也輕易可以找到創造現金的區間。優化比對這區間提升增加很多。

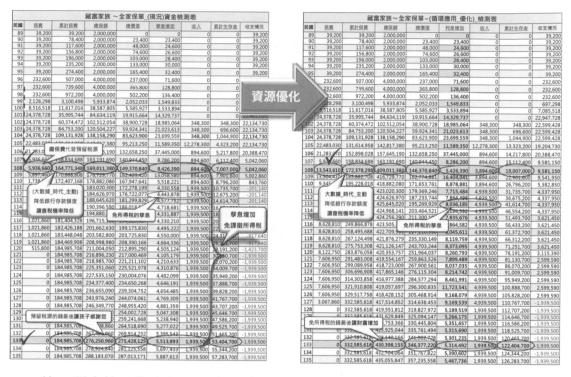

　　第二種表格，全家保單_（現況）資金流量總表，是保險理財最初的原始資料內容，所有各種圖表統計都是從這裡取出做分析，從這裡可以查核比對各種圖表正確性。

　　第三種表格，全家保單_（創造現金）整體效益表，浮動檢驗保險不同時間點的整體效益，從存入成本角度檢驗效益。更精細判斷整體效益的圖形。浮動檢驗這裡取兩個時間點，108年→意義代表諸事無常風險時當下的整體效益，133年→意義代表平安百年時的整體效益狀態。

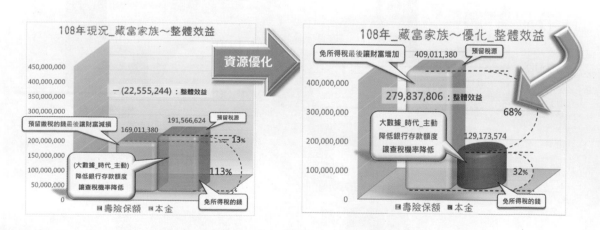

　　檢驗比對～108年→代表諸事無常風險時，當下的整體效益狀態顯示，現況整體效益負數 ─2,255萬。優化之後整體效益增加3.02億。比對兩者整體效益提升。再檢驗133年→代表平安百年時的整體效益。創造現金整體效益表顯示現況8,941萬整體效益。優化之後整體效益增加1.51億。時間任意移動優化所增加的數字都很大。

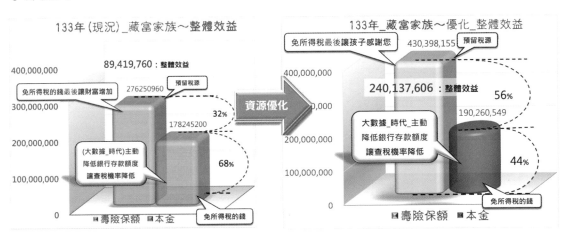

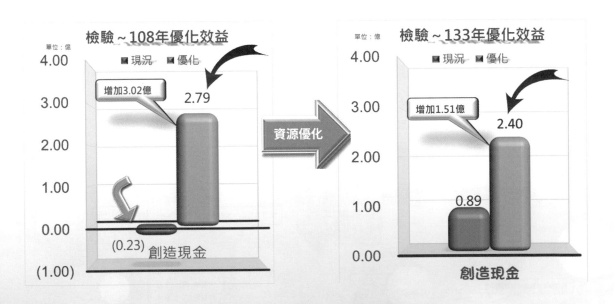

　　以上表格浮動檢驗保險優化調整，不同時間點的整體效益，資產保全_從不同角度檢驗→整體效益的示意圖。檢驗比對～短期→代表諸事無常風險時，當下優化所整體增加的效益3億。再檢驗長期→代表平安百年時，整體增加的效益1.51億。

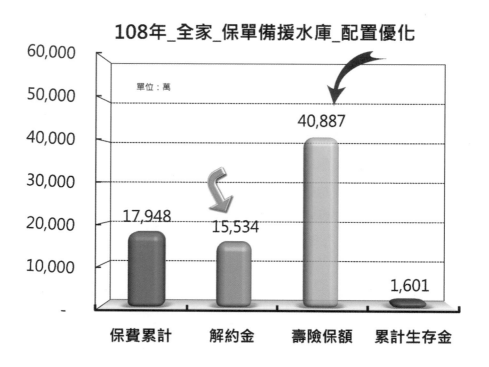

　　檢驗比對～都證實針對前一章(現況檢驗)並未發揮傳承多元效果的位置，嘗試進行小幅度現況改善沙盤推演，依照保單儲備水庫優化圖顯示，確定！整體變化只是帳戶的移動而已，只需從內部資源進一步循環運用，對整體理財效益確實提升(資產保全)多元效應。

　　優化圖同樣的邏輯概念，必定獲得相同的結果，因此建議作大膽嘗試，完全根據資產背景和多元的人文因素，進行充足保單備援水庫的規劃和準備，一定能夠～消弭所有潛在人文因素，所引起能量不平衡的紛爭，達到家族和諧溫馨，企業力量凝聚的優化效果。

· 平安時---有貯藏儲備功能解決多重風險危機，同時退休年齡時仍握有掌控權。
· 風險時--資產放大、避免資產縮水損失，同時解決全家醫療、長期照顧經費。
· 百年時--解決巨額稅金繳納問題，資產完整保留下來，代表個人一生努力成就。

第二節

優化（傳承）→整體效益優化結果~
預留稅源

第1項｜藏富_太太名下（優化）

（1）保單配置總明細表

藏富_太太身分為家中大掌櫃，從理財預見未來角度，重新針對整體配置多元財富防禦力做檢視，並「以人為本」為原則～整合時間與風險因素的考慮，讓自己對現況整體理財配置之理路更清晰，執行時心裡踏實沒有壓力，也讓全部家族成員都舒服受益，享有幸福溫馨、快樂生活品質。優化保單配置總明細表如下：

姓名	投保年齡	投保日期	要保人	繳別	繳費月份	金額	投保公司	產品名稱	壽 總身	儲蓄	定期	意外	醫療 住院	定期	日額	手術	實支	天繳	重大 防癌	年繳
太太	47	97/08/01	本人	1	8	291,322	國泰	10新鍵穩終身	200			200			2,000	2,000		100	2,000	291,322
50/5/10	50	100/11/16		1	11	2,092,613	富邦	10富利高升	950											2,092,613
	50	100/11/16		1	11	376,348	遠雄	15揚安心終身	500				3,000		1500	2000	100		2,400	376,348
	39	90/01/09		1	1	39,200	南山	20新康祥B型	200							100				39,200
	50	99/12/15	滿期	12		464,698	富邦	6新豐富晉老保		293										滿期
	52	101.11.26	滿期	11		4,460,820	南山	6添利久久外幣	42.7(US)	1281										滿期
				1		4,539,090	友邦	三富人生終身	12000											4,539,090
					小計	$ 7,338,573			13,850	1,574	0	200	0	0	5,000	2,000	1,500	2,000	100	200	4,400

1.需求：生活費　貸款險　救命費　資產保全　節賣險　2.現況：　　　　　　　總計 7,338,573

重點宏觀整體於家庭，企業和個人三方面，確定可能發生的風險因子和潛在的損失因素。檢驗並尋求對抗風險與排除損失的方法。將全球各地BVI免稅天堂的財富移轉回國，進行最佳化有效的理財配置，建立不同性質的儲藏備援金庫。遵照太太的意思稍微循環運用現有資源，調高壽險保障12,000萬。

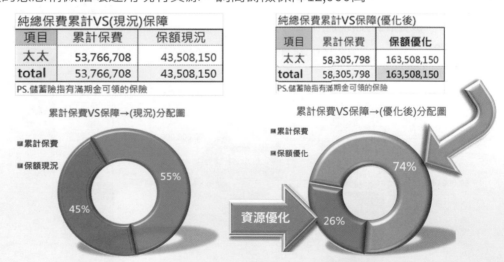

純總保費累計VS(現況)保障

項目	累計保費	保額現況
太太	53,766,708	43,508,150
total	53,766,708	43,508,150

PS.儲蓄險指有滿期金可領的保險

純總保費累計VS保障(優化後)

項目	累計保費	保額優化
太太	58,305,798	163,508,150
total	58,305,798	163,508,150

PS.儲蓄險指有滿期金可領的保險

累計保費VS保障→(現況)分配圖
■累計保費
■保額現況
55%
45%

資源優化

累計保費VS保障→(優化後)分配圖
■累計保費
■保額優化
74%
26%

檢驗比對～累計保費vs壽險保障→分配圖，（現況）純保費累計5,376萬，循環運用現有資源300萬，再增加每年存入150萬共計增加450萬，提升108年累計總保費至5,830萬。加入壽險保障12,000萬後，優化配置之圖形出現縮小累計保費比重達26%，提升壽險比重達74%。

原壽險保障4,350萬，優化後大幅提升至16,360萬，優化前後圖形差距甚大。

再檢驗比對～累計儲蓄保費vs累計壽險保費→原（配置主力）累計儲蓄險保費 4,838萬佔整體保費90%比重，累計壽險 保費538萬佔整體保費10%，優化後儲蓄險稍微調整比重下降7%而已，轉移7%到壽險這部分的配置，對整體原來機能並不造成太大影響。

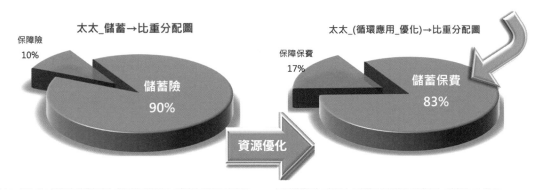

項目	儲蓄保費	保障保費	小計
太太	48,380,208	5,386,500	53,766,708
total	48,380,208	5,386,500	53,766,708

108年_純保費累計→現況(儲蓄VS保障)分類表
PS.儲蓄險指有滿期金可領的保險

項目	儲蓄保費	保障保費	小計
太太	48,380,208	9,925,590	58,305,798
total	48,380,208	9,925,590	58,305,798

(循環應用)優化後_純保費累計→分類表
PS.儲蓄險指有滿期金可領的保險

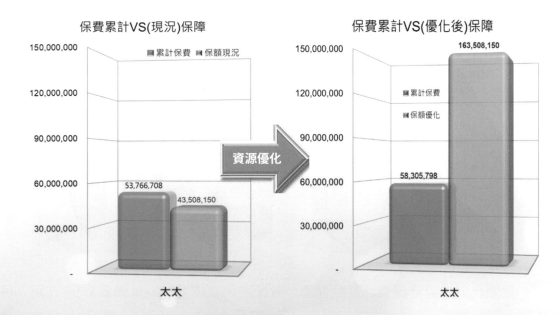

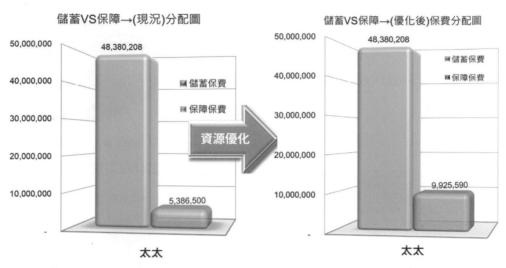

優化「以人為本」整體理財配置中，同時對照（愛家守護心智圖內）其他的理財觀念釐清，探索整體互相的聯結！例如：守護價值與風險因素的沙盤推演，探討可能發生的風險因子和潛在的損失因素。並尋求對抗風險與排除損失的方法。

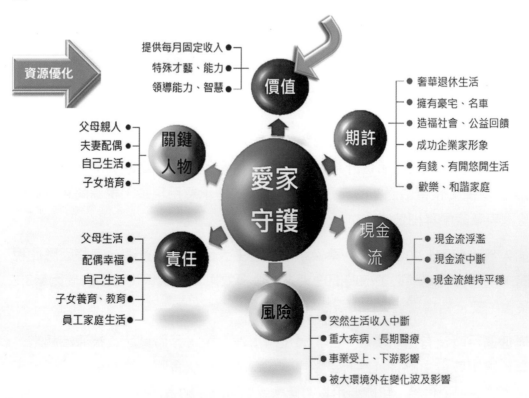

優化→「數字會說話」的檢驗（報告）觀念，讓每一步財富移轉所建立的財富金庫發揮最佳的效益，完成心中所想…美好傳承移轉的期待，檢驗藏富夫妻內心所想與所產生的結果完全一致。

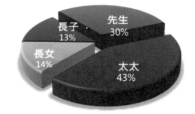

藏富家族133～壽險保額配置總表

- 先生 30%
- 太太 43%
- 長女 14%
- 長子 13%

■先生 ■太太 ■長女 ■長子

(單本)銀行複利對照表　　　　單位：萬

本金	1,000				
	非常保守	保守	穩健	積極	靈活配置
年利率	3%	6%	10%	15%	25%
1	10,300	10,600	11,000	11,500	12,500
2	10,609	11,236	12,100	13,225	15,625
3	10,927	11,910	13,310	15,209	19,531
4	11,255	12,625	14,641	17,490	24,414
5	11,593	13,382	16,105	20,114	30,518
6	11,941	14,185	17,716	23,131	38,147
7	12,299	15,036	19,487	26,600	47,684
8	12,668	15,938	21,436	30,590	59,605
9	13,048	16,895	23,579	35,179	74,506
10	13,439	17,908	25,937	40,456	93,132
11	13,842	18,983	28,531	46,524	116,415
12	14,258	20,122	31,384	53,503	145,519
13	14,685	21,329	34,523	61,528	181,899
14	15,126	22,609	37,975	70,757	227,374
15	15,580	23,966	41,772	81,371	284,217
16	16,047	25,404	45,950	93,576	355,271
17	16,528	26,928	50,545	107,613	444,089
18	17,024	28,543	55,599	123,755	555,112
19	17,535	30,256	61,159	142,318	693,889
20	18,061	32,071	67,275	163,665	867,362

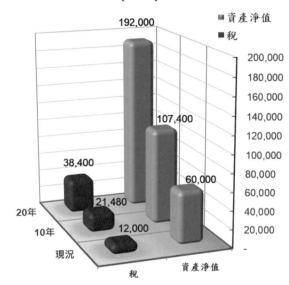

財富(稅捐)推測圖

■資產淨值
■稅

192,000　107,400　60,000
38,400　21,480　12,000

20年　10年　現況　稅　資產淨值

太太資產規模與大環境時代法令背景情形大致如下，現況名下資產1.6億加上先生名下1/2之資產3.3億，合計共4.9億之資產傳承，現行法定20%遺產稅必須要9,800萬的準備，預留最適當的流動性資產，解決傳承急用現金①稅源問題→於全家壽險總表章節中詳細敍述。

加入壽險保障12,000萬後～準備度足以產生大量流動性資產，完整因應此稅源問題，因為安全結構必須隨時間增大才能發揮效果，這次優化加上時間因素3.2倍成長後，安全結構馬上會再出現問題。

辦理過戶時沒有足夠現金，國稅局沒有辦理完稅，整體資產會被凍結起來，直到完稅證明取得才解禁，此時該從哪一個口袋拿出現金呢？誰有能力拿得出來呢？如果無法現金付給，可能要用實物抵繳或是面臨滯納金罰款。

　　繼承移轉財富關鍵時刻，務必預留稅源免得財務陷入困境。所以顏色管理檢查表，壽險區域使用紅色呈現（原因如下），黃色表示未來仍需去做補強規劃，才能達到足夠的財富稅務防禦力。

　　傳承移轉資產除了稅務預留之外，尚有法定權益分配是否一致的問題，財富能量平衡的問題等待解決，預留（傳承）急用現金②解決能量平衡問題。移轉資產過程中長女、長子兩人必須都蓋章，資產才能順利辦理過戶過戶繼承，屆時不同能量二個人法定權益，是否都得到合理分配，資產移轉若沒有足夠現金，解決平衡能量平衡問題，未來繼承將潛藏很大的危機。可能產生如社會報導兄弟姊妹鬩牆，破壞珍貴家族團結之新聞。

　　最最重要的關鍵問題，滿足③父母內心深深期待的配置，對象三方（國稅局、子女、父母），整體影響（家庭Family，企業Business 和個人Individual），同時皆得到圓滿結局才是最佳理財配置。解決傳承急用現金問題又不必花錢，詳細看整體效益最大化示意圖。保證得到父母內心期待圓滿結局。

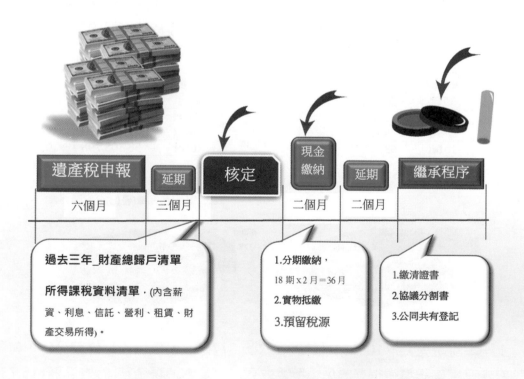

（2）純保費存入→資金流量總表

左表（國泰 喜邦 遠雄 南山 喜邦 南山）

民國	年齡	保費累計	保費合計	10新鑽憶緣	10富利高升	15雄安心結	20新康利	6新豐富豪	6溢利久久外
88	39	0	0	0	0	0	0	0	0
89	40	39,200	39,200	0	0	0	39,200	0	0
90	41	78,400	39,200	0	0	0	39,200	0	0
91	42	117,600	39,200	0	0	0	39,200	0	0
92	43	156,800	39,200	0	0	0	39,200	0	0
93	44	196,000	39,200	0	0	0	39,200	0	0
94	45	235,200	39,200	0	0	0	39,200	0	0
95	46	274,400	39,200	0	0	0	39,200	0	0
96	47	507,000	232,600	193,400	0	0	39,200	0	0
97	48	739,600	232,600	193,400	0	0	39,200	0	0
98	49	972,200	232,600	193,400	0	0	39,200	0	0
99	50	1,669,498	697,298	193,400	0	0	39,200		
100	51	4,755,196	3,085,698				296,500	39,200	464,698	
101	52	12,301,714	7,546,518				296,500	39,200	464,698	4,460,820
102	53	19,848,232	7,546,518				296,500	39,200	464,698	4,460,820
103	54	27,394,750	7,546,518				296,500	39,200	464,698	4,460,820
104	55	34,941,268	7,546,518				296,500	39,200	464,698	4,460,820
105	56	42,023,088	7,081,820				296,500	39,200		4,460,820
106	57	48,911,508	6,888,420			2,091,900	296,500	39,200		4,460,820
107	58	51,339,108	2,427,600			2,091,900	296,500	39,200		0
108	59	53,766,708	2,427,600	0		2,091,900	296,500	39,200		0
109	60	56,155,108	2,388,400			2,091,900	296,500			0
110	61	56,451,608	296,500			0	296,500			0
111	62	56,748,108	296,500			0	296,500			0
112	63	57,044,608	296,500			0	296,500			0
113	64	57,341,108	296,500			0	296,500			0
114	65	57,637,608	296,500			0	296,500			0
115	66	57,637,608	0	0		0	0			0
116	67	57,637,608	0	0		0	0			0
117	68	57,637,608	0	0		0	0			0
118	69	57,637,608	0	0		0	0			0
119	70	57,637,608	0	0		0	0			0
120	71	57,637,608	0	0		0	0			0
121	72	57,637,608	0	0		0	0			0
122	73	57,637,608	0	0		0	0			0

（左表內含標註：保單效益檢驗分析；大數據_時代(主動) 降低銀行存款額度 讓查稅機率降低）

右表（國泰 富邦 遠雄 南山 富邦 南山 友邦）

民國	年齡	保費累計	保費合計	10新鑽憶緣	10富利高升	15雄安心結	20新康利	6新豐富豪	6溢利久久外	富人生經
96	47	507,000	232,600	193,400	0	0	39,200	0	0	
97	48	739,600	232,600	193,400	0	0	39,200	0	0	
98	49	972,200	232,600	193,400	0	0	39,200	0	0	
99	50	1,669,498	697,298	193,400			39,200	464,698		
100	51	4,755,196	3,085,698	193,400	2,091,900	296,500	39,200	464,698	0	
101	52	12,301,714	7,546,518			296,500	39,200	464,698	4,460,820	
102	53	19,848,232	7,546,518			296,500	39,200	464,698	4,460,820	
103	54	27,394,750	7,546,518			296,500	39,200	464,698	4,460,820	
104	55	34,941,268	7,546,518			296,500	39,200	464,698	4,460,820	
105	56	42,023,088	7,081,820			296,500	39,200		4,460,820	
106	57	48,911,508	6,888,420		2,091,900	296,500	39,200		4,460,820	
107	58	51,339,108	2,427,600	0	2,091,900	296,500	39,200		0	
108	59	58,305,798	6,966,690	0	2,091,900	296,500	39,200	0		4,539,090
109	60	65,233,288	6,927,490	0	2,091,900	296,500	0			4,539,090
110	61	70,068,878	4,835,590	0	0	296,500	0			4,539,090
111	62	74,904,468	4,835,590	0	0	296,500	0			4,539,090
112	63	79,740,058	4,835,590	0	0	296,500	0			4,539,090
113	64	84,575,648	4,835,590	0	0	296,500	0			4,539,090
114	65	89,411,238	4,835,590	0	0	296,500				4,539,090
115	66	93,950,328	4,539,090	0	0	0				4,539,090
116	67	98,489,418	4,539,090	0	0	0				4,539,090
117	68	103,028,508	4,539,090	0	0	0				4,539,090
118	69	107,567,598	4,539,090	0	0	0				4,539,090
119	70	112,106,688	4,539,090	0	0	0				4,539,090
120	71	116,645,778	4,539,090	0	0	0				4,539,090
121	72	121,184,868	4,539,090	0	0	0				4,539,090
122	73	125,723,958	4,539,090	0	0	0				4,539,090
123	74	130,263,048	4,539,090	0	0	0				4,539,090
124	75	134,802,138	4,539,090	0	0	0				4,539,090
125	76	139,341,228	4,539,090	0	0	0				4,539,090
126	77	143,880,318	4,539,090	0	0	0				4,539,090
127	78	143,880,318	0	0	0	0				0
128	79	143,880,318	0	0	0	0				0
129	80	143,880,318	0	0	0	0				0
130	81	143,880,318	0	0	0	0				0
131	82	143,880,318	0	0	0	0				0
132	83	143,880,318	0	0	0	0				0
133	84	143,880,318	0	0	0	0				0
134	85	143,880,318	0	0	0	0				

（右表內含標註：大數據_時代(主動) 降低銀行存款額度 讓查稅機率降低）

資源優化

檢驗優化～比對保費存入流量總表，代表逐年持續增強境外資金移轉進入保險帳戶。逐年再提升免稅之優惠空間。優化配置同時建立更大理財預防風險的緊急備援金庫。是準備好一把上膛的槍（更大理財），等待時機好的時候隨時準備上場使用。

純保費累計金額(現況)

項目	累計保費
儲蓄險	48,380,208
保障險	5,386,500
total	53,766,708

太太_儲蓄VS保障(現況)分配圖

保障險 10%　儲蓄險 90%

純保費累計金額(優化)

項目	累計保費
儲蓄險	48,380,208
保障險	9,925,590
total	58,305,798

太太_儲蓄VS保障(優化)分配圖

保障險 17%　儲蓄險 83%

上一章現況太太於108年累積存入保費5,377萬（備援金庫）詳細分析，前面檢驗報告已經確認獲得很好的免稅所得效果，以及創造現金整體效益總計15,737萬。遵照太太的意思持續再加碼提升12,000萬壽險，探討整體傳承優化配置，逐年挪動現有資源454萬，稍微調整比重配置～累計儲蓄保費比重調降7%→佔83%，

累計壽險保費比重上升7%→佔17%，詳細比對示意圖→挪動7%對整體似乎並沒有太大影響。

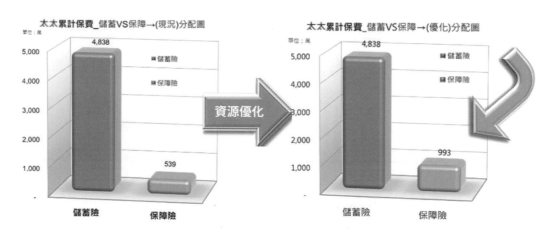

　　調整7%優化→累積存入保費總流量表，如示意圖持續落實稅務專家所做的建議，持續加碼放大已經產生很好的免稅所得效果。優化整體傳承配置的想法，提升風險緊急時可運用的資源，讓藏富（累積備援金庫）的想法更提升發揮全方位理財功能。

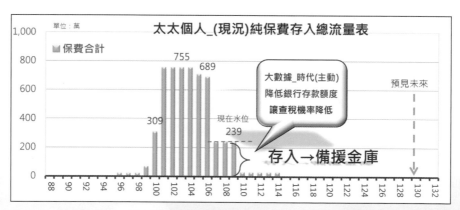

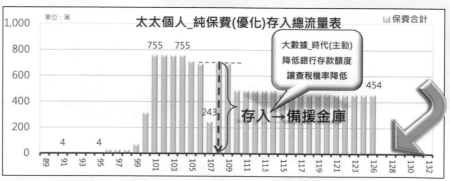

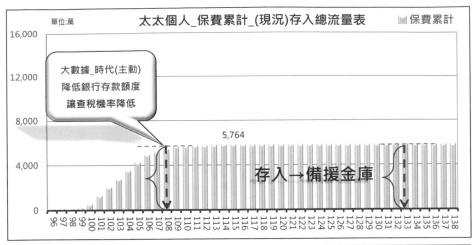

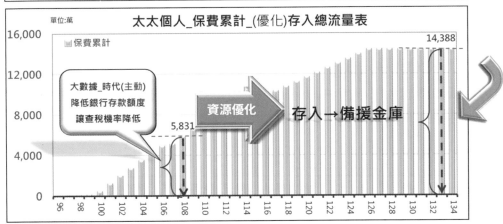

優化～保費組合示意圖108年現況商品五種～兩種提升儲備藏富金庫設置1.43億，優化預先配置解決各種問題，結合大環境各種背景問題與現況名下資產，整合時間與風險因素的考慮，整體配置「以人為本」讓三方（國稅局、子女、父母）同時滿意，使理財配置得到更佳之整體效益。

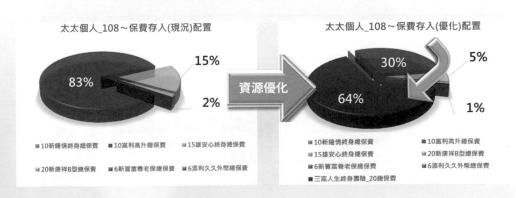

（3）壽險總保額→資金流量總表

　　傳承優化～調整整體配置「以人為本」整合時間與風險因素的考慮，探討多元財富防禦力的問題，透過各種不同角度檢測資料提升現況效益，做理財配置全面性優化檢驗，就像是定期的健康檢查，促使家族成員都輕鬆受益，完整享有幸福溫馨、快樂生活品質。

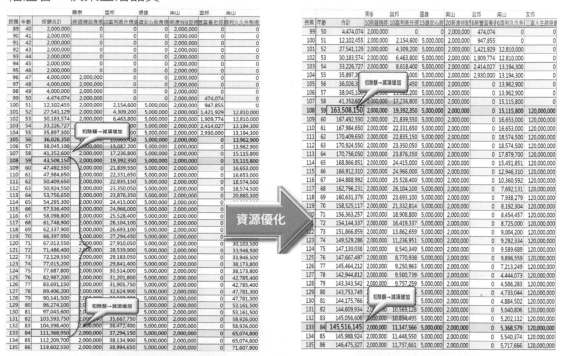

　　傳承優化～現況尚不足產生大量流動性現金，完整對應稅源問題，太太調整壽險108年總額16,351萬（備援金庫），整體配置大幅提升預留適當的流動性資產，解決傳承預留急用現金問題，令守護機制吻合時間與風險因素，任何時間都處於最大值的理財狀態。

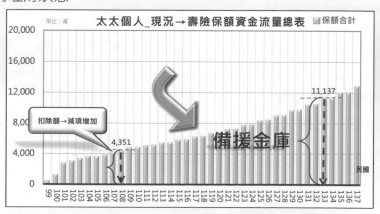

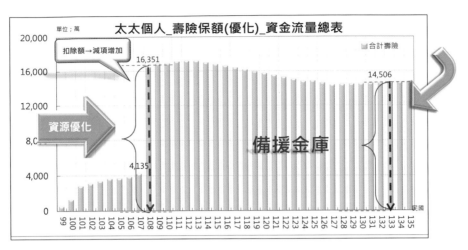

優化採用現有資源循環運用，原本設置4,351萬～11,137萬備援金庫，（優化後）16,351萬～14,506萬，大大提升備援金庫於任何時間達最大化功能。

傳承優化太太調整～壽險（現況）組合示意圖108年主力商品～將現況兩種儲蓄險橘色35%與咖啡色44%，優化調整完整對應愈稅源問題，所以優化組合調整後→以藍色74%壽險，當主力做補強配置提升足夠的財富稅務防禦力。

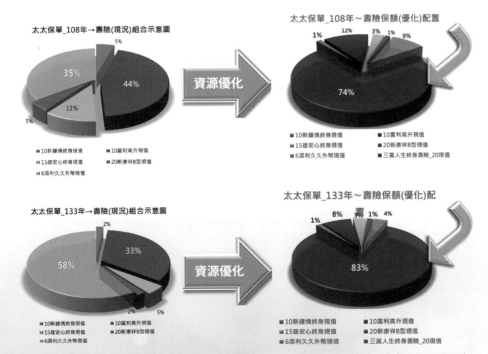

優化採用現有資源循環運用，133年優化～橘色9%與咖啡色12%調降，藍色83%提升。

未來整體配置「以人為本」全方位財富防禦力的配置。預見二個人（民法1141條）法定均分問題，整體中高獲利資產也會隨著時間醞釀浮動，透過時間的增大即將衍生「能量不平衡」問題，預先主動安排消彌問題於無形，就是全方位最上上之策。

太太名下傳承預留稅源問題9,800萬的準備，與法定權益分配「能量不平衡」問題，需要預留2.45億的準備，兩者數據相互比較之下如同小巫見大巫，稅源預留是人人皆知最小的問題而已。所以傳承移轉整體資產除了稅務預留之外，尚有法定權益分配是否一致的問題需要一併解決，預留（傳承）急用現金②解決平衡能量問題。

傳承優化～提升12,000萬的配置，有足夠現金準備於國稅局窗口辦理完稅，整體壽險仍會多出4千多萬，處理「能量不平衡」問題。於傳承關鍵時刻…足夠大筆現金最容易解決問題。本次選擇終身壽險做檢驗優化測試，因為此商品主要定位對象，居於創富、守富、傳富三種需求動機。三富人生商品有以下幾個特點符合我們預留稅源的需要：

① 理財上大額資金講求較高私密性。一家最高額度承保3億，有別於其他公司6千萬限度。

② 未來20年期間有很高彈性的優惠空間。每5年可以25%小幅調高額度，免體檢而且優惠以承保當年的保費計算。預留12,000萬彈性增加空間。

③ 單一保險公司資料私密性較高，不是金控公司，資料會被大量使用而受到無謂干擾。

④ 整體資金的活用彈性很大，繳費期滿90%，繳費期間67.5%的保價金可以靈活使用，而且費率只比預定費率高1%，手續簡便費用低廉。

⑤ 保險金給付模式類似信託功能，受益人可以隨意安排分期給付，而且不同受益人可以不同指定方式。不但免收管理費，還給付預定利率的利息。

最後最重要的關鍵問題→滿足③父母內心深深的期待，配置三方（國稅局、子女、父母）同時皆得到圓滿結局才是最佳理財配置。目前正處於安排（傳承）財富移轉關鍵時刻，妥善理財配置相當重要，是否只要聚焦完成愛家守護心智圖其中一項，所有全方位的問題都可以迎刃而解。那就是守護價值的「保險」，而且解決所有問題最容易又不必花錢，執行難怪稅務專家們一致推薦，「保險」是最簡單、有效之傳承工具。

(4) 生存金→資金流量總表

左表

民國	年齡	累計生存金	合計生存金	國泰10新鑽帳	富邦10富利高	遠雄15雄安心	南山20新康祥	富邦6新豐富養老保	南山6添利久久	資數金額
99	50	0								
100	51	0								
101	52	0								
102	53	0								
104	55	0								
105	56	2,930,000	2,930,000	0	0	0	0	2,930,000	0	0
106	57	2,930,000	0							
107	58	2,930,000	0							
108	59	2,930,000	0	0	0	0	0	0	0	
109	60	2,930,000	0							
110	61	2,930,000	0							
111	62	2,930,000	0							
112	63	2,930,000	0							
113	64	2,930,000	0							
114	65	2,930,000	0							
115	66	2,930,000	0							
116	67	2,930,000	0							
117	68	2,930,000	0							
118	69	2,930,000	0							
119	70	2,930,000	0							
120	71	2,930,000	0							
121	72	2,930,000	0							
122	73	2,930,000	0							
123	74	2,930,000	0							
124	75	2,930,000	0							
125	76	2,930,000	0							
126	77	2,930,000	0							
127	78	2,930,000	0							
128	79	2,930,000	0							
129	80	2,930,000	0							
130	81	2,930,000	0							
131	82	2,930,000	0							
132	83	2,930,000	0							
133	84	2,930,000	0	0	0	0	0	0	0	

（生存金增加 免所得稅）

資源優化

右表

民國	年齡	累計生存金	合計生存金	國泰10新鑽帳	富邦10富利高	遠雄15雄安心	南山20新康祥	富邦6新豐富養老保	南山6添利久久外	友邦二富人生
100	51	0								
101	52	0								
102	53	0								
103	54	0								
104	55	0								
105	56	2,930,000	2,930,000	0	0	0	0	0	2,930,000	0
106	57	2,930,000								
107	58	2,930,000								
108	59	5,930,000	3,000,000	0	0	0	0	0	3,000,000	0
109	60	8,930,000	3,000,000	0					3,000,000	0
110	61	11,930,000	3,000,000	0					3,000,000	0
111	62	14,930,000	3,000,000	0					3,000,000	0
112	63	17,930,000	3,000,000	0					3,000,000	0
113	64	20,930,000	3,000,000	0					3,000,000	0
114	65	23,930,000	3,000,000	0					3,000,000	0
115	66	26,930,000	3,000,000	0					3,000,000	0
116	67	29,930,000	3,000,000	0					3,000,000	0
117	68	32,930,000	3,000,000	0					3,000,000	0
118	69	35,930,000	3,000,000	0	3,000,000				0	0
119	70	38,930,000	3,000,000	0	3,000,000				0	0
120	71	41,930,000	3,000,000	0	3,000,000				0	0
121	72	44,930,000	3,000,000	0	3,000,000				0	0
122	73	47,930,000	3,000,000	0	3,000,000				0	0
123	74	50,930,000	3,000,000	0	3,000,000				0	0
124	75	53,930,000	3,000,000	0	3,000,000				0	0
125	76	56,930,000	3,000,000	0	3,000,000				0	0
126	77	59,930,000	3,000,000	0					3,000,000	0
127	78	62,930,000	3,000,000	0					3,000,000	0
128	79	62,930,000								
129	80	62,930,000								
130	81	62,930,000								
131	82	62,930,000								
132	83	62,930,000								
133	84	62,930,000	0	0	0	0	0	0	0	0

（生存金增加 免所得稅）

　　傳承優化～採用現有資源提升循環運用，生存金總流量表主要查看，逐年移轉至此保險帳戶的情況，循環運用又為自己建立一個長期安全穩定的全方位優化金庫。

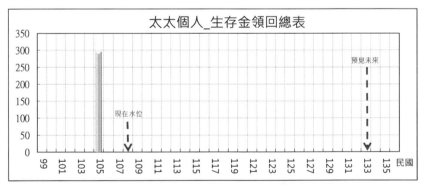

太太個人_生存金領回總表

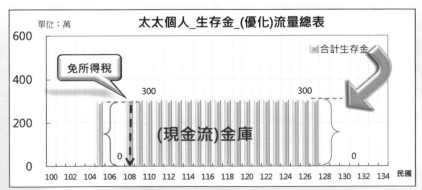

太太個人_生存金_(優化)流量總表

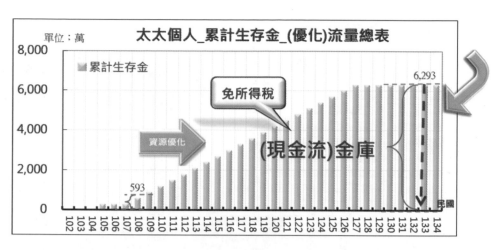

從太太名下累積生存金（優化）流量總表輕易得知總計6,000萬，退休需要運用之退休金充足。而且不影響原本配置免稅空間的功能。

(5) 保價金→資金流量總表

民國	投保	合計保價	10新鑽情終身	10富利高升保	15鑽安心終	20新康祥B型	6新置富養老	6源利久久外
99	50	988,233	329,600			312,600	346,033	0
100	51	2,223,807	438,000	631,750	56,000	351,200	746,857	0
101	52	6,753,894	552,600	2,228,700	263,500	391,800	1,203,644	2,113,650
102	53	13,048,478		3,861,750	481,000	434,200	1,718,738	5,879,790
103	54	19,613,611		631,850	710,000	478,600	2,293,311	9,799,650
104	55	26,896,400		721,600	951,000	525,200	2,930,000	13,834,800
105	56	30,460,070			1,204,000	574,400	0	18,023,670
106	57	45,902,720		12,924,750	1,468,500	626,200	0	29,808,870
107	58	49,464,680	1,074,400	15,116,400	1,746,000	681,400	0	30,846,480
108	59	53,146,030	1,074,400	17,360,300	2,036,000	740,000	0	31,935,330
109	60	59,067,410	1,074,400	21,839,550	2,338,500	765,160	0	33,049,800
110	61	61,126,491	1,188,200	22,331,650	2,612,000	791,941	0	34,202,700
111	62	63,148,849	1,188,200	22,835,150	2,899,000	819,659	0	35,406,840
112	63	65,212,197	1,188,200	23,350,050	3,189,000	848,347	0	36,636,600
113	64	67,345,689	1,188,200	23,876,350	3,485,500	878,039	0	37,917,600
114	65	69,551,810	1,188,200	24,415,000	3,790,000	908,770	0	39,249,840
115	66	71,677,587	1,305,000	24,966,000	3,845,500	940,577	0	40,620,510
116	67	73,749,817	1,305,000	25,528,400	3,900,500	973,497	0	
117	68	75,940,740	1,305,000	26,104,100	4,008,500	1,007,570	0	
118	69	78,130,460	1,305,000	26,693,100	4,061,000	1,031,400	0	
119	70	80,385,256	1,305,000	27,294,450	4,112,000	1,058,216	0	
120	71	82,823,140	1,422,400	27,910,050	4,162,500	1,085,730	0	
121	72	85,221,134	1,422,400	28,539,900	4,211,500	1,113,959	0	49,933,380
122	73	87,695,722	1,422,400	29,183,050	4,259,000	1,142,922	0	51,688,350
123	74	90,235,998	1,422,400	29,841,400	4,305,000	1,172,638	0	53,494,560
124	75	92,854,346	1,422,400	30,514,000	4,350,000	1,203,126	0	55,364,820
125	76	95,664,538	1,536,200	31,201,800	4,393,000	1,234,408	0	57,299,130
126	77	98,453,252	1,536,200	31,905,400	4,434,500	1,266,502	0	59,310,300
127	78	101,321,051		624,900	4,475,000	1,299,431	0	61,385,520
128	79	104,270,390		360,200	4,513,000	1,336,200	0	63,524,700
129	80	107,314,118		112,600	4,550,000	1,361,588	0	65,753,730
130	81	110,556,288		582,100	4,585,000	1,387,458	0	68,059,530
131	82	113,803,150		667,750	4,650,000	1,413,820	0	70,429,380
132	83	117,136,992		36,472,400	4,680,000	1,440,682	0	72,901,710
133	84	120,563,305	1,642,200	37,294,150	4,708,000	1,468,055	0	75,450,900
134	85	124,097,308	1,642,200	38,134,900	4,734,500	1,495,948	0	78,089,760

民國	投保	合計保價	10新鑽情終身	10富利高升	15鑽安心終	20新康祥B型	6新置富養老	6源利久久外	三富人生終身
99	50	988,233	329,600			312,600	346,033	0	
100	51	2,223,807	438,000	631,750	56,000	351,200	746,857	0	
101	52	6,753,894	552,600	2,228,700	263,500	391,800	1,203,644	2,113,650	
102	53	13,048,478		3,861,750	481,000	434,200	1,718,738	5,879,790	
103	54	19,613,611		631,850	710,000	478,600	2,293,311	9,799,650	
104	55	26,896,400		721,600	951,000	525,200	2,930,000	13,834,800	
105	56	30,460,070		583,600	1,204,000	574,400	0	18,023,670	
106	57	45,902,720		12,924,750	1,468,500	626,200	0	29,808,870	
107	58	49,464,680	1,074,400	15,116,400	1,746,000	681,400	0	30,846,480	
108	59	50,146,030	1,074,400	17,360,300	2,036,000	740,000	0	28,935,330	0
109	60	56,742,871	1,074,400	21,839,550	2,338,500	765,160	0	26,861,261	3,864,000
110	61	59,432,611	1,188,200	22,331,650	2,612,000	791,941	0	24,720,821	7,788,000
111	62	62,037,896	1,188,200	22,835,150	2,899,000	819,659	0	22,511,887	11,784,000
112	63	64,659,864	1,188,200	23,350,050	3,189,000	848,347	0	20,232,268	15,852,000
113	64	67,323,789	1,188,200	23,876,350	3,485,500	878,039	0	17,879,700	20,016,000
114	65	70,005,821	1,188,200	24,415,000	3,790,000	908,770	0	15,451,851	24,252,000
115	66	72,575,387	1,305,000	24,966,000	3,845,500	940,577	0	12,946,310	28,572,000
116	67	75,043,989	1,305,000	25,528,400	3,900,500	973,497	0	10,360,592	32,976,000
117	68	77,581,300	1,305,000	26,104,100	4,008,500	1,007,570	0	7,692,131	37,464,000
118	69	80,064,779	1,305,000	26,693,100	4,061,000	1,031,400	0	7,938,279	42,036,000
119	70	82,680,334	1,305,000	21,332,814	4,112,000	1,058,216	0	8,192,304	46,680,000
120	71	85,441,887	1,422,400	18,908,800	4,162,500	1,085,730	0	8,454,457	51,408,000
121	72	88,124,196	1,422,400	16,419,337	4,211,500	1,113,959	0	8,725,000	56,232,000
122	73	90,831,181	1,422,400	13,862,659	4,259,000	1,142,922	0	9,004,200	61,140,000
123	74	93,597,324	1,422,400	11,236,951	4,305,000	1,172,638	0	9,292,334	66,168,000
124	75	96,421,564	1,422,400	8,540,349	4,350,000	1,203,126	0	9,589,689	71,316,000
125	76	102,439,105	1,536,200	8,770,958	4,393,000	1,234,408	0	9,896,559	76,608,000
126	77	105,757,414	1,536,200	9,250,963	4,434,500	1,266,502	0	7,213,249	82,056,000
127	78	108,939,443	1,536,200	9,739	4,513,000	1,299,431	0	4,444,073	87,684,000
128	79	110,876,942		259	4,513,000	1,336,200	0	4,586,283	89,148,000
129	80	112,801,537		705	4,550,000	1,361,588	0	4,733,044	90,600,000
130	81	114,806,424		739	4,585,000	1,387,458	0	4,884,502	92,016,000
131	82	116,735,954		128	4,650,000	1,413,820	0	5,040,806	93,420,000
132	83	118,619,488		495	4,680,000	1,440,682	0	5,202,112	94,800,000
133	84	120,478,400	1,642,200	11,147,566	4,708,000	1,468,055	0	5,368,579	96,144,000
134	85	122,325,572	1,642,200	11,448,550	4,734,500	1,495,948	0	5,540,374	97,464,000

保價金增加 免所得稅

資源優化

　　保單除了生存金免所得稅之外，保價金增加（增加的部分）同樣也是免所得稅，保價金累計總表得知，108年太太名下累計保價金5,315萬。133年累計保價金12,056萬，其間隱藏6,741萬免稅空間，增值如同「免稅收入」源源不絕流入金庫。存入保價金的金庫成為（進可攻、退可守）的金庫，這裡彈性調節理財空間也就是巴菲特所形容，理財必須準備一把上膛的槍，等待時機好的時候隨時可以上場使用。

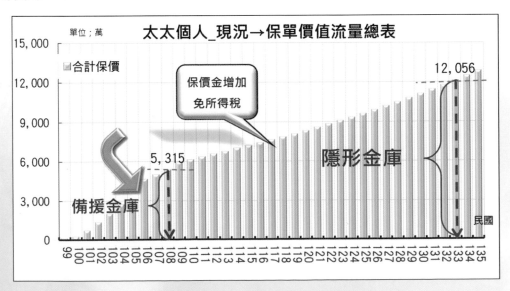

傳承優化～我們比對一下累計保價金總表，原本設置5,315萬～12,056萬備援金庫，（優化後）5,015萬～12,48萬，（現況VS優化）兩者金庫規模大小雷同，因此採用現有資源循環運用，並不影響原本備援金庫（進可攻、退可守）的功能。

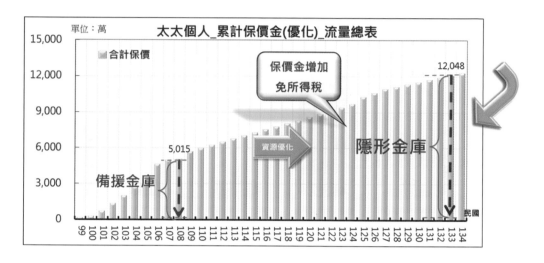

保價金組合示意圖108年現況商品五種～兩種保價金現有資源循環運用，現況可彈性活用資金主要在二種商品：橘色保單保價金3,194萬佔整體60%，咖啡色保單保價金1,736萬佔整體33%。優化組合逐年調整133年藍色提升至80%比重，保價金完整取代前面二種商品。

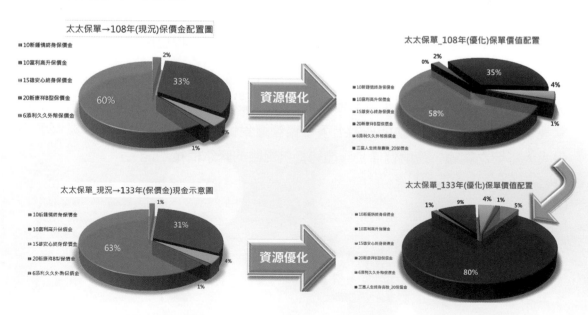

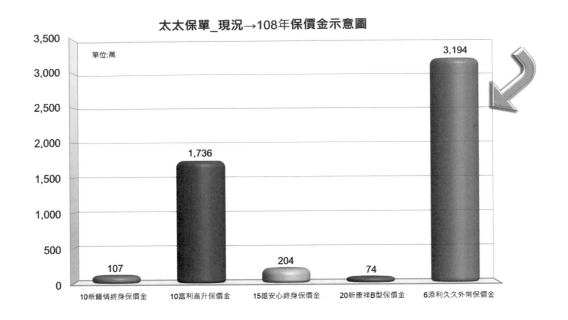

太太保單_現況→108年保價金示意圖

單位:萬

- 10新鍾情終身保價金: 107
- 10富利高升保價金: 1,736
- 15堆安心終身保價金: 204
- 20新康祥B型保價金: 74
- 6添利久久外幣保價金: 3,194

　　現況保價金示意圖清楚表示隱藏金庫的位置，現有資源循環運用從這裡作調節。這裡也就是人們所形容備援金庫，理財平時必須準備一把上膛的槍，等待時機好的時候隨時可以上場使用金庫。同時具備（進可攻、退可守）雙重的功能。

　　為自己設置一個長期安全、穩定的金庫水壩，優化最好能夠逐步提升到對價的程度，不但只是守護同時發揮的多元理財價值。這裡就是人們所形容，理財平時必須準備一把上膛的槍，等待時機好的時候隨時可以上場使用。

　　維持「諸事無常」高度警覺意識安排理財配置。積極動機→包括理財環境時機產生變化，當大環境變化處於低點來臨時，儲備金庫隨時備有雄厚資金，能夠掌握當下的機會。保守動機→如上下游經營遭受倒閉風險產生，本身事業儲備不受太大影響之調節，理財儲備金庫能夠抵抗風險的緊急備援功能。

（6）達成率→資金流量總表

　　採用3種圖表呈現，檢驗整體全方位的理財架構是否完整，①顏色管理檢查表，②各項機能～安全品質檢測表，③保險功能表。從不同角度探討→保險配置架構是否完整。使用「數字會說話」的方式詳細說明，很容易令每人知道每個部位的抗風險程度，現況究竟處於什麼狀態？

　　檢測圖形從視覺化高低差容易抓住重點，很有效率的指引下一步補強調整方向，同時也精準校對結果與自己內心的想法是否完全一致，避免疏漏或非專業產生「說歸說、想歸想、做歸做」前後不一致的誤差。也提供決策者判斷很好的參考，確保整體發揮抗風險最大效果。

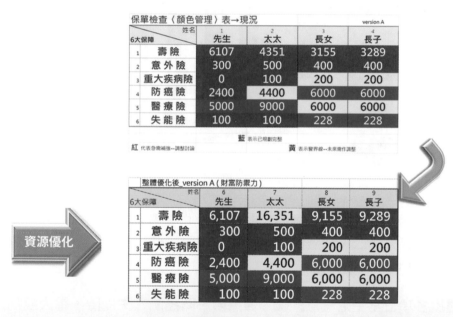

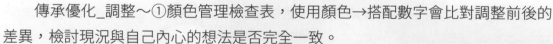

　　傳承優化_調整～①顏色管理檢查表，使用顏色→搭配數字會比對調整前後的差異，檢討現況與自己內心的想法是否完全一致。

　　②各項機能～安全品質檢測表，比對優化調整前後達成率的差異，整體以柱狀圖形表示，比對如附件：表太太壽險部分代背景資產價值與創造現金能力，現況假設太太起碼有2.45億資產價值，才是企業經營者太太合理正常價值。優化檢驗比對～遵照太太的意思再提升12,000萬壽險，現況達成率從18%提升優化到67%及格邊沿。

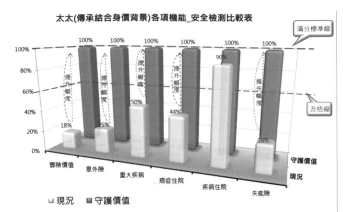

	現況數字	守護價值	現況	守護價值
壽險價值	4351	24500	18%	100%
意外險	500	2000	25%	100%
重大疾病	100	200	50%	100%
癌症住院	4400	10000	44%	100%
疾病住院	9000	10000	90%	100%
失能險	100	360	28%	100%

	現況數字	守護價值	優化後	守護價值
壽險價值	16351	24500	67%	100%
意外險	500	2000	25%	100%
重大疾病	100	200	50%	100%
癌症住院	4400	10000	44%	100%
疾病住院	9000	10000	90%	100%
失能險	100	360	28%	100%

資源優化

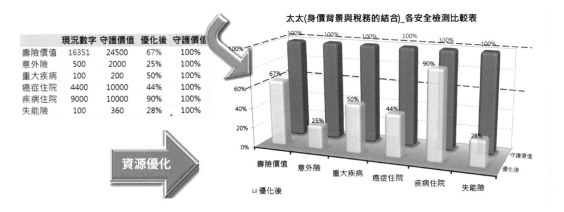

③保險功能表。檢驗總表將保險理財分成三個區域，一、儲蓄理財區域～主要呈現免所得稅部分。二、壽險區域～主要呈現壽險價值守護配置。三、醫療理財區域～主要呈現醫療保障配置。

比對醫療各項日常生活（意外險、醫療險、防癌險、失能險、重大疾病）各種抗風險。太太名下住院醫療現況配置每日9,000元，實支實付醫療額度每次59萬、長期生活照顧每年100萬元，（儲備金庫→有5,315萬金庫足以備援）。整體上已經達中等以上守護家人對抗風險。

比對其他二項檢驗，一、儲蓄理財區域～比對（優化）並不影響原本金庫具備免稅所得之功效，二、壽險區域～比對從原本4,351萬～11,137萬備援金庫，提升16,351萬～14,506萬價值守護，提升備援金庫於任何時間點皆達到最大化理財功能。

現況108年

保險功能（現況）			合計	先生	太太	長女	長子
儲蓄理財	免所得稅	孳息額度	843	318	368	63	93
		生存金/年	89	56	0	34	0

每年增加額度500萬~1000　創造免所得稅　　　　　單位：萬

			合計	單位：萬			10000
壽險保障	免扣除額	兒女每人3,300萬	16,901	6,107	4,351	3,155	3,289

兒女每人免稅可…　創造免稅急用現金(資產)

醫療保障			先生	太太	長女	長子
醫療元/日	終身		3000元/日	3000元/日	3000元/日	3000元/日
		實支(正本)	2000元/日	2000元/日	1000元/日	1000元/日
		雜支最高	59萬	59萬	37萬	37萬
		實付(副本)			2000元/日	2000元/日
		雜支最高			28萬	28萬
意外	萬		0萬	200萬	100萬	100萬
失能	終身	萬/年	100萬	100萬	228萬	228萬
防癌	終身	元/日	2400元/日	4400元/日	6000元/日	6000元/日
		手術最高	65萬	68萬	80萬	80萬
重大疾病	終身		0萬	100萬	200萬	200萬

建造(愛心)隱形資產

從藏富_太太（傳承結合身價背景）需求之下檢驗比對整體配置（優化）成果。完美的理財配置～可以兼顧全方位多重功能，例如：

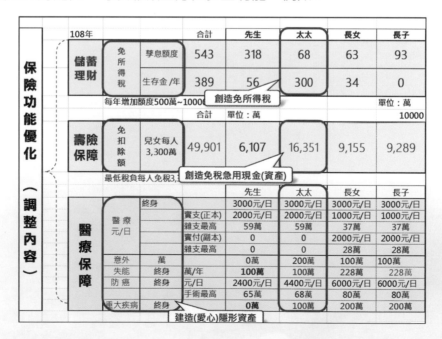

108年

保險功能優化（調整內容）			合計	先生	太太	長女	長子
儲蓄理財	免所得稅	孳息額度	543	318	68	63	93
		生存金/年	389	56	300	34	0

每年增加額度500萬~1000　創造免所得稅　　　　　單位：萬

			合計	單位：萬			10000
壽險保障	免扣除額	兒女每人3,300萬	49,901	6,107	16,351	9,155	9,289

最低稅負每人免稅3,…　創造免稅急用現金(資產)

醫療保障			先生	太太	長女	長子
醫療元/日	終身		3000元/日	3000元/日	3000元/日	3000元/日
		實支(正本)	2000元/日	2000元/日	1000元/日	1000元/日
		雜支最高	59萬	59萬	37萬	37萬
		實付(副本)	0	0	2000元/日	2000元/日
		雜支最高	0	0	28萬	28萬
意外	萬		0萬	200萬	100萬	100萬
失能	終身	萬/年	100萬	100萬	228萬	228萬
防癌	終身	元/日	2400元/日	4400元/日	6000元/日	6000元/日
		手術最高	65萬	68萬	80萬	80萬
重大疾病	終身		0萬	100萬	200萬	200萬

建造(愛心)隱形資產

① 賺預定利率優於定存的錢（免稅所得）
② 同時兼顧放大槓桿效果

③ 配合最低稅負（不計入性資產）每申報戶3300萬免稅額度，做整體理財比對（優化）配置

④ 將財富移轉，傳承分配，放大財富

⑤ 充分主控及財富能量平衡配置

⑥ 分散避險金庫等

⑦ 守護開天闢地賺錢能力，多種財富管理功能全部結合在一起，不要獨立拆開配置效果更大，足以提供「以人為本」多元財富防禦配置，解決比節稅更重要的事，達到財富達到進可攻、退可守的多重圓滿效果。

（7）備援水庫_成果示意圖

　　創造現金整體效益檢驗，採用四種圖表查看整體～創造現金整體效益，避免因爲不專業或是疏漏，而發生「說歸說、想歸想、做歸做」避免所想、所說、所做與結果完全不一樣。備採用數字會說話的檢驗方式，精準校對結果與內心的想法是否完全一致。客觀全方位理財檢驗報告，如同醫療儀器的正子攝影功能，查看整體才不會產生遺漏盲點，導致一邊賺錢另一邊在賠錢。

　　第一種表格，全家保單_資金流量總表，是保險理財最初的原始資料內容，四種統計圖表之數值都是從這裡截取出來分析，從這裡可以查核比對（傳承優化）前後各種數值正確性。

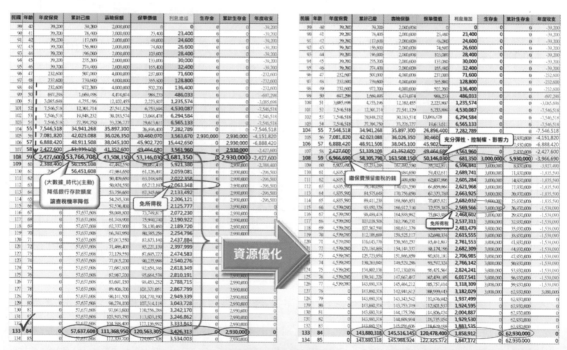

　　第二種表格，傳承優化_比對～資金流量總表示意圖→是初階約略判斷整體效益的圖形，很容易從總保價金（水藍色線條）得知儲存金庫功能與可以彈性運用空間，（橘色柱型）代表累積存入總保費高度。（淺綠色柱型）代表總保額高度。同時也輕易可以兩者之間找到「創造現金」區間。

　　優化比對～可以隨時間任意移動示意圖時間點，很清楚看見創造現金所產生的效益，此圖形輕易了解創造現金的大小，以及急用現金、活用現金可運用的空間。整體創造現金效益～非常容易校對，是否結合身價背景，是否與大環境整體

理財、稅務、避險的因素聯結，宏觀整體理財最佳化參考之一。

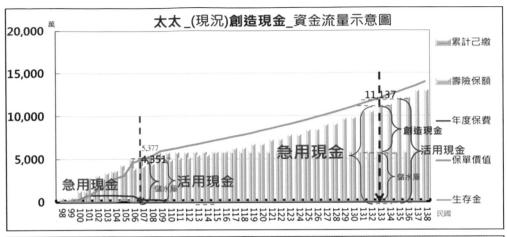

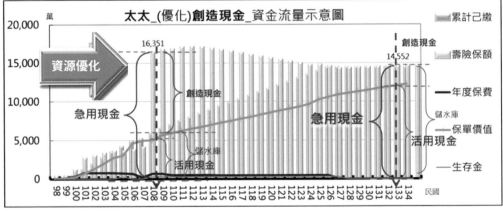

優化後兩者比對～創造現金的區間提升很多。當需求流動性現金時，急用現金大幅提升最明顯。浮動檢驗比對之下得知，以保險保價金作爲理財兼抗風險之備援金庫。配置在這裡與OBU免稅天堂同等享受免稅。備援金庫之設置具有簡單、安全、有效幾種特質。其作用如同投資大師巴菲特講的一句名言：隨時準備一把上膛的槍。迎接投資配置獲利的來臨。

第三種表格，全家保單_（創造現金）整體效益圖表，浮動檢驗保險不同時間點的整體效益，從存入成本角度檢驗效益。更精細取兩個時間點浮動檢驗代表（當下與百年後狀態）。

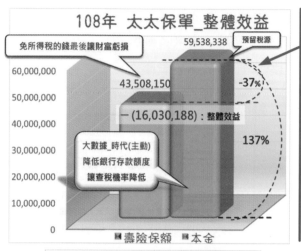

108年 太太保單_整體效益

太太_保單(現況) 創造現金整體效益 版		
20%遺產稅	108年	133年
壽險保額	43,508,150	111,368,950
本金	59,538,338	76,981,398

累計保費：53,766,708
累計領回：2,930,000
留存本金 50,836,708
可活用現金：53,146,030

(7,328,558)：創造現金(總保額－留存現金)
117% 本金比重(留存現金 / 總保額)
-17%：獲利現金獲利率=(1－ 本金比重)
19.5%：每期的代價 (本金比重 / 分期付款_6次)

−(16,030,188)：整體效益(創造現金＋ 20%遺產稅)
137%： 整體本金比=(留存現金－總保額20%遺產稅) / 總保額
賠 −37%： 整體獲利率(1－ 整體本金比重)

− 8,701,630 ：(不適格商品)課徵20%遺產稅

　　　　檢驗太太名下_比對108年～創造現金整體效益表最後結果顯示。現況整體效益—1,603萬，優化前後提升了12,923萬。比對優化後增加11,320萬的空間。結果享受財富分配樂趣。

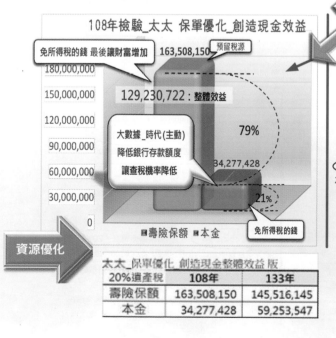

108年檢驗_太太 保單優化_創造現金效益

累計保費：58,305,798
累計領回：5,930,000
留存本金 52,375,798
可活用現金：50,146,030

111,132,352 ：創造現金(總保額－留存現金)
32% ： 本金比重(留存現金 / 總保額)
-68%： 獲利率=(1－ 本金比重)
1.6%： 每期的代價 (本金比重 / 分期付款_20次)

129,230,722 ：整體效益(創造現金＋ 20%遺產稅)
21%： 整體本金比=(留存現金－總保額20%遺產稅) / 總保額
79%： 整體獲利率(1－ 整體本金比重)

− 7,301,630 ：(不適格商品)課徵20%遺產稅
25,400,000 ：(適格商品)課徵20%遺產稅

資源優化

太太_保單優化_創造現金整體效益 版		
20%遺產稅	108年	133年
壽險保額	163,508,150	145,516,145
本金	34,277,428	59,253,547

持續比對133年（百年後）創造現金整體效益圖表，現況 整體效益3,438萬，優化前後提升了8,626萬。比對增加5,188萬的空間。此（隱藏金庫）保險帳戶屬於安全低風險理財工具，形同儲備水庫提供安全保障之儲藏金庫。

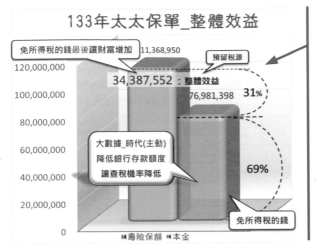

累計存入保費：57,637,608
累計領回現金：2,930,000
留存本金 54,707,608
可活用現金：120,563,305
─────────────
56,661,342.：創造現金(總保額─留存現金)
49%：本金比重(留存現金 / 總保額)
賺51%：獲利現金獲利率=(1─本金比重)
─────────────
34,387,552 整體效益(創造現金─ 20%遺產稅)
69%：整體本金比=(留存現金─總保額20%遺產稅) / 總保額
31%：整體獲利率(1─ 整體本金比重)
‥
─22,273,790：(不適格商品)課徵20%遺產稅

許多企業家們通常都會依照其背景規模不同，設置儲備有大小不同這樣性質的緊急備援金庫特質。以保險保價金作為調節財富的水庫，設置非常簡單、安全、有效，兼抗風險之理財備援金庫。投資理財大師巴菲特一句名言：隨時準備一把上膛的槍（備援金庫）。

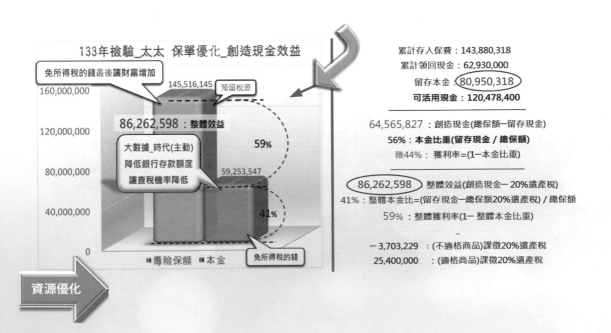

累計存入保費：143,880,318
累計領回現金：62,930,000
留存本金：80,950,318
可活用現金：120,478,400
─────────────
64,565,827：創造現金(總保額─留存現金)
56%：本金比重(留存現金 / 總保額)
賺44%：獲利率=(1─本金比重)
─────────────
86,262,598 整體效益(創造現金─ 20%遺產稅)
41%：整體本金比=(留存現金─總保額20%遺產稅) / 總保額
59%：整體獲利率(1─ 整體本金比重)
‥
─3,703,229：(不適格商品)課徵20%遺產稅
25,400,000：(適格商品)課徵20%遺產稅

資源優化

　　優化後互相比對～針對前一章(現況檢驗) 結合太太名下資產背景發現，尚未發揮傳承多元理財的效果，嘗試進行小幅度優化改善沙盤推演，期待發揮儲備水庫多元功能，優化後浮動檢驗不同時間點的數字。對照太太108年優化效益增加14,526萬急用現金，133年優化效益增後加5,387萬的整體效益。

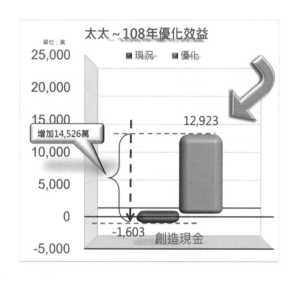

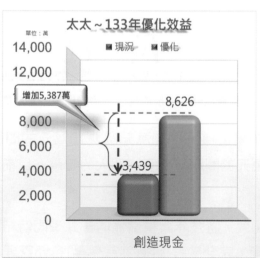

審慎檢測每一個時間點，確實發現明顯提升(資產保全)多元效應，若依同樣的邏輯概念，與時俱進作大膽嘗試，完全依據太太名下資產背景和當下法令作相對應配置，同時融合家族成員宏觀多元的人文因素，進行充足保單備援水庫的規劃和準備，必定能夠～消弭所有潛在人文因素，所引起能量不平衡的紛爭，真正達到家族和諧溫馨，企業力量凝聚的優化效果。

第四種表格，保單備援水庫檢驗→宏觀108年整體配置，太太名下整體資產配置與保單備援水庫，兩者似乎各自獨立運作，互相聯結沒有對應關係，而水庫之保單性質偏重於短期儲蓄險和生存金領回配置，沒有高幅度槓桿放大及儲蓄保值雙重效果，仍不足以解決資產背景問題，也不足以消弭所有潛在人文因素。

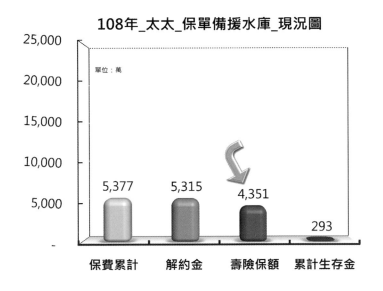

理財有一種形容詞是這樣，以10萬元解決10萬元的問題，代表一個人的能力；用一萬元解決10萬元的問題，代表一個人的智慧。目前保單備援水庫性質，象徵一個人的能力。

優化以宏觀整體配置，將多年累積儲備的資源～同時結合資產背景與整體投資、稅務、避險等因素，完全參考保險(資產保全)多元管理概念，將現有的資源重新進行小幅度，優化改善沙盤推演，逐步優化循環運用，期使達到理財最佳化境界。

結合太太名下資產背景，進行小幅度優化改善沙盤推演，發現天啊！只是將境外帳戶移轉過來，存入預留稅源區間保單備援水庫，僅是做理財配置而已，完全不

用花任何一分錢，即可創造出(資產保全)多元的理財效益，傳承時，若需要任何大筆的現金流，由此支應使財富能量平衡，豈不是一種理財(厚植實力)美好的方法。

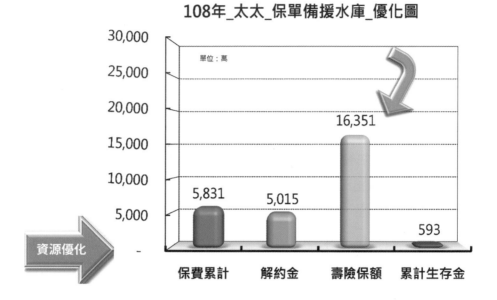

保險理財管理涵蓋(家庭、企業、個人)三種對象，同步規劃的理財概念，才能夠避免資產被賤賣的損失，具體做好風險控管配置。移轉規畫傳承的任務，需要很長的時間做安排，特別需求大筆現金壓力時，善用現有資源做適當的循環應用，才能達到溫馨傳承的圓滿結局。因此必須預先妥善配置相對應的財富防禦(保單備援水庫)。

　　保險是一種保證給付的現金，上述優化(保單備援水庫)創造現金效率非常高，優化過程只是原有資源之微小空間，移轉帳戶循環運用，完全不影響原來備援金庫功能，卻足以產生非常高的多元效率，沒有好好運用實在非常可惜！值得深入探討「以人爲本」的內容再足額配置。充分結合所有背景因素，做好完整財富規劃如保險管理示意圖所有需求內容，不管需要提升多少億的現金，全部可以從(保單備援水庫)，這裡創造足夠大量流動現金。

　　傳承優化配置～未來厚植實力美好的方法，重新調整總資產配置比重，提高最大化創造現金整體效益成果。理財配置好玩！就是不必多賺一分錢，只是配置比重做不同配置，所產生結果截然不同。充分享受財富分配樂趣，又可以讓財富越來越多，達到無遠弗屆的感覺～一代接一代的照顧所愛的人→過著(創富、守富、傳富)三富人生的幸福、快樂生活。

　　再重複提醒一遍，千萬不能輕忽「國稅局、子女、自己」三者對象！產生能量不平衡的現象，一時疏忽極可能導致，社會上對簿公堂的新聞戲碼一直流傳著，歷史持續重複上演錯誤的戲碼。務必正視這個問題，並隨時預備好解決這一個差距問題的(保單備援水庫)，避免造成了親情破裂結局，才不枉費今生努力所建立的名譽與事業成就。而達到有溫度、溫馨長久傳承的結果。

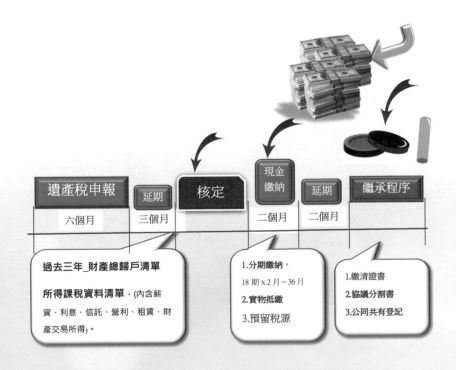

　　每人名下身價背景與當下稅務的結合檢驗，最常見 (家庭、企業、個人)三種情境同時兼顧，普遍潛藏問題→預留稅源是事的問題最容易估算，也最簡單預做準備。子女與本人→是「人」的能量感受問題此點最容易被忽略，其實人的問題只要抓住(能量平衡)人的重點，也很容易解決(預作安排)。況且上述分析後得知不論你需要多少金額，都完全不必花到自己一絲一毫的錢，(保單備援水庫)自動產生出來給你使用。

　　因此一切「以人爲本」的信念做理財配置基礎， (國稅局、子女、本人) 三者同時檢驗分析。國稅局的部分容易做估算預測，子女屬於人的(權益)部分，稅法與民法1138、1141、1223也都有清楚的界定權益範圍，釐清現況並加以優化必能得到圓滿結局的藍圖。

　　傳承最重要的事情將自己無價之寶～帶領群衆能量開天關地。將(面對與克服困難)的精神傳遞下去，鼓勵每一個不同能量勇敢向前邁進，讓子孫的天賦能量在不同舞台上綻放光芒，在不同舞台上好好發揮各自天賦，當專長能量展現之後，成就回饋貢獻國家社會、造福鄉里不忘本。這種信念、(眞理)精神的引領，比稅務規劃更重要，才能讓財富發揮最大影響力。

　　過去雖然逐年已經做了傳承移轉→依據現況整體總資產分佈圖(附圖)推算，未來配置應該還會維持能量不平衡模式繼續發展，甚至產生更大不平衡差距出現。未來大部分比重仍然放在(接班領導者)長子名下～未來雖然事業發展長子名下掌握多數股權，對整體經營控股發展才是最好的安排，可是對於家族財富分配上卻產生能量不平衡，怎麼辦呢！(保單備援水庫)該怎麼處理分配，才能取得能量差距的平衡呢？請注意！這並不是數學題，而是人文感受被尊重的心靈問題。

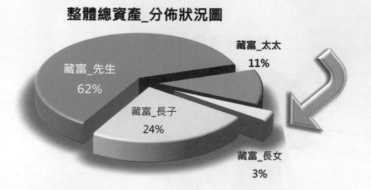

整體總資產_分佈狀況圖

藏富_先生 62%
藏富_太太 11%
藏富_長子 24%
藏富_長女 3%

　　檢驗發現太太～傳承子女的(財富) 能量配置問題，淨值預估4.9億資產，二位子女均分4.9億各自約2.49億。從現況整體總資產配置分佈圖，二位子女24%比3%的配置兩人落差21%。請問？將來可不可能出現更大的差距呢？(保單備援水庫)有必要儘早預做調解機制？

　　整體配置發現太太名下資產背景足夠大，過去保險～創造現金整體效益太少，必須及時提高保險配置，解決整體資產背景所產生～國稅局預留稅源問題、更重要解決了子女分配能量不平衡之感受問題。保險～(保單備援水庫) 能夠創造大量現金。依據子女每個人的不同天賦能量與使命，給予不同伸展舞台的後盾資源。預先規避能量不平衡的問題，達到代代厚植財富實力的成果。使得傳承的力量越來越凝聚，人數越多凝聚的力量越強盛。這是傳承最好的分配安排。

　　回顧一下之前的探討內容，藏富_夫妻面對未來「國稅局、子女、自己」屆時打算要怎麼處置呢？以固定性資產：大筆不動產、公司設備。或是使用流動性資產：銀行現金存款、公司(上市)股票、或是以保險作支應呢？以現況銀行存款的現金流量並不足以支應，整體背景F家庭、B企業、I個人三種情境所潛藏的問題。

　　從現況資產高度推測表，長遠推算…預見未來傳承潛藏問題→時間越久，因為整體財富資產配置4.9億，屬於中高獲利的理財配置，預見未來20年資產財富也會增值愈來愈多，從保守6%推測表對照，約3.2倍成長預估淨值15.68億。

　　(最少需要保單備援水庫)約需準備20%遺產稅3.13億，解決傳承急用現金稅源問題，前面進行小幅優化沙盤推驗， (備援金庫)只留下預留1.45億保險，準備度約只佔46%而已，長期還嚴重不足超過54%急用現金資產對應此資產保全多元傳承問題，所以顏色管理檢查表～壽險區域使用黃色警示，黃色表示未來需針對此區再補強，才能達到國稅局足夠的財富防禦力。

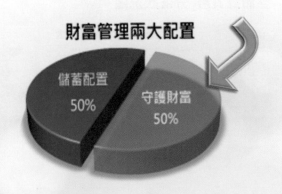

　　過大的能量不平衡現象出現時！所造成的傷害事件自古以來不勝枚舉。該怎麼避免，或是該怎麼(儲存備援金庫)平衡能量呢？這是傳承很重要的事情，切勿輕忽！若最後導致分奔離析結果，就沒有所謂的傳承事件了。唯有關係融洽和諧溫馨傳承，才能產生凝聚的力量，才能發揮最大效率作用，導致傳承長久的事件存在。整體檢驗報告建議及早納入理財管理文件處理。

　　中國流傳5,000年的古老智慧，宇宙間能量變幻～「諸事無常」之後仍一直維持動態平衡，遵循這一種動態警覺的智慧，隨時調節能量平衡信念並傳遞你的家族精神。「傳承」文化不僅僅是表面情緒的安撫而已，該如何具體配置才達到最漂亮結果呢！家族氛圍和諧融洽，使傳承的力量越來越凝聚，人數越多凝聚的力量越強盛呢？未來保單備援水庫怎麼配置～可以導致這個結果產生呢？數字看保險～資產與保險整體效益檢驗報告，可以提供「會說話的數據」做為未來整體配置的參考協助。

第2項｜藏富_長女名下（優化）

（1）保單配置總明細表

重新針對整體多元因素配置，幫助家庭Family，企業Business 和個人Individual，確定了可能發生的風險因子和潛在的損失因素。檢驗並尋求對抗風險與排除損失的方法。將全球各地BVI免稅天堂的財富移轉回國，進行最佳化的理財配置，建立不同性質的儲藏備援金庫。

家中長女幫忙媽媽掌管公司財務及銀行之往來業務。從理財預見未來角度～重新配置達到財富多元防禦力，並「以人為本」為基礎原則～整合時間與風險因素的考量。檢驗報告提供具體分析數據，對現況整體理財配置之理路更清晰，執行時心裡更踏實也消除壓力，讓全部家族成員都享有幸福溫馨、快樂舒服生活品質。遵照太太的意思稍微調高兩位孩子各增加6,000萬保障。長女保單優化配置明細表如下：

姓名	投保年齡	投保日期	繳別	繳費月份	金額	投保公司	產品名稱	壽險 終身	壽險 儲蓄	壽險 定期	壽險 意外	外醫療 住院	醫療 定額	醫療 日額	醫療 手術	醫療 實支	類態	重大	防癌	年繳
長女 72/2/14	29	101/06/30	1	6	180,000	遠雄	20鑽安心終身	500									100			$ 180,000
	29	101/06/30	1	6	116,153	遠雄	20終身醫療康祿	40					3,000		1,500	1,000		200	6,000	$ 116,153
	29	101/06/30	1	6	334,669	富邦	20富世代終身	1,000			100	2,000				2,000	128			$ 334,669
	29	101/06/26	滿期	6	1,497,540	南山	6福利618還期還本	110												滿期
	29	101/06/27	滿期	6	1,560,840	富邦	6美利贏家外型增額	US$ 7												滿期
			1		1,516,830	友邦	三富人生終身壽險	6000												$ 1,516,830
					小計 $		2,147,652	7,657	0	0	100	0	2,000	3,000	0	1,500	3,000	228	200	6,000	$ 2,147,652

1.需求：生涯費　貸款險　教育費　　資產保全　新資險

2.現況：

總計 $ 2,147,652

優化～累計保費vs保障→分配圖比對如下：配置比重～累計保費從原本42%調降至21%比重減少21%，壽險保障現況58%比重優化到79%（提升21%），所選擇的商品特性整體仍以資產型傳承配置為主。保費累計vs保障優化如示意圖所示（3,154萬提升優化→9,154萬）。

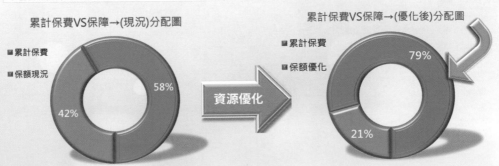

純總保費累計VS(現況)保障

項目	累計保費	保額現況
長女	22,476,680	31,546,050
total	22,476,680	31,546,050

PS.儲蓄險指有滿期金可領的保險

純總保費累計VS保障(優化後)

項目	累計保費	保額優化
長女	24,027,710	91,546,050
total	24,027,710	91,546,050

PS.儲蓄險指有滿期金可領的保險

累計保費VS保障→(現況)分配圖
■累計保費
■保額現況
58%
42%

資源優化

累計保費VS保障→(優化後)分配圖
■累計保費
■保額優化
79%
21%

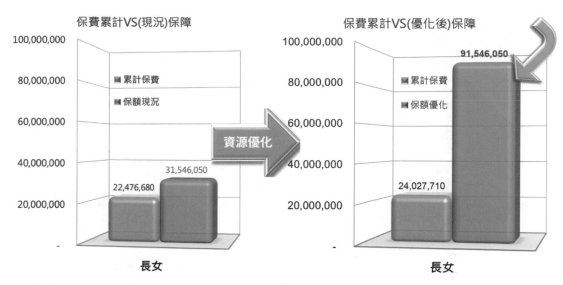

優化～累計保費vs保障保費→（現況）分配圖比對如下：再詳細分析兩者各占比重如何？原本累計儲蓄險保費 1,835萬→佔整體保費82%比重，調降至76%比重減少6%。累計（壽險）保費412萬佔整體保費18%，提升至24%比重增加6%。壽險僅是配合儲蓄險稍微點綴一下而已，並不太增加影響整體的保費配置比重，所以盡量不影響整體配置壓力。

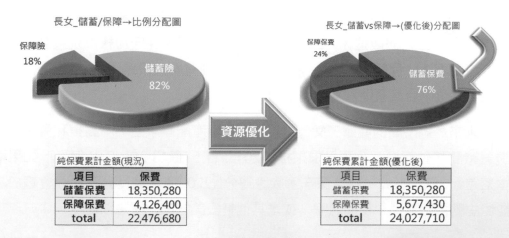

純保費累計金額(現況)	
項目	保費
儲蓄保費	18,350,280
保障保費	4,126,400
total	22,476,680

純保費累計金額(優化後)	
項目	保費
儲蓄保費	18,350,280
保障保費	5,677,430
total	24,027,710

「以人為本」整體理財配置中，設置儲備有大小不同性質的藏富金庫，這次檢驗主要重點採用「數字會說話」的檢驗觀念，瞭解現況保單整體創造現金的效益，同時對照釐清（愛家守護心智圖內）其他的理財觀念，探索整體互相聯結的可行性！進一步探討可能發生的風險因子和潛在的損失因素。並尋求對抗風險與排除損失的方法。

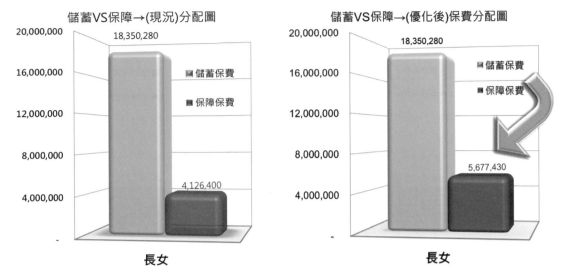

期待！「數字會說話」的檢驗（報告）觀念，讓每一步財富移轉所建立的財富金庫發揮最佳的效益，完成心中所想…美好傳承移轉的期待，落實父母內心所想與所產生的結果完全一致。

長女從愛家守護心智圖內探討它的價值究竟是什麼？再來看如何守護！依家庭角度～法定權益父母（7.29）億1/2財產價值3.14億，以保留分1/4財產估算也有1.57億身價。再從另一個人角度～賺錢能力檢驗，每月工作像印鈔機般的持續收入，每年70萬一直到65歲退休，30年收入價值2,100萬。保守加總現況共計1.77億身價，目前名下壽險保障3,154萬，能力、身價守護有一大段差距，故增加6,000萬保障補強，完全吻合背景財富身價防禦力。

洞見未來透過時間的醞釀，父母（7.29）億資產配置類型，中高獲利資產性質也會隨著時間移動而增大，預見未來推算20年（1.57億*3.2倍=5.02億），如果兩人原本落差（2億）不算，長女保守家族應得分配5.02億。實質分配是否會趨於一致，能否主動排除能量平衡問題呢？或是其他甚麼美好的配置想法呢？

移轉整體資產除了稅務預留之外，解決家庭Family，企業Business 和個人Individual，三方能量平衡的問題。預留（傳承）急用大量現金②解決每個能量平衡問題。關心每個能量的特質，關心不同能量的最佳化和彈性最適合狀態。

最終最重要關鍵問題，充分滿足③父母內心深深的期待，家庭Family，企業Business 和個人Individual背景因素而做配置，（國稅局、子女、父母）三方同時

皆得到圓滿結局才是最佳理財配置。檢驗報告已經確認保險可以獲得很好的免稅所得效果，以及創造現金整體效益。因此預留身價的守護準備，解決傳承急用現金問題→又不必花錢，內容於檢驗全家壽險總表詳細說明。

　　長女守護1.77億的身價，壽險保障準備度9,154萬現況優化後～尚不足60%，所以顏色管理檢查表，壽險區域使用紅色呈現，紅色表示急需補強規劃，才能達到財富傳承身價守護。爾後還有一大段的補強空間可以發揮配置儲備金庫。

（2）純保費存入→資金流量總表

民國	年齡	保費累計	保費合計	遠雄 20安心終	遠雄 20終身醫	富邦 20富世代終	南山 6淮利618增	富邦 6美利贏家外
99	27	0	0					
100	28	0	0					
101	29	3,574,180	3,574,180	225,000		1,497,540	1,560,840	0
102	30	7,148,360	3,574,180	225,000		1,497,540	1,560,840	0
103	31	10,722,540	3,574,180	225,000		1,497,540	1,560,840	0
104	32	14,296,720	3,574,180	5,000		1,497,540		
105	33	17,870,900	3,574,180	225,000		1,497,540		
106	34	21,445,080	3,574,180		10,800	325,000	1,497,540	
107	35	21,960,880	515,800	180,000	10,800	325,000		
108	36	22,476,680	515,800	180,000	10,800	325,000	0	
109	37	22,992,480	515,800	180,000	10,800	325,000		
110	38	23,508,280	515,800	180,000	10,800	325,000		
111	39	24,024,080	515,800	180,000	10,800	325,000		
112	40	24,539,880	515,800	180,000	10,800	325,000		
113	41	25,055,680	515,800	180,000	10,800	325,000		
114	42	25,571,480	515,800	180,000	10,800	325,000		
115	43	26,087,280	515,800	180,000	10,800	325,000		
116	44	26,603,080	515,800	180,000	10,800	325,000		
117	45	27,118,880			10,800	325,000		
118	46	27,634,680			10,800	325,000		
119	47	28,150,480			10,800	325,000		
120	48	28,666,280				325,000		
121	49	28,666,280				0		
122	50	28,666,280				0		
123	51	28,666,280				0		
124	52	28,666,280				0		
125	53	28,666,280				0		

大數據_時代(主動) 降低銀行存款額度 讓查稅機率降低

保單效益‧檢驗分析

資源優化

民國	年齡	保費累計	保費合計	遠雄 20安心終	遠雄 20終身醫	富邦 20富世代終	南山 18增額	富邦 6美利贏家外	友邦 三富人生終身
100	28	0	0						
101	29	3,574,180	3,574,180			325,000	1,497,540	1,560,840	0
102	30	7,148,360	3,574,180			325,000	1,497,540	1,560,840	0
103	31	10,722,540	3,574,180			325,000	1,497,540	1,560,840	0
104	32	14,296,720	3,574,180			325,000	1,497,540	1,560,840	0
105	33	17,870,900	3,574,180			325,000	1,497,540	1,560,840	0
106	34	21,445,080	3,574,180		10,800	325,000	1,497,540	1,560,840	0
107	35	21,960,880	515,800	180,000	10,800	325,000	0	0	
108	36	24,027,710	2,066,830	180,000	10,800	325,000	0	0	1,551,030
109	37	26,094,540	2,066,830	180,000	10,800	325,000			1,551,030
110	38	28,161,370	2,066,830	180,000	10,800	325,000			1,551,030
111	39	30,228,200	2,066,830	180,000	10,800	325,000			1,551,030
112	40	32,295,030	2,066,830	180,000	10,800				1,551,030
113	41	34,361,860	2,066,830	180,000	10,800				1,551,030
114	42	36,428,690	2,066,830	180,000	10,800				1,551,030
115	43	38,495,520	2,066,830		10,800				1,551,030
116	44	40,562,350	2,066,830		10,800				1,551,030
117	45	42,629,180	2,066,830		10,800				1,551,030
118	46	44,696,010	2,066,830		10,800				1,551,030
119	47	46,762,840	2,066,830		10,800				1,551,030
120	48	48,829,670	2,066,830		10,800				1,551,030
121	49	50,380,700	1,551,030						1,551,030
122	50	51,931,730	1,551,030						1,551,030
123	51	53,482,760	1,551,030						1,551,030
124	52	55,033,790	1,551,030						1,551,030
125	53	56,584,820	1,551,030						1,551,030
126	54	58,135,850	1,551,030						1,551,030
127	55	59,686,880	1,551,030						1,551,030
128	56	59,686,880							
129	57	59,686,880							
130	58	59,686,880							
131	59	59,686,880							
132	60	59,686,880							
133	61	59,686,880	0	0	0	0			0

保單效益‧檢驗分析　　保單效益‧檢驗分析

大數據_時代(主動) 降低銀行存款額度 讓查稅機率降低

　　優化～個人保費存入流量總表示意圖，前面 檢驗報告已經確認獲得很好的免稅所得效果，以及創造現金整體效益總計5,718萬。遵照太太的意思再持續加碼提升6,000萬壽險，優化為孩子建立一個長期安全穩定預防風險的理財緊急備援金庫。優化詳細比對如下：

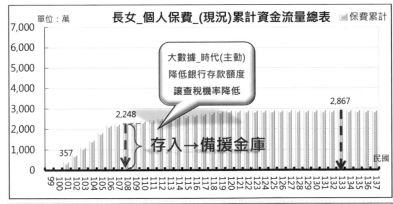

長女_個人保費_(現況)累計資金流量總表

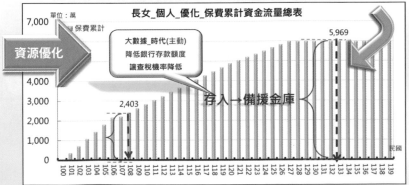

長女_個人_優化_保費累計資金流量總表

　　保費存入總流量表顯示（財務接班人），過去6年移轉長女名下財富至108年止，已告一個段落，現在優化每年採加碼存入155萬保費，仍然持續逐步移轉財富傳承給下一代，合計保費存入每年207萬（隱藏備援金庫），仍在法定每年220萬財富移轉免贈與稅範圍內。

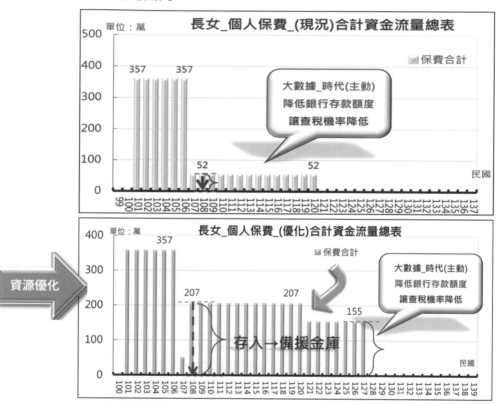

　　優化～累季保費存入流量總表示意圖，設置 2,867萬（備援金庫）這樣大小的藏富金庫，整體效益總計5,718萬，未來優化設置5,969萬（備援金庫），提升大約一倍的存量，可以預期整體效益勢必再度提升，預防風險和創造現金效果。

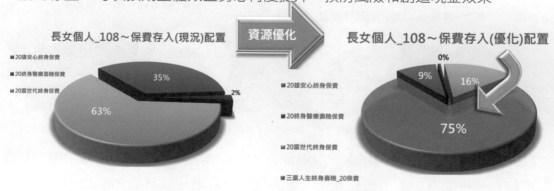

優化～個人保費存入配置示意圖，配置的商品比重圖型，比對優化後導入之組合居於創富、守富、傳富三種需求動機。選擇三富人生資產型商品佔75%比重，此資產型商品有以下幾個特色符合我們當下多元的需要：

1. 理財大額資金講求高私密性。一家最高額度承保3億，有別於其他公司6千萬限度。

2. 未來20年期間有很高彈性的優惠空間。每5年可以25%小幅調高額度，免體檢而且優惠以承保當年的保費計算。預留12,000萬彈性增加空間。

3. 單一保險公司資料私密性較高，不是金控公司，資料會被大量使用而受到無謂干擾。

4. 整體資金的活用彈性很大，繳費期滿90%，繳費期間67.5%的保價金可以靈活使用，而且費率只比預定費率高1%，手續簡便費用低廉。

保險金給付模式類似信託功能，受益人可以隨意安排分期給付，而且不同受益人可以不同指定方式。不但免收管理費，還給付預定利率的利息。容易讓三方（家庭Family，企業Business 和個人Individual）同時滿意，達到整體最佳理財配置之目標。

優化～儲蓄vs保障→保費配置示意圖，儲蓄保費原本佔整體82%，調降至76%減少6%。累計（壽險）保費佔整體保費18%，提升至24%增加6%比重。僅是儲蓄vs壽險互相調整一點點比重而已，所以並不影響整體經濟壓力。

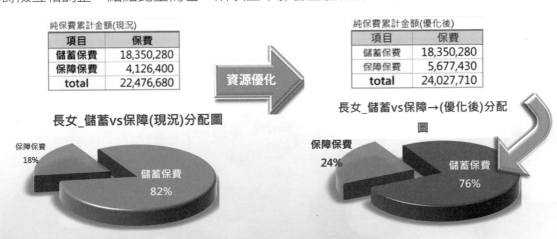

檢驗報告～現況累積保費做詳細分析，儲蓄vs保障→（現況）分配圖，可輕易檢驗對抗風險與排除損失的方法，同時比對→尋求理財最佳化的比例位置，快速瞭掌握優化配置狀態，提供決策參考資訊。

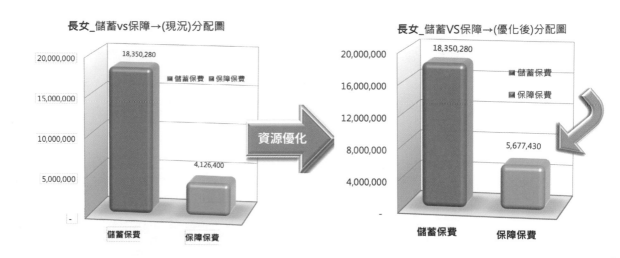

長女_儲蓄vs保障→(現況)分配圖

長女_儲蓄VS保障→(優化後)分配圖

資源優化

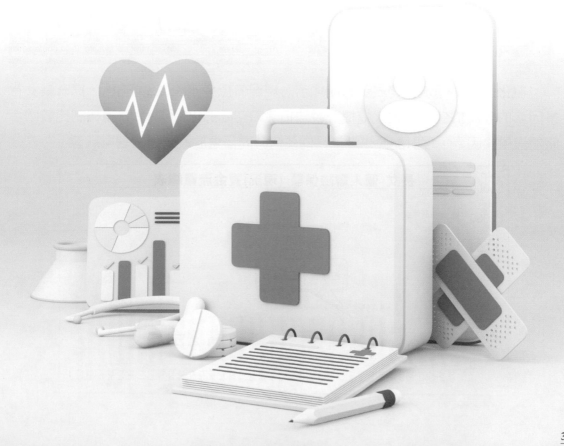

(3) 壽險總保額→資金流量總表

　　整體「以人為本」做基礎架構，整合時間與風險因素的考慮整體配置，全面性理財配置優化檢討→多元防禦力，檢驗就像是定期的身體健康檢查，透過各種不同角度檢測現況效益，並使得家族成員都輕鬆受益，享有幸福溫馨、快樂生活品質。

民國	年齡	合計保額	遠雄 20雄安心終身	遠雄 20終身醫療	富邦 20富世代終身	南山 6海利618增	富邦 6美利贏家外
100	28	0			0	0	0
101	29	18,060,870	5,000,000	400,000	10,000,000	1,100,000	1,560,870
102	30	20,721,740	5,000,000	400,000	10,000,000	2,200,000	3,121,740
103	31	23,313,310			10,000,000	3,300,000	4,613,310
104	32	25,904,880			10,000,000	4,400,000	6,104,880
105	33	28,496,450			10,000,000	5,500,000	7,596,450
106	34	31,087,990			10,000,000	6,600,000	9,087,990
107	35	31,258,250	5,000,000	400,000		6,688,000	9,170,250
108	36	31,546,430	5,000,000	400,000	10,000,000	6,776,000	9,370,430
109	37	31,841,260	5,000,000	400,000	10,000,000	6,864,000	9,577,260
110	38	32,144,090	5,000,000	400,000	10,000,000	6,952,000	9,792,090
111	39	32,455,020	5,000,000	400,000	10,000,000	7,040,000	10,015,020
112	40	32,558,470	5,000,000	400,000	10,000,000	7,128,000	10,030,470
113	41	32,662,640	5,000,000	400,000	10,000,000	7,216,000	10,046,640
114	42	32,767,290	5,000,000	400,000	10,000,000	7,304,000	10,063,290
115	43	32,872,620	5,000,000	400,000	10,000,000	7,392,000	10,080,620
116	44	32,978,390	5,000,000	400,000	10,000,000	7,480,000	10,098,390
117	45	33,084,870	5,000,000	400,000	10,000,000	7,568,000	10,116,870
118	46	33,191,830	5,000,000	400,000	10,000,000	7,656,000	10,135,830
119	47	33,299,450	5,000,000	400,000	10,000,000	7,744,000	
120	48	33,408,000	5,000,000	400,000	10,000,000	7,832,000	
121	49	33,517,030	5,000,000	400,000	10,000,000	7,920,000	
122	50	33,626,750	5,000,000	400,000	10,000,000	8,008,000	
123	51	33,737,160	5,000,000	400,000	10,000,000	8,096,000	10,241,160
124	52	33,848,260	5,000,000	400,000	10,000,000	8,184,000	10,264,260
125	53	33,960,290	5,000,000	400,000	10,000,000	8,272,000	10,288,290
126	54	34,073,010	5,000,000	400,000	10,000,000	8,360,000	10,313,010
127	55	34,186,420	5,000,000	400,000	10,000,000	8,448,000	10,338,420
128	56	34,300,730	5,000,000	400,000	10,000,000	8,536,000	10,364,730
129	57	34,415,760			10,000,000	8,624,000	10,391,760
130	58	34,531,720			10,000,000	8,712,000	10,419,720
131	59	34,648,580			10,000,000	8,800,000	10,448,580
132	60	34,766,160	5,000,000	400,000	10,000,000	8,888,000	10,478,160
133	61	34,884,430	5,000,000	400,000	10,000,000	8,976,000	10,508,430
134	62	35,003,840	5,000,000	400,000	10,000,000	9,064,000	10,539,840

（扣除額→減項增加）

資源優化 →

民國	年齡	合計壽險	遠雄 雄安心終身	遠雄 終身醫療壽險	富邦 富世代終身	南山 現利618增額	富邦 贏家外幣增額	友邦 人生終身壽險
100	28	0			0	0	0	
101	29	18,060,870	5,000,000	400,000	10,000,000	1,100,000	1,560,870	0
102	30	20,721,740	5,000,000	400,000	10,000,000	2,200,000	3,121,740	0
103	31	23,313,310			10,000,000	3,300,000	4,613,310	0
104	32	25,904,880			10,000,000	4,400,000	6,104,880	0
105	33	28,496,450			10,000,000	5,500,000	7,596,450	0
106	34	31,087,990			10,000,000	6,600,000	9,087,990	0
107	35	31,258,250	5,000,000	400,000	10,000,000	6,688,000	9,170,250	0
108	36	91,546,430	5,000,000	400,000	10,000,000	6,776,000	9,370,050	60,000,000
109	37	91,841,260	5,000,000	400,000	10,000,000	6,864,000	9,577,260	60,000,000
110	38	92,144,090	5,000,000	400,000	10,000,000	6,952,000	9,792,090	60,000,000
111	39	92,455,020	5,000,000	400,000	10,000,000	7,040,000	10,015,020	60,000,000
112	40	92,558,470	5,000,000	400,000	10,000,000	7,128,000	10,030,470	60,000,000
113	41	92,662,640	5,000,000	400,000	10,000,000	7,216,000	10,046,640	60,000,000
114	42	92,767,290	5,000,000	400,000	10,000,000	7,304,000	10,063,290	60,000,000
115	43	92,872,620	5,000,000	400,000	10,000,000	7,392,000	10,080,620	60,000,000
116	44	92,978,390	5,000,000	400,000	10,000,000	7,480,000	10,098,390	60,000,000
117	45	93,084,870	5,000,000	400,000	10,000,000	7,568,000	10,116,870	60,000,000
118	46	93,191,830	5,000,000	400,000	10,000,000	7,656,000	10,135,830	60,000,000
119	47	93,299,450	5,000,000	400,000	10,000,000	7,744,000	10,155,450	60,000,000
120	48	93,408,000	5,000,000	400,000	10,000,000	7,832,000	10,176,000	60,000,000
121	49	93,517,030	5,000,000	400,000	10,000,000	7,920,000	10,197,030	60,000,000
122	50	93,626,750	5,000,000	400,000	10,000,000	8,008,000	10,218,750	60,000,000
123	51	93,737,160	5,000,000	400,000	10,000,000	8,096,000	10,241,160	60,000,000
124	52	93,848,260	5,000,000	400,000	10,000,000	8,184,000	10,264,260	60,000,000
125	53	93,960,290	5,000,000	400,000	10,000,000	8,272,000	10,288,290	60,000,000
126	54	94,073,010	5,000,000	400,000	10,000,000	8,360,000	10,313,010	60,000,000
127	55	94,186,420	5,000,000	400,000	10,000,000	8,448,000	10,338,420	60,000,000
128	56	94,300,730	5,000,000	400,000	10,000,000	8,536,000	10,364,730	60,000,000
129	57	94,415,760			10,000,000	8,624,000	10,391,760	60,000,000
130	58	94,531,720			10,000,000	8,712,000	10,419,720	60,000,000
131	59	94,648,580			10,000,000	8,800,000	10,448,580	60,000,000
132	60	94,766,160	5,000,000	400,000	10,000,000	8,888,000	10,478,160	60,000,000
133	61	94,884,430	5,000,000	400,000	10,000,000	8,976,000	10,508,430	60,000,000
134	62	95,003,840	5,000,000	400,000	10,000,000	9,064,000	10,539,840	

（扣除額→減項增加）

　　優化～壽險總流量總表示意圖顯示，現況備援金庫設置3,488萬，提升長女背景因素的守護價值，優化大幅提升稅法扣除額空間9,488萬，令守護機制比較吻合時間與風險因素，理財配置也漸漸趨向任何時間都處於最大值的理財狀態。

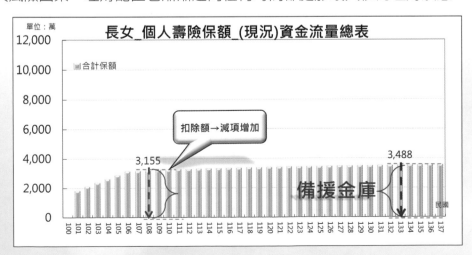

長女_個人壽險保額_(現況)資金流量總表

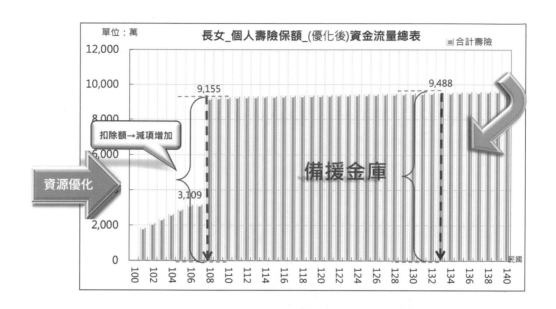

　　優化～壽險組合示意圖108年現況五種商品～兩種終身醫療失能險，三種儲蓄險合計佔整體83%，優化調整→對應背景因素的守護價值，所以優化後～三種儲蓄險組合比重下降只佔整體28%，改以橘色66%壽險當主力配置提升財富防禦力。至133年～橘色退居63%其他三種儲蓄險組合，因為時間增值因素各稍微提升一點。

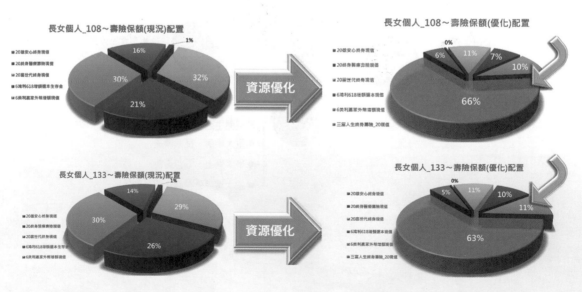

　　主動預先安排，愛家守護心智圖中（價值、責任、風險、期許）多種內容同時被照顧，丙3個人的能量屬於支援合作型的人特質，照顧家人有的能量強烈展現，只要她生命皆得到滿足守護，足以應付「諸事無常」各種變化，她的家人生

活被主動溫馨照顧好好的，對長女而言忠誠、熱忱、貢獻、使命感是她最愛最棒的舞台，也才是對她最好的理財配置。

以雄厚經濟實力平衡能量穩住相關人事物，應付「諸事無常」各種變化，解決讓三方（家庭Family，企業Business 和個人Individual）同時滿意，使能量得到平衡配置結局圓滿，消彌問題於無形之中，才是全方位最上上之策。整體「以人爲本」做基礎架構，絕對不可輕忽能量平衡配置的影響力量。遵循基礎架構配置才是傳承最佳理財方向。

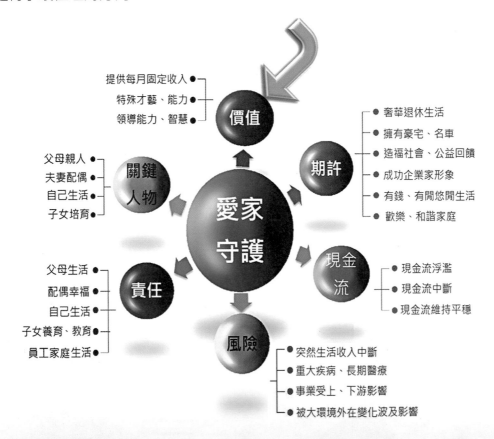

（4）生存金→資金流量總表

生存金增加 免所得稅

民國	年齡	累計生存金	合計生存金	瑞健20鑽安心終	瑞健20終身醫療	富邦20富世代	南山6鴻利618增	富邦6美利贏家外
101	29	0	0	0	0	0	0	0
102	30	69,300	69,300	0	0	0	0	69,300
103	31	138,600	69,300	0	0	0	0	69,300
104	32	207,900	69,300	0	0	0	0	69,300
105	33	277,200	69,300	0	0	0	0	69,300
106	34	613,800	336,600	0	0	0	198,000	138,600
107	35	950,400	336,600	0	0	0	198,000	138,600
108	36	1,287,000	336,600	0	0	0	198,000	138,600
109	37	1,623,600	336,600	0	0	0	198,000	138,600
110	38	1,960,200	336,600	0	0	0	198,000	138,600
111	39	2,504,700	544,500	0	0	0	198,000	346,500
112	40	3,049,200	544,500	0	0	0	198,000	346,500
113	41	3,593,700	544,500	0	0	0	198,000	346,500
114	42	4,138,200	544,500	0	0	0	198,000	346,500
115	43	4,682,700	544,500	0	0	0	198,000	346,500
116	44	5,227,200	544,500	0	0	0	198,000	346,500
117	45	5,771,700	544,500	0	0	0	198,000	346,500
118	46	6,316,200	544,500	0	0	0	198,000	346,500
119	47	6,860,700	544,500	0	0	0	198,000	346,500
120	48	7,405,200	544,500	0	0	0	198,000	346,500
121	49	7,949,700	544,500	0	0	0	198,000	346,500
122	50	8,494,200	544,500	0	0	0	198,000	346,500
123	51	9,038,700	544,500	0	0	0	198,000	346,500
124	52	9,583,200	544,500	0	0	0	198,000	346,500
125	53	10,127,700	544,500	0	0	0	198,000	346,500
126	54	10,672,200	544,500	0	0	0	198,000	346,500
127	55	11,216,700	544,500	0	0	0	198,000	346,500
128	56	11,761,200	544,500	0	0	0	198,000	346,500
129	57	12,305,700	544,500	0	0	0	198,000	346,500
130	58	12,850,200	544,500	0	0	0	198,000	346,500
131	59	13,394,700	544,500	0	0	0	198,000	346,500
132	60	13,939,200	544,500	0	0	0	198,000	346,500
133	61	14,483,700	544,500	0	0	0	198,000	346,500
134	62	15,028,200	544,500	0	0	0	198,000	346,500

生存金增加 免所得稅

資源優化 →

（右側為優化後同內容表，數值相同）

父母逐年將財富移轉於長女名下，建立備援金庫進行多元的理財配置。生存金領回流量總表檢驗可以察看現金流，了解所建立不同性質的儲備金庫是否奏效。應付解決各種「諸事無常」變化，譬如個人退休生活品質的檢驗。當然個人基本生活品質的維護，經濟是最基本的安排，然後才接續有其他「以人為本」的理財配置。

本次優化的重點在於守護長女背景與價值，完全沒有動到生存金備援金庫～生存金資金流量總表示意圖與前面之報告內容一樣。108年每年領回34萬生存金，比對現況背景優渥生活品質，這筆生存金並不足以維持目前生活品質，累計多年免稅生存金現況合計129萬似乎無關痛癢。

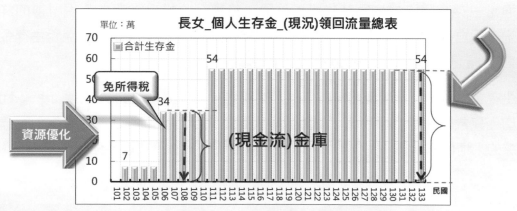

長女_個人生存金_(現況)領回流量總表

　　每年領回生存金34或54萬，比對現況背景優渥生活品質，再與企業經營的基本開銷校對，結果與當初內心的想法並不一致，有一種「說歸說、想歸想、做歸做」的巨大落差感受產生。現況並不足以維持目前生活品質，更談不上抵抗企業經營的基本開銷風險。現況功能如同玩具（火柴盒小汽車），只能供欣賞並無法於真實生活使用，每年領回生存金如財富水壩源源不絕穩定供應，想法雖然非常好，可惜！這裡並不具備有此真實功能。

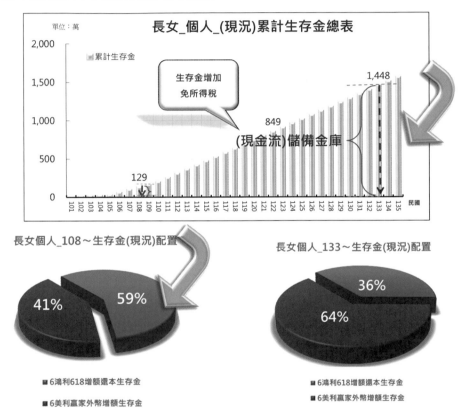

　　通常生存金總流量表同時也可以檢驗，移轉至此帳戶後產生免稅所得的詳細情況，為自己建立一個長期安全穩定的現金流，這裡30多年所累計免稅生存金1,448萬，時間拉太長似乎於事無補完全不關痛癢。

　　生存金（現況）配置圖發現每年領回34萬生存金，又分散開2張保單，所以判斷一切僅只象徵性的意思而已，整體似乎與背景完全沒有關聯性。比較像似～捧場交際的人情保單模式。完全不必計較任何效益或是不必追究發揮任何機能。

（5）保價金→資金流量總表

民國	年齡	年度保價	達觀 20證安心終身保	達觀 20終身醫療實	富邦 20富世代終身保	南山 6選利61.8滿期	富邦 6美利贏家外幣
101	29	1,899,900	14,500	0	4,000	941,710	933,690
102	30	4,532,200	8,600		173,000	2,230,690	1,982,910
103	31	7,606,470	17,640		342,000	3,675,980	3,299,850
104	32	11,048,390	27,200		524,000	5,283,410	4,811,280
105	33	14,921,760	37,280		753,000	7,058,370	6,527,610
106	34	19,539,870	696,000	47,840	950,000	9,006,800	8,839,230
107	35	20,270,090	853,500	58,920	1,292,000	9,029,020	9,081,650
108	36	20,902,760	1,019,000	70,520	1,530,000	9,051,790	9,231,450
109	37	21,555,950	1,191,500	82,680	1,768,000	9,075,110	9,438,660
110	38	22,454,480	1,372,500	95,400	2,234,000	9,099,090	9,653,490
111	39	22,947,220	1,538,000	107,080	2,510,000	9,123,620	9,668,520
112	40	23,451,670	1,707,000	119,000	2,793,000	9,148,700	9,683,970
113	41	23,967,350	1,879,500	131,160	3,082,000	9,174,550	9,700,140
114	42	24,498,300	2,055,000	143,560	3,377,000	9,200,950	9,716,790
115	43	25,031,350	2,234,000	156,240	3,679,000	9,228,010	9,734,100
116	44	25,581,780	2,417,000	169,160	3,988,000	9,255,730	9,751,890
117	45	26,144,450	2,603,500	182,360	4,304,000	9,284,220	9,770,370
118	46	26,720,000	2,793,500	195,800	4,628,000	9,313,370	9,789,330
119	47	27,308,690	2,988,000	209,560	4,959,000	9,343,180	9,808,950
120	48	27,911,010	3,186,000	223,640	5,298,000	9,373,870	9,829,500
121	49	28,122,390	3,241,000	223,640	5,402,000	9,405,220	9,850,530
122	50	28,336,340	3,296,000	223,640	5,507,000	9,437,450	9,872,250
123	51	28,552,640	3,351,000	223,640	5,613,000	9,470,530	
124	52	28,791,140	3,406,000	244,160	5,719,000	9,504,200	
125	53	29,013,320	3,461,500	244,160	5,827,000	9,538,870	
126	54	29,236,570	3,516,500	244,160	5,935,000	9,574,400	
127	55	29,463,390		244,160	6,045,000	9,610,810	
128	56	29,690,990		244,160	6,154,000	9,648,100	10,018,290
129	57	29,941,700		265,240	6,264,000	9,686,270	10,045,260
130	58	30,174,000		265,240	6,375,000	9,725,540	10,073,220
131	59	30,407,010		265,240	6,485,000	9,765,690	10,102,080
132	60	30,641,840	3,842,000	265,240	6,596,000	9,806,940	10,131,660
133	61	30,876,240	3,894,000	265,240	6,706,000	9,849,070	10,161,990
134	62	31,133,410	3,945,500	286,160	6,816,000	9,892,410	10,193,340

保價金增加 免所得稅

資源優化

民國	投保	合計保價	達觀20證安心終身	達觀20終身醫療	富邦20富世代終身	南山6選利61.8滿期	富邦6美利贏家外幣	友邦三富人生終身壽
100	28	0	0	0	0	0	0	0
101	29	1,893,690	14,500	0	4,000	941,710	933,690	0
102	30	4,532,200	8,600		173,000	2,230,690	1,982,910	0
103	31	7,606,470	17,640		347,000	3,675,980	3,299,850	0
104	32	11,048,390	27,200		524,000	5,283,410	4,811,280	0
105	33	14,921,760	37,280		753,000	7,058,370	6,527,610	0
106	34	19,539,870	696,000	47,840	950,000	9,006,800	8,839,230	0
107	35	20,270,090	853,500	58,920	1,297,000	9,029,020	9,031,650	0
108	36	20,902,760	1,019,000	70,520	1,530,000	9,051,790	9,231,450	0
109	37	22,905,950	1,191,500	82,680	1,768,000	9,075,110	9,438,660	1,350,000
110	38	25,184,480	1,372,500	95,400	2,234,000	9,099,090	9,653,490	2,730,000
111	39	27,093,220	1,538,000	107,080	2,510,000	9,123,620	9,668,520	4,146,000
112	40	29,043,670	1,707,000	119,000	2,793,000	9,148,700	9,683,970	5,592,000
113	41	31,041,350	1,879,500	131,160	3,082,000	9,174,550	9,700,140	7,074,000
114	42	33,079,300	2,055,000	143,560	3,377,000	9,200,950	9,716,790	8,586,000
115	43	35,165,350	2,234,000	156,240	3,679,000	9,228,010	9,734,100	10,134,000
116	44	37,299,780	2,417,000	169,160	3,988,000	9,255,730	9,751,890	11,718,000
117	45	39,482,450	2,603,500	182,360	4,304,000	9,284,220	9,770,370	13,338,000
118	46	41,708,000	2,793,500	195,800	4,628,000	9,313,370	9,789,330	14,988,000
119	47	43,988,690	2,988,000	209,560	4,959,000	9,343,180	9,808,950	16,680,000
120	48	46,325,010	3,186,000	223,640	5,298,000	9,373,870	9,829,500	18,414,000
121	49	48,306,390	3,241,000	223,640	5,402,000	9,405,220	9,850,530	20,184,000
122	50	50,338,340	3,296,000	223,640	5,507,000	9,437,450	9,872,250	22,002,000
123	51	52,414,640	3,351,000	223,640	5,613,000	9,470,340	9,894,660	23,862,000
124	52	54,555,140	3,406,000	244,160	5,719,000	9,504,200	9,917,760	25,764,000
125	53	56,733,320	3,461,500	244,160	5,827,000	9,538,870	9,941,790	27,720,000
126	54	58,972,570	3,516,500	244,160	5,935,000	9,574,400	9,966,510	29,736,000
127	55	61,263,390		244,160	6,045,000	9,610,810	9,991,920	31,800,000
128	56	62,156,990		244,160	6,154,000	9,648,100	10,018,290	32,466,000
129	57	63,079,700		265,240	6,264,000	9,686,270	10,045,260	33,138,000
130	58	63,990,000		265,240	6,375,000	9,725,540	10,073,220	33,816,000
131	59	64,901,010		265,240	6,485,000	9,765,690	10,102,080	34,494,000
132	60	65,813,840	3,842,000	265,240	6,596,000	9,806,940	10,131,660	35,172,000
133	61	66,738,240	3,894,000	265,240	6,706,000	9,849,070	10,161,930	35,862,000
134	62	67,685,410	3,945,500	286,160	6,816,000	9,892,410	10,193,340	36,552,000

保價金增加 免所得稅

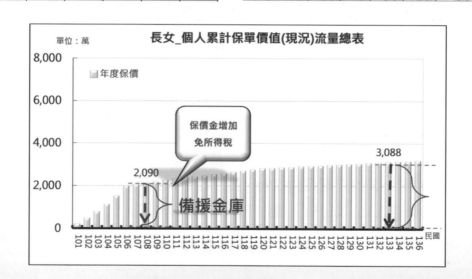

長女_個人累計保單價值(現況)流量總表（單位：萬）

除了生存金免所得稅之外，保價金的增加也是隱藏免稅，保價金累計總表得知增加的部分，108年長女名下累計保價金2,090萬。往後保價金還可持續增加至3,087萬，其間997萬免稅所得空間。此金庫主要兩個功能：① 增值所得免稅（增加免稅所得），② 對抗風險的理財緊急備援金庫。

優化～長女名下保價現金流量總表示意圖，遵照太太的意思再持續加碼存入155萬保費，當作傳承移轉財富給下一代，仍在每年220萬財富移轉免贈與稅範圍

內。優化比對如圖示：原來108年保價金2,090萬已經開始持平，優化後備援金庫持續提升6,674萬，增大了3倍備援金庫容量使理財彈性運用空間加大。

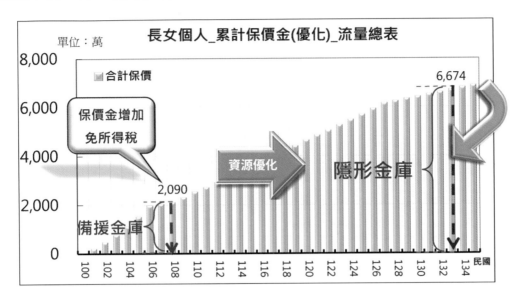

現況～長女名下108年可活用彈性保價現金示意圖，清楚顯示備援金庫存放分布的位置，五種商品名下。現況主要彈性可活用二種商品：佔整體保價金87%→美利贏家保單902萬，鴻利618增額還本903萬，各佔整體約44%。

108年設置保價金規模2,090萬，作爲調節財富的水庫功能，我們比對一下現況其大環境背景，長女名下法定權益1.77億身價，與背景連結設置這樣大小的儲備藏富金庫2,090萬，價值守護只約12%，並不合乎互相對映的價值守護→對等比例原則。持續加碼存入155萬保費，當作傳承移轉財富給下一代。

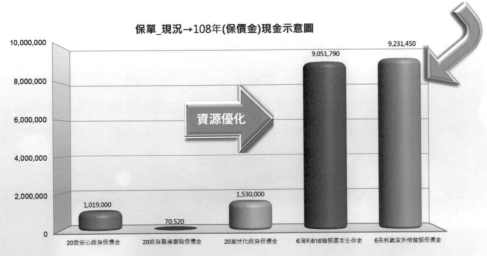

　　優化～保價金組合示意圖比對108年～整體儲備金庫（水壩）的規格雖然加入155萬保費，優化後儲備金庫2,090萬→美利贏家保單，鴻利618增額還本合計整體一樣87%，藏富保價金仍然沒有變動。

　　比對133年～優化後提升至6,674萬，整體備援金庫保價金94%→儲備金庫增加了三倍，配合傳承因素多元價值守護需求，商品主力換成三富人生終身壽險佔整體備援金庫54%。

　　設置一個長期安全、穩定的金庫水壩，優化最好能夠逐步提升到對價的程度，不但只是守護同時發揮的多元理財價值。這裡就是人們所形容，理財平時必須準備一把上膛的槍，等待時機好的時候隨時可以上場使用。

　　維持「諸事無常」高度警覺意識安排理財配置。積極動機→包括理財環境時機產生變化，當大環境變化處於低點來臨時，儲備金庫隨時備有雄厚資金，能夠掌握當下的機會。保守動機→如上下游經營遭受倒閉風險產生，本身事業儲備不受太大影響之調節，理財儲備金庫能夠抵抗風險的緊急備援功能。

(6) 達成率→資金流量總表

　　檢驗整體全方位的理財架構是否完整，採用三種圖表呈現～①顏色管理檢查表，②各項機能～安全品質檢測表，③保險功能表。從不同角度探討→保險配置架構是否完整。使用「數字會說話」的方式說明，很容易令每人知道每個部位的抗風險程度，優化後究竟處於什麼狀態？

　　顏色管理檢測圖形從視覺化容易抓住重點，很有效率的指引下一步補強調整方向，同時也精準校對結果與自己內心的想法是否完全一致，避免疏漏或非專業產生「說歸說、想歸想、做歸做」前後不一致的誤差。也提供決策者判斷很好的參考，確保整體發揮抗風險最大效果。

　　傳承優化_調整～①顏色管理檢查表，使用顏色→搭配數字會比對調整前後的差異，檢討優化後與自己內心的想法是否完全一致。

保單檢查〈顏色管理〉表→現況　　　　　　　version A

6大保障 \ 姓名	1 先生	2 太太	3 長女	4 長子
1 壽 險	6107	4351	3155	3289
2 意 外 險	300	500	400	400
3 重大疾病險	0	100	200	200
4 防 癌 險	2400	4400	6000	6000
5 醫 療 險	5000	9000	6000	6000
6 失 能 險	100	100	228	228

藍 表示已規劃完整　　**紅** 代表急需補強--調整討論　　**黃** 表示醫界線--未來需作調整

整體優化後_version A (財富防禦力)

6大保障 \ 姓名	6 先生	7 太太	8 長女	9 長子
1 壽 險	6,107	16,351	9,155	9,289
2 意 外 險	300	500	400	400
3 重大疾病險	0	100	200	200
4 防 癌 險	2,400	4,400	6,000	6,000
5 醫 療 險	5,000	9,000	6,000	6,000
6 失 能 險	100	100	228	228

資源優化

　　②各項機能～安全品質檢測表，比對優化調整前後達成率的差異，整體以柱狀圖形表示，比對如附件：長女壽險部分代表資產背景、價值與創造現金能力，現況假設長女起碼有1.7億資產價值，才是企業經營者長女合理正常價值。優化檢驗比對～遵照太太的意思再提升6,000萬壽險，現況達成率從19%提升→到54%，優化程度只是及格邊沿而已。

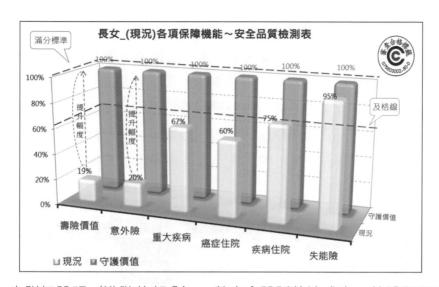

進一步詳細說明（進階的部分）→數字會說話的達成率，整體配置現況是否與自己內心的想法完全一致。因此考量整體資產安全需要稍微大一些（身價守護結合背景資產規模）考量，如同勞斯來斯的汽車你一定會配置有保險，而且你購車不會逐一分開購買原廠的零件自行組裝，而是整車一次購買，如此的好處便宜→整體的機能協調性與價格都是最佳狀態，不會浪費比較多的錢與時間，取得整體性能不佳的勞斯來斯汽車。這種整體需求評估，一次購買模式才是最佳保險。

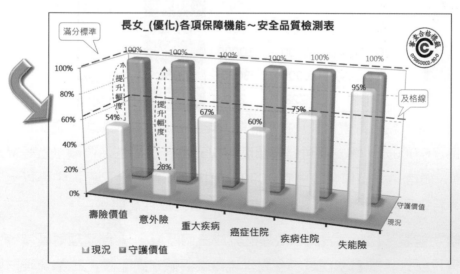

所以檢驗目的以客觀角度「數字會說話」的達成率，確保理財配置的每一分錢達到最佳狀態。長女現況需要1.7億身價守護，檢驗壽險3,155萬達成率只有19%，還有81%很大的補強空間。這次提升至壽險9,155萬達成率只有54%，所以壽險尚不及格仍需做補強規劃，才能達到起碼80%及格的身價守護。

　　各項機能_ 安全檢測比較表，檢驗日常生活（意外險、醫療險、防癌險、失能險、重大疾病）各種風險，比對現況生活水平大致如下標準：住院醫療期間（最上等）單人病房每日約30,000元，（中上等級）單人病房每日約一萬元，（中等）單人病房每日約5,000元。實支實付醫療健保不足部分（差額自負）每次負擔一般約需 50萬額度、出院後失能長期生活照顧（上等級）每月約20萬元額度，（中等級）每月約10萬元（基礎）每月約五萬元。重大疾病（五年）緊急預備金額度約300～500萬。

	現況數字	守護價值	現況	守護價值2
壽險價值	3289	17000	19%	100%
意外險	400	2000	20%	100%
重大疾病	200	300	67%	100%
癌症住院	6000	10000	60%	100%
疾病住院	6000	8000	75%	100%
失能險	228	240	95%	100%

	現況數字	守護價值	現況	守護價值
壽險價值	9155	17000	54%	100%
意外險	400	2000	20%	100%
重大疾病	200	300	67%	100%
癌症住院	6000	10000	60%	100%
疾病住院	6000	8000	75%	100%
失能險	228	240	95%	100%

　　從長女（傳承結合身價背景）各項機能_ 安全檢測比較表檢視，長女住院醫療現況配置每日6,000元，實支實付醫療額度每次59萬、長期生活照顧（上等級）每年約228萬元額度，（儲備金庫→有2,090萬備援）。整體上已經達中等以上守護對抗風險，若在理財部分稍作再持續補強整體就會是最佳狀態。

　　③保險功能表。檢驗總表將保險理財分成三個區域，一.儲蓄理財區域～主要呈現免所得稅部分。二.壽險區域～主要呈現壽險價值守護配置。三.醫療理財區域～主要呈現醫療保障配置。

　　長女身價背景結合檢驗三大機能安全當中，其中一項醫療保障配已經有足夠防禦力，其他二項需要結合背景再行討論優化配置，唯有壽險理財區域明顯嚴重

不足，對長女產生比較大的漏洞，在此建議盡快再作結合財富背景的調整，使整體發揮完整財富防禦力，同時贏得理財最大化的樂趣。

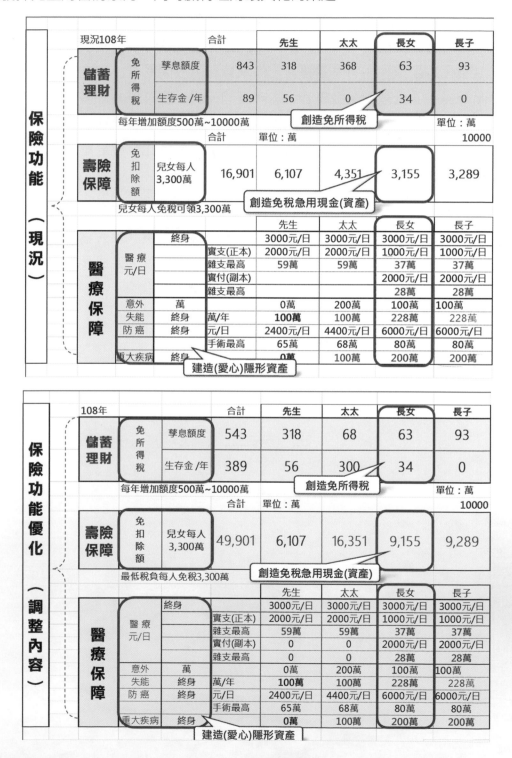

保險功能（現況）

現況108年　單位：萬

儲蓄理財 免所得稅		合計	先生	太太	長女	長子
	孳息額度	843	318	368	63	93
	生存金/年	89	56	0	34	0

每年增加額度500萬~10000萬　創造免所得稅

壽險保障 免扣除額		合計	先生	太太	長女	長子
	兒女每人3,300萬	16,901	6,107	4,351	3,155	3,289

兒女每人免稅可領3,300萬　創造免稅急用現金(資產)　單位：萬　10000

醫療保障			先生	太太	長女	長子
醫療 元/日	終身		3000元/日	3000元/日	3000元/日	3000元/日
	實支(正本)		2000元/日	2000元/日	1000元/日	1000元/日
	雜支最高		59萬	59萬	37萬	37萬
	實付(副本)				2000元/日	2000元/日
	雜支最高				28萬	28萬
意外	萬		0萬	200萬	100萬	100萬
失能	終身	萬/年	**100萬**	100萬	228萬	228萬
防癌	終身	元/日	2400元/日	4400元/日	6000元/日	6000元/日
		手術最高	65萬	68萬	80萬	80萬
重大疾病	終身		0萬	100萬	200萬	200萬

建造(愛心)隱形資產

保險功能優化（調整內容）

108年

儲蓄理財 免所得稅		合計	先生	太太	長女	長子
	孳息額度	543	318	68	63	93
	生存金/年	389	56	300	34	0

每年增加額度500萬~10000萬　創造免所得稅　單位：萬

壽險保障 免扣除額		合計	先生	太太	長女	長子
	兒女每人3,300萬	49,901	6,107	16,351	9,155	9,289

最低稅負每人免稅3,300萬　創造免稅急用現金(資產)　單位：萬　10000

醫療保障			先生	太太	長女	長子
醫療 元/日	終身		3000元/日	3000元/日	3000元/日	3000元/日
	實支(正本)		2000元/日	2000元/日	1000元/日	1000元/日
	雜支最高		59萬	59萬	37萬	37萬
	實付(副本)		0	0	2000元/日	2000元/日
	雜支最高		0	0	28萬	28萬
意外	萬		0萬	200萬	100萬	100萬
失能	終身	萬/年	**100萬**	100萬	228萬	228萬
防癌	終身	元/日	2400元/日	4400元/日	6000元/日	6000元/日
		手術最高	65萬	68萬	80萬	80萬
重大疾病	終身		0萬	100萬	200萬	200萬

建造(愛心)隱形資產

　　從前面藏富_太太案例（傳承結合身價背景）整體優化配置成果，進行優化不但完全沒有花到錢，而且還使財富大幅增加。完美的理財配置～可以兼顧全方位多重功能，例如：①賺預定利率優於定存的錢（免稅所得），②同時兼顧放大槓桿效果、③配合最低稅負（不計入性資產）每申報戶3300萬免稅額度，做整體理財比對（優化）配置。④將財富移轉，傳承分配，放大財富、⑤充分主控及財富能量平衡配置，⑥分散避險金庫等，⑦守護開天闢地賺錢能力，多種財富管理功能全部結合在一起，不要獨立拆開配置效果更大，多種財富管理功能全部結合在一起，提供「以人為本」多元財富防禦配置，解決許多比節稅更重要的事，達到財富達到進可攻、退可守的多重圓滿效果。

　　完美的理財狀態是於急用現金狀況時，馬上大量流動性資產湧入，除了支應稅務急用現金之外，消除下一代急用現金籌湊困擾，提供「以人為本」多元財富防禦力，解決許多比節稅更重要的事。財富厚植實力配置，完成長長久久照顧家人幸福、造福國家、社會的快樂願望。贏得理財最大化的樂趣。

（7）備援水庫_成果示意圖

優化比對～創造現金整體效益檢驗→避免不夠專業，人爲疏失造成「想歸想、說歸說、做歸做」。避免所想、所說、所做與結果完全不一樣。採用數字會說話的檢驗方式，精準校對結果與內心的想法是否完全一致。愼重檢驗全方位理財結果，避免產生一頭賺錢，另一邊在損失賠錢的漏洞。

以下採用四種圖表，從不同角度查看保險的各種理財效益，整體理財配置不僅要宏觀整體背景因素，檢視是否與理財風險管理結合。嚴謹程度類似檢驗儀器的精密測試報告，採用數字比對方式會一一檢驗，目的使理財配置達到最大化效果。

第一種表格→全家保單_資金流量總表，是保險理財最初的原始資料內容，四種統計圖表數值都是從這裡截取出來分析，從這裡可以查核比對（傳承優化）各種數值正確性。

第二種表格，傳承優化_比對～資金流量總表示意圖→是初階約略判斷整體效益的圖形，很容易從總保價金（水藍色線條）得知儲存金庫功能與可以彈性運用空間，（橘色柱型）代表累積存入總保費高度。（淺綠色柱型）代表總保額高度。同時也輕易可以兩者之間找到「創造現金」區間。

優化比對～可以隨時間任意移動示意圖時間點，都清楚看見創造現金所產生的效益，此圖形輕易了解創造現金的大小，以及急用現金、活用現金可運用的空

間。整體創造現金效益～非常容易校對，是否結合身價背景，是否與大環境整體理財、稅務、避險的因素聯結，宏觀整體理財最佳化參考之一。

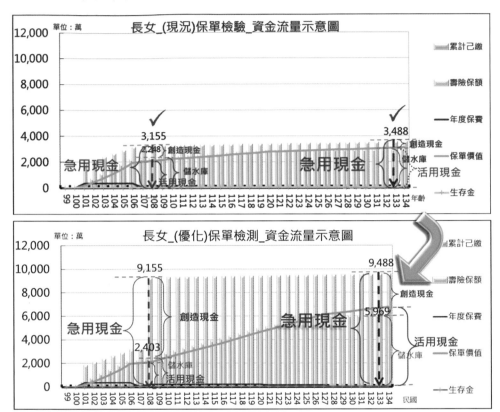

優化後兩者比對～創造現金的區間提升很多。當需求流動性現金時，6,000萬急用現金大幅提升最明顯。浮動檢驗比對之下得知，以保險保價金作為理財兼抗風險之備援金庫。配置在這裡與OBU免稅天堂同等享受免稅。備援金庫之設置具有簡單、安全、有效幾種特質。其作用如同投資大師巴菲特講的一句名言：隨時準備一把上膛的槍。迎接投資配置獲利的來臨。

第三種表格，全家保單_（創造現金）整體效益圖表，浮動檢驗保險不同時間點的效益，從存入成本角度切入效益檢驗。以下更精細採取兩個時間點（代表當下與百年後狀態）檢驗。

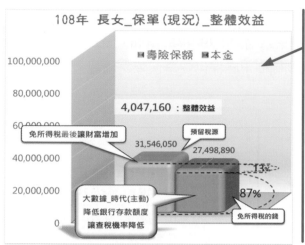

累計保費：22,476,680
累計領回：1,287,000
留存本金 21,189,680
可活用現金：20,902,760

10,356,370 ：創造現金(總保額－留存現金)
67% ：本金比重(留存現金 / 總保額)
33% ：現金獲利率=(1－ 本金比重)
11.2%：每期的代價 (本金比重 / 分期付款_6次)

4,047,160 ：整體效益(創造現金 + 20%遺產稅)
87% ：整體本金比=(留存現金－總保額20%遺產稅) / 總保額
13% ：整體獲利率=(1－ 整體本金比重)

－ 6,309,210 ：(不適格商品)課徵20%遺產稅

長女_保單(現況)_創造現金整體效益 版		
20%遺產稅	108年	133年
壽險保額	31,546,050	34,884,430
本金	27,498,890	21,159,466

　　檢驗長女名下_比對108年～創造現金整體效益表最後結果顯示。現況 整體效益404萬，優化前後提升了7,649萬。比對優化後增加7,246萬的空間。檢視結果享受財富分配樂趣。

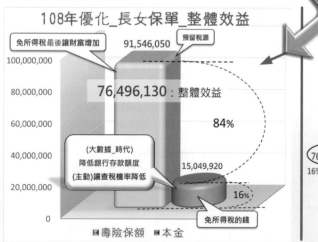

累計保費：24,027,710
累計領回：1,287,000
留存本金 22,740,710
可活用現金：20,902,760

68,805,340 ：創造現金(總保額－留存現金)
25%：本金比重(留存現金 / 總保額)
75%：現金獲利率=(1－ 本金比重)
1.2%：每期的代價 (本金比重 / 分期付款_6次)

76,496,130 ：整體效益(創造現金－(不適格商品)+(適格商品)20%遺產稅)
16% ：整體本金比=(留存現金+ 不適格商品－適格商品20%遺產稅) / 總保額
84% ：整體獲利率(1－ 整體本金比重)

13,000,000：(適格商品)免徵20%遺產稅
－ 5,309,210 ：(不適格商品)課徵20%遺產稅

優化_長女_創造現金整體效益 版		
20%遺產稅	108年	133年
壽險保額	91,546,050	95,003,840
本金	15,049,920	38,180,066

　　持續比對133年（百年後）創造現金整體效益圖表，現況 整體效益1,372萬，優化後提升了5,670萬。比對享受財富分配樂趣增加4,298萬的空間。此（隱藏金庫）保險帳戶屬於安全低風險理財工具，形同儲備水庫提供安全保障之儲藏金庫。

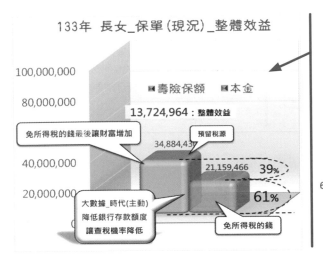

累計存入保費：28,666,280
累計領回現金：14,483,700
留存本金：14,182,580
可活用現金：30,876,240

20,701,850 ．：創造現金(總保額－留存現金)
41%：本金比重(留存現金 / 總保額)
賺59%：獲利現金獲利率=(1－本金比重)

13,724,964 ：整體效益(創造現金－20%遺產稅)
61%：整體本金比=(留存現金－總保額20%遺產稅) / 總保額
39% ：整體獲利率(1－整體本金比重)
..
－6,976,886 ：(不適格商品)課徵20%遺產稅

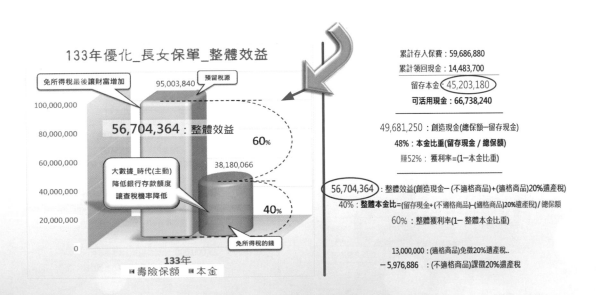

累計存入保費：59,686,880
累計領回現金：14,483,700
留存本金：45,203,180
可活用現金：66,738,240

49,681,250：創造現金(總保額－留存現金)
48%：本金比重(留存現金 / 總保額)
賺52%：獲利率=(1－本金比重)

56,704,364：整體效益(創造現金－ (不適格商品)+(適格商品)20%遺產稅)
40%：整體本金比=(留存現金+(不適格商品)－(適格商品)20%遺產稅) / 總保額
60%：整體獲利率(1－ 整體本金比重)

13,000,000：(適格商品)免徵20%遺產稅..
－5,976,886 ：(不適格商品)課徵20%遺產稅

　　優化後兩者比對～長女創造現金整體效益，浮動檢驗108年原本創造現金整體效益404萬，優化後增加了7,246萬。浮動檢驗133年～優化後增加了4,298萬，理財優化成果非常的豐碩。執行起來簡單、安全、有效。

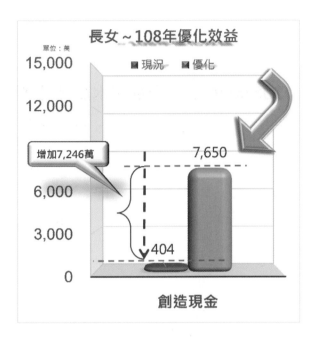

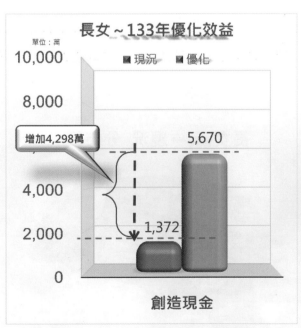

　　第四種表格，守護價值→理財最大化示意圖，從稅務專家口中所推薦累計免稅所得，加上創造現金整體效益，兩者合計角度形成另外一種最大化示意圖，融合兩種統計數據浮動不同時間點整體，以理財效益最大化示意圖如下。

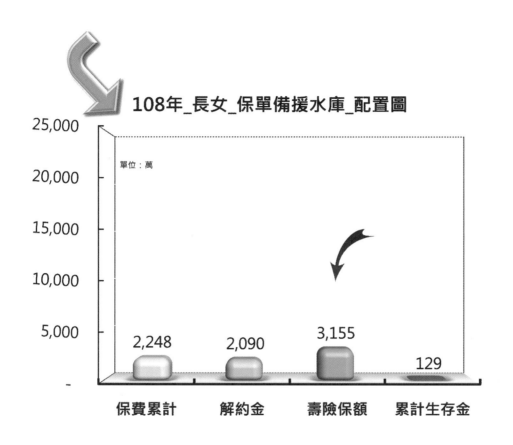

108年_長女_保單備援水庫_配置圖

單位：萬

保費累計	解約金	壽險保額	累計生存金
2,248	2,090	3,155	129

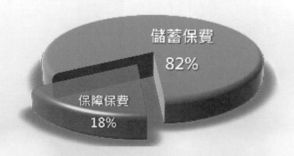

長女保費→現況_分佈圖

儲蓄保費 82%
保障保費 18%

　　(優化)從理財配置角度～檢驗比對保費分佈，108年(保單備援水庫) 長女保費→現況分佈圖，儲蓄保費82%，進行小幅度移動優化沙盤推演，比重調整6%到保障保費。(優化後)分佈圖儲蓄保費76% 。以下檢驗 (優化後)～保單備援水庫所產生的變化。

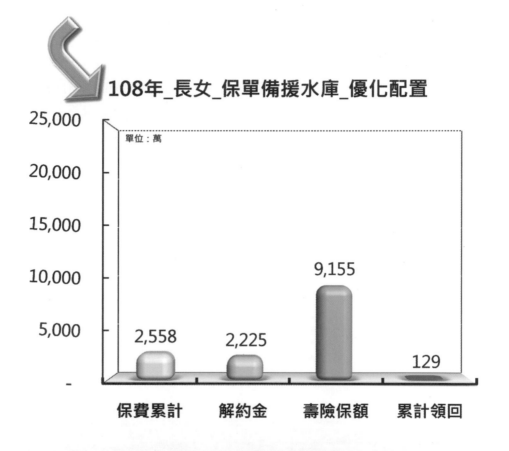

108年_長女_保單備援水庫_優化配置

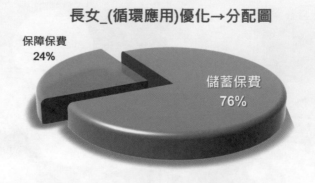

長女_(循環應用)優化→分配圖

　　小幅度移動保障保費6%，遵照藏富_太太的意思加強提升6,000萬壽險～結合長女名下資產背景。宏觀整體傳承移轉配置的任務，需要結合身價背景與很漫長的時間做安排，融合稅務、避險等因素，逐步優化務使理財達到最佳境界。

　　上面小幅度的優化～印證了，只憑著資產配置移動，即可產生財富大幅增加的效果，如果充分遵照資產與財富管理概念，大幅度重新調整配置比重使(家庭Family，企業Business 和個人Individual)，三者成員都同時兼顧和諧、團結氛圍。充分享受財富分配樂趣，讓財富越來越多，達到無遠弗屆的感覺～一代接一代的照顧所愛的人→過著幸福、快樂的生活，非常簡單、安全、有效的理財成果。

　　平時準備好(保單備援水庫)，隨時解決傳承相關衍生問題對策，避免一時疏忽，造成了家族破裂對簿公堂。才不枉費今生努力所建立的個人名譽與事業成就。

　　達到(全方位)保障你所擁有的～生命價值、收入、財產。因此在任何時間點風險發生時，務必準備好(保單備援水庫)，及時出現大量現金資產，多元調解傳承相關問題。守護當下每一分的結果。

　① 保障生命價值
　② 保障家人生活品質
　③ 保障財產和尊嚴

第3項｜藏富_長子名下（優化）

（1）保單配置總明細表

　　藏富_長子身分為（接班領導者）二代繼承人，從預見未來角度做理財配置，針對整體配置多元財富防禦力重新做檢視，並「以人為本」做出發點～整合時間與風險因素的考慮，對現況進行整體優化方案的探討，期待整體理財配置之理路更清晰，執行時心裡踏實沒有壓力，也讓全部家族成員都舒服受益，享有幸福溫馨、快樂生活品質。以下遵照太太的意思調高6,000萬保障，稍微做出理財效益的比對報告。保單配置總明細表如下：

長子個人_案例　　　　　日期：107/6/27

姓名	投保年齡	投保日期	繳別	繳費月份	金額	投保公司	產品名稱	壽險 終身	儲蓄	定期	意外 意外	醫療	住院	外 定額	醫 日額	療 手術	實支	失能	重大	防癌	年繳
長子	28	101/06/30	1	6	176,500	遠雄	20雄安心終身	500								100					176,500
72/5/1	28	101/06/30	1	6	113,098	遠雄	20終身醫療壽險	40						3,000		1,500	1,000		200	6,000	113,098
	28	101/06/30	1	6	328,669	富邦	20富世代終身	1,000			100	2,000					2,000	128			328,669
	29	101/11/26	滿期	6	1,519,020	南山	6添利久久外幣	US$15													滿期
	28	101/06/29	滿期	6	1,006,560	富邦	6富利高升終身	270													滿期
			1		1,482,600	友邦	三富人生終身壽	6000													1,482,600
					小計	$	2,100,867	7,810	0	0	100	0	2,000	3,000	0	1,500	3,000	228	200	6,000	
	1.需求：生活費 貸款險 教育費				資產保全 薪資險			2.現況：												總計	2,100,867

　　將境外免稅天堂的財富移轉回國，進行一種最佳化的理財配置，保險建立不同性質的儲藏備援金庫。保險主要功能（F、B、I）幫助家庭Family，企業Business 和個人Individual，確定了可能發生的風險因子和潛在的損失因素。本書對即將進行的保險內容詳細評估，檢驗對抗風險與排除損失的方法，同時比對→尋求理財最佳化的比例位置。

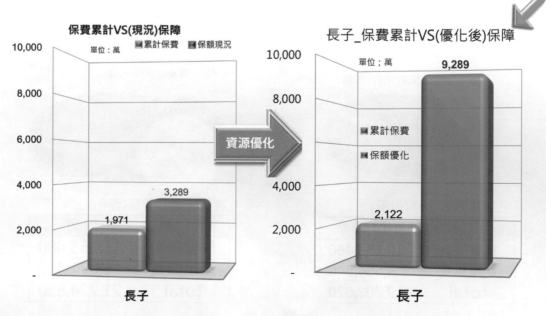

優化～累計保費vs保障→分配圖比對如下：配置比重原本累計保費從37%調降至19%比重減少18%，壽險保障現況63%提升到81%（增加18%）。（3,288萬提升→9,288萬）優化所選擇的商品，以資產型特性爲主要傳承配置。

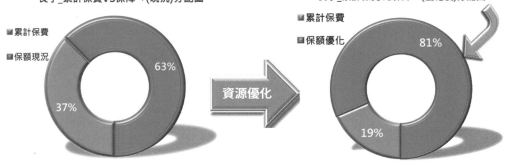

純總保費累計VS(現況)保障		
項目	累計保費	保額現況
長子	19,708,020	32,886,730
total	19,708,020	32,886,730

PS.儲蓄險指有滿期金可領的保險

純總保費累計VS保障(優化後)		
項目	累計保費	保額優化
長子	21,224,850	92,886,730
total	21,224,850	92,886,730

PS.儲蓄險指有滿期金可領的保險

長子_累計保費VS保障→(現況)分配圖

長子_累計保費VS保障→(優化後)分配圖

資源優化

優化分析～再將累積保費1,971萬詳細比對，儲蓄vs保障→分配圖，兩者各占比重如何？優化後→比重變化會不會造成效益下降，或是變化太大造成適應上的影響。

原本儲蓄險保費佔整體77%比重，調降至71%比重減少6%。原本壽險保費佔整體23%比重，提升至29%比重增加6%。整體的配置上僅是微幅調整一下，6%而已並不會造成效益下降，變化很小也不致造成適應上的困難。

長子_儲蓄vs保障(現況)分配圖

長子_儲蓄vs保障→(優化)分配圖

資源優化

純保費累計金額(現況)	
項目	保費
儲蓄保費	15,153,480
保障保費	4,554,540
total	19,708,020

純保費累計金額(優化)	
項目	保費
儲蓄保費	15,153,480
保障保費	6,071,370
total	21,224,850

　　整體「以人爲本」理財配置中，本應儲備有各種大小不同性質的藏富金庫，這次檢驗主要重點採用「數字會說話」的檢驗觀念，比對瞭解優化方案整體創造現金的效益，同時對照（愛家守護心智圖內）其他的理財觀念，探索釐清整體互相聯結的可行性！進一步探討可能發生的風險因子和潛在的損失因素。並尋求對抗風險與排除損失的方法。

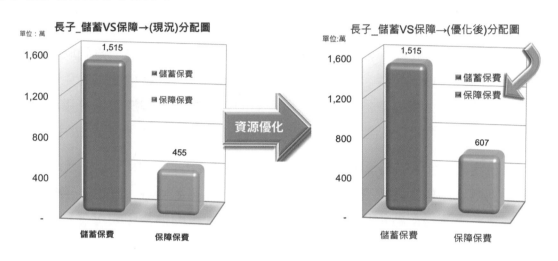

　　期待！「數字會說話」的檢驗（報告）觀念，讓每次財富移轉所建立的財富金庫，發揮最佳效益，完成藏富_夫妻心中所想…落實傳承移轉美好的期待。

　　從愛家守護心智圖探討長子的價值究竟是什麼？再來看如何守護！依家庭角度～法定權益父母合計7.29億1/2財產價值3.14億，以過去移轉財產模式估算90%會分配給長子名下，也就是這部分有6.56億身價。再從另一個人角度～賺錢能力檢驗，長子未來CEO每月像印鈔機般的持續創造收入，最保守估計以每年180萬評估一直到65歲退休，30年收入價值5,400萬。名下財產2.34億，加總現況法定權益總共計9.4億身價。目前名下壽險保障3,288萬，能力、身價守護有一大段落差，此次增加6,000萬保障補強，完全吻合背景財富身價防禦方向操作。

　　長子資產規模與大環境時代法令背景情形大致如下，現況名下資產2.34億加上過去移轉模式→未來財產6.56億，總計8.9億之資產，現行一億以上法定遺產稅20%，①預留稅源→須要1.78億的稅源準備，解決傳承急用現金問題。

　　移轉整體資產除了稅務預留之外，顧及家庭Family，企業Business 和個人Individual，法定權益分配是否顧及能量平衡的問題。主動預留（傳承）急用現金

②解決能量平衡問題。關心每個能量的特質，關心不同能量的期待（喜好）。洞見未來→父母7.29億資產配置於中高獲利，隨著時間的醞釀也會繼續成長，推估未來20年～6.56億X 3.2倍=20.99億，預見移轉過程中除了主動預留稅源，主動排除能量平衡問題，急用大量現金→消弭問題於無形當中。才是全方位諸法圓滿的配置。

最後也是最重要關鍵問題，充分滿足自己③父母內心深深期待的想法而做配置，整體（家庭、企業、個人）對應（國稅局、子女、父母）三方同時皆得到圓滿結局才是最佳理財配置。檢驗報告已經確認，保險可以獲得很好的免稅所得效果，以及創造現金整體效益。因此預留身價的守護準備，解決傳承急用現金問題→僅是比重配置而已又完全不必花錢，詳細內容於檢驗全家壽險總表說明。

長子守護1.77億的預留稅源，壽險保障優化後9,154萬～尚不足守護總計8.9億的身價，所以顏色管理檢查表，壽險區域使用紅色警示呈現，紅色表示急需補強規劃，才能達到財富傳承身價守護。爾後還有一大段的補強空間可以發揮配置儲備金庫。

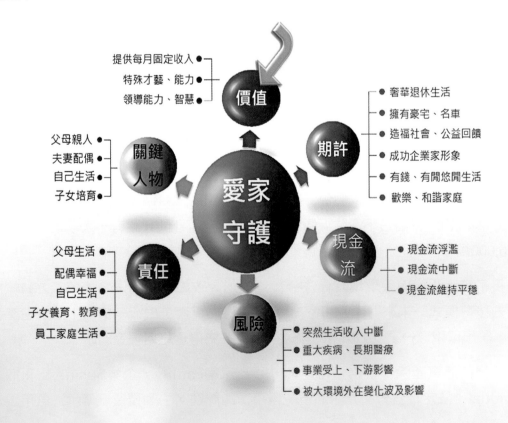

（2）純保費存入→資金流量總表

左表：

民國	年齡	保費累計	保費合計	遠雄 20雄安心終	遠雄 20終身醫療	富邦 20富世代終	南山 6添利久久外	富邦 6富利高升台
99	27	0	0	0	0	0	0	0
100	28	1,512,620	1,512,620	176,500	10,560	319,000	0	1,006,560
101	29	4,544,260	3,031,640			319,000	1,519,020	1,006,560
102	30	7,575,900	3,031,640			319,000	1,519,020	1,006,560
103	31	10,607,540	3,031,640			319,000	1,519,020	1,006,560
104	32	13,639,180	3,031,640			319,000	1,519,020	1,006,560
105	33	16,670,820	3,031,640			319,000	1,519,020	1,006,560
106	34	18,695,900	2,025,080	176,500	10,560	319,000	1,519,020	
107	35	19,201,960	506,060	176,500	10,560	319,000	0	0
108	36	19,708,020	506,060	176,500	10,560	319,000	0	0
109	37	20,214,080	506,060	176,500	10,560	319,000		
110	38	20,720,140	506,060	176,500	10,560	319,000		
111	39	21,226,200	506,060	176,500	10,560	319,000		
112	40	21,732,260	506,060	176,500	10,560	319,000		
113	41	22,238,320	506,060	176,500	10,560	319,000		
114	42	22,744,380	506,060	176,500	10,560	319,000		
115	43	23,250,440	506,060	176,500	10,560	319,000		
116	44	23,756,500	506,060	176,500	10,560	319,000		
117	45	24,262,560	506,060	176,500	10,560	319,000		
118	46	24,768,620	506,060	176,500	10,560	319,000		
119	47	25,274,680	506,060	176,500	10,560	319,000		
120	48	25,274,680	0			0		
121	49	25,274,680	0			0		
122	50	25,274,680	0			0		
123	51	25,274,680	0			0		
124	52	25,274,680	0			0		
125	53	25,274,680	0			0		
126	54	25,274,680	0			0		
127	55	25,274,680	0			0		
128	56	25,274,680	0			0		
129	57	25,274,680	0			0		
130	58	25,274,680	0			0		
131	59	25,274,680	0			0		
132	60	25,274,680	0			0		
133	61	25,274,680	0			0		

（左表內文字框）大數據_時代(主動) 降低銀行存款額度 讓查稅機率降低

右表：

民國	年齡	保費累計	保費合計	遠雄 20雄安心終	遠雄 20終身醫療	富邦 20富世代終	南山 6添利久久外	富邦 6富利高升	友邦 三富人生終
99	27	0	0	0	0	0	0	0	0
100	28	1,512,620	1,512,620	176,500	10,560	319,000	0	1,006,560	
101	29	4,544,260	3,031,640			319,000	1,519,020	1,006,560	
102	30	7,575,900	3,031,640			319,000	1,519,020	1,006,560	
103	31	10,607,540	3,031,640			319,000	1,519,020	1,006,560	
104	32	13,639,180	3,031,640			319,000	1,519,020	1,006,560	
105	33	16,670,820	3,031,640			319,000	1,519,020	1,006,560	
106	34	18,695,900	2,025,080	176,500	10,560	319,000	1,519,020	0	
107	35	19,201,960	506,060	176,500	10,560	319,000			
108	36	21,224,850	2,022,890	176,500	10,560	319,000	0	0	1,516,830
109	37	23,247,740	2,022,890	176,500	10,560	319,000		0	1,516,830
110	38	25,270,630	2,022,890	176,500	10,560	319,000		0	1,516,830
111	39	27,293,520	2,022,890	176,500	10,560	319,000		0	1,516,830
112	40	29,316,410	2,022,890	176,500	10,560	319,000		0	1,516,830
113	41	31,339,300	2,022,890	176,500	10,560	319,000		0	1,516,830
114	42	33,362,190	2,022,890	176,500	10,560	319,000		0	1,516,830
115	43	35,385,080	2,022,890	176,500	10,560	319,000		0	1,516,830
116	44	37,407,970	2,022,890	176,500	10,560	319,000		0	1,516,830
117	45	39,430,860	2,022,890	176,500	10,560	319,000		0	1,516,830
118	46	41,453,750	2,022,890	176,500	10,560	319,000		0	1,516,830
119	47	43,476,640	2,022,890	176,500	10,560	319,000		0	1,516,830
120	48	44,993,470	1,516,830	0	0	0	0	0	1,516,830
121	49	46,510,300	1,516,830			0			1,516,830
122	50	48,027,130	1,516,830			0			1,516,830
123	51	49,543,960	1,516,830			0			1,516,830
124	52	51,060,790	1,516,830			0			1,516,830
125	53	52,577,620	1,516,830			0			1,516,830
126	54	54,094,450	1,516,830			0			1,516,830
127	55	55,611,280	1,516,830			0			1,516,830
128	56	55,611,280	0			0			0
129	57	55,611,280	0			0			0
130	58	55,611,280	0			0			0
131	59	55,611,280	0			0			0
132	60	55,611,280	0			0			0
133	61	55,611,280	0	0	0	0	0	0	0

（右表內文字框）大數據_時代(主動) 降低銀行存款額度 讓查稅機率降低

（中間箭頭）資源優化

　　優化～個人保費存入流量總表示意圖，前面 檢驗報告已經確認獲得很好的免稅所得效果，以及創造現金整體效益總計6,445萬。遵照太太的意思再持續加碼提升6,000萬壽險，優化為孩子建立一個長期安全穩定預防風險的理財緊急備援金庫。優化詳細比對如下。

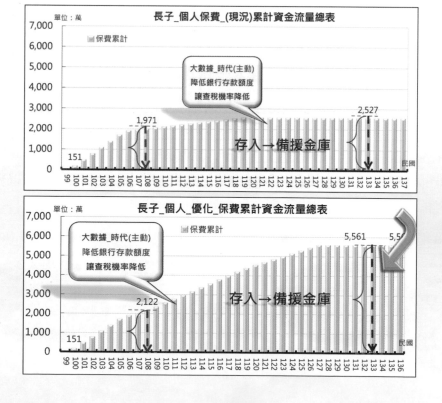

保費存入總流量表顯示（CEO接班人），過去6年移轉長女名下財富至108年止，已告一個段落，現在優化每年採加碼存入155萬保費，仍然持續逐步移轉財富傳承給下一代，合計保費存入每年202萬（隱藏→備援金庫），仍在法定每年220萬財富移轉免贈與稅範圍內。

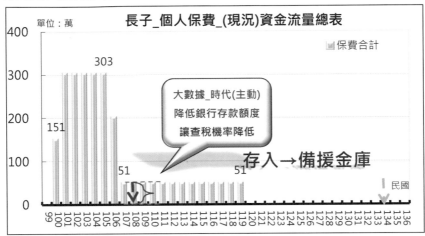

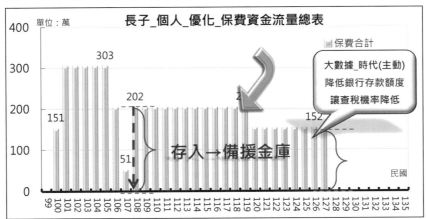

優化～累計保費存入流量總表示意圖，設置總計 2,527萬（備援金庫），整體效益總計6,445萬，未未來設置再持續增加至5,561萬（備援金庫），可以預期整體效益勢必再度提升，預防風險和創造現金效果再度增加。

優化～個人保費存入配置示意圖，配置的商品比重圖型，比對優化後導入之組合居於創富、守富、傳富三種需求動機。選擇三富人生資產型商品佔75%比重，此資產型商品有以下幾個特色符合我們當下多元的需要：

1. 理財大額資金講求高私密性。一家最高額度承保3億，有別於其他公司6千萬限度。

2. 未來20年期間有很高彈性的優惠空間。每5年可以25%小幅調高額度，免體檢而且優惠以承保當年的保費計算。預留12,000萬彈性增加空間。

3. 單一保險公司資料私密性較高，不是金控公司，資料會被大量使用而受到無謂干擾。

4. 整體資金的活用彈性很大，繳費期滿90%，繳費期間67.5%的保價金可以靈活使用，而且費率只比預定費率高1%，手續簡便費用低廉。

保險金給付模式類似信託功能，受益人可以隨意安排分期給付，而且不同受益人可以不同指定方式。不但免收管理費，還給付預定利率的利息。容易讓（家庭Family，企業Business 和個人Individual）三方同時滿意，達到整體最佳理財配置之目標。

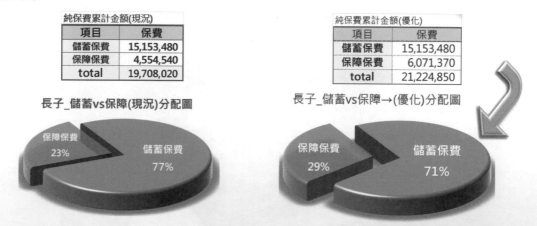

純保費累計金額(現況)

項目	保費
儲蓄保費	15,153,480
保障保費	4,554,540
total	19,708,020

長子_儲蓄vs保障(現況)分配圖

保障保費 23%　儲蓄保費 77%

純保費累計金額(優化)

項目	保費
儲蓄保費	15,153,480
保障保費	6,071,370
total	21,224,850

長子_儲蓄vs保障→(優化)分配圖

保障保費 29%　儲蓄保費 71%

優化～儲蓄vs保障→保費配置示意圖，儲蓄保費原本佔整體77%，調降至71%減少6%。累計壽險保費原本佔整體23%，提升至29%增加6%比重。僅是儲蓄vs壽險互相調整一點點比重而已，所以並不影響整體經濟壓力。

檢驗報告～現況累積保費做詳細分析，儲蓄vs保障→（現況）分配圖，可輕易檢驗對抗風險與排除損失的方法，同時比對→尋求理財最佳化的比例位置，快速掌握優化狀態配置，提供決策參考資訊。

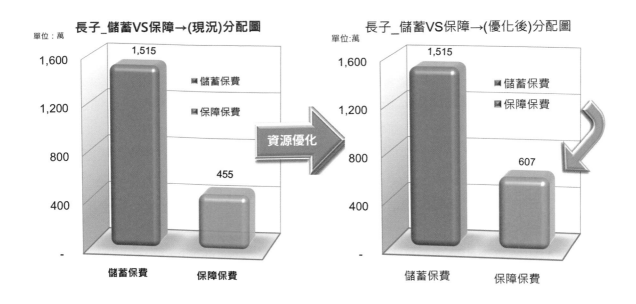

長子_儲蓄VS保障→(現況)分配圖

單位：萬

長子_儲蓄VS保障→(優化後)分配圖

單位:萬

資源優化

（3）壽險總保額→資金流量總表

　　整體「以人為本」做基礎架構，整合時間與風險因素的考慮整體配置，全面性理財配置優化檢討→多元防禦力，檢驗就像是定期的身體健康檢查，透過各種不同角度檢測現況效益，並使得家族成員都輕鬆受益，享有幸福溫馨、快樂生活品質。

左表（現況）：

民國	年齡	合計保障	遠雄 安心終身現	醫療壽險	富邦 富世代終身現	南山 6盈利久久外幣	富邦 利高升終身現
99	27	0	0	0	0	0	0
100	28	16,436,800	5,000,000	400,000	10,000,000	0	1,036,800
101	29	19,086,580	5,000,000	400,000	10,000,000	1,612,980	2,073,600
102	30	21,736,360	5,000,000	400,000	10,000,000	3,225,960	3,110,400
103	31	24,385,870	5,000,000	400,000	10,000,000	4,838,940	4,146,930
104	32	27,035,650			10,000,000	6,451,920	5,183,730
105	33	29,815,030			10,000,000	8,194,500	6,220,530
106	34	31,874,410			10,000,000	10,161,000	6,313,410
107	35	32,372,200	5,000,000	400,000	10,000,000	10,516,500	6,455,700
108	36	32,886,730	5,000,000	400,000	10,000,000	10,885,500	6,601,230
109	37	33,413,500	5,000,000	400,000	10,000,000	11,263,500	6,750,000
110	38	33,961,780	5,000,000	400,000	10,000,000	11,659,500	6,902,280
111	39	34,527,070	5,000,000	400,000	10,000,000	12,069,000	7,058,070
112	40	35,109,700	5,000,000	400,000	10,000,000	12,492,000	7,217,700
113	41	35,708,410	5,000,000	400,000	10,000,000	12,928,500	7,379,910
114	42	36,324,730	5,000,000	400,000	10,000,000	13,378,500	7,546,230
115	43	36,963,100	5,000,000	400,000	10,000,000	13,846,500	7,716,600
116	44	37,622,980	5,000,000	400,000	10,000,000	14,332,500	
117	45	38,300,410	5,000,000	400,000	10,000,000	14,832,000	
118	46	39,004,390	5,000,000	400,000	10,000,000	15,354,000	
119	47	39,725,920	5,000,000	400,000	10,000,000	15,889,500	
120	48	40,474,000	5,000,000	400,000	10,000,000	16,447,500	
121	49	41,244,670	5,000,000	400,000	10,000,000	17,023,500	8,821,170
122	50	42,037,660	5,000,000	400,000	10,000,000	17,617,500	9,020,160
123	51	42,857,470	5,000,000	400,000	10,000,000	18,234,000	9,223,470
124	52	43,704,370	5,000,000	400,000	10,000,000	18,873,000	9,431,370
125	53	44,578,630	5,000,000	400,000	10,000,000	19,534,500	9,644,130
126	54	45,479,980	5,000,000	400,000	10,000,000	20,218,500	9,861,480
127	55	46,408,960	5,000,000	400,000	10,000,000	20,925,000	10,083,960
128	56	47,369,800			10,000,000	21,658,500	10,311,300
129	57	48,358,270			10,000,000	22,414,500	10,543,770
130	58	49,379,140			10,000,000	23,197,500	10,781,640
131	59	50,436,640		400,000	10,000,000	24,012,000	11,024,640
132	60	51,526,810			10,000,000	24,853,500	11,273,310
133	61	52,649,650	5,000,000	400,000	10,000,000	25,722,000	11,527,650
134	62	53,809,390	5,000,000	400,000	10,000,000	26,622,000	11,787,390

（左表標註：扣除額→減項增加；急用現金→增加）

資源優化 →

右表（優化）：

民國	年齡	合計壽險	遠雄 安心終身現	遠雄 身醫療壽險	富邦 富世代終身現	南山 利久久外幣利高升終身現	富邦	友邦 生終身壽險 2
99	27	0	0	0	0	0	0	0
100	28	16,436,800	5,000,000	400,000	10,000,000	0	1,036,800	0
101	29	19,086,580	5,000,000	400,000	10,000,000	1,612,980	2,073,600	0
102	30	21,736,360			10,000,000	3,225,960	3,110,400	0
103	31	24,385,870			10,000,000	4,838,940	4,146,930	0
104	32	27,035,650			10,000,000	6,451,920	5,183,730	0
105	33	29,815,030				8,194,500	6,220,530	0
106	34	31,874,410			10,000,000	10,161,000	6,313,410	0
107	35	32,372,200	5,000,000	400,000	10,000,000	10,516,500	6,455,700	0
108	36	92,886,730	5,000,000	400,000	10,000,000	10,885,500	6,601,230	60,000,000
109	37	93,413,500	5,000,000		10,000,000	11,263,500	6,750,000	60,000,000
110	38	93,961,780	5,000,000		10,000,000	11,659,500	6,902,280	60,000,000
111	39	94,527,070	5,000,000		10,000,000	12,069,000	7,058,070	60,000,000
112	40	95,109,700	5,000,000		10,000,000	12,492,000	7,217,700	60,000,000
113	41	95,708,410	5,000,000		10,000,000	12,928,500	7,379,910	60,000,000
114	42	96,324,730	5,000,000		10,000,000	13,378,500	7,546,230	60,000,000
115	43	96,963,100	5,000,000		10,000,000	13,846,500	7,716,600	60,000,000
116	44	97,622,980	5,000,000		10,000,000	14,332,500	7,890,480	60,000,000
117	45	98,300,410	5,000,000		10,000,000	14,832,000	8,068,410	60,000,000
118	46	99,004,390	5,000,000		10,000,000	15,354,000	8,250,390	60,000,000
119	47	99,725,920	5,000,000		10,000,000	15,889,500	8,436,420	60,000,000
120	48	100,474,000	5,000,000		10,000,000	16,447,500	8,626,500	60,000,000
121	49	101,244,670	5,000,000		10,000,000	17,023,500	8,821,170	60,000,000
122	50	102,037,660	5,000,000		10,000,000	17,617,500	9,020,160	60,000,000
123	51	102,857,470	5,000,000		10,000,000	18,234,000	9,223,470	60,000,000
124	52	103,704,370	5,000,000		10,000,000	18,873,000	9,431,370	60,000,000
125	53	104,578,630	5,000,000		10,000,000	19,534,500	9,644,130	60,000,000
126	54	105,479,980	5,000,000		10,000,000	20,218,500	9,861,480	60,000,000
127	55	106,408,960			10,000,000	20,925,000	10,083,960	60,000,000
128	56	107,369,800			10,000,000	21,658,500	10,311,300	60,000,000
129	57	108,358,270			10,000,000	22,414,500	10,543,770	60,000,000
130	58	109,379,140		400,000	10,000,000	23,197,500	10,781,640	60,000,000
131	59	110,436,640			10,000,000	24,012,000	11,024,640	60,000,000
132	60	111,526,810			10,000,000	24,853,500	11,273,310	60,000,000
133	61	112,649,650	5,000,000	400,000	10,000,000	25,722,000	11,527,650	60,000,000
134	62	113,809,390	5,000,000	400,000	10,000,000	26,622,000	11,787,390	60,000,000

（右表標註：扣除額→減項增加；急用現金→增加）

　　優化～壽險總流量總表示意圖顯示，現況備援金庫設置5,265萬，提升長子背景因素的守護價值，優化11,265萬大幅提升稅法扣除額空間，令守護機制比較吻合時間與風險因素，理財配置也漸漸趨向任何時間都處於最大值的理財狀態。

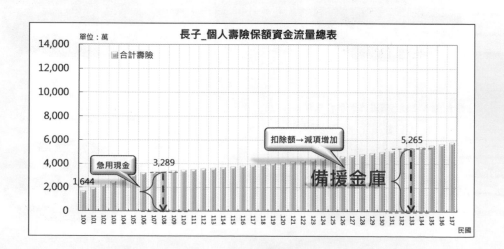

長子_個人壽險保額資金流量總表（單位：萬）
（圖表標註：急用現金 1,644、3,289；扣除額→減項增加 5,265；備援金庫）

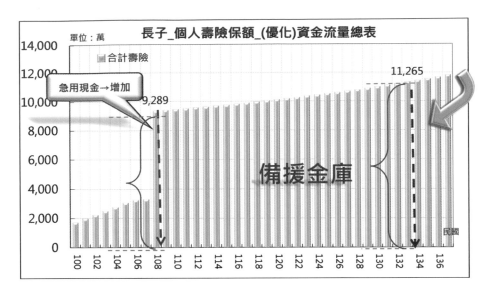

優化～長子壽險組合示意圖108年現況五種商品組合～兩種終身醫療失能險，三種儲蓄險合計佔整體84%，優化調整→對應背景因素的守護價值。優化後～三種儲蓄險組合比重下降只佔整體30%，改以橘色65%壽險當主力，提升財富防禦力。至133年～橘色退居53%其他三種儲蓄險組合，因為時間增值因素各稍微提升一點。

結合資產規模與大環境時代法令背景情形比對如下，現況長子總計之身價8.9億，須要1.7億的稅源準備。現況3,289萬～準備度尚不足產生大量流動性現金，完整對應稅源問題，所以壽險急需做補強規劃，才能達到足夠的財富稅務防禦力。

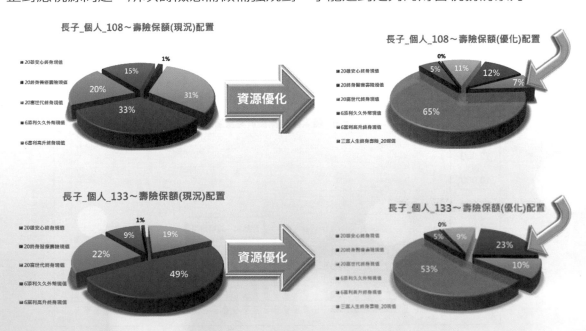

　　主動預先安排，愛家守護心智圖（價值、責任、風險、期許），多種內容同時被照顧，長子個人的能量屬於開拓型的特質，勇敢負責照顧家人、事業拓展有強烈的能量，只要他生命皆得到滿足守護，足以應付「諸事無常」各種變化，他的家人生活被主動溫馨照顧好好的，對長子而言挑戰、開創、貢獻才是他最棒的舞台，愛家守護心智圖中（價值、責任、風險、期許）同時滿足多種內容，才是對長子最佳理財配置。

　　以雄厚經濟實力平衡能量→穩住相關人事物，應付「諸事無常」各種變化，解決讓三方（家庭Family，企業Business 和個人Individual）同時平衡，使能量得到平衡配置→結局自然圓滿，消彌問題於無形之中，才是全方位最上上之策。整體「以人為本」做基礎架構，家族氛圍和諧，家族成員力量凝聚，絕對不可輕忽能量平衡配置的影響力量。遵循基礎架構配置才是傳承最佳理財方向。

（4）生存金→資金流量總表

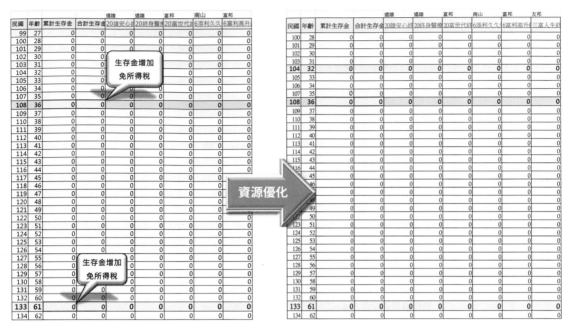

生存金領回流量總表檢驗可以察看現金流，了解所建立不同性質的儲備金庫是否奏效。解決「諸事無常」應付各種變化，譬如：上下游經營產生倒閉風險，本身事業不受太大影響之儲備，預防生活品質的理財風險緊急備援金庫。

本次優化的重點在於守護長子背景與價值，完全沒有動到生存金備援金庫～生存金資金流量總表示意圖與前面之報告內容一樣。從長子生存金總流量表得知，完全無生存金配置。完全不必比對任何效益。

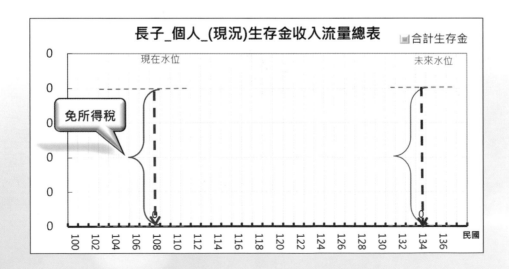

（5）保價金→資金流量總表

左表（優化前）

民國	年齡	合計保價	遠雄 20雄安心終身	遠雄 20終身醫療	富邦 20富世代終身	南山 6添利久久外幣	富邦 6富利高升終身
100	28	490,770	14,000	0	4,000	0	472,770
101	29	2,303,550	134,000	8,400	169,000	724,500	1,267,650
102	30	4,709,130	261,___	17,280	339,000	2,011,500	2,080,350
103	31	7,189,360	___,680		513,000	3,343,500	2,911,680
104	32	9,790,390	___,520		737,000	4,720,500	3,761,370
105	33	13,981,010	___,920		930,000	6,147,000	6,174,090
106	34	18,640,210	___,000	57,800	1,270,000	10,161,000	6,313,410
107	35	19,540,400	2,000,000	69,200	1,499,000	10,516,500	6,455,700
108	36	20,469,850	1,170,000	81,120	1,732,000	10,885,500	6,601,230
109	37	21,643,600	1,347,500	93,600	2,189,000	11,263,500	6,750,000
110	38	22,637,360	1,510,500	105,080	2,460,000	11,659,500	6,902,280
111	39	23,657,870	1,677,000	116,800	2,737,000	12,069,000	7,058,070
112	40	24,705,460	1,846,000	128,760	3,021,000	12,492,000	7,217,700
113	41	25,779,370	2,019,000	140,960	3,311,000	12,928,500	7,379,910
114	42	26,880,630	2,195,500	153,400	3,607,000	13,378,500	7,546,230
115	43	28,014,180	2,375,000	166,080	3,910,000	13,846,500	7,716,600
116	44	29,180,520	2,558,500	179,040	4,220,000	14,332,500	7,890,480
117	45	30,376,190	2,745,500	192,280	4,538,000	14,832,000	8,___
118	46	31,609,690	2,936,500	205,800	4,863,000	15,354,000	8,___
119	47	32,873,560	3,132,000	219,640	5,196,000	15,889,500	8,___
120	48	33,777,640	3,186,000	219,640	5,298,000	16,447,500	8,___
121	49	34,707,310	3,241,000	219,640	5,402,000	17,023,500	9,___
122	50	35,660,300	3,296,000	219,640	5,507,000	17,617,500	9,020,160
123	51	36,641,110	3,351,000	219,640	5,613,000	18,234,000	9,223,470
124	52	37,669,370	3,406,000	240,000	5,719,000	18,873,000	9,431,370
125	53	38,707,130	3,461,500	240,000	5,827,000	19,534,500	9,644,130
126	54	39,771,480	3,516,500	240,000	5,935,000	20,218,500	9,861,480
127	55	40,865,460	___,000	240,000	6,045,000	20,925,000	10,083,960
128	56	41,990,300			6,154,000	21,658,500	10,311,300
129	57	43,164,270			6,264,000	22,414,500	10,543,770
130	58	44,350,140			6,375,000	23,197,500	10,781,640
131	59	45,571,640	___,000		6,485,000	24,012,000	11,024,640
132	60	46,825,810	3,842,000	261,000	6,596,000	24,853,500	11,273,310
133	61	48,110,650	3,894,000	261,000	6,706,000	25,722,000	11,527,650
134	62	49,452,930	3,945,500	282,040	6,816,000	26,622,000	11,787,390

（表內註記：保價增加 免所得稅）

→ 資源優化 →

右表（優化後）

民國	投保 年度保價	遠雄 20雄安心終身	遠雄 20終身醫療	富邦 20富世代終身	南山 6添利久久外	富邦 6富利高升終身	友邦 三富人生終身
100	28	490,770	14,000	0	4,000	0	472,770	0
101	29	2,303,550	134,000	8,400	169,000	724,500	1,267,650	0
102	30	4,709,130	261,___	17,280	339,000	2,011,500	2,080,350	0
103	31	7,189,360	___,680		513,000	3,343,500	2,911,680	0
104	32	9,790,390	___,520		737,000	4,720,500	3,761,370	0
105	33	13,981,010	___,920		930,000	6,147,000	6,174,090	0
106	34	18,640,210	___,800	57,800	1,270,000	10,161,000	6,313,410	0
107	35	19,540,400		69,200	1,499,000	10,516,500	6,455,700	0
108	36	20,469,850	1,170,000	81,120	1,732,000	10,885,500	6,601,230	0
109	37	22,963,600	1,347,500	93,600	2,189,000	11,263,500	6,750,000	1,320,000
110	38	25,307,360	1,510,500	105,080	2,460,000	11,659,500	6,902,280	2,670,000
111	39	27,713,870	1,677,000	116,800	2,737,000	12,069,000	7,058,070	4,056,000
112	40	30,177,460	1,846,000	128,760	3,021,000	12,492,000	7,217,700	5,472,000
113	41	32,697,370	2,019,000	140,960	3,311,000	12,928,500	7,379,910	6,918,000
114	42	35,286,630	2,195,500	153,400	3,607,000	13,378,500	7,546,230	8,406,000
115	43	37,932,180	2,375,000	166,080	3,910,000	13,846,500	7,716,600	9,918,000
116	44	40,652,520	2,558,500	179,040	4,220,000	14,332,500	7,890,480	11,472,000
117	45	43,432,190	2,745,500	192,280	4,538,000	14,832,000	8,068,410	13,056,000
118	46	46,291,690	2,936,500	205,800	4,863,000	15,354,000	8,250,390	14,682,000
119	47	49,211,560	3,132,000	219,640	5,196,000	15,889,500	8,436,420	16,338,000
120	48	51,813,640	3,186,000	219,640	5,298,000	16,447,500	8,626,500	18,036,000
121	49	54,483,310	3,241,000	219,640	5,402,000	17,023,500	8,821,170	19,776,000
122	50	57,212,300	3,296,000	219,640	5,507,000	17,617,500	9,020,160	21,552,000
123	51	60,011,110	3,351,000	219,640	5,613,000	18,234,000	9,223,470	23,370,000
124	52	62,911,370	3,406,000	240,000	5,719,000	18,873,000	9,431,370	25,242,000
125	53	65,863,130	3,461,500	240,000	5,827,000	19,534,500	9,644,130	27,156,000
126	54	68,895,480	3,516,500	240,000	5,935,000	20,218,500	9,861,480	29,124,000
127	55	72,011,460	___,000		6,045,000	20,925,000	10,083,960	31,146,000
128	56	73,790,300			6,154,000	21,658,500	10,311,300	31,800,000
129	57	75,630,270			6,264,000	22,414,500	10,543,770	32,466,000
130	58	77,488,140			6,375,000	23,197,500	10,781,640	33,138,000
131	59	79,387,640			6,485,000	24,012,000	11,024,640	33,816,000
132	60	81,319,810	3,842,000	261,000	6,596,000	24,853,500	11,273,310	34,494,000
133	61	83,282,650	3,894,000	261,000	6,706,000	25,722,000	11,527,650	35,172,000
134	62	85,314,930	3,945,500	282,040	6,816,000	26,622,000	11,787,390	35,862,000

（表內註記：保價增加 免所得稅）

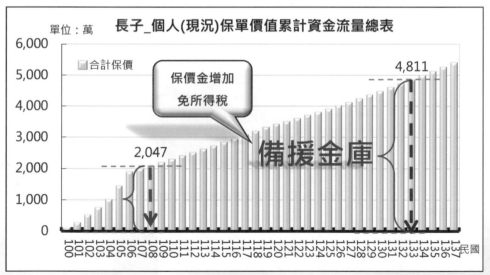

長子_個人(現況)保單價值累計資金流量總表（單位：萬）
（圖中標示：合計保價、保價金增加 免所得稅、備援金庫、2,047、4,811；橫軸民國100～137）

　　除了生存金免所得稅之外，隱藏增加的保價金也是免稅，保價金累計總表得知增加的部分，108年長子名下累計保價金2,047萬。往後保價金還可增加至4,811萬，其間2,764萬免稅空間，如同儲存水壩金庫。此金庫主要兩個功能：① 增值所得免稅（增加免稅所得），② 對抗風險的理財緊急備援金庫。具有簡單、安全、穩定特色。

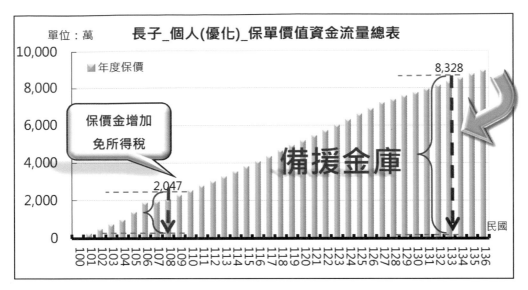

優化～長子名下保價金示意圖，遵照太太意思再持續加碼存入155萬保費，當作傳承移轉財富給下一代，仍在每年220萬財富移轉免贈與稅範圍內。優化比對如圖示：原來108年保價金2,047萬已經開始持平，優化後備援金庫持續提升8,328萬，增大了4倍備援金庫容量使理財彈性運用空間加大。

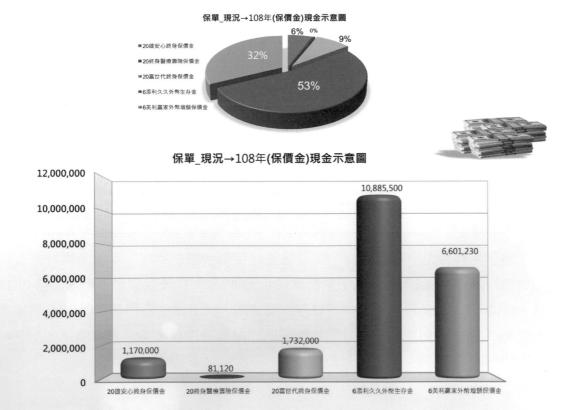

　　優化～保價金組合示意圖比對108年～整體儲備金庫（水壩）的規格雖然加入155萬保費，優化後儲備金庫2,090萬→美利贏家保單，鴻利618增額還本合計整體一樣87%，藏富保價金仍然沒有變動。

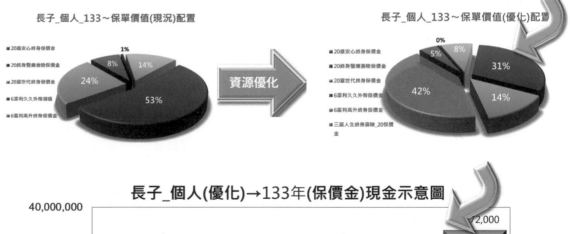

　　比對133年～優化後提升至8,328萬，整體（水壩）備援金庫保價金90%→儲備金庫增加了四倍，配合傳承因素多元價值守護需求，商品主力換成三富人生終身壽險佔整體備援金庫42%

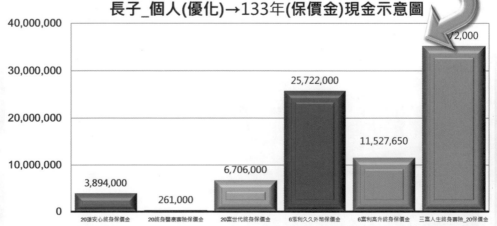

　　設置一個長期安全、穩定的金庫水壩，優化最好能夠逐步提升到對價的程度，不但只是守護同時發揮的多元理財價值。這裡就是人們所形容，理財平時必須準備一把上膛的槍，等待時機好的時候隨時可以上場使用。

　　維持「諸事無常」高度警覺意識安排理財配置。積極動機→包括理財環境時機產生變化，當大環境變化處於低點來臨時，儲備金庫隨時備有雄厚資金，能夠掌握當下的機會。保守動機→如上下游經營遭受倒閉風險產生，本身事業儲備不受太大影響之調節，理財儲備金庫能夠抵抗風險的緊急備援功能。

（6）達成率→資金流量總表

　　檢驗整體全方位的理財架構是否完整，採用三種圖表呈現～①顏色管理檢查表，②各項機能～安全品質檢測表，③保險功能表。從不同角度探討→保險配置架構是否完整。使用「數字會說話」的方式，很容易令每人知道每個部位的抗風險程度，優化後究竟處於什麼狀態？

　　顏色管理檢測圖形從視覺化容易抓住重點，很有效率的指引下一步補強調整方向，同時也精準校對結果與自己內心的想法是否完全一致，避免疏漏或非專業產生「說歸說、想歸想、做歸做」前後不一致的誤差。也提供決策者判斷很好的參考，確保整體發揮抗風險最大效果。

　　傳承優化_長子調整～①顏色管理檢查表，使用顏色→搭配數字會比對調整前後的差異，檢討優化後與自己內心的想法是否完全一致。

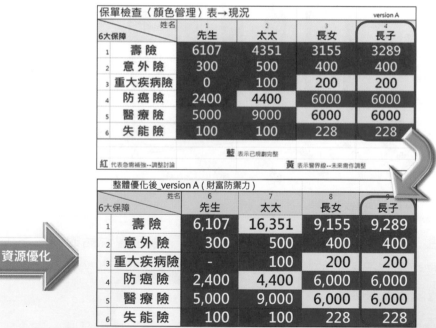

　　②各項機能～安全品質檢測表，比對優化調整前後達成率的差異，整體以柱狀圖形表示，比對如附件：長子壽險部分代表資產背景、價值與創造現金能力，長子現況起碼有1.7億預留稅源需求，才是企業經營者長子正常真正價值。優化比對～遵照太太的意思再提升6,000萬壽險，檢驗現況達成率從19%提升→到55%，優化後只到了及格邊沿而已。

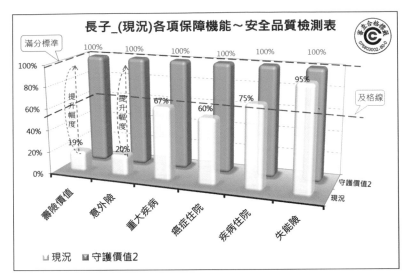

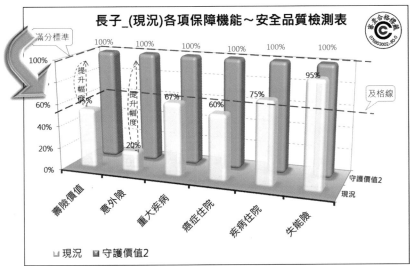

優化～長子進一步詳細說明（進階的部分）→數字會說話的達成率，整體配置優化後是否與自己內心的想法完全一致。如同買一部全新勞斯來斯的高級汽車，你一定會配置有保險。

而且你購買勞斯來斯汽車，一定會宏觀（品質、舒適度、品味、安全等相關因素）整體需求滿足後一次購買，並不會拆開零件逐一向原廠購買，再自行組裝對嗎？如果使用買零件的價格，換算一輛車成本的話，這台汽車會不會需要好幾倍的價格。

理財規劃也是一樣，需要宏觀整體相關背景因素考量…（結合身價守護、資產規模、企業背景相關法令），整體性宏觀需求架構，如此的好處是C/P值最經濟

實惠。原廠勞斯來斯→整體的機能協調性與成本都是最佳狀態，不必浪費成本、時間，自行組裝性能不佳的勞斯來斯汽車。原廠整體專業檢驗模式才是最佳保險。

　　各種風險，比對現況生活水平大致如下標準：住院醫療期間（最上等）單人病房每日約30,000元，（中上等級）單人病房每日約一萬元，（中等）單人病房每日約5,000元。實支實付醫療健保不足部分（差額自負）每次負擔一般約需50萬額度、出院後失能長期生活照顧（上等級）每月約20萬元額度，（中等級）每月約10萬元（基礎）每月約五萬元。重大疾病（五年）緊急預備金額度約300～500萬。

　　從長子（傳承結合身價背景）各項機能達成率，檢視長子名下住院醫療現況配置每日6,000元，實支實付醫療額度每次59萬、長期生活照顧（上等級）每年約228萬元額度，（儲備金庫→保價金有2,046萬備援）。六項機能安全檢驗當中，其中五項都已經有中等防禦力，守護對抗經濟風險，唯獨壽險理財區產生比較大的漏洞，若在壽險理財部分稍作補強整體就會達到最佳狀態。

　　檢驗報告目的以客觀角度「數字會說話」的達成率，確保理財配置的每一分錢達到最佳狀態。長子現況需要1.7億預留稅源守護，檢驗壽險3,289萬達成率只有19%，還有81%很大的補強空間。這次提升至壽險9,289萬達成率只有55%，所以壽險尚不及格仍需持續做補強規劃，才能達到80%及格的身價守護。

	現況數字	守護價值	現況	守護價值
壽險價值	3155	17000	19%	100%
意外險	400	2000	20%	100%
重大疾病	200	300	67%	100%
癌症住院	6000	10000	60%	100%
疾病住院	6000	8000	75%	100%
失能險	228	240	95%	100%

	現況數字	守護價值	現況	守護價值2
壽險價值	9289	17000	55%	100%
意外險	400	2000	20%	100%
重大疾病	200	300	67%	100%
癌症住院	6000	10000	60%	100%
疾病住院	6000	8000	75%	100%
失能險	228	240	95%	100%

③ 保險功能表。檢驗總表將保險理財分成三個區域，一、儲蓄理財區域～主要呈現免所得稅部分。二、壽險區域～主要呈現壽險價值守護配置。三、醫療理財區域～主要呈現醫療保障配置。

長子名下將身價背景結合檢驗三大保險理財功能當中，其中一項醫療保障配已經有足夠安全防禦力，其他二項需要結合背景→再行討論優化配置，唯有壽險理財區域明顯嚴重不足，產生比較大的漏洞，建議盡快調整→結合整體財富的背景，使整體發揮完整財富防禦力，贏得理財最大化的樂趣。

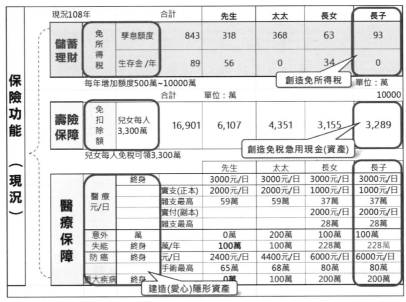

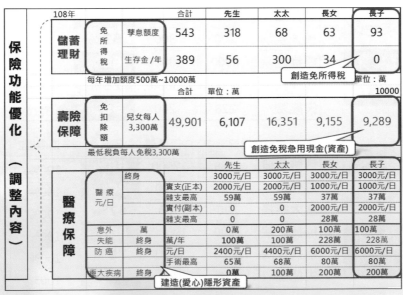

　　從前面藏富_太太案例（傳承結合身價背景）整體優化配置成果，進行優化不但完全沒有花到錢，而且還使財富大幅增加。完美的理財配置～可以兼顧全方位多重功能，例如：①賺預定利率優於定存的錢（免稅所得），②同時兼顧放大槓桿效果、③配合最低稅負（不計入性資產）每申報戶3,300萬免稅額度，做整體理財比對（優化）配置。④將財富移轉，傳承分配，放大財富、⑤充分主控及財富能量平衡配置，⑥分散避險金庫等，⑦守護開天闢地賺錢能力，多種財富管理功能全部結合在一起，不要獨立拆開配置效果更大，多種財富管理功能全部結合在一起，提供「以人為本」多元財富防禦配置，解決許多比節稅更重要的事，財富達到進可攻、退可守的多重圓滿效果。

　　完美的理財狀態是於急用現金狀況時，馬上大量流動性資產湧入，除了支應稅務急用現金之外，消除下一代急用現金籌湊困擾，提供「以人為本」多元防禦力，解決許多比節稅更重要的事，家族氛圍和諧，成員力量凝聚。財富厚植實力配置，完成長長久久照顧家人幸福、造福國家、社會的快樂願望。贏得理財最大化的樂趣。

（7）備援水庫_成果示意圖

優化比對～創造現金整體效益檢驗→避免不夠專業，人爲疏失造成「想歸想、說歸說、做歸做」。避免所想、所說、所做與結果完全不一樣。採用數字會說話的檢驗方式，精準校對結果與內心的想法是否完全一致。愼重檢驗全方位理財結果，避免損失賠錢的漏洞。

以下採用四種圖表，從不同角度查看保險的各種理財效益，整體理財配置不僅要宏觀整體背景因素，檢視是否與理財風險管理結合。嚴謹程度類似檢驗儀器的精密測試報告，採用數字比對方式會一一檢驗，目的使理財配置達到最大化效果。

第一種表格→全家保單_資金流量總表，是保險理財最初的原始資料內容，四種統計圖表數值都是從這裡截取出來分析，從這裡可以查核比對（傳承優化）各種數值正確性。

第二種表格，傳承優化_比對～資金流量總表示意圖→是初階約略判斷整體效益的圖形，很容易從總保價金（水藍色線條）得知儲存金庫功能與可以彈性運用空間，（橘色柱型）代表累積存入總保費高度。（淺綠色柱型）代表總保額高度。同時也輕易可以兩者之間找到「創造現金」區間。

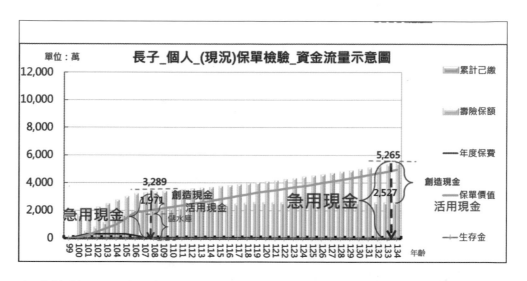

優化比對～可以隨時間任意移動示意圖時間點，都清楚看見創造現金所產生的效益，此圖形輕易了解創造現金的大小，以及急用現金、活用現金可運用的空間。整體創造現金效益～非常容易校對，是否結合身價背景，是否與大環境整體理財、稅務、避險的因素聯結，宏觀整體理財最佳化參考之一。

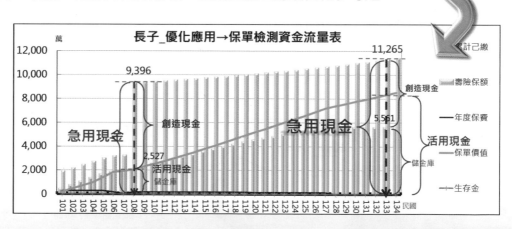

優化後兩者比對～創造現金的區間提升6,000萬，急用現金大幅提升最明顯。浮動檢驗比對之下得知，以保險保價金作為理財兼抗風險之備援金庫。配置在這裡與OBU免稅天堂同等享受免稅。備援金庫之設置具有簡單、安全、有效幾種特質。其作用如同投資大師巴菲特講的一句名言：隨時準備一把上膛的槍。迎接投資配置→獲利的來臨。

第三種表格，全家保單_（創造現金）整體效益圖表，浮動檢驗保險不同時間點的精準效益，從存入成本角度切入效益檢驗。以下更精細採取兩個時間點（代表當下與百年後狀態）檢驗。

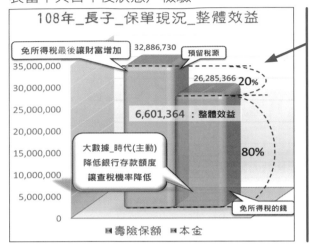

累計保費：19,708,020
累計領回：0
留存本金：19,708,020
可活用現金：20,469,850

13,178,710 ：創造現金(總保額－留存現金)
60%：本金比重(留存現金 / 總保額)
40%：現金獲利率=(1－ 本金比重)
10%：每期的代價 (本金比重 / 分期付款_6次)

6,601,364 ：整體效益(創造現金+ 20%遺產稅)
80%：整體本金比=(留存現金－總保額20%遺產稅) / 總保額
20%：整體獲利率(1－ 整體本金比重)

－ 6,577,346 ：(不適格商品)課徵20%遺產稅

長子_(現況)創造現金整體效益		
20%遺產稅	108年	133年
壽險保額	32,886,730	52,649,650
本金	26,285,366	35,804,610

檢驗長子名下_比對108年～創造現金整體效益表最後結果顯示。現況 整體效益660萬，優化前後提升了7,908萬。比對優化後增加7,248萬的空間。結果真正享受財富分配樂趣。

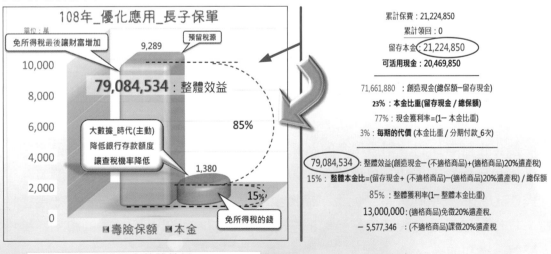

累計保費：21,224,850
累計領回：0
留存本金：21,224,850
可活用現金：20,469,850

71,661,880 ：創造現金(總保額－留存現金)
23%：本金比重(留存現金 / 總保額)
77%：現金獲利率=(1－ 本金比重)
3%：每期的代價 (本金比重 / 分期付款_6次)

79,084,534：整體效益(創造現金－(不適格商品)+(適格商品)20%遺產稅)
15%：整體本金比=(留存現金+ (不適格商品)－(適格商品)20%遺產稅) / 總保額
85%：整體獲利率(1－ 整體本金比重)

13,000,000：(適格商品)免徵20%遺產稅.
－ 5,577,346：(不適格商品)課徵20%遺產稅

長子_(優化)創造現金整體效益		
20%遺產稅	108年	133年
壽險保額	92,886,730	112,649,650
本金	13,802,196	52,141,210

　　持續比對133年（百年後）創造現金整體效益圖表，現況 整體效益1,684萬，優化後提升了6,050萬。比對享受財富分配樂趣增加4,366萬的空間。此（隱藏金庫）保險帳戶屬於安全低風險理財工具，形同儲備水庫提供安全保障之儲藏金庫。

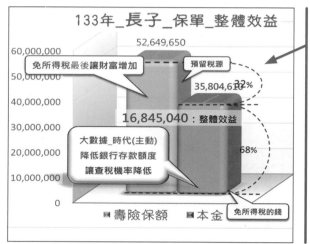

　　長子名下檢驗個人整體效益示意圖發現，雖然保險～創造現金整體效益非常高，因為所配置比重佔比例太小，仍不足以解決～結合身價背景因素與整體理財、稅務、避險的問題，再來一次最大化創造現金整體效益調整。才能真正充分享受財富分配樂趣，家族氛圍和諧，成員力量凝聚，可以讓財富越來越多，達到無遠弗屆的感覺～一代接一代的照顧所愛的人→過著（創富、守富、傳富）三富人生的幸福、快樂生活。

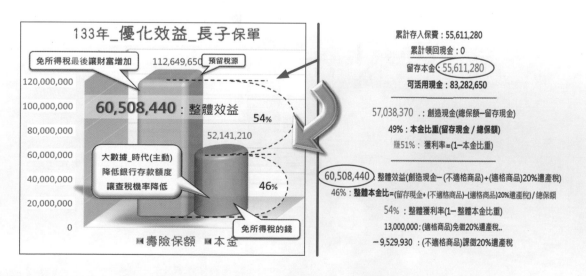

　　優化後兩者比對～長子創造現金整體效益圖形相較之下，浮動檢驗108年原本創造現金整體效益660萬，優化後增加了7,248萬。浮動檢驗133年～優化後增加了4,366萬，理財優化兩個時間點成果都非常的豐碩。

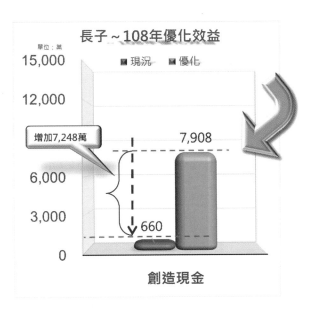

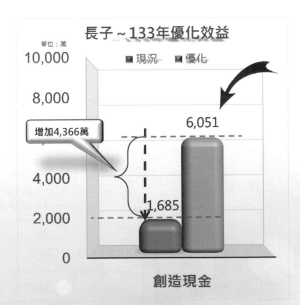

　　第四種表格，守護價值→(保單備援水庫)示意圖，從浮動不同時間點觀察，整體理財統計數據效益比較如下。

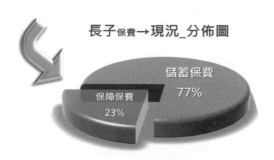

長子_{保費}→現況_分佈圖

儲蓄保費 77%

保障保費 23%

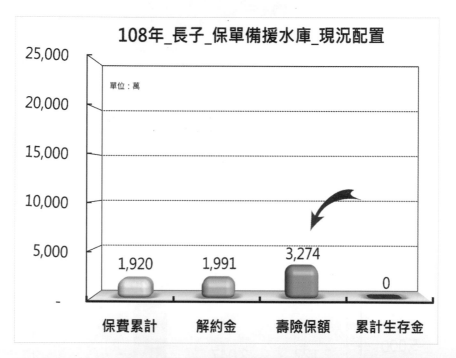

108年_長子_保單備援水庫_現況配置

單位：萬

保費累計	解約金	壽險保額	累計生存金
1,920	1,991	3,274	0

　　長子(優化)從理財配置角度～檢驗比對保費分佈，108年(保單備援水庫) 長子保費 →現況分佈圖，儲蓄保費77%，進行小幅度移動優化沙盤推演，比重調整6%到保障保費。(優化後)分佈圖儲蓄保費71% 。以下檢驗 (優化後)～保單備援水庫所產生的變化。

　　小幅度移動保障保費6%，遵照藏富_太太的意思加強提升6,000萬壽險～結合長女名下資產背景。宏觀整體傳承移轉配置的任務，需要結合身價背景與很漫長的時間做安排，融合稅務、避險等因素，逐步優化同時兼顧和諧、團結氛圍。充分享受財富分配樂趣，讓財富越來越多，達到無遠弗屆的感覺～一代接一代的照顧所愛的人→過著幸福、快樂的生活。

長子_(循環應用_優化)→分佈圖

儲蓄保費 71%
保障保費 29%

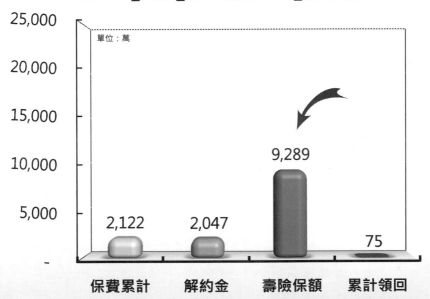

108年_長子_保單備援水庫_優化配置

單位：萬

保費累計 2,122　解約金 2,047　壽險保額 9,289　累計領回 75

　　上面小幅度的優化～印證了！只憑著資產配置移動，即可產生財富大幅增加的效果，如果充分遵照資產與財富管理概念，大幅度重新調整配置比重，必使(家庭Family，企業Business和個人Individual)，三者成員都可獲得更大成果。充分享受財富分配樂趣，讓財富越來越多。(保單備援水庫) 優化非常簡單、安全、有效的理財方法。

　　參考前面章節所提的資產與財富管理概念，徹底落實建構充足的保單備援水庫，預備好水庫資源並隨時依環境變化做調整，必能解決傳承相關衍生資產保全問題，也能避免疏忽造成了家族破裂紛爭。隨時保持令家族氛圍和諧，成員力量凝聚的籌碼，才不枉費今生努力所建立的名譽與事業成就。而達到保障你所擁有的～生命價值、收入、財產。因此務必調整在任何時間點風險發生時，創造大量流動性資產。守護當下每一分的結果。

① 保障生命價值
② 保障家人生活品質
③ 保障財產和尊嚴

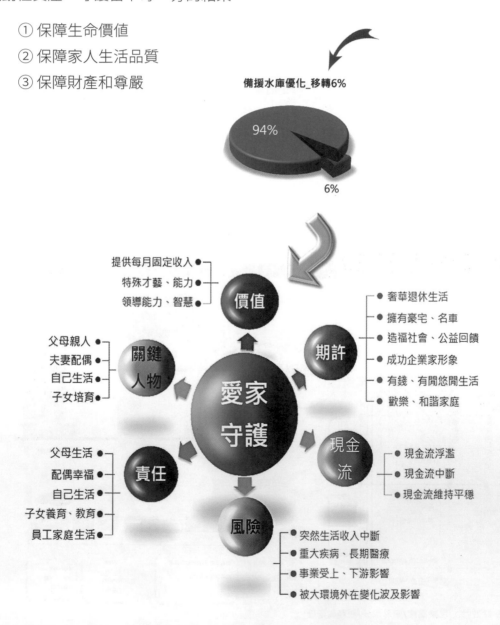

第三節

比對～優化後：結論

從…(風險高度/理財成分/稅務精密度/傳承移轉分配)幾個不同角度探討，逐一互相比對優化前後檢驗統計資料，分析優化後→會不會降低原來的免稅效果，實際會造成甚麼樣影響呢？同時預算來源又要從哪裡而來？究竟會不會對於現行理財運作造成太大的壓力呢？

管理F、B、I資產與財富中的一段貼切的形容。資產規劃和風險管理是一種，科學和藝術的結合，技術性是科學的，執行風險戰略則是一門藝術。作為一位真正的理財顧問，運用科學結合藝術，如同創造獨一無二、不易複製的大師級作品。形同專業藝術家之境界，如同兵法書中所形容：「差之毫釐、失之千里」。很有趣、很好玩！

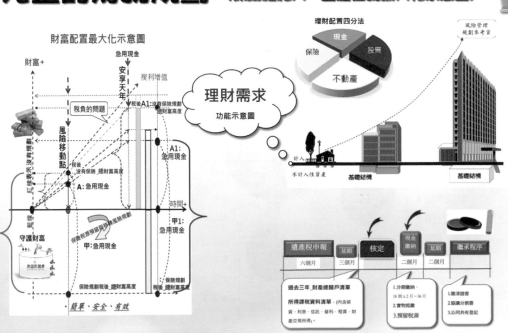

完整的財務規劃～（保險經紀人→整體任務最大化示意圖）

檢驗整體效益…(風險高度/理財成分/稅務精密度)

　　爲了方便說明邏輯脈絡，將傳承～檢驗報告採用示意圖表示→完整的財務規劃分成四種標準概念：①財產四分法之建築物安全結構配置概念，②簡單、安全、有效財富配置最大化概念，③與傳承相關法令緊密結合的概念，④愛家守護心智圖中以最重要的人之價值優先守護的概念。以上述4個共通標準探討…幾個不同角度的影響（風險高度/理財成分/稅務精密度/傳承移轉分配），比對各種概念產生之整體各式結果。簡單重點式比對。

一、比對→備援水庫優化示意圖，比重上小幅度移動4%互相對調，在整體的理財運作上微幅的影響。

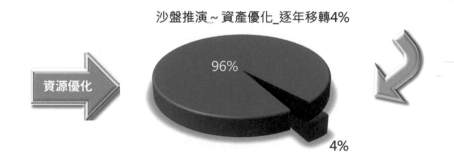

沙盤推演～資產優化_逐年移轉4%

二、比對→年繳保費比重示意圖。比照守護價值的概念，以最重要的人之價值優先守護，遵照太太的意思小小挪動一下，利用太太現有資源(循環運用)增加12,000萬保障，兩位孩子使用逐年贈與額度也稍微各增加6,000萬保障。吻合原本的逐年財富移轉。僅是比例上調整於最重要的人身上資源配置多一點。不影響整體投資配置。

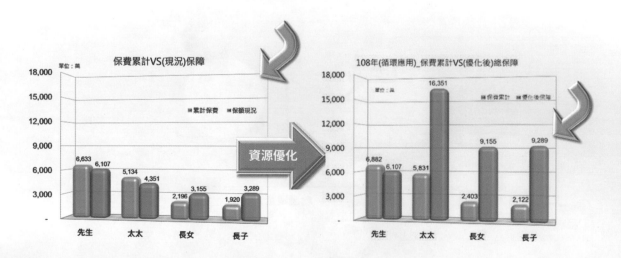

三、比對→壽險保額於保險法明訂15日內給付現金，也於稅法最低稅負法清
　　楚記載，每一申報戶享有3,300萬不計入遺產總額。壽險配置增加除了定
　　額免稅之外，15天之內可億兌換成現金，增加1億5千4百萬解決傳承過戶
　　時所需要的現金，大家常形容這是一筆不上鎖的現金。於資產保全上具
　　有很強大功能。

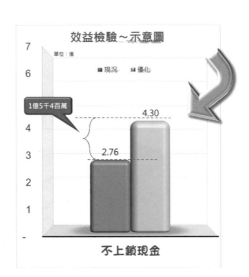

四、比對→創造現金整體效益示意圖，對理財 (創造現金本金效益)，8,941萬
　　比23,837萬，對調移動4%累計保費，產生接近三倍之效益增加1億4千9
　　百萬。

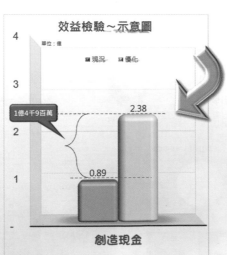

五、比對→總體最大化_(免稅所得十創造現金效益) 示意圖。對調移動4%累計保費，整體產生4.17億比7.08億，增加2億9千1百萬，整體產生更大理財效益。

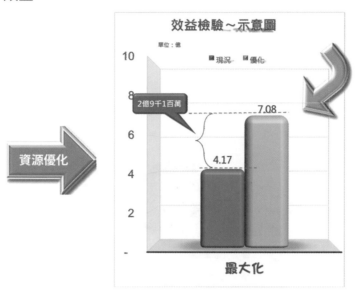

優化後→以下6種統計分析檢驗數據，反應出各種整體效益內容，不論你透過保險想要解決什麼問題，或是心中想做什麼決策！這種清楚數字檢驗內容都可以給你重要參考資訊。如果你的寶貴想法「以人為本」為基礎，保險可以發揮的空間就更大，可以涵蓋撫平法定權益之公平分配問題，增進家族親情凝聚力量，也

涵蓋核心貯藏備援金庫規避風險問題，備援金庫得以迎接機會來臨厚植實力，同時滿足分配財富越來越多的樂趣。

當然還有些人更高的層次積極思考，企圖令心思所及一切事物點亮無遠弗屆的生命，建構自給自足系統成為綿延不絕的力量，讓備援水庫永續運轉系統成為家族精神楷模～將開天闢地的精神長久傳承下去，發揮生命無遠弗屆的力量～超越身體有限的生命長度。努力展現天賦能量，自己身體力行更成為精神典範，讓天賦能量像太陽一樣，綻放無遠弗屆的精彩光芒。

資產倍增→財富配置最大化

總結：上述保單優化沙盤推演檢驗報告～「數字」像照一面清澈鏡子，赤裸裸呈現出客觀真相給你。優化報告比對資料告訴你，只移動4%累計保費，產生8,941萬比24,137萬的理財變化，接近三倍之效益影響。藉此機會與背景所有因素結合互相比對，兩者創造現金數據增加1億5千1百9拾6萬。這份資料是你的傳家寶典中重要資訊。可以協助您完成心中所想的美好意境。

對調移動4%累計保費，整體產生4.17億比7.08億數字差距，結果可以與保險於財富管理功能示意圖的內容逐一做比對，保險～與時間賽跑，(附圖)其中每一項的功能是否充分的發揮，避免發生了「說歸說、想歸想、做歸做」的誤差，確定結果與心中所想的美好功能完全吻合，示意圖可以讓你精準校對成果，避免只是做一個虛假的樣子，實際在生活當中發揮完美的作用。

回顧檢視…正確財務規劃步驟→第1項、任何時間點皆達到最大化意境，保障你所擁有的～生命價值、收入、財產。藏富_先生名下保險只預留7,734萬 (隱藏現金流量金庫)，準備度只佔20%而已，尚有80%調整補強空間，因此務必要調整在風險發生時，創造大量現金資產。守護～

① 保障家族賺錢的人，生命價值。
② 保障賺到的錢，讓家人生活品質不被改變。
③ 保障財產和尊嚴地位

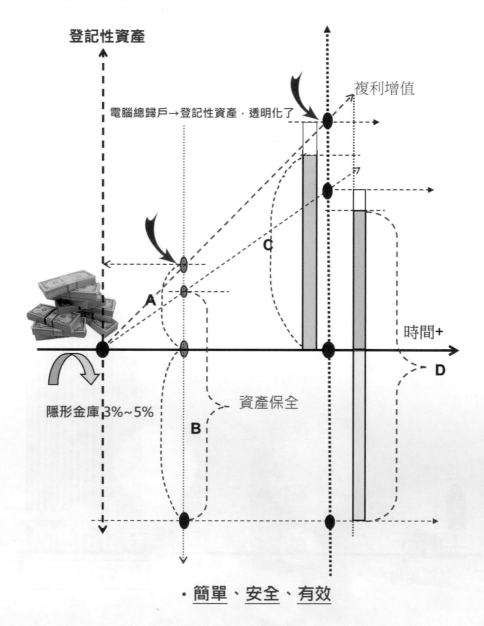

·<u>簡單</u>、<u>安全</u>、<u>有效</u>

回顧檢視…本書財務規劃步驟→第2項、理財安全結構～創造你所想要的～享有財富、分配財富→創造足夠現金，不管任何狀況都照顧著家人…幸福、快樂。發揮財富生命無遠弗屆的力量。現況資產保全只完成20%而已，尚有80%不足空間待補強，將以下五點因素，納入優化安全結構範圍。

① 準確地把愛留給最愛的人。
② 子女們不受婚姻因素，而資產蒙受瓜分影響。
④ 將生命開天闢地的精神流傳～一代接一代綿延，照顧所愛的人。
⑤ 水庫內含崇高地位的儲備資金、給自己或最愛的人留下活用救命財。
⑥ 厚植經濟實力充分最大化，享受著分配財富越來越多的樂趣。

優化安全結構很簡單，只要每一個人都落實了最大值的定義：不論在任何時間點，資產皆是最大值，即使是沒有任何風險發生，長命百歲升天的時候，仍然維持在最大值，厚植經濟實力資產大幅增加，以上所有問題都能輕易的迎刃而解。

安全結構、守護價值

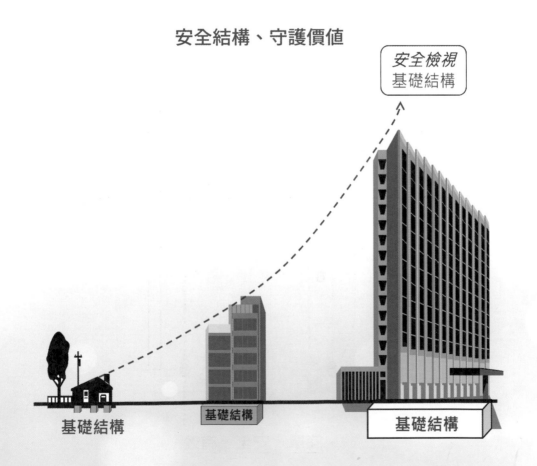

保險～與時間賽跑解決，若你想要！不管任何狀況都照顧著家人…幸福、快樂。讓家庭，企業和個人潛在的因素平衡圓滿。以人為本為做基礎：撫平法定權益之公平分配問題，增進親情力量凝聚，也滿足自己分配財富越來越多的樂趣。

三段式優化沙盤推演檢驗報告，協助你無遠弗屆完成善的力量～長久照顧所愛的人們…世代富足、幸福快樂、傳承的願望。達到進可攻、退可守的多重效果。

平安時---儲備財富備援水庫不但保值，還能維持家族崇高地位屹立不搖。此水庫同時解決了所得二次課稅問題，

百年時---解決稅金繳納問題，資產交接時家族氛圍和諧、力量凝聚，完整傳承代表個人一生努力成就。

風險時---同時解決醫療、長期照顧、資產保全，並且令公司與家庭維持和諧氛圍。資產又達到最大化效果。

總　結

　　本書「數字看保險」透視家族傳承→主要重點要詮釋保險理財配置概念，不僅只是過去坊間常見的配置而已，保險備援水庫真正美好的相貌還沒有出現，其空間非常大而且多元，而這些美好可以透過六種統計分析，再結合三段沙盤推演，才能顯露出真正端倪。

　　提供三段優化沙盤推演的圖示略作說明：透視家族傳承三個步驟。

1. 現況分析～了解目前的狀態究竟如何！就像本案例發現資產保全的準備度只有20%而已。

2. 資產保全效益，重複優化沙盤推演，尋找最佳狀態。

3. 整合背景因素和現行資源，進行BEST運用。

　　借用以上三個步驟把所有的侷限打開，整體生活的資源放進來，赫然！你會發現海闊天空，完全沒有保險配置太多的恐懼，也不會有資金被卡住的擔憂。豁然開朗的世界浮現在眼前，這才是本書出版的目的。

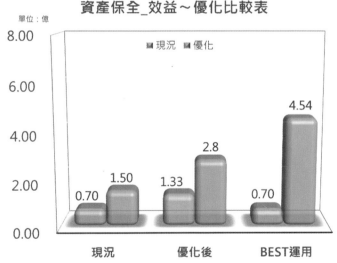

資產保全_效益～優化比較表

保險備援水庫存量，很奧妙的秘密～

　　把背景因素結合起來，把賺錢的人和賺到的錢完整守護起來，傳承氛圍和諧，成員力量凝聚，充分使用沙盤推演模擬，把海闊天空的備援水庫打開。

　　只需將未來切身該繳納的稅金，分期預先配置至備援水庫，以微小比重慢慢貯存，到自己名下備援水庫帳戶，即可完成資產保全與預留稅源多元作用，綜觀整體效益發現傳承不但完全沒有花錢，還增加了海闊天空的整體效益。備援金庫

貯存期間財富同時擁有充分彈性空間，主控權和整體影響力任意揮灑。如同巴菲特形容的一句話：隨時準備一把上膛的槍，隨時具有掌握機會的實力。

「保險備援水庫」建構了家庭全方位守護，預防財富損失同時具備活用功能→最後讓內心渴望的，家族氛圍和諧，成員力量凝聚，開心快樂的想法都會一一實現。保險備援水庫完美結局～讓家族開天闢地精神的寶藏延續，讓傳承整體財富增加、厚植經濟實力，讓代代孩子衷心感謝您。

保險水庫~守護價值的安全結構

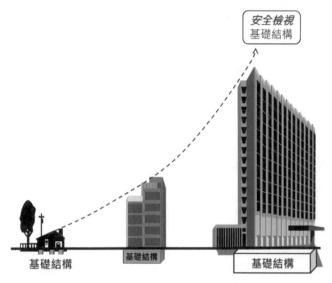

數據是硬道理，數字會說話～

保單透過圖示的三段沙盤推演，優化後整體產生的數字會說話，迅速消除保險配置太多的恐懼！害怕！保單優化沙盤推演，所帶來的效果竟然如此龐大，更沒有錢被卡住的擔憂。全然嶄新的世界出現眼前，正是本書出版的重點。

① 把背景因素結合，除了厚植人文環境，善用理財配置安全結構的概念，才能承載巨幅成長的結果。

② 把賺錢的人、賺到的錢完整守護，才能支撐百年企業傳承。

③ 也唯有充分使用沙盤推演優化模擬，把海闊天空的備援水庫打開，才會帶來雄厚經濟實力。

獻給所有讀者，期望你也開啟海闊天空的想法。建構充足的「保險備援水庫」達到傳承進可攻、退可守多重效果，長久照顧所愛的人們…世代富足、幸福快樂、完成百年企業傳承願望。

感恩與感謝的人！

從業25年保險經紀人公司，過程中所有傳授專業的講師，一起學習的同事與同學們，因為你們的陪伴和激盪感染，造就了今日的自己。特此致上萬分感謝～將這份感恩與敬意！以出版方式流向四面八方～期待幫助正值世代交替的高資產族群們，關於傳承安排多一分簡易有效的方法做參考。同時希望提供一套可以遵循的模式，給專注於服務高資產族群的私人管家們參考讓服務內容更完備，或是保險領域正在學習，準備投入家族傳承的新生們，提供一套可以遵循的分析方法做後盾。讓保險充分發揮安定家庭、企業、社會的功能。

保險備援水庫→善的功能～超越身體有限的生命長度，可以讓生命活出更大的意義，成為家族傳承安排當中，除了資產保全之外同時具有增進家族和諧氛圍、力量凝聚，最好的調節水庫。保險→讓發揮生命無遠弗屆的力量～令心思所及一切積極轉化，成為傳承綿延不絕的助力。

本書「數字看保險」透視家族傳承，訴求透過完整檢驗過程及優化沙盤推演所產生的數據，讓背景與現況整體的配置清晰透明，成為了解→保險是否發揮理財效益主要參考模式，期盼透視家族傳承檢驗流程。對於高資產的族群提供傳承精準參考資料，在整體財富傳承上發揮家族和諧氛圍、凝聚力量的效果。

一個好的傳承計劃對外，除了它包括房地產、保險、投資、銀行帳戶、股票或債券、黃金、珠寶等等資產財務、稅務。對內還有家族成員的能量充分發揮，家族和諧氛圍、力量凝聚的重要資產安排。以上這些資產在傳承之前，若經常處於渾沌不清的狀態當中，對傳承是非常危險的事情，唯獨儘快讓這些資料保持透明清澈，才容易得到心想事成的效果。本書「數字看保險」剛好補足這個漏洞，使傳承計畫更臻齊備。

在此首先感謝的人，師父陳鴻儒7M總監～於保險經紀人公司特別講究師徒制，如果沒有鴻儒師父用心引領，並一路傳授保險理財關鍵概念並耐心陪同，許多保險銷售重要口訣對我幫助很大。大恩大德銘感五內，特此致上感謝。

接著感謝錠嵂保經公司創辦人毛哥和李淑芬董事長！建立誠信大願景的平台，健全制度、溫馨互助的企業文化與完整架構的行政支援團隊，成為所有從業人員堅強後盾，可以感受！是奮力不懈的精神，帶領公司35年令公司業務、人力持續不斷的成長，我像是搭上高鐵列車才能隨著大幅成長，同時感謝台中好同事所有夥伴們～平時同事之間的互相扶持、協助和鼓勵不計其數，跟大家一起工作做事，有一種很幸福感受！在此特別致上內心由衷的感激！

　　康闈科技公司將保險～理財創造現金→整體效益檢驗概念，透過R&D工程部門送審SBIR申請，此系統已獲得高雄SBIR創新研發補助，期待未來將保險理財數位化概念，廣泛傳遞～能夠讓客戶在未買保險之前，先行沙盤推演預覽優化狀態，評估具體好處以數據方式呈現，讓每一次的決策均有所憑據，藉此大大發揮保險備援水庫→善的功能，改變社會以往對保險從業人員的傳統印象。

　　提醒！所有高資產族群，從海闊天空的角度安排家族財富傳承，當中有一個比財富及節稅還重要的東西。務必優先處理～以有溫度、溫馨傳承的概念操作。對外：除了有形資產分配與稅務處置之外。對內：家族和諧氛圍、力量凝聚。兩者對內比對外更重要。

　　「數字看保險」透視家族傳承，內容提供各式檢驗數據，清楚告訴大家保險財配置概念，不僅只是過去坊間常見的配置而已，你真正美好的保險備援水庫空間還沒有出現，而這些美好可以透過六種統計分析顯露出來～完整呈現你傳承所需要的保險備援水庫樣貌。

　　每一位高資產理財皆有需多不同的停泊水庫，保險備援水庫是諸多調節財富水位的一種。透視家族傳承，確保你每一座水庫整體效益達到最佳狀態，保險是理財管理很好的工具，特別於傳承上特別的重要。

　　期待！本書對二戰嬰兒潮時代背景下，企業的創業第一代正值二代交接的重要時刻，釐清資產背景數據的觀念，必能對人與事的安排更順暢，同時融合企業永續發展因素，必定短、中、長期都能產生具體貢獻。

　　「數字看保險」透視家族傳承概念～長遠上能夠幫助剛投入保險理財領域年輕人7～8年級生，在拓展保險業務上提供具體幫助。提供三段優化沙盤推演成為理財效益的客觀憑據，藉此過程客觀衡量透析過去和未來，保險配置是否達到最佳化的效果。如同生產工廠皆採用精密的檢驗儀器，嚴格管控所生產的產品品質，提供生產過程數據履歷之資料。

　　我是第五型→擅長觀察分析鑑往知來，歸納分析的特質，出版充分發揮這項特色→活在當下，將過去資料分析並融合親身體驗，指出未來時代的需求方向，提出傳承簡易解決方案與大眾分享，讓生命對社會做出貢獻。

　　敬祝各位讀者～收穫滿滿、身體健康、宏圖大展。

仁川　合十

國家圖書館出版品預行編目（CIP）資料

數字看保險：透視家族傳承 正子攝影檢驗報告/王仁川作.
-- 臺中市：王仁川, 2022.06
400面 ; 28x21.6公分
ISBN 978-626-01-0187-9(平裝)

1.CST: 保險　2.CST: 保險規劃　3.CST: 理財

563.7　　　　　　　　　　　　　111008608

數字 看保險
透視家族傳承｜正子攝影檢驗報告｜

作　　者｜王仁川
出 版 者｜王仁川
地　　址｜台中市西區忠明南路451號8樓之2
電　　話｜0934-267577

代理經銷｜白象文化事業有限公司
地　　址｜401台中市東區和平街228巷44號
電　　話｜04-22208589

出版日期｜2022年9月
定　　價｜新台幣1500元
I S B N｜978-626-01-0187-9（平裝）